AtV

IRING FETSCHER, geb. 1922, war bis 1988 Professor für Politische Wissenschaft an der Universität Frankfurt am Main, veröffentlichte zahlreiche Standard-Publikationen zur Theorie und Geschichte des Marxismus, zur politischen Philosophie und eine Karl-Marx-Biographie.

»Man kann Iring Fetscher in der Auswahl der Texte, die er in seiner Marx/Engels-Studienausgabe getroffen hat, eine durchaus glückliche Hand bescheinigen: Von der ›Einleitung zur Kritik der Hegelschen Rechtsphilosophie‹ bis zu Marx' ›Klassenkämpfe in Frankreich‹ sind die wichtigsten Schriften zur Philosophie, Geschichte, Politik und Politischen Ökonomie in einer repräsentativen Auswahl vertreten.« (Neue Zürcher Zeitung). Jeder Band enthält Kommentare, Anmerkungen und eine ausführliche Bibliographie; Band IV zudem eine Synchronische Tafel mit biographischen Daten, wichtigen historischen Daten und Hinweisen auf Ereignisse aus der Geschichte der Arbeiterbewegung.

Die philosophischen Traktate von Marx sind wie sein gesamtes Werk von der Überzeugung geleitet, »daß die Welt nicht als ein Komplex von fertigen Dingen zu fassen ist, sondern als ein Komplex von Prozessen« (Friedrich Engels). »Ganz im Gegensatz zur deutschen Philosophie, welche vom Himmel auf die Erde herabsteigt, wird hier von der Erde zum Himmel gestiegen.« (Marx/Engels 1845).

Karl Marx • Friedrich Engels

Studienausgabe in 5 Bänden

Band I
Philosophie

Herausgegeben von Iring Fetscher

Aufbau Taschenbuch Verlag

ISBN 3-7466-8125-1

1. Auflage 2004

Umschlaggestaltung gold, Anke Fesel und Kai Dieterich
Druck Oldenbourg Taschenbuch GmbH, Plzeň
Printed in Czech Republic

www.aufbau-taschenbuch.de

Inhalt

Vorwort zur Studienausgabe

Die meisten Gesellschaften, deren Führungen sich auf Marx und Engels, weit nachhaltiger freilich auf Lenin, beriefen, sind im Wettbewerb mit den kapitalistischen Industriegesellschaften untergegangen. Sie waren der doppelten Herausforderung durch die westlichen Konsumgesellschaften und den Rüstungswettlauf nicht gewachsen. Nach dem ersten Anlauf zu einer »Neuen Ökonomischen Politik« im Jahr 1921 versuchte Michail Gorbatschow mit »Glasnost« und »Perestroika« zwei Methoden zur Erneuerung und Demokratisierung des sowjetischen Systems auf den Weg zu bringen, scheiterte aber, so daß der Zusammenbruch des gesamten politischen und ökonomischen »Systems« der Sowjetunion unvermeidlich wurde. Nur Gesellschaften, in denen der bürokratische und zentralistische Staatskapitalismus, der sich als »real existierender Sozialismus« präsentierte, nicht so lange wie in der Sowjetunion geherrscht hatte und Erinnerungen an demokratische und rechtsstaatliche Verhältnisse noch vorhanden waren, gelang die Ablösung der diktatorischen durch eine pluralistische und rechtsstaatliche politische Ordnung und der Übergang zu neuen politischen und sozialökonomischen Verhältnissen besser. Das war bis zum gewissen Grade in Tschechien der Fall. Vollends nach dem Ende der Sowjetunion entwickelte sich in Rußland, Weißrußland und anderen Nachfolgestaaten ein mafiöser Kapitalismus, dem auch noch die Ansätze zu demokratischen Strukturreformen zum Opfer zu fallen drohen.

Kein Wunder, daß angesichts dieser katastrophalen Entwicklungen Marx und Engels, die zu Unrecht als Wegbereiter des Leninismus und der Oktoberrevolution angesehen wurden, der Mißachtung anheimfielen. Das Interesse am Studium ihrer Texte sank fast über Nacht auch im Westen, bis ausgerechnet New Yorker Börsenmakler die Brillanz der kritischen Analysen von Marx wieder entdeckten. Viele Menschen, die unter sowjetischen und ähnlichen Regimen gelebt hatten, machten aber Marx und Engels mitverantwortlich für ihre jahrzehntelangen Leiden und wollten von ihnen nichts mehr hören.

Eine interessante Variante der europäischen kommunistischen Entwicklungen zeigt China. Dort hat die KP unter Führung von Deng Xiaoping radikale marktwirtschaftliche Reformen bis hin zur Zulassung von Börsen eingeleitet, zugleich aber an der autoritären Parteiherrschaft und Kontrolle fast vollständig festgehalten. Die von kapitalistischen Investoren geschätzte politische Stabilität des Landes wird allerdings durch bürokratische Hindernisse getrübt. Auch fragt es sich, ob die hohen sozialen Kosten der schnellen Industrialisierung, die zu Millionenheeren von ländlichen Arbeitslosen und verarmten Wanderarbeitern geführt hat, auf die Dauer nicht zu Unruhen größeren Ausmaßes führen werden. Dennoch könnte man die Begründung für Deng Xiaopings Reformen auch bei Marx finden, für den die Verwirklichung einer sozialistischen Gesellschaft erst auf der vom Kapitalismus geschaffenen Grundlage möglich war. Lenins »proletarische Revolution« in einem Land mit winzig kleinem Industrieproletariat und vor allem der von Stalin initiierte Versuch des »Aufbaus des Sozialismus« in einem so rückständigen, halbfeudalen Land wie Rußland hätte Marx ebenso scharf verurteilt, wie er das schon Bakunin gegenüber getan hat. 1875 schrieb er in seinem Konspekt über Bakunins Buch »Staatlichkeit und Anarchie«: »Schülerhafte Eselei. Eine radikale Revolution ist an gewisse historische Bedingungen der ökonomischen Entwicklung geknüpft; letztere sind ihre Voraussetzung. Sie ist also nur möglich, wo mit der kapitalistischen Produktion das industrielle Proletariat wenigstens eine bedeutende Stellung in der Volksmasse einnimmt. Und damit es irgendeine Chance zum Sieg habe, muß es wenigstens fähig sein, soviel unmittelbar mutatis mutandis für die Bauern zu tun, als die französische Bourgeoisie in ihrer Revolution für die damaligen französischen Bauern tat.« (MEW, Bd. 18, S. 633) Marx dürfte an entsprechende produktionstechnische Verbesserungen der Agrarproduktion gedacht haben, die das siegreiche Industrieproletariat der bäuerlichen Bevölkerung – im Zusammenhang mit deren Befreiung von der Ausbeutung durch Großgrundbesitz und Kreditgeber – zukommen lassen könnte.

Die Realität der Transformation der Agrargesellschaft Rußlands durch die kommunistische Partei bestand dagegen in einer skrupellosen Ausbeutung und Bedrückung der bäuerlichen Mehrheit. In zwei markanten Sätzen faßte Marx seine Verurteilung der Revolutionsphantasien Bakunins zusammen, Sätze, die wörtlich auch auf Stalins Programm des »Sozialismus in einem Land« (wie Rußland) übertragen werden können. »Er (Bakunin) versteht absolut nichts von sozialer Revolution, nur die politischen Phrasen davon ... Der *Wille*, nicht die ökonomischen Bedingungen, ist die Grundlage seiner sozialen Revolution« (MEW, Bd. 18, S. 633 f.). Mao Tse-tung rechtfertigte die »proletarische Revolution« in dem ebenso agrarischen China dadurch, daß er die Mehrheit der »armen Bauern« kurzerhand zu Proletariern »ernannte« und die kommunistisch indoktrinierte »Volksbefreiungsarmee« zur Vorhut der revolutionären Klasse.

Während die Revolutionen 1917 in Rußland und 1949 in China nur durch erhebliche Korrekturen an den Theorien von Marx und Engels auf deren Konzeptionen zurückführbar sind, haben die hochindustrialisierten kapitalistischen Staaten, in denen Marx und Engels bereits im 19. Jahrhundert eine proletarische Revolution erwarteten, von ihnen in dieser Form nicht vorausgesehene Entwicklungen genommen. Die von Marx und Engels prognostizierte Polarisierung der Gesellschaft in eine kleine Minderheit von Kapitalmagnaten und eine große Mehrheit von Proletariern hat nicht in dem erwarteten Ausmaß stattgefunden und die von kapitalistischen Interessen dominierten Regierungen erwiesen sich als fähig, Not und Elend der arbeitenden Bevölkerung so weit zu vermindern, daß deren Streben nach revolutionärer Veränderung verkümmerte. Allerdings gibt es vor allem bei Marx wiederholt Hinweise auf die Entstehung neuer Mittelschichten, deren Existenz zur Stabilisierung der Verhältnisse beitragen könne. Er stellte fest, daß z.B. die Einführung der »10 Stunden Bill« in England als wirksame politische Maßnahme die Existenzbedingungen der Arbeiterklasse verbessert hat. Etwas vorschnell sprach er – in Verbindung mit diesem Gesetz – von einem »Sieg der Ökonomie der Arbeiterklasse über die der Bourgeoisie«. Marx war also durchaus nicht blind für politische Eingriffsmöglichkeiten im Interesse einer Stabilisierung der kapitalistischen Klassengesellschaft. Er hat jedoch die Entstehung des »Wohlfahrtsstaates« nicht vorausgesehen. Zu dessen Durchsetzung trug allerdings nach 1917 vor allem die Furcht der besitzenden Klassen vor der »bolschewistischen Revolution« mindestens ebensosehr bei wie die Einsicht in die stabilisierende Wirkung von Staatsinterventionen während ökonomischer Krisen. Neben den wohlfahrtsstaatlichen Maßnahmen, die durch F. D. Roosevelts »New Deal« ansatzweise auch in den USA eingeführt wurden, spielte die von J. M. Keynes' propagierte staatliche Arbeits- und Nachfragebeschaffung durch »deficit spending« als eine, in der Praxis mehr als in der Theorie angewandte, Krisen vermindernde politische Intervention eine wichtig Rolle.

Als 1968 kritische marxistische Sozialisten noch einmal versuchten, die inhumane Realität eines sich stolz »sozialistisch« nennenden Gemeinwesens radikal zu reformieren, beriefen sich viele auf Karl Marx, speziell auf dessen Frühwerke. Verglichen mit den von Marx skizzierten Lebensbedingungen emanzipierter Menschen in einer menschlichen Gesellschaft mußte die aktuelle Realität in Staaten wie der Tschechoslowakei oder der Sowjetunion als extrem unmenschlich erscheinen. Die Losung lautete daher, es gelte im Sinne von Marx einen »Sozialismus mit menschlichem Antlitz« zu schaffen. Für Marx war freilich ein anderer als ein humaner Sozialismus kaum vorstellbar gewesen, jedenfalls nicht als der von ihm prognostizierte. Nachdem dieser Versuch durch die militärische Intervention der Sowjetunion und ihrer Verbündeten unterdrückt worden war, zweifelten die meisten Anhänger einer Transformation der Länder des »real existierenden Sozialismus« an der Brauchbarkeit der Marxschen Theorie. In der Sowjetunion hatte die Theorie längst ihren kritischen und orientierenden Charakter verloren und war – im ursprünglichen Sinn des Terminus – zu einer bloßen Ideologie geworden. Zu einer Ideologie, die allein der Rechtfertigung der Minderheitsherrschaft einer hierarchisch organisierten Monopolpartei diente. Intelligente Inhaber der Monopolmacht waren zu Zynikern geworden, nur hoffnungslos optimistische kritische Intellektuelle am Rande der Gesellschaft nahmen die Marxsche Theorie noch ernst. Eine nach 1968 einsetzende Enttäuschung angesichts der erstarrten Zustände in den Ostblockstaaten führte im Laufe der siebziger Jahre auch im Westen zur Abkehr von der Marxschen Kritik. In den Jahren seit dem Untergang der Sowjetunion ist in Rußland und den anderen Nachfolgestaaten unter denkbar labilen rechtlichen und politischen Verhältnissen eine kapitalistische Marktwirtschaft entstanden, deren herrschende Schicht zum größten Teil aus früheren Angehörigen der Nomenklatura besteht.

Auch wenn man Marx kaum für die praktische und ideologische Orientierung von Lenin und Stalin verantwortlich machen kann, trug er durch seine Geringschätzung demokratischer Institutionen indirekt zur Ermöglichung des autoritären Sowjetstaates bei. Überzeugt von der allein ausschlaggebenden Bedeutung der Klassenverhältnisse und der Ökonomie, nahm er an, daß es in einer künftigen »klassenlosen Gesellschaft« keine Notwendigkeit mehr für die Kontrolle politischer Macht geben werde. Der »politische Überbau« über der Gesellschaft – so seine These – könne wegfallen oder »absterben«, wenn keine Notwendigkeit mehr besteht, Minderheitspositionen von Privateigentümern zu schützen. In dieser Hinsicht war Marx ein naiver Erbe des Liberalismus. Seine herrschaftslose Zukunftsgesellschaft überbietet noch den minimalen Staat der liberalen Ökonomen. Weil Marx keine Ausführungen über Institutionen, die zur Kontrolle und Bündelung von Macht dienen, entwickelt hatte, konnten die herrschenden Eliten in den sich »sozialistisch« nennenden Staaten, ohne Marx direkt widersprechen zu müssen, ihre Monopolstellung ausbauen. Das »Absterben des Staates« wurde auf eine ferne Zukunft vertagt, und Stalin entwarf sogar eine dialektische Rechtfertigung für den von ihm errichteten Unterdrückungsapparat durch die Losung »von der höchsten Steigerung der staatlichen Macht zum Zwecke der Überflüssigmachung des Staates«. Solche Begründungen für eine »Erziehungsdiktatur« hatten bereits utopische Frühsozialisten wie Morus und vor allem Campanella konzipiert. Marx hätte Stalins Formel zweifellos als reaktionären und romantischen Rückfall in frühere Zeiten bezeichnet.

Friedrich Engels stand stets im Schatten seines bedeutenderen Freundes. Er hat in seltener Freundschaft und Hilfsbereitschaft nicht nur wiederholt für Marx englische Zeitungsartikel verfaßt, sondern ihm auch während der letzten Lebensjahre eine Pension aus seinem Vermögen auszahlen lassen, einem Vermögen, das er nach Ausscheiden aus der Firma »Ermen and Engels« in Manchester erhalten hatte. Nach dem Tod von Marx hat er die Bände zwei und drei des *Kapital* auf der Grundlage der Marxschen Manuskripte ediert. Im übrigen gab Engels 1843 Marx die entscheidende Anregung zur intensiven Beschäftigung mit der ökonomischen Theorie. Er hatte in jenem Jahr *Umrisse zu einer Kritik der Nationalökonomie* veröffentlicht, denen Marx wesentliche Denkanstöße verdankte.

Als Zeithistoriker und Militärwissenschaftler hat Engels Beachtliches geleistet. Man kann in seinen Schriften auch Würdigungen demokratischer Einrichtungen z.B. in den britischen Siedlungskolonien finden, die zeigen, daß ihm – im Unterschied zu Marx – die Bedeutung von Vorkehrungen zur Begrenzung politischer Macht nicht unwichtig waren. In seinen Briefen an deutsche Sozialdemokraten wird immer wieder deutlich, wie hoch Engels, bei aller Kritik am traditionellen England, die politische Kultur dieses Landes und die der USA zu schätzen wußte. Am 20. (bis 23.) Januar 1886 schreibt er z.B. an August Bebel: »Die Reise nach Amerika solltest Du unter allen Umständen mitmachen ... Das Leben in den deutschen Verhältnissen übt auf jeden, auch den besten, einen drückenden und beengenden Einfluß aus, ich weiß das aus eigner Erfahrung, man muß wenigstens von Zeit zu Zeit heraus ...« Am 13. August 1887 lädt Engels Bebel nach England ein und meint, »eine solche Erholung scheine ihm für dessen Gesundheit durchaus nötig, damit er endlich einmal freie Luft atme. Hier ist die Luft so frei, wie sie in der kapitalistischen Gesellschaft überhaupt sein kann. Aus dem engen Gefängnis Zwickau so ohne weiteres in das große Gefängnis Deutschland überzutreten, wäre doch gar zu hart ...« Daß Engels für Freiheit von Bevormundung und Zensur zumindest innerhalb der Arbeiterbewegung und in ihren Publikationen eintrat, gehört zu den Teilen seines Erbes, die mehr Beachtung verdient haben, als sie im allgemeinen fanden.

Verhängnisvollerweise ist Engels aber vor allem als Verfasser der Schrift *Herrn Eugen Dührings Umwälzung der Wissenschaft* (1878) einflußreich geworden. Genötigt, dem eigenwilligen Berliner (übrigens auch antisemitischen) Philosophen Dühring auf allgemein weltanschauliches Gebiet zu folgen, hat Engels einen von Lenin und Sowjetmarxisten genutzten Beitrag zur Verwandlung der kritischen Theorie in eine umfassende Weltanschauungslehre geliefert. Es trifft zwar zu, daß Marx Engels nicht widersprochen hat, aber er dürfte diese von deutschen Sozialdemokraten bei Engels bestellte Schrift nicht für besonders bedeutend gehalten haben. Sein eigner wissenschaftlicher Anspruch begrenzte sich jedenfalls auf die »Kritik der politischen Ökonomie«. Für die deutsche Sozialdemokratie bedeutete die Ausweitung des Marxismus zu einer umfassenden Weltanschauungslehre eine Festigung ihres besonderen kulturellen Milieus. In der Sowjetunion wurde die Weltanschauungslehre zu einer Art weltlicher Staatsreligion mit Disziplinierungsinstanzen, die denen der mittelalterlichen Kirche ähnelte. Marx selbst hätte beide Entwicklungen mit Sicherheit scharf kritisiert. In dem einen Fall ersetzte die zur Weltanschauung gewordene kritische Theorie die ständig notwendige Analyse der sozialen Realität und die Umsetzung der Ziele der kritischen Theorie in die Praxis, im anderen diente sie zur bloßen Festigung einer neuen Klassenherrschaft, die Jürgen Kuczynski einmal »Feudalkommunismus« genannt hat. Eine Charakterisierung, die insofern exakt ist, weil die neue Klassenstruktur politisch fixierten Ständen nahekommt, während die Eigentumsordnung für sie praktisch keine Rolle spielt. Damit ging auch der Freiheitsgewinn verloren, den die liberale Marktwirtschaft im entwickelten Kapitalismus für den Einzelnen mit sich gebracht hat.

Während der zwölf Jahre des »tausendjährigen Reiches« wurde die

Theorie von Marx ohne jede inhaltliche Auseinandersetzung als »Ausdruck zersetzenden jüdischen Denkens« bekämpft und ihr Studium praktisch verboten. Der angebliche Sozialismus der Nazis bestand im Lobpreis der »Volksgemeinschaft«, die in den Betrieben als »Betriebsgemeinschaft von Unternehmer und Arbeiter« ebenso wie im Staat nach dem »Führerprinzip« organisiert war. Nachdem sie noch am 1. Mai 1933 an den zum Feiertag gemachten Umzügen teilgenommen hatten, wurden die Gewerkschaften verboten, ihr Vermögen beschlagnahmt und nach italienischem faschistischem Vorbild durch die »Arbeitsfront« ersetzt, in der Unternehmer und Arbeiter vereint waren. Einige Ideologen des Dritten Reiches suchten durch Historisierung die Marxsche Kritik als veralteten Ausdruck überholter Probleme des 19. Jahrhunderts abzuwerten (z.B. Hans Freyer, der immerhin wenigstens noch Schriften von Marx kannte).

Die totale Abwertung und das praktisch wirksame Verbot der Schriften von Marx und anderer revolutionärer Sozialisten wirkten nach dem Untergang des Dritten Reiches im Westen Deutschlands weiter. Als eine der wenigen Gruppen, die sich intensiv mit der Marxschen Theorie beschäftigten, ist die »Marxismuskommission« der Evangelischen Studiengemeinschaft zu nennen, die von 1954 an eine Reihe von »Marxismusstudien« veröffentlichte.[1] Durch die Beteiligung vor allem von Theologen und Philosophen an diesen Bänden lag der Schwerpunkt der Arbeiten beim philosophischen frühen Marx. Wiederholt wurde auch der Gegensatz zwischen dem humanistischen Ansatz der Marxschen Frühschriften und dem bis zur Unkenntlichkeit defigurierten Marxismus der bolschewistischen Ideologen herausgearbeitet. Entsprechend scharf fiel die Verurteilung durch Autoren der DDR aus, die zur kritischen Abwehr dieser als »subversiv« bezeichneten Studien angehalten wurden.[2]

Angeregt durch die kritische Theorie von Max Horkheimer und Theodor W. Adorno, vor allem aber durch Herbert Marcuse, bildeten sich im Laufe der sechziger Jahre an vielen Universitäten Arbeitsgruppen, die sich mit dem *Kapital* und anderen Schriften von Marx intensiv beschäftigten. In diesem Kontext entstanden gründliche Studien unter anderem von Helmut Reichelt, H.G. Backhaus und Gert Schäfer. Mehrere Jahre erschien im Suhrkamp-Verlag die Taschenbuch-Reihe »Gesellschaft, Beiträge zur Marxschen Theorie«. Im Unterschied zu diesen überwiegend wissenschaftlich orientierten Studien bezog sich die Marxismus-Rezeption der studentischen Aktivisten überwiegend auf den frühen Georg Lukács, dessen Buch *Geschichte und Klassenbewußtsein* (1923) auch für Horkheimer und Adorno wichtig gewesen war. Herbert Marcuses Aktualisierung revolutionstheoretischer Konzepte wurden begeistert aufgegriffen.

Höchst selektiv und unter Vernachlässigung der von Marx stets geforderten Berücksichtigung der konkreten sozialen Verhältnisse gingen jene radikalen revolutionären Gruppierungen vor, die durch gezielte Gewalttaten einen Beitrag zur revolutionären Umwälzung leisten wollten. Im liberalen und rechtsstaatlichen Milieu der Bundesrepublik glaubten sie eine bloß oberflächlich verschleierte faschistische oder zumindest faschistoide Ordnung erkennen zu können. Eine Revolution sei daher dringend notwendig, um endlich nachzuholen, was die Deutschen während des Dritten Reiches versäumt hätten. Durch erfolgreiche Attentate, so die These der einen, könne man die letztlich auf Angst beruhende Passivität der arbeitenden Mehrheit überwinden. Ohne Einsicht in die Unterschiede der Umstände, in denen Frantz Fanon seine Theorie und Che Guevara seine revolutionäre Praxis entwickelt hatten, versuchten die Exponenten der sogenannten »RAF« und der »RZ« die Partisanen-Aktivitäten der lateinamerikanischen Tupamaros und anderer in die Bundesrepublik zu übertragen. Der Anwalt Horst Mahler, der sich inzwischen dem Rechtsradikalismus zugewandt hat, trug durch eine phantastische Argumentation zur Rechtfertigung von Entführungen und Attentaten bei. Er suggerierte, man könne mit Hilfe der Gewalt die historische Entwicklung wie einen Film zurückdrehen, um dann endlich nachzuholen, was die Elterngeneration 1933 versäumt hatte: den deutschen Faschismus durch eine proletarische Revolution zu verhindern. Diese Rechtfertigungsversuche für terroristische Gewalttaten hatten nichts mit der kritischen Theorie von Marx zu tun, auch wenn die Protagonisten den Namen von Marx oft im Munde führten. Innerhalb weniger Jahre scheiterten diese Versuche von anarcho-terroristischen Pseudorevolutionären, die nie auch nur einen nennenswerten Teil der Bevölkerung zu überzeugen vermochten. Sie haben der Zivilgesellschaft schweren Schaden zugefügt und die rechtsstaatlichen Institutionen eine Zeit lang ernsthaft gefährdet.[3]

Die Gliederung dieser Studienausgabe und das Auswahlprinzip sind durch den Zweck nahegelegt: Es soll eine möglichst gerechte, allseitige Würdigung des kritischen Werkes von Marx und Engels ermöglicht werden. Im ersten Band werden philosophische Arbeiten vorgelegt: die wichtigsten von Marx selbst redigierten Arbeiten aus der Frühzeit, ergänzt durch den Abschnitt aus den *Pariser Manuskripten*, der sich mit der *Hegelschen Dialektik und Philosophie überhaupt* beschäftigt (der andere Teil folgt in Band II). Es folgen die beiden wichtigsten einführenden Schriften in den Marxismus aus der Feder von Friedrich Engels: *Die Entwicklung des Sozialismus von der Utopie zur Wissenschaft* und *Ludwig Feuerbach und der Ausgang der klassischen deutschen Philosophie.* Die berühmten Feuerbachthesen von Marx werden in dessen Originalfassung und in der von Engels redigierten Version wiedergegeben, weil die Engelssche Redaktion eine verhängnisvolle Sinnverkürzung zur Folge hatte, die auch auf die Entwicklung des Marxismus eingewirkt hat. Im zweiten Band kommt die *Kritik der politischen Ökonomie* zu Wort, und zwar – wegen des Umfangs – nicht in Gestalt der drei großen Gesamtentwürfe, die jeweils tausend und mehr Seiten umfassen, sondern in Gestalt einiger kleiner Einführungsschriften. Sinn dieser Texte kann nur sein, die Lektüre und das Verständnis des *Kapital* zu erleichtern und eine erste Orientierung zu ermöglichen. Für das theoretische Verstehen der Intention des *Kapital* und dessen Beziehung zu den philosophischen Frühschriften ist die Fassung des 1. Kapitels des 1. Buches in der Erstausgabe von 1867 nützlich, die – weil sie außerordentlich schwer erreichbar ist – gleichfalls abgedruckt wird.

Der III. Band bringt die wichtigsten Texte zur Geschichte und Theorie der Arbeiterbewegung, beginnend mit den von Engels formulierten *Grundsätzen des Kommunismus* (1847) bis zu den späten Äußerungen des gleichen Autors zur Bedeutung der Demokratie; Äußerungen, die den Einfluß der englischen politischen Kultur spiegeln.

Im IV. Band werden eine Anzahl von Abhandlungen und Zeitungsbeiträgen der beiden Autoren zur Zeitgeschichte zusammengefaßt, darunter die geniale Schrift von Marx über den *Achtzehnten Brumaire des Louis Bonaparte* (1852) und seine programmatische Abhandlung über den *Bürgerkrieg in Frankreich* (1871), in der Marx die »endlich gefundene politische Form der Diktatur des Proletariats« – die Kommuneverfassung – darstellt. Einen Schwerpunkt bilden darüber hinaus sieben Artikel von Marx und Engels zum amerikanischen Bürgerkrieg, von dem Marx hoffte, daß er in Europa zum »Auslöser« für eine proletarische Revolution werden würde – so wie 1789 der amerikanische Unabhängigkeitskrieg die bürgerliche Revolution ausgelöst oder doch befördert hatte. Den Abschluß bildet eine bemerkenswerte Artikelserie von Engels aus dem Jahr 1893 *Kann Europa abrüsten?*, mit der der Verfasser die deutsche Regierung zu einem ersten Schritt auf dem Weg zur Verringerung der stehenden Heere in Europa ermutigen will, um auf diese Weise die hellsichtig vorausgesehene Gefahr eines mörderischen Weltkrieges zu bannen.

Im V. Band wird am Beispiel zahlreicher Exzerpte aus den *Theorien über den Mehrwert* (MEW, Bd. 26,1–26,3) und den *Grundrissen der Kritik der politischen Ökonomie* (Berlin, 1953 und öfter) versucht, neben einer Anzahl anschaulicher Texte zur Charakterisierung der kapitalistischen Produktionsweise und der Kritik verbreiteter Mißverständnisse vor allem Marx' Vorstellungen von der Zukunftsgesellschaft emanzipierter Produzenten zu vermitteln. Nirgends hat sich Marx so eingehend und anschaulich über die Tätigkeit und das befreite Bewußtsein der künftigen emanzipierten Individuen ausgelassen wie in diesen Bänden. Ebenfalls enthalten sind die wenigen, aber wichtigen Stellen, an denen sich Marx wie Engels zur Frage der Naturzerstörung durch die bisherigen Zivilisationen geäußert haben. In einer künftigen Gesellschaftsordnung werde es Aufgabe der Erdbevölkerung sein, die »Erde ... als boni patres familias den nachfolgenden Generationen verbessert zu hinterlassen« (Das Kapital, Bd. 3, MEW, Bd. 25, S. 784).

1 Vgl. Erwin Metzke (Hg.), Marxismusstudien, Tübingen 1954, Iring Fetscher (Hg.), Marxismusstudien zweite Folge, Tübingen 1957, ders. dritte Folge 1960, ders. vierte Folge 1962, ders. fünfte Folge 1968, Ulrich Duchrow (Hg.), sechste Folge 1969.

2 In der DDR erschien u. a. D. Berger, W. Jahn, Der Kreuzzug der evangelischen Akademien gegen den Marxismus, Berlin 1960. In späteren Jahren sind auch Artikel in sowjetischen Zeitschriften erschienen, die sich mit den »Marxismusstudien« auseinandersetzen.

3 Vgl. Iring Fetscher, Terrorismus und Reaktion, Köln und Frankfurt a. M. 1977.

Einleitung

Karl Korsch hat die Entwicklung des Marxschen Denkens als eine Folge von »Kritiken« gedeutet: von der (philosophischen) Religionskritik über die (soziologische) Kritik der Philosophie zur Kritik der politischen Ökonomie und der sozialökonomisch vermittelten politischen Verhältnisse seiner Zeit. Man darf sich diesen Stufengang nicht als eine Reihe allein durch die Biographie ihres Verfassers verbundener Phasen vorstellen, vielmehr geht die eine Form der Kritik konsequent in die andere über und bleibt in ihr – im Hegelschen Sinne – »aufgehoben« enthalten. Das treibende Motiv umwälzender praktischer Kritik (und kritischer Praxis) begreift sich selbst zugleich als Moment des historischen Prozesses, der in Marx und der durch ihn inspirierten revolutionären Bewegung zum Bewußtsein kommen soll. Als Deutscher kann Marx dabei nur an Religionskritik und Philosophie anknüpfen, weil allein *hier* die deutsche Umwelt mit der zeitgenössischen europäischen auf gleichem Niveau sich befindet. So ist es kein Zufall, daß der aus England zurückkehrende Friedrich Engels den Anstoß zum Übergang auf das Gebiet der »Kritik politischer Ökonomie« vermittelt und erst die Aufforderung des Londoner Kommunistenbundes die Abfassung des *Kommunistischen Manifestes* auslöst. Die Deutschen haben nur gedacht, nur in Gedanken Revolution gemacht, während die anderen Völker Europas die Wirtschaftsweise und den Staat umgewälzt haben. Wirtschaft, Gesellschaft, Staat, Religion und die übrigen Kulturphänomene gilt es als Teile einer, aus sich wechselseitig bedingenden Momenten bestehenden, Einheit zu begreifen; durch die Bewußtmachung ihres bislang verborgenen Begriffes wird jene komplexe Realität um so rascher und gewisser umgewälzt werden.

Das Marxsche Denken setzt mit einer von Feuerbach inspirierten und diesen sofort hinter sich lassenden Kritik an Hegel ein. Mit beiden, Feuerbach und Hegel, setzt sich jede Schrift des jungen Marx auf ihre Weise auseinander: in der *Einleitung zur Kritik der Hegelschen Rechtsphilosophie* wird energisch der Übergang von der bloß mentalen Kritik am Epiphänomen »Religion« (wie Feuerbach sie geübt hatte) zur Kritik an jener Realität gefordert, welche notwendig Religion hervortreiben muß: als ihr Kompliment, ihren Trost- und Rechtfertigungsgrund, als irreales Alibi einer schlechten Wirklichkeit.

Marx' kleine Schrift *Zur Judenfrage* wird oft als antisemitisch kritisiert. Das trifft nur insofern zu, als Marx hier die pauschale populäre Identifikation der Juden mit der Welt von Schacher und Profit als zutreffend unterstellt. Seine Kritik richtet sich aber zunächst einmal gegen Bruno Bauer, der die Konversion zum Christentum zur Vorbedingung für die staatsbürgerliche Emanzipation der Juden macht. Diese Forderung lehnt Marx als sinnlos ab, weil nicht die jüdische Religion, sondern jedes religiöse Bewußtsein Ausdruck einer durch die gesellschaftlichen Bedingungen erzeugten Entfremdung sei. Der bürgerliche Staat kümmert sich um den konkreten Menschen und seine Glaubensinhalte nicht, sondern anerkennt jeden nur als »abstrakten Staatsbürger«; was er als Glied der bürgerlichen Gesellschaft tut und denkt, interessiert ihn nicht. Der bürgerliche Staat kann daher Juden wie Christen sehr wohl gleichberechtigt anerkennen. Aber diese Anerkennung erscheint Marx als unzulänglich. Er kommt zu dem Schluß, daß erst in einer revolutionär veränderten Gesellschaft, über der sich nicht mehr ein entfremdetes politisches Gemeinwesen erhebt, konkrete Menschen anerkannt werden können. Nur auf Grund der populären antijüdischen Klischees vom jüdischen Schacher gelangt Marx daher zu Formulierungen wie »in der jetzigen Gesellschaft finden wir das Wesen des heutigen Juden ... als höchst emprisches Wesen, nicht nur als Beschränktheit der Juden, sondern als jüdische Beschränktheit der Gesellschaft« (MEGA, Erste Abteilung Bd. 1, S. 605 f.). Mit »jüdischer Beschränktheit« meint Marx nichts anderes als die Deformation durch das Leben in der kapitalistischen Gesellschaftsordnung. Erst von hier aus versteht man die letzten Sätze der Schrift angemessen. Die Gleichsetzung von »Judentum und Schacher« bleibt zwar ein antisemitisches Klischee, aber Marx tritt nicht, wie manche Interpreten behauptet haben, für eine Beseitigung der Juden ein. »Sobald es der Gesellschaft gelingt, das emprische Wesen des Judentums, den Schacher und seine Voraussetzungen aufzuheben, ist der Jude unmöglich geworden, weil sein Bewußtsein keinen Gegenstand mehr hat, weil die subjektive Basis des Judentums, das praktische Bedürfnis, vermenschlicht, weil der Konflikt der individuellen sinnlichen Existenz mit der Gattungsexistenz des Menschen aufgehoben ist.« Die gesellschaftliche Emanzipation des Juden ist die Emanzipation der Gesellschaft vom Judentum« (a. a. O.). In der emanzipierten Zukunftsgesellschaft wird es nicht nur keine Juden, sondern auch keine Christen oder Anhänger sonstiger Religionen mehr geben, weil das Bedürfnis nach einem religiösen »Trost- und Rechtfertigungsgrund« des elenden Daseins zusammen mit diesem weggefallen ist. Die Formulierungen von Marx sind in dieser Schrift vor allem deshalb so anstößig, weil er die von Feuerbach hergeleitete Religionskritik mit der Kritik am Kapitalismus und der vom bürgerlichen Staat nur abstrakt als Staatsbürger anerkannten Individualität vermengt.

In dem Manuskript von 1844 (Pariser Manuskript), das der Kritik der Hegelschen Dialektik gewidmet ist, wird der Unterschied zwischen der Marxschen und der Hegelschen Auffassung von Entfremdung und ihrer Aufhebung am deutlichsten sichtbar, zugleich fertigt hier Marx im Vorbeigehen jene linken Hegel-Epigonen ab, die jeweils nur »ein isoliertes Moment« des systematischen Ganzen herausgelöst und gegen die anderen gestellt hatten. An diese Hinweise knüpft unmittelbar der erste und wichtigste Teil der *Deutschen Ideologie* (1845) über *Feuerbach, Gegensatz von materialistischer und idealistischer Anschauung* (Einleitung) an. In ihm wird erstmals – am Detail – das konkrete historische Denken von Marx und seinem Mitarbeiter Engels im Gegensatz zur Abstraktion Feuerbachs und erst recht der anderen philosophierenden Zeitgenossen entwickelt. Die später zu bequemen Deutungsklischees verflachten Begriffe Überbau und Basis, Produktionsverhältnisse (Verkehrsverhältnisse) usw. können hier in ihrem Ursprung erfaßt und erfahren werden. Das Fazit der *Deutschen Ideologie* ziehen die komprimierten Formeln der *Thesen über Feuerbach,* in denen Marx seinen revolutionären und dialektischen »Materialismus« gegen den bisherigen »bloß anschauenden Materialismus«, der »die tätige Seite« der Realität übersehen hat, ebenso deutlich abhebt wie gegen den Hegelschen Idealismus, der sich – wie alle Philosophie – damit begnüge, die Welt umzudeuten, statt sie zu verändern, und der »die wirkliche sinnliche Tätigkeit natürlich nicht kenne.«

An der dem Marxschen Originaltext gegenübergestellten Engelsschen Redaktion soll deutlich gemacht werden, an welchen Stellen und *wie* Engels den dialektischen Gedankengang seines Freundes verfehlt. Engels, der nicht von einer vertieften kritischen Aneignung des Hegelschen Denkens herkommt, sondern vom Radikalismus des »Jungen Deutschland« und von Feuerbach, hat – abgesehen von seiner geringfügigen Mitarbeit an der *Heiligen Familie* und der *Deutschen Ideologie* und ein paar polemischen Artikeln gegen den späten Schelling – erst in seinen späteren Jahren philosophische Arbeiten publiziert. *Herrn Eugen Dührings*

Umwälzung der Wissenschaft (Anti-Dühring) ist eine 1878 im Auftrag der deutschen Sozialdemokratie verfaßte kritische Rezension der Arbeiten des Berliner Privatdozenten Eugen Dühring, der sich unter sozialistischen Arbeitern eines wachsenden Ansehens erfreute und dessen Einfluß die Parteiführung zurückzudrängen wünschte. Aus der umfangreichen Rezension erwuchs schließlich ein Buch, dessen erster Teil naturphilosophische Gedankengänge enthält, die von Lenin und seinen Nachfolgern zum Kern des »Diamat« gemacht worden sind. Die kleine Schrift *Die Entwicklung des Sozialismus von der Utopie zur Wissenschaft* enthält – in erweiterter Form – drei Kapitel aus diesem Buch, die Engels für seinen Freund Paul Lafargue (den Schwiegersohn von Karl Marx) zusammengestellt hat, der sie 1880 in französischer Sprache herausgab. Vermutlich hat diese Schrift mit ihren leichtfaßlichen Zusammenstellungen der Hauptthesen des »historischen Materialismus« und der Lehre von der proletarischen Revolution mehr für die Verbreitung des »Marxismus« getan als die meisten übrigen Arbeiten von Marx und Engels zusammen. Auch wenn im Lichte der Marxschen kritischen Analysen manche Formulierung dieser Einführungsschrift nicht bestehen kann oder wenigstens der Spezifizierung bedarf, wird man noch heute kaum eine brauchbarere und zuverlässigere Einführung finden können.

Die Engelssche Arbeit über *Ludwig Feuerbach und den Ausgang der klassischen deutschen Philosophie,* die 1888 veröffentlicht wurde, knüpft bewußt an die Frühphase an und will die damals nicht in extenso geleistete Feuerbach-Kritik nachholen. Die Engels selber unbewußt bleibende Änderung gegenüber der Konzeption des jungen Marx tritt unter anderem in dem Gebrauch des Ausdrucks »neue Weltanschauung« zutage, er macht deutlich, daß nunmehr – im Bewußtsein von Engels – die Aufgabe nicht mehr lautete: durch eine mit der historischen Substanz zusammenfallende selbstbewußte Aktion die Realität so zu transformieren, daß jede von ihr abgehobene (»entfremdete«) Philosophie, Religion, Rechtsordnung, Herrschaftsweise usw. aufgehoben wird, sondern an Stelle einer älteren, »reaktionären und idealistischen« eine progressive und »materialistische Weltanschauung« zu propagieren. Historisch wirksam ist aber nicht die – erst in den zwanziger Jahren unseres Jahrhunderts von Georg Lukács und Karl Korsch vorübergehend neu belebte – Marxsche Frühkonzeption geworden, sondern die Engelssche Version, die den Bedürfnissen der wachsenden deutschen Arbeiterbewegung nach einer »eigenen«, sie vom Bürgertum abhebenden und dazu konkurrenzfähigen Weltanschauung entsprach. Nirgends hat Engels dabei ein so hohes philosophisches Niveau erreicht wie in dieser letzten »weltanschaulichen« Arbeit aus seiner Feder.

Den Abschluß unserer Textsammlung bilden sieben Briefe von Friedrich Engels aus den Jahren 1890 bis 1894, in denen er immer wieder vor einer schematischen und deformierenden Verwendung der Kategorien materialistischer Geschichtsinterpretation warnt und Beispiele für eine differenzierende Betrachtungsweise anführt. Diese inzwischen »klassisch« gewordenen Texte verdienen bei weitem mehr Beachtung und gründlichere Lektüre als die häufig allein zitierten programmatischen Worte aus dem *Vorwort zur Kritik der politischen Ökonomie* von Karl Marx.

Karl Marx

Zur Kritik der Hegelschen Rechtsphilosophie, Einleitung

Für Deutschland ist die *Kritik der Religion* im Wesentlichen beendigt, und die Kritik der Religion ist die Voraussetzung aller Kritik.

Die *profane* Existenz des Irrtums ist kompromittiert, nachdem seine *himmlische oratio pro aris et focis* widerlegt ist. Der Mensch, der in der phantastischen Wirklichkeit des Himmels, wo er einen Übermenschen suchte, nur den *Widerschein* seiner selbst gefunden hat, wird nicht mehr geneigt sein, nur den *Schein* seiner selbst, nur den Unmenschen zu finden, wo er seine wahre Wirklichkeit sucht und suchen muß.

Das Fundament der irreligiösen Kritik ist: *Der Mensch macht die Religion*, die Religion macht nicht den Menschen. Und zwar ist die Religion das Selbstbewußtsein und das Selbstgefühl des Menschen, der sich selbst entweder noch nicht erworben oder schon wieder verloren hat. Aber *der Mensch*, das ist kein abstraktes, außer der Welt hockendes Wesen. Der Mensch, das ist *die Welt des Menschen*, Staat, Sozietät. Dieser Staat, diese Sozietät produzieren die Religion, ein *verkehrtes Weltbewußtsein*, weil sie eine *verkehrte Welt* sind. Die Religion ist die allgemeine Theorie dieser Welt, ihr enzyklopädisches Kompendium, ihre Logik in populärer Form, ihr spiritualistischer Point-d'honneur, ihr Enthusiasmus, ihre moralische Sanktion, ihre feierliche Ergänzung, ihr allgemeiner Trost- und Rechtfertigungsgrund. Sie ist die *phantastische Verwirklichung* des menschlichen Wesens, weil das *menschliche Wesen* keine wahre Wirklichkeit besitzt. Der Kampf gegen die Religion ist also mittelbar der Kampf gegen *jene Welt*, deren geistiges *Aroma* die Religion ist.

Das *religiöse* Elend ist in einem der Ausdruck des wirklichen Elendes und in einem die *Protestation* gegen das wirkliche Elend. Die Religion ist der Seufzer der bedrängten Kreatur, das Gemüt einer herzlosen Welt, wie sie der Geist geistloser Zustände ist. Sie ist das *Opium* des Volks.

Die Aufhebung der Religion als des *illusorischen* Glücks des Volkes ist die Forderung seines *wirklichen* Glücks. Die Forderung, die Illusionen über seinen Zustand aufzugeben, ist die *Forderung, einen Zustand aufzugeben, der der Illusionen bedarf*. Die Kritik der Religion ist also im *Keim* die *Kritik des Jammertales*, dessen *Heiligenschein* die Religion ist.

Die Kritik hat die imaginären Blumen an der Kette zerpflückt, nicht damit der Mensch die phantasielose, trostlose Kette trage, sondern damit er die Kette abwerfe und die lebendige Blume breche. Die Kritik der Religion enttäuscht den Menschen, damit er denke, handle, seine Wirklichkeit gestalte wie ein enttäuschter, zu Verstand gekommener Mensch, damit er sich um sich selbst und damit um seine wirkliche Sonne bewege. Die Religion ist nur die illusorische Sonne, die sich um den Menschen bewegt, solange er sich nicht um sich selbst bewegt.

Es ist also die *Aufgabe der Geschichte*, nachdem das *Jenseits der Wahrheit* verschwunden ist, die *Wahrheit des Diesseits* zu etablieren. Es ist zunächst die *Aufgabe der Philosophie*, die im Dienste der Geschichte steht, nachdem die *Heiligengestalt* der menschlichen Selbstentfremdung entlarvt ist, die Selbstentfremdung in ihren *unheiligen Gestalten* zu entlarven. Die Kritik des Himmels verwandelt sich damit in die Kritik der Erde, die *Kritik der Religion* in die *Kritik des Rechts*, die *Kritik der Theologie* in die *Kritik der Politik*.

Die nachfolgende Ausführung – ein Beitrag zu dieser Arbeit – schließt sich zunächst nicht an das Original, sondern an eine Kopie, an die deutsche Staats- und Rechts-*Philosophie* an, aus keinem anderen Grunde, als weil sie sich an *Deutschland* anschließt.

Wollte man an den deutschen *status quo* selbst anknüpfen, wenn auch in einzig angemessener Weise, d. h. negativ, immer bliebe das Resultat ein *Anachronismus*. Selbst die Verneinung unserer politischen Gegenwart findet sich schon als bestaubte Tatsache in der historischen Rumpelkammer der modernen Völker. Wenn ich die gepuderten Zöpfe verneine, habe ich immer noch die ungepuderten Zöpfe. Wenn ich die deutschen Zustände von 1843 verneine, stehe ich, nach französischer Zeitrechnung, kaum im Jahre 1789, noch weniger im Brennpunkt der Gegenwart.

Ja, die deutsche Geschichte schmeichelt sich einer Bewegung, welche ihr kein Volk am historischen Himmel weder vorgemacht hat noch nachmachen wird. Wir haben nämlich die Restaurationen der modernen Völker geteilt, ohne ihre Revolutionen zu teilen. Wir wurden restauriert, erstens, weil andere Völker eine Revolution wagten, und zweitens, weil andere Völker eine Contrerevolution litten, das eine Mal, weil unsere Herren Furcht hatten, und das andere Mal, weil unsere Herren keine Furcht hatten. Wir, unsere Hirten an der Spitze, befanden uns immer nur einmal in der Gesellschaft der Freiheit, am *Tag ihrer Beerdigung*.

Eine Schule, welche die Niederträchtigkeit von heute durch die

Niederträchtigkeit von gestern legitimiert, eine Schule, die jeden Schrei des Leibeigenen gegen die Knute für rebellisch erklärt, sobald die Knute eine bejahrte, eine angestammte, eine historische Knute ist, eine Schule, der die Geschichte, wie der Gott Israels seinem Diener Moses, nur ihr *a posteriori* zeigt, die *historische Rechtsschule*, sie hätte daher die deutsche Geschichte erfunden, wäre sie nicht eine Erfindung der deutschen Geschichte. Shylock, aber Shylock der Bediente, schwört sie für jedes Pfund Fleisch, welches aus dem Volksherzen geschnitten wird, auf ihren Schein, auf ihren historischen Schein, auf ihren christlich-germanischen Schein.

Gutmütige Enthusiasten dagegen, Deutschtümler von Blut und Freisinnige von Reflexion, suchen unsere Geschichte der Freiheit jenseits unserer Geschichte in den teutonischen Urwäldern. Wodurch unterscheidet sich aber unsere Freiheitsgeschichte von der Freiheitsgeschichte des Ebers, wenn sie nur in den Wäldern zu finden ist? Zudem ist es bekannt: Wie man hineinschreit in den Wald, schallt es heraus aus dem Wald. Also Friede den teutonischen Urwäldern!

Krieg den deutschen Zuständen! Allerdings! Sie stehen *unter dem Niveau der Geschichte*, sie sind *unter aller Kritik*, aber sie bleiben ein Gegenstand der Kritik, wie der Verbrecher, der unter dem Niveau der Humanität steht, ein Gegenstand des *Scharfrichters* bleibt. Mit ihnen im Kampf ist die Kritik keine Leidenschaft des Kopfs, sie ist der Kopf der Leidenschaft. Sie ist kein anatomisches Messer, sie ist eine Waffe. Ihr Gegenstand ist ihr *Feind*, den sie nicht widerlegen, sondern *vernichten* will. Denn der Geist jener Zustände ist widerlegt. An und für sich sind sie keine *denkwürdigen* Objekte, sondern ebenso verächtliche, als verachtete Existenzen. Die Kritik für sich bedarf nicht der Selbstverständigung mit diesem Gegenstand, denn sie ist mit ihm im Reinen. Sie gibt sich nicht mehr als *Selbstzweck*, sondern nur noch als *Mittel*. Ihr wesentliches Pathos ist die *Indignation*, ihre wesentliche Arbeit die *Denunziation*.

Es gilt die Schilderung eines wechselseitigen dumpfen Drucks aller sozialen Sphären aufeinander, einer allgemeinen, tatlosen Verstimmung, einer sich ebensosehr anerkennenden als verkennenden Beschränktheit, eingefaßt in den Rahmen eines Regierungssystems, welches, von der Konservation aller Erbärmlichkeiten lebend, selbst nichts ist als die *Erbärmlichkeit an der Regierung*.

Welch ein Schauspiel! Die ins unendliche fortgehende Teilung der Gesellschaft in die mannigfaltigsten Rassen, welche mit kleinen Antipathien, schlechten Gewissen und brutaler Mittelmäßigkeit sich gegenüberstehen,

überstehen, welche eben um ihrer wechselseitigen zweideutigen und argwöhnischen Stellung willen alle ohne Unterschied, wenn auch mit verschiedenen Formalitäten, als *konzessionierte Existenzen* von ihren *Herren* behandelt werden. Und selbst dies, daß sie *beherrscht, regiert, besessen* sind, müssen sie als eine *Konzession des Himmels* anerkennen und bekennen! Andrerseits jene Herrscher selbst, deren Größe in umgekehrtem Verhältnisse zu ihrer Zahl steht!

Die Kritik, die sich mit diesem Inhalt befaßt, ist die Kritik im *Handgemenge*, und im Handgemenge handelt es sich nicht darum, ob der Gegner ein edler, ebenbürtiger, ein *interessanter* Gegner ist, es handelt sich darum, ihn zu *treffen*. Es handelt sich darum, den Deutschen keinen Augenblick der Selbsttäuschung und Resignation zu gönnen. Man muß den wirklichen Druck noch drückender machen, indem man ihm das Bewußtsein des Drucks hinzufügt, die Schmach noch schmachvoller, indem man sie publiziert. Man muß jede Sphäre der deutschen Gesellschaft als die *partie honteuse* der deutschen Gesellschaft schildern, man muß diese versteinerten Verhältnisse dadurch zum Tanzen zwingen, daß man ihnen ihre eigene Melodie vorsingt! Man muß das Volk vor sich selbst *erschrecken* lehren, um ihm *Courage* zu machen. Man erfüllt damit ein unabweisbares Bedürfnis des deutschen Volkes, und die Bedürfnisse der Völker sind in eigener Person die letzten Gründe ihrer Befriedigung.

Und selbst für die *modernen* Völker kann dieser Kampf gegen den bornierten Inhalt des deutschen *status quo* nicht ohne Interesse sein, denn der deutsche *status quo* ist die *offenherzige Vollendung des ancien régime*, und das *ancien régime* ist der *versteckte Mangel des modernen Staates*. Der Kampf gegen die deutsche politische Gegenwart ist der Kampf gegen die Vergangenheit der modernen Völker, und von den Reminiszenzen dieser Vergangenheit werden sie noch immer belästigt. Es ist lehrreich für sie, das *ancien régime*, das bei ihnen seine *Tragödie* erlebte, als deutschen Revenant seine *Komödie* spielen zu sehen. *Tragisch* war seine Geschichte, solange es die präexistierende Gewalt der Welt, die Freiheit dagegen ein persönlicher Einfall war, mit einem Wort, solange es selbst an seine Berechtigung glaubte und glauben mußte. Solange das *ancien régime* als vorhandene Weltordnung mit einer erst werdenden Welt kämpfte, stand auf seiner Seite ein weltgeschichtlicher Irrtum, aber kein persönlicher. Sein Untergang war daher tragisch. Das jetzige deutsche Regime dagegen, ein Anachronismus, ein flagranter Widerspruch gegen allgemein anerkannte Axiome, die zur Weltschau ausgestellte Nichtigkeit des *ancien régime*, bildet sich nur noch ein, an sich selbst zu glauben, und verlangt von der Welt dieselbe Einbildung. Wenn es an sein eigenes *Wesen* glaubte, würde es dasselbe unter dem *Schein* eines fremden Wesens zu verstecken und seine Rettung in der Heuchelei und dem Sophisma suchen? Das moderne *ancien régime* ist nur mehr der *Komödiant* einer Weltordnung, deren *wirkliche Helden* gestorben sind. Die Geschichte ist gründlich und macht viele Phasen durch, wenn sie eine alte Gestalt zu Grabe trägt. Die letzte Phase einer weltgeschichtlichen Gestalt ist ihre *Komödie*. Die Götter Griechenlands, die schon einmal tragisch zu Tode verwundet waren im gefesselten Prometheus des Aeschylus, mußten noch einmal komisch sterben in den Gesprächen Lucians. Warum dieser Gang der Geschichte? Damit die Menschheit *heiter* von ihrer Vergangenheit scheide. Diese *heitere* geschichtliche Bestimmung vindizieren wir den politischen Mächten Deutschlands.

Sobald indes die *moderne* politisch-soziale Wirklichkeit selbst der Kritik unterworfen wird, sobald also die Kritik zu wahrhaft menschlichen Problemen sich erhebt, befindet sie sich außerhalb des deutschen *status quo*, oder sie würde ihren Gegenstand *unter* ihrem Gegenstand greifen. Ein Beispiel! Das Verhältnis der Industrie, überhaupt der Welt des Reichtums, zu der politischen Welt ist ein Hauptproblem der modernen Zeit. Unter welcher Form fängt dies Problem an, die Deutschen zu beschäftigen? Unter der Form der *Schutzzölle*, des *Prohibitivsystems*, der *Nationalökonomie*. Die Deutschtümelei ist aus dem Menschen in die Materie gefahren, und so sahen sich eines Morgens unsere Baumwollritter und Eisenhelden in Patrioten verwandelt. Man beginnt also in Deutschland die Souveränität des Monopols nach innen anzuerkennen, dadurch daß man ihm die *Souveränität nach außen* verleiht. Man beginnt also jetzt in Deutschland anzufangen, womit man in Frankreich und England zu enden beginnt. Der alte faule Zustand, gegen den diese Länder theoretisch im Aufruhr sind und den sie nur noch ertragen, wie man die Ketten erträgt, wird in Deutschland als die aufgehende Morgenröte einer schönen Zukunft begrüßt, die kaum noch wagt, aus der *listigen* Theorie in die schonungsloseste Praxis überzugehen. Während das Problem in Frankreich und England lautet: *Politische Ökonomie* oder *Herrschaft der Sozietät über den Reichtum*, lautet es in Deutschland: *National-Ökonomie* oder *Herrschaft des Privateigentums über die Nationalität*. Es gilt also in Frankreich und England, das Monopol, das bis zu seinen letzten Konsequenzen fortgegangen ist, aufzuheben; es gilt in Deutschland, bis zu den letzten Konsequenzen des Monopols fortzugehen. Dort handelt es sich um die Lösung, und hier handelt es sich erst um die Kollision. Ein zureichendes Beispiel von der *deutschen* Form der modernen Probleme, ein Beispiel, wie unsere Geschichte, gleich einem ungeschickten Rekruten, bisher nur die Aufgabe hatte, abgedroschene Geschichte nachzuexerzieren.

Ginge also die *gesamte* deutsche Entwicklung nicht über die *politische* deutsche Entwicklung hinaus, ein Deutscher könnte sich höchstens an den Problemen der Gegenwart beteiligen, wie sich ein *Russe* daran beteiligen kann. Allein wenn das einzelne Individuum nicht gebunden ist durch die Schranken der Nation, ist die gesamte Nation noch weniger befreit durch die Befreiung eines Individuums. Die Scythen haben keinen Schritt zur griechischen Kultur vorwärts getan, weil Griechenland einen Scythen unter seine Philosophen zählt.

Zum Glück sind wir Deutsche keine Scythen.

Wie die alten Völker ihre Vorgeschichte in der Imagination erlebten, in der *Mythologie*, so haben wir Deutsche unsere Nachgeschichte im Gedanken erlebt, in der *Philosophie*. Wir sind *philosophische* Zeitgenossen der Gegenwart, ohne ihre *historischen* Zeitgenossen zu sein. Die deutsche Philosophie ist die *ideale Verlängerung* der deutschen Geschichte. Wenn wir also statt die *œuvres incomplètes* unsrer reellen Geschichte die *œuvres posthumes* unserer ideellen Geschichte, die *Philosophie*, kritisieren, so steht unsere Kritik mitten unter den Fragen, von denen die Gegenwart sagt: *that is the question*. Was bei den fortgeschrittenen Völkern *praktischer* Zerfall mit den modernen Staatszuständen ist, das ist in Deutschland, wo diese Zustände selbst noch nicht einmal existieren, zunächst *kritischer* Zerfall mit der philosophischen Spiegelung dieser Zustände.

Die *deutsche Rechts- und Staatsphilosophie* ist die einzige mit der *offiziellen* modernen Gegenwart *al pari* stehende *deutsche Geschichte*. Das deutsche Volk muß daher diese seine Traumgeschichte mit zu seinen bestehenden Zuständen schlagen und nicht nur diese bestehenden Zustände, sondern zugleich ihre abstrakte Fortsetzung der Kritik unterwerfen. Seine Zukunft kann sich weder auf die unmittelbare Verneinung seiner reellen, noch auf die unmittelbare Vollziehung seiner ideellen Staats- und Rechtszustände *beschränken*, denn die unmittelbare Verneinung seiner reellen Zustände besitzt es in seinen ideellen Zuständen, und die unmittelbare Vollziehung seiner ideellen Zustände hat es in der Anschauung der Nachbarvölker beinahe schon wieder *überlebt*. Mit Recht fordert daher die *praktische* politische Partei in Deutschland die *Negation der Philosophie*. Ihr Unrecht besteht nicht in der Forderung, sondern in dem Stehenbleiben bei der Forderung, die sie ernstlich weder vollzieht noch vollziehen kann. Sie glaubt, jene Negation dadurch zu vollbringen, daß sie der Philosophie den Rücken kehrt und abgewandten Hauptes – einige ärgerliche und banale Phrasen über sie hermurmelt. Die Beschränktheit ihres Gesichtskreises zählt die Philosophie nicht ebenfalls in den Bering der *deutschen* Wirklichkeit oder wähnt sie gar *unter* der deutschen Praxis und den ihr dienenden Theorien. Ihr verlangt, daß man an *wirkliche Lebenskeime* anknüpfen soll, aber ihr vergeßt, daß der wirkliche Lebenskeim des deutschen Volkes bisher nur unter seinem *Hirnschädel* gewuchert hat. Mit einem Worte: *Ihr könnt die Philosophie nicht aufheben, ohne sie zu verwirklichen*.

Dasselbe Unrecht, nur mit *umgekehrten* Faktoren, beging die *theoretische*, von der Philosophie her datierende politische Partei.

Sie erblickte in dem jetzigen Kampf *nur* den *kritischen Kampf der Philosophie mit der deutschen Welt*, sie bedachte nicht, daß die *seitherige Philosophie* selbst zu dieser Welt gehört und ihre, wenn auch ideelle, *Ergänzung* ist. Kritisch gegen ihren Widerpart, verhielt sie sich unkritisch zu sich selbst, indem sie von den *Voraussetzungen* der Philosophie ausging und bei ihren gegebenen Resultaten entweder stehen blieb oder anderweitig hergeholte Forderungen und Resultate für unmittelbare Forderungen und Resultate der Philosophie ausgab, obgleich dieselben – ihre Berechtigung vorausgesetzt – im Gegenteil nur durch die *Negation der seitherigen Philosophie*, der Philosophie als Philosophie, zu erhalten sind. Eine näher eingehende Schilderung dieser Partei behalten wir uns vor. Ihr Grundmangel läßt sich dann reduzieren: *Sie glaubte, die Philosophie verwirklichen zu können, ohne sie aufzuheben*.

Die Kritik der *deutschen Staats- und Rechtsphilosophie*, welche durch *Hegel* ihre konsequenteste, reichste und letzte Fassung erhalten hat, ist beides, sowohl die kritische Analyse des modernen Staats und der mit ihm zusammenhängenden Wirklichkeit als auch die entschiedene Verneinung der ganzen bisherigen *Weise* des *deutschen politischen und rechtlichen Bewußtseins*, dessen vornehmster, universellster, zur *Wissenschaft* erhobener Ausdruck eben die *spekulative Rechtsphilosophie* selbst ist. War nur in Deutschland die spekulative Rechtsphilosophie möglich, dies abstrakte überschwängliche *Denken* des modernen Staats, dessen Wirklichkeit ein Jenseits bleibt, mag dies Jenseits auch nur jenseits des Rheins liegen: so war ebensosehr umgekehrt das *deutsche*, vom *wirklichen Menschen* abstrahierende[1] Gedankenbild des modernen Staates nur möglich, weil und insofern der moderne Staat selbst vom *wirklichen Menschen* abstrahiert oder den *ganzen* Menschen auf eine nur imaginäre Weise befriedigt. Die Deutschen haben in der Politik *gedacht*, was die anderen Völker *getan* haben. Deutschland war ihr *theoretisches Gewissen*. Die Abstraktion und Überhebung seines Denkens hielt immer gleichen Schritt mit der Einseitigkeit und Untersetztheit ihrer Wirklichkeit. Wenn also der *status quo* des *deutschen Staatswesens* die *Vollendung des ancien régime* ausdrückt, die Vollendung des Pfahls im Fleische des modernen Staats, so drückt der *status quo* des *deutschen Staatswissens* die *Unvollendung des modernen Staats aus*, die Schadhaftigkeit seines Fleisches selbst.

Schon als entschiedner Widerpart der bisherigen Weise des *deutschen* politischen Bewußtseins verläuft sich die Kritik der spekulativen Rechtsphilosophie nicht in sich selbst, sondern in *Aufgaben*, für deren Lösung es nur ein Mittel gibt: die *Praxis*.

Es fragt sich: kann Deutschland zu einer Praxis *à la hauteur des principes* gelangen, d.h. zu einer *Revolution*, die es nicht nur auf das *offizielle Niveau* der modernen Völker erhebt, sondern auf die *menschliche Höhe*, welche die nächste Zukunft dieser Völker sein wird?

Die Waffe der Kritik kann allerdings die Kritik der Waffen nicht ersetzen, die materielle Gewalt muß gestürzt werden durch materielle Gewalt, allein auch die Theorie wird zur materiellen Gewalt, sobald sie die Massen ergreift. Die Theorie ist fähig, die Massen zu ergreifen, sobald sie *ad hominem* demonstriert, und sie demonstriert *ad hominem*, sobald sie radikal wird. Radikal sein ist die Sache an der Wurzel fassen. Die Wurzel für den Menschen ist aber der Mensch selbst. Der evidente Beweis für den Radikalismus der deutschen Theorie, also für ihre praktische Energie, ist ihr Ausgang von der entschiedenen *positiven* Aufhebung der Religion. Die Kritik der Religion endet mit der Lehre, daß der *Mensch das höchste Wesen für den Menschen* sei, also mit dem *kategorischen Imperativ, alle Verhältnisse umzuwerfen*, in denen der Mensch ein erniedrigtes, ein geknechtetes, ein verlassenes, ein verächtliches Wesen ist, Verhältnisse, die man nicht besser schildern kann als durch den Ausruf eines Franzosen bei einer projektierten Hundesteuer: Arme Hunde! Man will euch wie Menschen behandeln!

Selbst historisch hat die theoretische Emanzipation eine spezifisch praktische Bedeutung für Deutschland. Deutschlands *revolutionäre* Vergangenheit ist nämlich theoretisch, es ist die *Reformation*. Wie damals der *Mönch*, so ist es jetzt der *Philosoph*, in dessen Hirn die Revolution beginnt.

Luther hat allerdings die Knechtschaft aus *Devotion* besiegt, weil er die Knechtschaft aus *Überzeugung* an ihre Stelle gesetzt hat. Er hat den Glauben an die Autorität gebrochen, weil er die Autorität des Glaubens restauriert hat. Er hat die Pfaffen in Laien verwandelt, weil er die Laien in Pfaffen verwandelt hat. Er hat den Menschen von der äußeren Religiosität befreit, weil er die Religiosität zum inneren Menschen gemacht hat. Er hat den Leib von der Kette emanzipiert, weil er das Herz in Ketten gelegt.

Aber, wenn der Protestantismus nicht die wahre Lösung, so war er die wahre Stellung der Aufgabe. Es galt nun nicht mehr den Kampf des Laien mit dem *Pfaffen außer ihm*, es galt den Kampf mit seinem *eigenen innern Pfaffen*, seiner *pfäffischen Natur*. Und wenn die protestantische Verwandlung der deutschen Laien in Pfaffen die Laienpäpste, die *Fürsten* samt ihrer Klerisei, den Privilegierten und den Philistern, emanzipierte, so wird die philosophische Verwandlung der pfäffischen Deutschen in Menschen das *Volk* emanzipieren. So wenig aber die Emanzipation bei den Fürsten, so wenig wird die *Säkularisation* der Güter bei dem *Kirchenraub* stehen bleiben, den vor allen das heuchlerische Preußen ins Werk setzte. Damals scheiterte der Bauernkrieg, die radikalste Tatsache der deutschen Geschichte, an der Theologie. Heute, wo die Theologie selbst gescheitert ist, wird die unfreieste Tatsache der deutschen Geschichte, unser *status quo*, an der Philosophie zerschellen. Den Tag vor der Reformation war das offizielle Deutschland der unbedingteste Knecht von Rom. Den Tag vor seiner Revolution ist es der unbedingte Knecht von weniger als Rom, von Preußen und Österreich, den Krautjunkern und Philistern.

Einer *radikalen* deutschen Revolution scheint indessen eine Hauptschwierigkeit entgegen zu stehen.

Die Revolutionen bedürfen nämlich eines *passiven* Elementes, einer *materiellen* Grundlage. Die Theorie wird in einem Volke immer nur so weit verwirklicht, als sie die Verwirklichung seiner Bedürfnisse ist. Wird nun dem ungeheuren Zwiespalt zwischen den Forderungen des deutschen Gedankens und den Antworten der deutschen Wirklichkeit derselbe Zwiespalt der bürgerlichen Gesellschaft mit dem Staate und mit sich selbst entsprechen? Werden die theoretischen Bedürfnisse unmittelbar praktische Bedürfnisse sein? Es genügt nicht, daß der Gedanke zur Verwirklichung drängt, die Wirklichkeit muß sich selbst zum Gedanken drängen.

Aber Deutschland hat die Mittelstufen der politischen Emanzipation nicht gleichzeitig mit den modernen Völkern erklettert. Selbst die

Stufen, die es theoretisch überwunden, hat es praktisch noch nicht erreicht. Wie sollte es mit einem *salto mortale* nicht nur über seine eignen Schranken hinwegsetzen, sondern zugleich über die Schranken der modernen Völker, über Schranken, die es in der Wirklichkeit als Befreiung von seinen wirklichen Schranken empfinden und erstreben muß? Eine radikale Revolution kann nur die Revolution radikaler Bedürfnisse sein, deren Voraussetzungen und Geburtsstätten eben zu fehlen scheinen.

Allein wenn Deutschland nur mit der abstrakten Tätigkeit des Denkens die Entwicklung der modernen Völker begleitet hat, ohne werktätige Partei an den wirklichen Kämpfen dieser Entwicklung zu ergreifen, so hat es andrerseits die *Leiden* dieser Entwicklung geteilt, ohne ihre Genüsse, ohne ihre partielle Befriedigung zu teilen. Der abstrakten Tätigkeit einerseits entspricht das abstrakte Leiden andrerseits. Deutschland wird sich daher eines Morgens auf dem Niveau des europäischen Verfalls befinden, bevor es jemals auf dem Niveau der europäischen Emanzipation gestanden hat. Man wird es einem *Fetischdiener* vergleichen können, der an den Krankheiten des Christentums siecht.

Betrachtet man zunächst die *deutschen Regierungen*, und man findet sie durch die Zeitverhältnisse, durch die Lage Deutschlands, durch den Standpunkt der deutschen Bildung, endlich durch eignen glücklichen Instinkt getrieben, die *zivilisierten Mängel* der *modernen Staatswelt*, deren Vorteile wir nicht besitzen, zu kombinieren mit den *barbarischen Mängeln* des *ancien régime*, dessen wir uns in vollem Maße erfreuen, so daß Deutschland, wenn nicht am Verstand, wenigstens am Unverstand auch der über seinen *status quo* hinausliegenden Staatsbildungen immer mehr partizipieren muß. Gibt es z. B. ein Land in der Welt, welches so naiv alle Illusionen des konstitutionellen Staatswesens teilt, ohne seine Realitäten zu teilen, als das sogenannte konstitutionelle Deutschland? Oder war es nicht notwendig ein deutscher Regierungseinfall, die Qualen der Zensur mit den Qualen der französischen Septembergesetze, welche die Preßfreiheit voraussetzen, zu verbinden! Wie man im römischen Pantheon die *Götter* aller Nationen fand, so wird man im heiligen römischen deutschen Reich die *Sünden* aller Staatsformen finden. Daß dieser Eklektizismus eine bisher nicht geahnte Höhe erreichen wird, dafür bürgt namentlich die *politisch-ästhetische Gourmanderie* eines deutschen Königs, der alle Rollen des Königtums, des feudalen wie des bureaukratischen, des absoluten wie des konstitutionellen, des autokratischen wie des demokratischen, wenn nicht durch die Person des Volkes, so doch in *eigner* Person, wenn nicht für das Volk, so doch für *sich selbst* zu spielen gedenkt. *Deutschland als der zu einer eigenen Welt konstituierte Mangel der politischen Gegenwart* wird die spezifisch deutschen Schranken nicht niederwerfen können, ohne die allgemeine Schranke der politischen Gegenwart niederzuwerfen.

Nicht die *radikale* Revolution ist utopischer Traum für Deutschland, nicht die *allgemein menschliche* Emanzipation, sondern vielmehr die teilweise, die *nur* politische Revolution, die Revolution, welche die Pfeiler des Hauses stehen läßt. Worauf beruht eine teilweise, eine nur politische Revolution? Darauf, daß ein *Teil der bürgerlichen Gesellschaft* sich emanzipiert und zur *allgemeinen* Herrschaft gelangt, darauf, daß eine bestimmte Klasse von ihrer *besondren Situation* aus die allgemeine Emanzipation der Gesellschaft unternimmt. Diese Klasse befreit die ganze Gesellschaft, aber nur unter der Voraussetzung, daß die ganze Gesellschaft sich in der Situation dieser Klasse befindet, also z.B. Geld und Bildung besitzt oder beliebig erwerben kann.

Keine Klasse der bürgerlichen Gesellschaft kann diese Rolle spielen, ohne ein Moment des Enthusiasmus in sich und in der Masse hervorzurufen, ein Moment, worin sie mit der Gesellschaft im Allgemeinen fraternisiert und zusammenfließt, mit ihr verwechselt und als deren *allgemeiner Repräsentant* empfunden und anerkannt wird, ein Moment, worin ihre Ansprüche und Rechte in Wahrheit die Rechte und Ansprüche der Gesellschaft selbst sind, worin sie wirklich der soziale Kopf und das soziale Herz ist. Nur im Namen der allgemeinen Rechte der Gesellschaft kann eine besondere Klasse sich die allgemeine Herrschaft vindizieren. Zur Erstürmung dieser emanzipatorischen Stellung und damit zur politischen Ausbeutung aller Sphären der Gesellschaft im Interesse der eignen Sphäre reichen revolutionäre Energie und geistiges Selbstgefühl allein nicht aus. Damit die *Revolution eines Volkes* und die *Emanzipation einer besondren Klasse* der bürgerlichen Gesellschaft zusammenfallen, damit ein Stand für den Stand der ganzen Gesellschaft gelte, dazu müssen umgekehrt alle Mängel der Gesellschaft in einer andren Klasse konzentriert, dazu muß ein bestimmter Stand des allgemeinen Anstoßes, die Inkorporation der allgemeinen Schranke sein, dazu muß eine besondre soziale Sphäre für das *notorische Verbrechen* der ganzen Sozietät gelten, so daß die Befreiung von dieser Sphäre als die allgemeine Selbstbefreiung erscheint. Damit *ein* Stand *par excellence* der Stand der Befreiung, dazu muß umgekehrt ein andrer Stand der offenbare Stand der Unterjochung sein. Die negativ-allgemeine Bedeutung des französischen Adels und der französischen Klerisei bedingte die positiv-allgemeine Bedeutung der zunächst angrenzenden und entgegengesetzten Klasse der *Bourgeoisie*.

Es fehlt aber jeder besondern Klasse in Deutschland nicht nur die Konsequenz, die Schärfe, der Mut, die Rücksichtslosigkeit, die sie zum negativen Repräsentanten der Gesellschaft stempeln könnte. Es fehlt ebensosehr jedem Stand jene Breite der Seele, die sich mit der Volksseele, wenn auch nur momentan, identifiziert, jene Genialität, welche die materielle Macht zur politischen Gewalt begeistert, jene revolutionäre Kühnheit, welche dem Gegner die trotzige Parole zuschleudert: *Ich bin nichts, und ich müßte alles sein*. Den Hauptstock deutscher Moral und Ehrlichkeit, nicht nur der Individuen, sondern auch der Klassen, bildet vielmehr jener *bescheidene Egoismus*, welcher seine Beschränktheit geltend macht und gegen sich geltend machen läßt. Das Verhältnis der verschiedenen Sphären der deutschen Gesellschaft ist daher nicht dramatisch, sondern episch. Jede derselben beginnt sich zu empfinden und neben die andern mit ihren besondern Ansprüchen hinzulagern, nicht sobald sie gedrückt wird, sondern sobald ohne ihr Zutun die Zeitverhältnisse eine gesellige Unterlage schaffen, auf die sie ihrerseits den Druck ausüben kann. Sogar das *moralische Selbstgefühl der deutschen Mittelklasse* beruht nur auf dem Bewußtsein, die allgemeine Repräsentantin von der philisterhaften Mittelmäßigkeit aller übrigen Klassen zu sein. Es sind daher nicht nur die deutschen Könige, die *mal-à-propos* auf den Thron gelangen, es ist jede Sphäre der bürgerlichen Gesellschaft, die ihre Niederlage erlebt, bevor sie ihren Sieg gefeiert, ihre eigne Schranke entwickelt, bevor sie die ihr gegenüberstehende Schranke überwunden, ihr engherziges Wesen geltend macht, bevor sie ihr großmütiges Wesen geltend machen konnte, so daß selbst die Gelegenheit einer großen Rolle immer vorüber ist, bevor sie vorhanden war, so daß jede Klasse, sobald sie den Kampf mit der über ihr stehenden Klasse beginnt, in den Kampf mit der unter ihr stehenden, verwickelt ist. Daher befindet sich das Fürstentum im Kampf gegen das Königtum, der Bureaukrat im Kampf gegen den Adel, der Bourgeois im Kampf gegen sie alle, während der Proletarier schon beginnt, sich im Kampf gegen den Bourgeois zu befinden. Die Mittelklasse wagt kaum von ihrem Standpunkt aus den Gedanken der Emanzipation zu fassen, und schon erklärt die Entwicklung der sozialen Zustände wie der Fortschritt der politischen Theorie diesen Standpunkt selbst für antiquiert oder wenigstens für problematisch.

In Frankreich genügt es, daß einer etwas sei, damit er alles sein wolle.

In Deutschland darf einer nichts sein, wenn er nicht auf alles verzichten soll. In Frankreich ist die partielle Emanzipation der Grund der universellen. In Deutschland ist die universelle Emanzipation *conditio sine qua non* jeder partiellen. In Frankreich muß die Wirklichkeit, in Deutschland muß die Unmöglichkeit der stufenweisen Befreiung die ganze Freiheit gebären. In Frankreich ist jede Volksklasse *politischer Idealist* und empfindet sich zunächst nicht als besondere Klasse, sondern als Repräsentant der sozialen Bedürfnisse überhaupt. Die Rolle des *Emanzipators* geht also der Reihe nach in dramatischer Bewegung an die verschiedenen Klassen des französischen Volkes über, bis sie endlich bei der Klasse anlangt, welche die soziale Freiheit nicht mehr unter der Voraussetzung gewisser, außerhalb des Menschen liegender und doch von der menschlichen Gesellschaft geschaffener Bedingungen verwirklicht, sondern vielmehr alle Bedingungen der menschlichen Existenz unter der Voraussetzung der sozialen Freiheit organisiert. In Deutschland dagegen, wo das praktische Leben ebenso geistlos, als das geistige Leben unpraktisch ist, hat keine Klasse der bürgerlichen Gesellschaft das Bedürfnis und die Fähigkeit der allgemeinen Emanzipation, bis sie nicht durch ihre *unmittelbare* Lage, durch die *materielle* Notwendigkeit, durch ihre *Ketten selbst* dazu gezwungen wird.

Wo also die *positive* Möglichkeit der deutschen Emanzipation?

Antwort: In der Bildung einer Klasse mit *radikalen Ketten*, einer Klasse der bürgerlichen Gesellschaft, welche keine Klasse der bürgerlichen Gesellschaft ist, eines Standes, welcher die Auflösung aller Stände ist, einer Sphäre, welche einen universellen Charakter durch ihre universellen Leiden besitzt und kein *besondres Recht* in Anspruch nimmt, weil kein *besondres Unrecht*, sondern das *Unrecht schlechthin* an ihr verübt wird, welche nicht mehr auf einen *historischen*, sondern nur noch auf den *menschlichen* Titel provozieren kann, welche in keinem einseitigen Gegensatz zu den Konsequenzen, sondern in einem allseitigen Gegensatz zu den Voraussetzungen des deutschen Staatswesens steht, einer Sphäre endlich, welche sich nicht emanzipieren kann, ohne sich von allen übrigen Sphären der Gesellschaft und damit alle übrigen Sphären der Gesellschaft zu emanzipieren, welche mit einem Wort der *völlige Verlust* des Menschen ist, also nur durch die *völlige Wiedergewinnung des Menschen* sich selbst gewinnen kann. Diese Auflösung der Gesellschaft als ein besonderer Stand ist das *Proletariat*.

Das Proletariat beginnt erst durch die hereinbrechende *industrielle* Bewegung für Deutschland zu werden, denn nicht die *naturwüchsig entstandene*, sondern die *künstlich produzierte* Armut, nicht die mechanisch durch die Schwere der Gesellschaft niedergedrückte, sondern die aus ihrer *akuten Auflösung*, vorzugsweise aus der Auflösung des Mittelstandes hervorgehende Menschenmasse bildet das Proletariat, obgleich allmählich, wie sich von selbst versteht, auch die naturwüchsige Armut und die christlich-germanische Leibeigenschaft in seine Reihen treten.

Wenn das Proletariat die *Auflösung der bisherigen Weltordnung* verkündet, so spricht es nur das *Geheimnis seines eignen Daseins aus*, denn es *ist die faktische* Auflösung dieser Weltordnung. Wenn das Proletariat die *Negation des Privateigentums* verlangt, so erhebt es nur zum *Prinzip der Gesellschaft*, was die Gesellschaft zu *seinem* Prinzip erhoben hat, was in *ihm* als negatives Resultat der Gesellschaft schon ohne sein Zutun verkörpert ist. Der Proletarier befindet sich dann in bezug auf die werdende Welt in demselben Recht, in welchem der *deutsche König* in bezug auf die gewordene Welt sich befindet, wenn er das Volk, *sein* Volk wie das Pferd *sein* Pferd nennt. Der König, indem er das Volk für sein Privateigentum erklärt, spricht es nur aus, daß der Privateigentümer König ist.

Wie die Philosophie im Proletariat ihre *materiellen*, so findet das Proletariat in der Philosophie seine *geistigen* Waffen, und sobald der Blitz des Gedankens gründlich in diesen naiven Volksboden eingeschlagen ist, wird sich die Emanzipation der *Deutschen* zu *Menschen* vollziehen.

Resümieren wir das Resultat:

Die einzig *praktisch* mögliche Befreiung Deutschlands ist die Befreiung auf dem Standpunkt *der* Theorie, welche den Menschen für das höchste Wesen des Menschen erklärt. In Deutschland ist die Emanzipation von dem *Mittelalter* nur möglich als die Emanzipation zugleich von den *teilweisen* Überwindungen des Mittelalters. In Deutschland kann *keine* Art der Knechtschaft gebrochen werden, ohne *jede* Art der Knechtschaft zu brechen. Das *gründliche* Deutschland kann nicht revolutionieren, ohne *von Grund aus* zu revolutionieren. Die *Emanzipation des Deutschen* ist die *Emanzipation des Menschen*. Der *Kopf* dieser Emanzipation ist die *Philosophie*, ihr *Herz* das *Proletariat*. Die Philosophie kann sich nicht verwirklichen ohne die Aufhebung des Proletariats, das Proletariat kann sich nicht aufheben ohne die Verwirklichung der Philosophie.

Wenn alle inneren Bedingungen erfüllt sind, wird der *deutsche Auferstehungstag* verkündet werden durch das *Schmettern des gallischen Hahns*.

Karl Marx

Zur Judenfrage

[1. *Bruno Bauer: Die Judenfrage*. Braunschweig 1843. –
2. *Bruno Bauer: Die Fähigkeit der heutigen Juden und Christen, frei zu werden.* Einundzwanzig Bogen aus der Schweiz. Herausgegeben von Georg Herwegh. Zürich und Winterthur. 1843. S. 56–71.]

1.
Bruno Bauer: Die Judenfrage. Braunschweig 1843

Die deutschen Juden begehren die Emanzipation. Welche Emanzipation begehren sie? Die *staatsbürgerliche*, die *politische* Emanzipation.

Bruno Bauer antwortet ihnen: Niemand in Deutschland ist politisch emanzipiert. Wir selbst sind unfrei. Wie sollen wir euch befreien? Ihr Juden seid *Egoisten*, wenn ihr eine besondere Emanzipation für euch als Juden verlangt. Ihr müßtet als Deutsche an der politischen Emanzipation Deutschlands, als Menschen an der menschlichen Emanzipation arbeiten und die besondere Art eures Druckes und eurer Schmach nicht als Ausnahme von der Regel, sondern vielmehr als Bestätigung der Regel empfinden.

Oder verlangen die Juden Gleichstellung mit den *christlichen Untertanen*? So erkennen sie den *christlichen Staat* als berechtigt an, so erkennen sie das Regiment der allgemeinen Unterjochung an. Warum mißfällt ihnen ihr spezielles Joch, wenn ihnen das allgemeine Joch gefällt! Warum soll der Deutsche sich für die Befreiung des Juden interessieren, wenn der Jude sich nicht für die Befreiung des Deutschen interessiert?

Der *christliche* Staat kennt nur *Privilegien*. Der Jude besitzt in ihm das Privilegium, Jude zu sein. Er hat als Jude Rechte, welche die Christen nicht haben. Warum begehrt er Rechte, welche er nicht hat und welche die Christen genießen!

Wenn der Jude vom christlichen Staat emanzipiert sein will, so verlangt er, daß der christliche Staat sein *religiöses* Vorurteil aufgebe. Gibt er, der Jude, *sein* religiöses Vorurteil auf? Hat er also das Recht, von einem anderen diese Abdankung der Religion zu verlangen?

Der christliche Staat kann *seinem Wesen* nach den Juden nicht emanzipieren; aber, setzt Bauer hinzu, der Jude kann seinem Wesen nach nicht emanzipiert werden. Solange der Staat christlich und der Jude jüdisch ist, sind beide ebensowenig fähig, die Emanzipation zu verleihen als zu empfangen.

Der christliche Staat kann sich nur in der Weise des christlichen Staats zu dem Juden verhalten, das heißt auf privilegierende Weise, indem er die Absonderung des Juden von den übrigen Untertanen gestattet, ihn aber den Druck der anderen abgesonderten Sphären empfinden und um so nachdrücklicher empfinden läßt, als der Jude im *religiösen* Gegensatz zu der herrschenden Religion steht. Aber auch der Jude kann sich nur jüdisch zum Staat verhalten, das heißt zu dem Staate als einem Fremdling, indem er der wirklichen Nationalität seine chimärische Nationalität, indem er dem wirklichen Gesetz sein illusorisches Gesetz gegenüberstellt, indem er zur Absonderung von der Menschheit sich berechtigt wähnt, indem er prinzipiell keinen Anteil an der geschichtlichen Bewegung nimmt, indem er einer Zukunft harrt, welche mit der allgemeinen Zukunft des Menschen nichts gemein hat, indem er sich für ein Glied des jüdischen Volkes und das jüdische Volk für das auserwählte Volk hält.

Auf welchen Titel hin begehrt ihr Juden also die Emanzipation? Eurer Religion wegen? Sie ist die Todfeindin der Staatsreligion. Als Staatsbürger? Es gibt in Deutschland keine Staatsbürger. Als Menschen? Ihr seid keine Menschen, so wenig als die, an welche ihr appelliert.

Bauer hat die Frage der Juden-Emanzipation neu gestellt, nachdem er eine Kritik der bisherigen Stellungen und Lösungen der Frage gegeben. Wie, fragt er, sind sie *beschaffen*, der Jude, der emanzipiert werden, der christliche Staat, der emanzipieren soll? Er antwortet durch eine Kritik der jüdischen Religion, er analysiert den *religiösen* Gegensatz zwischen Judentum und Christentum, er verständigt über das Wesen des christlichen Staates, alles dies mit Kühnheit, Schärfe, Geist, Gründlichkeit in einer ebenso präzisen als kernigen und energievollen Schreibweise.

Wie also löst Bauer die Judenfrage? Welches das Resultat? Die Formulierung einer Frage ist ihre Lösung. Die Kritik der Judenfrage ist die Antwort auf die Judenfrage. Das Resumé also folgendes:

Wir müssen uns selbst emanzipieren, ehe wir andere emanzipieren können.

Die starrste Form des Gegensatzes zwischen dem Juden und dem Christen ist der *religiöse* Gegensatz. Wie löst man einen Gegensatz? Dadurch, daß man ihn unmöglich macht. Wie macht man einen *religiösen*

Gegensatz unmöglich? Dadurch, daß man die *Religion aufhebt*. Sobald Jude und Christ ihre gegenseitigen Religionen nur mehr als *verschiedene Entwicklungsstufen des menschlichen Geistes*, als verschiedene von der *Geschichte* abgelegte Schlangenhäute und den *Menschen* als die Schlange erkennen, die sich in ihnen gehäutet, stehen sie nicht mehr in einem religiösen, sondern nur noch in einem kritischen, *wissenschaftlichen*, in einem menschlichen Verhältnisse. Die *Wissenschaft* ist dann ihre Einheit. Gegensätze in der Wissenschaft lösen sich aber durch die Wissenschaft selbst.

Dem *deutschen* Juden namentlich stellt sich der Mangel der politischen Emanzipation überhaupt und die prononcierte Christlichkeit des Staats gegenüber. In Bauers Sinn hat jedoch die Judenfrage eine allgemeine, von den spezifisch deutschen Verhältnissen unabhängige Bedeutung. Sie ist die Frage von dem Verhältnis der Religion zum Staat, von dem *Widerspruch der religiösen Befangenheit und der politischen Emanzipation*. Die Emanzipation von der Religion wird als Bedingung gestellt, sowohl an den Juden, der politisch emanzipiert sein will, als an den Staat, der emanzipieren und selbst emanzipiert sein soll.

»Gut! sagt man, und der Jude sagt es selbst, der Jude soll auch nicht als Jude, nicht weil er Jude ist, nicht weil er ein so treffliches allgemein menschliches Prinzip der Sittlichkeit hat, emanzipiert werden, der *Jude* wird vielmehr selbst hinter den *Staatsbürger* zurücktreten und *Staatsbürger* sein, trotzdem daß er Jude ist und Jude bleiben soll; d.h. er ist und bleibt *Jude*, trotzdem daß er *Staatsbürger* ist und in allgemein menschlichen Verhältnissen lebt: sein jüdisches und beschränktes Wesen trägt immer und zuletzt über seine menschlichen und politischen Verpflichtungen den Sieg davon. Das *Vorurteil* bleibt, trotzdem daß es von *allgemeinen* Grundsätzen überflügelt ist. Wenn es aber bleibt, so überflügelt es vielmehr alles Andere.« »Nur sophistisch, dem Scheine nach, würde der Jude im Staatsleben Jude bleiben können; der bloße Schein würde also, wenn er Jude bleiben wollte, das Wesentliche sein und den Sieg davontragen, d.h. sein *Leben im Staat* würde nur Schein oder eine momentane Ausnahme gegen das Wesen und die Regel sein.« (Die Fähigkeit der heutigen Juden und Christen, frei zu werden. Einundzwanzig Bogen, p. 57.)

Hören wir andrerseits, wie Bauer die Aufgabe des Staats stellt: »Frankreich«, heißt es, »hat uns neuerlich (Verhandlungen der Deputiertenkammer vom 26. Dezember 1840) in bezug auf die Judenfrage – so wie in allen anderen *politischen* Fragen [seit der Julirevolution] beständig – den

Anblick eines Lebens gegeben, welches frei ist, aber seine Freiheit im Gesetz revoziert, also auch für einen Schein erklärt und auf der anderen Seite sein freies Gesetz durch die Tat widerlegt.« (Judenfrage, p. 64.)

»Die allgemeine Freiheit ist in Frankreich noch nicht Gesetz, die *Judenfrage auch* noch *nicht* gelöst, weil die gesetzliche Freiheit – daß alle Bürger gleich sind – im Leben, welches von den religiösen Privilegien noch beherrscht und zerteilt ist, beschränkt wird und diese Unfreiheit des Lebens auf das Gesetz zurückwirkt und dieses zwingt, die Unterscheidung der an sich freien Bürger in Unterdrückte und Unterdrücker zu sanktionieren.« (p. 65.)

Wann also wäre die Judenfrage für Frankreich gelöst?

»Der Jude z.B. müßte aufgehört haben, Jude zu sein, wenn er sich durch sein Gesetz nicht verhindern läßt, seine Pflichten gegen den Staat und seine Mitbürger zu erfüllen, also z.B. am Sabbath in die Deputierten-Kammer geht und an den öffentlichen Verhandlungen teilnimmt. Jedes *religiöse Privilegium* überhaupt, also auch das Monopol einer bevorrechteten Kirche, müßte aufgehoben, und wenn einige oder mehrere oder *auch die überwiegende Mehrzahl noch religiöse Pflichten glaubten erfüllen zu müssen*, so müßte diese Erfüllung als eine *reine Privatsache ihnen selbst* überlassen sein.« (p. 65.) »Es gibt keine Religion mehr, wenn es keine privilegierte Religion mehr gibt. Nehmt der Religion ihre ausschließende Kraft, und sie existiert nicht mehr.« (p. 66.) »So gut, wie Herr Martin du Nord in dem Vorschlag, die Erwähnung des Sonntags im Gesetze zu unterlassen, den Antrag auf die Erklärung sah, daß das Christentum aufgehört habe, zu existieren, mit demselben Rechte (und dies Recht ist vollkommen begründet) würde die Erklärung, daß das Sabbathgesetz für den Juden keine Verbindlichkeit mehr habe, die Proklamation der Auflösung des Judentums sein.« (p. 71.)

Bauer verlangt also einerseits, daß der Jude das Judentum, überhaupt der Mensch die Religion aufgebe, um *staatsbürgerlich* emanzipiert zu werden. Andrerseits gilt ihm konsequenterweise die *politische* Aufhebung der Religion für die Aufhebung der Religion schlechthin. Der Staat, welcher die Religion voraussetzt, ist noch kein wahrer, kein wirklicher Staat. »Allerdings gibt die religiöse Vorstellung dem Staat Garantien. Aber welchem Staat? *Welcher Art des Staates?*« (p. 97.)

An diesem Punkt tritt die *einseitige* Fassung der Judenfrage hervor.

Es genügte keineswegs zu untersuchen: Wer soll emanzipieren? Wer soll emanzipiert werden? Die Kritik hatte ein Drittes zu tun. Sie mußte fragen: *Von welcher Art der Emanzipation* handelt es sich? Welche

Bedingungen sind im Wesen der verlangten Emanzipation begründet? Die Kritik der *politischen Emanzipation* selbst war erst die schließliche Kritik der Judenfrage und ihre wahre Auflösung in die *»allgemeine Frage der Zeit«*.

Weil Bauer die Frage nicht auf diese Höhe erhebt, verfällt er in Widersprüche. Er stellt Bedingungen, die nicht im Wesen der *politischen* Emanzipation selbst begründet sind. Er wirft Fragen auf, welche seine Aufgabe nicht enthält, und er löst Aufgaben, welche seine Frage unerledigt lassen. Wenn Bauer von den Gegnern der Judenemanzipation sagt: »Ihr Fehler war nur der, daß sie den christlichen Staat als den einzig wahren voraussetzten und nicht derselben Kritik unterwarfen, mit der sie das Judentum betrachteten« (p. 3.), so finden wir Bauers Fehler dann, daß er *nur* den »christlichen Staat«, nicht den »Staat schlechthin« der Kritik unterwirft, daß er *das Verhältnis der politischen Emanzipation zur menschlichen Emanzipation* nicht untersucht und daher Bedingungen stellt, welche nur aus einer unkritischen Verwechslung der politischen Emanzipation mit der allgemein menschlichen erklärlich sind. Wenn Bauer die Juden fragt: Habt ihr von eurem Standpunkt aus das Recht, die *politische Emanzipation* zu begehren? so fragen wir umgekehrt: Hat der Standpunkt der *politischen* Emanzipation das Recht, vom Juden die Aufhebung des Judentums, vom Menschen überhaupt die Aufhebung der Religion zu verlangen?

Die Judenfrage erhält eine veränderte Fassung, je nach dem Staate, in welchem der Jude sich befindet. In Deutschland, wo kein politischer Staat, kein Staat als Staat existiert, ist die Judenfrage eine rein *theologische* Frage. Der Jude befindet sich im *religiösen* Gegensatz zum Staat, der das Christentum als seine Grundlage bekennt. Dieser Staat ist Theologe *ex professo*. Die Kritik ist hier Kritik der Theologie, zweischneidige Kritik, Kritik der christlichen, Kritik der jüdischen Theologie. Aber so bewegen wir uns immer noch in der Theologie, so sehr wir uns auch *kritisch* in ihr bewegen mögen.

In Frankreich, in dem *konstitutionellen* Staat, ist die Judenfrage die Frage des Konstitutionalismus, die Frage von der *Halbheit der politischen Emanzipation*. Da hier der *Schein* einer Staatsreligion, wenn auch in einer nichtssagenden und sich selbst widersprechenden Formel, in der Formel der *Religion der Mehrheit* beibehalten ist, so behält das Verhältnis der Juden zum Staat den Schein eines religiösen, theologischen Gegensatzes.

Erst in den nordamerikanischen Freistaaten – wenigstens in einem Teil derselben – verliert die Judenfrage ihre *theologische* Bedeutung und wird zu einer wirklich *weltlichen* Frage. Nur wo der politische Staat in seiner vollständigen Ausbildung existiert, kann das Verhältnis der Juden, überhaupt des religiösen Menschen, zum politischen Staat, also das Verhältnis der Religion zum Staat, in seiner Eigentümlichkeit, in seiner Reinheit heraustreten. Die Kritik dieses Verhältnisses hört auf, theologische Kritik zu sein, sobald der Staat aufhört auf *theologische* Weise sich zur Religion zu verhalten, sobald er sich als Staat, d.h. *politisch*, zur Religion verhält. Die Kritik wird dann zur *Kritik des politischen Staats*. An diesem Punkt, wo die Frage aufhört, theologisch zu sein, hört Bauers Kritik auf, kritisch zu sein. *»Il n'existe aux Etats-Unis ni religion de l'Etat, ni religion déclarée celle de la majorité ni prééminence d'un culte sur un autre. L'Etat est étranger à tous les cultes.« (Marie ou l'esclavage aux Etats-Unis etc., par G. de Beaumont. Paris 1835, p. 214.)* Ja es gibt einige nordamerikanische Staaten, wo *»la constitution n'impose pas les croyances religieuses et la pratique d'un culte comme condition des privilèges politiques«* (l. c. p. 225). Dennoch *»on ne croit pas aux Etats-Unis qu'un homme sans religion puisse être un honnête homme«* (l. c. p. 224). Dennoch ist Nordamerika vorzugsweise das Land der Religiosität, wie Beaumont, Tocqueville und der Engländer Hamilton aus einem Munde versichern. Die nordamerikanischen Staaten gelten uns indes nur als Beispiel. Die Frage ist: Wie verhält sich die *vollendete* politische Emanzipation zur Religion? Finden wir selbst im Lande der vollendeten politischen Emanzipation nicht nur die *Existenz*, sondern die *lebensfrische*, die *lebenskräftige* Existenz der Religion, so ist der Beweis geführt, daß das Dasein der Religion der Vollendung des Staats nicht widerspricht. Da aber das Dasein der Religion das Dasein eines Mangels ist, so kann die Quelle dieses Mangels nur noch im *Wesen* des Staates selbst gesucht werden. Die Religion gilt uns nicht mehr als der *Grund*, sondern nur noch als das *Phänomen* der weltlichen Beschränktheit. Wir erklären daher die religiöse Befangenheit der freien Staatsbürger aus ihrer weltlichen Befangenheit. Wir behaupten nicht, daß sie ihre religiöse Beschränktheit aufheben müssen, um ihre weltlichen Schranken aufzuheben. Wir behaupten, daß sie ihre religiöse Beschränktheit aufheben, sobald sie ihre weltliche Schranke aufheben. Wir verwandeln nicht die weltlichen Fragen in theologische. Wir verwandeln die theologischen Fragen in weltliche. Nachdem die Geschichte lange genug in Aberglauben aufgelöst worden ist, lösen wir den Aberglauben in Geschichte auf. Die Frage von dem *Verhältnisse der politischen Emanzipation zur Religion* wird für uns die Frage von dem *Verhältnis der politischen Emanzipation zur menschlichen*

Emanzipation. Wir kritisieren die religiöse Schwäche des politischen Staats, indem wir den politischen Staat, *abgesehen* von den religiösen Schwächen, in seiner *weltlichen* Konstruktion kritisieren. Den Widerspruch des Staats mit einer *bestimmten Religion*, etwa dem *Judentum*, vermenschlichen wir in den Widerspruch des Staats mit *bestimmten weltlichen* Elementen, den Widerspruch des Staats mit der *Religion überhaupt*, in den Widerspruch des Staats mit seinen *Voraussetzungen* überhaupt.

Die *politische* Emanzipation des Juden, des Christen, überhaupt des *religiösen* Menschen, ist die *Emanzipation des Staats* vom Judentum, vom Christentum, überhaupt von der *Religion*. In seiner Form, in der seinem Wesen eigentümlichen Weise, als *Staat* emanzipiert sich der Staat von der Religion, indem er sich von der *Staatsreligion* emanzipiert, d.h., indem der Staat als Staat keine Religion bekennt, indem der Staat sich vielmehr als Staat bekennt. Die *politische* Emanzipation von der Religion ist nicht die durchgeführte, die widerspruchslose Emanzipation von der Religion, weil die politische Emanzipation nicht die durchgeführte, die widerspruchslose Weise der *menschlichen* Emanzipation ist.

Die Grenze der politischen Emanzipation erscheint sogleich darin, daß der *Staat* sich von einer Schranke befreien kann, ohne daß der Mensch *wirklich* von ihr frei wäre, daß der Staat ein *Freistaat* sein kann, ohne daß der Mensch *ein freier Mensch* wäre. Bauer selbst gibt dies stillschweigend zu, wenn er folgende Bedingung der politischen Emanzipation setzt: »Jedes religiöse Privilegium überhaupt, also auch das Monopol einer bevorrechteten Kirche, müßte aufgehoben, und wenn einige oder mehrere oder auch die *überwiegende Mehrzahl noch religiöse Pflichten glaubten erfüllen zu müssen*, so müßte diese Erfüllung als eine *reine Privatsache* ihnen selbst überlassen sein.« Der *Staat* kann sich also von der Religion emanzipiert haben, sogar wenn die *überwiegende Mehrzahl* noch religiös ist. Und die überwiegende Mehrzahl hört dadurch nicht auf, religiös zu sein, daß sie *privatim* religiös ist.

Aber das Verhalten des Staats zur Religion, namentlich *des Freistaats*, ist doch nur das Verhalten der *Menschen*, die den Staat bilden, zur Religion. Es folgt hieraus, daß der Mensch durch das *Medium des Staats*, daß er *politisch* von einer Schranke sich befreit, indem er sich im Widerspruch mit sich selbst, indem er sich auf eine *abstrakte* und *beschränkte*, auf partielle Weise über diese Schranke erhebt. Es folgt ferner, daß der Mensch, auf einem *Umweg*, durch ein *Medium*, wenn auch durch ein *notwendiges Medium* sich befreit, indem er sich *politisch* befreit. Es folgt endlich, daß der Mensch, selbst wenn er durch die Vermittlung des Staats sich als Atheisten proklamiert, d. h., wenn er den Staat zum Atheisten proklamiert, immer noch religiös befangen bleibt, eben weil er sich nur auf einem Umweg, weil er nur durch ein Medium sich selbst anerkennt. Die Religion ist eben die Anerkennung des Menschen auf einem Umweg. Durch einen *Mittler*. Der Staat ist der Mittler zwischen dem Menschen und der Freiheit des Menschen. Wie Christus der Mittler ist, dem der Mensch seine ganze Göttlichkeit, seine ganze *religiöse Befangenheit* aufbürdet, so ist der Staat der Mittler, in den er seine ganze Ungöttlichkeit, seine ganze *menschliche Unbefangenheit* verlegt.

Die *politische* Erhebung des Menschen über die Religion teilt alle Mängel und alle Vorzüge der politischen Erhebung überhaupt. Der Staat als Staat annulliert z. B. das *Privateigentum*, der Mensch erklärt auf *politische* Weise das Privateigentum für *aufgehoben*, sobald er den *Zensus* für aktive und passive Wählbarkeit aufhebt, wie dies in vielen nordamerikanischen Staaten geschehen ist. *Hamilton* interpretiert dies Faktum von politischem Standpunkte ganz richtig dahin: »*Der große Haufen hat den Sieg über die Eigentümer und den Geldreichtum davongetragen.*« Ist das Privateigentum nicht ideell aufgehoben, wenn der Nichtbesitzende zum Gesetzgeber des Besitzenden geworden ist? Der *Zensus* ist die letzte *politische* Form, das Privateigentum anzuerkennen.

Dennoch ist mit der politischen Annullation des Privateigentums das Privateigentum nicht nur nicht aufgehoben, sondern sogar vorausgesetzt. Der Staat hebt den Unterschied der *Geburt, des Standes, der Bildung, der Beschäftigung* in seiner Weise auf, wenn er Geburt, Stand, Bildung, Beschäftigung für *unpolitische* Unterschiede erklärt, wenn er ohne Rücksicht auf diese Unterschiede jedes Glied des Volkes zum *gleichmäßigen* Teilnehmer der Volkssouveränität ausruft, wenn er alle Elemente des wirklichen Volkslebens von dem Staatsgesichtspunkt aus behandelt. Nichtsdestoweniger läßt der Staat das Privateigentum, die Bildung, die Beschäftigung auf *ihre* Weise, d. h. als Privateigentum, als Bildung, als Beschäftigung wirken und ihr *besonderes* Wesen geltend machen. Weit entfernt, diese *faktischen* Unterschiede aufzuheben, existiert er vielmehr nur unter ihrer Voraussetzung, empfindet er sich als *politischer Staat* und macht er seine *Allgemeinheit* geltend nur im Gegensatz zu diesen seinen Elementen. *Hegel* bestimmt das Verhältnis des *politischen Staats* zur Religion daher ganz richtig, wenn er sagt: »Damit der Staat als die *sich wissende sittliche Wirklichkeit* des Geistes zum Dasein komme, ist seine *Unterscheidung* von der Form der Autorität und des Glaubens notwendig;

diese Unterscheidung tritt aber nur hervor, insofern die kirchliche Seite in sich selbst zur *Trennung* kommt; *nur* so *über* den *besonderen* Kirchen hat der Staat die *Allgemeinheit* des Gedankens, das Prinzip seiner Form gewonnen und bringt sie zur Existenz« (Hegels Rechtsphil., 1. Ausg., p. 346.) Allerdings! Nur so *über den besonderen* Elementen konstituiert sich der Staat als Allgemeinheit.

Der vollendete politische Staat ist seinem Wesen nach das *Gattungsleben* des Menschen im *Gegensatz* zu seinem materiellen Leben. Alle Voraussetzungen dieses egoistischen Lebens bleiben *außerhalb* der Staatssphäre in der *bürgerlichen Gesellschaft* bestehen, aber als Eigenschaften der bürgerlichen Gesellschaft. Wo der politische Staat seine wahre Ausbildung erreicht hat, führt der Mensch nicht nur im Gedanken, im Bewußtsein, sondern in *Wirklichkeit*, im Leben ein doppeltes, ein himmlisches und ein irdisches Leben, das Leben im *politischen Gemeinwesen*, worin er sich als *Gemeinwesen* gilt, und das Leben in der *bürgerlichen Gesellschaft*, worin er als *Privatmensch* tätig ist, die anderen Menschen als Mittel betrachtet, sich selbst zum Mittel herabwürdigt und zum Spielball fremder Mächte wird. Der politische Staat verhält sich ebenso spiritualistisch zur bürgerlichen Gesellschaft wie der Himmel zur Erde. Er steht in demselben Gegensatz zu ihr, er überwindet sie in derselben Weise wie die Religion die Beschränktheit der profanen Welt, d.h., indem er sie ebenfalls wieder anerkennen, herstellen, sich selbst von ihr beherrschen lassen muß. Der Mensch in seiner *nächsten* Wirklichkeit, in der bürgerlichen Gesellschaft, ist ein profanes Wesen. Hier, wo er als wirkliches Individuum sich selbst und anderen gilt, ist er eine *unwahre* Erscheinung. In dem Staat dagegen, wo der Mensch als Gattungswesen gilt, ist er das imaginäre Glied einer eingebildeten Souveränität, ist er seines wirklichen individuellen Lebens beraubt und mit einer unwirklichen Allgemeinheit erfüllt.

Der Konflikt, in welchem sich der Mensch als Bekenner einer *besonderen* Religion mit seinem Staatsbürgertum, mit den anderen Menschen als Gliedern des Gemeinwesens befindet, reduziert sich auf die *weltliche* Spaltung zwischen dem *politischen Staat* und der *bürgerlichen Gesellschaft*. Für den Menschen als *bourgeois* ist das »Leben im Staate nur Schein oder eine momentane Ausnahme gegen das Wesen und die Regel«. Allerdings bleibt der *bourgeois*, wie der Jude, nur sophistisch im Staatsleben, wie der *citoyen* nur sophistisch Jude oder *bourgeois* bleibt; aber diese Sophistik ist nicht persönlich. Sie ist die *Sophistik des politischen Staates* selbst. Die Differenz zwischen dem religiösen Menschen und dem Staatsbürger ist die Differenz zwischen dem Kaufmann und dem Staatsbürger, zwischen dem Taglöhner und dem Staatsbürger, zwischen dem Grundbesitzer und dem Staatsbürger, zwischen dem *lebendigen Individuum* und dem *Staatsbürger*. Der Widerspruch, in dem sich der religiöse Mensch mit dem politischen Menschen befindet, ist derselbe Widerspruch, in welchem sich der *bourgeois* mit dem *citoyen*, in welchem sich das Mitglied der bürgerlichen Gesellschaft mit seiner *politischen Löwenhaut* befindet.

Diesen weltlichen Widerstreit, auf welchen sich die Judenfrage schließlich reduziert, das Verhältnis des politischen Staates zu seinen Voraussetzungen, mögen dies nun materielle Elemente sein, wie das Privateigentum etc., oder geistige, wie Bildung, Religion, den Widerstreit zwischen dem *allgemeinen* Interesse und dem *Privatinteresse*, die Spaltung zwischen dem *politischen Staate* und der *bürgerlichen Gesellschaft*, diese weltlichen Gegensätze läßt Bauer bestehen, während er gegen ihren *religiösen* Ausdruck polemisiert. »Gerade ihre Grundlage, das Bedürfnis, welches der *bürgerlichen Gesellschaft* ihr Bestehen sichert und *ihre Notwendigkeit garantiert*, setzt ihr Bestehen beständigen Gefahren aus, unterhält in ihr ein unsicheres Element und bringt jene in beständigem Wechsel begriffene Mischung von Armut und Reichtum, Not und Gedeihen, überhaupt den Wechsel hervor.« (p. 8.)

Man vergleiche den ganzen Abschnitt: »Die bürgerliche Gesellschaft« (p. 8–9), der nach den Grundzügen der Hegelschen Rechtsphilosophie entworfen ist. Die bürgerliche Gesellschaft in ihrem Gegensatz zum politischen Staate wird als notwendig anerkannt, weil der politische Staat als notwendig anerkannt wird.

Die *politische* Emanzipation ist allerdings ein großer Fortschritt, sie ist zwar nicht die letzte Form der menschlichen Emanzipation überhaupt, aber sie ist die letzte Form der menschlichen Emanzipation *innerhalb* der bisherigen Weltordnung. Es versteht sich: wir sprechen hier von wirklicher, von praktischer Emanzipation.

Der Mensch emanzipiert sich *politisch* von der Religion, indem er sie aus dem öffentlichen Recht in das Privatrecht verbannt. Sie ist nicht mehr der Geist des *Staates*, wo der Mensch – wenn auch in beschränkter Weise, unter besonderer Form und in einer besonderen Sphäre – sich als Gattungswesen verhält, in Gemeinschaft mit anderen Menschen, sie ist zum Geist der *bürgerlichen Gesellschaft* geworden, der Sphäre des Egoismus, des *bellum omnium contra omnes*. Sie ist nicht mehr das Wesen der *Gemeinschaft*, sondern das Wesen des *Unterschieds*. Sie ist zum

Ausdruck der *Trennung* des Menschen von seinem *Gemeinwesen*, von sich und den anderen Menschen geworden – was sie *ursprünglich* war. Sie ist nur noch das abstrakte Bekenntnis der besonderen Verkehrtheit, der *Privatschrulle*, der Willkür. Die unendliche Zersplitterung der Religion in Nordamerika z. B. gibt ihr schon *äußerlich* die Form einer rein individuellen Angelegenheit. Sie ist unter die Zahl der Privatinteressen hinabgestoßen und aus dem Gemeinwesen als Gemeinwesen exiliert. Aber man täusche sich nicht über die Grenze der politischen Emanzipation. Die Spaltung des Menschen in den *öffentlichen* und in den *Privatmenschen*, die *Dislokation* der Religion aus dem Staate in die bürgerliche Gesellschaft, sie ist nicht eine Stufe, sie ist die *Vollendung* der politischen Emanzipation, die also die *wirkliche* Religiosität des Menschen ebensowenig aufhebt, als aufzuheben strebt.

Die *Zersetzung* des Menschen in den Juden und in den Staatsbürger, in den Protestanten und in den Staatsbürger, in den religiösen Menschen und in den Staatsbürger, diese Zersetzung ist keine Lüge *gegen* das Staatsbürgertum, sie ist keine Umgehung der politischen Emanzipation, sie *ist die politische Emanzipation selbst*, sie ist die *politische* Weise, sich von der Religion zu emanzipieren. Allerdings: in Zeiten, wo der politische Staat als politischer Staat gewaltsam aus der bürgerlichen Gesellschaft heraus geboren wird, wo die menschliche Selbstbefreiung unter der Form der politischen Selbstbefreiung sich zu vollziehen strebt, kann und muß der Staat bis zur *Aufhebung der Religion*, bis zur *Vernichtung* der Religion fortgehen, aber nur so, wie er zur Aufhebung des Privateigentums, zum Maximum, zur Konfiskation, zur progressiven Steuer, wie er zur Aufhebung des Lebens, zur *Guillotine* fortgeht. In den Momenten seines besonderen Selbstgefühls sucht das politische Leben seine Voraussetzung, die bürgerliche Gesellschaft und ihre Elemente, zu erdrücken und sich als das wirkliche, widerspruchslose Gattungsleben des Menschen zu konstituieren. Es vermag dies indes nur durch *gewaltsamen* Widerspruch gegen seine eigenen Lebensbedingungen, nur indem es die Revolution für *permanent* erklärt, und das politische Drama endet daher ebenso notwendig mit der Wiederherstellung der Religion, des Privateigentums, aller Elemente der bürgerlichen Gesellschaft, wie der Krieg mit dem Frieden endet.

Ja, nicht der sogenannte *christliche* Staat, der das Christentum als seine Grundlage, als Staatsreligion bekennt und sich daher ausschließend zu anderen Religionen verhält, ist der vollendete christliche Staat, sondern vielmehr der *atheistische* Staat, der *demokratische* Staat, der Staat, der die

Religion unter die übrigen Elemente der bürgerlichen Gesellschaft verweist. Dem Staat, der noch Theologe ist, der noch das Glaubensbekenntnis des Christentums auf offizielle Weise ablegt, der sich noch nicht *als Staat* zu proklamieren wagt, ihm ist es noch nicht gelungen, in *weltlicher, menschlicher* Form, in seiner *Wirklichkeit* als Staat die *menschliche* Grundlage auszudrücken, deren überschwänglicher Ausdruck das Christentum ist. Der sogenannte christliche Staat ist nur einfach der *Nichtstaat*, weil nicht das Christentum als Religion, sondern nur der *menschliche Hintergrund* der christlichen Religion in wirklich menschlichen Schöpfungen sich ausführen kann.

Der sogenannte christliche Staat ist die christliche Verneinung des Staats, aber keineswegs die staatliche Verwirklichung des Christentums. Der Staat, der das Christentum noch in der Form der Religion bekennt, bekennt es noch nicht in der Form des Staats, denn er verhält sich noch religiös zu der Religion, d.h. er ist nicht die *wirkliche Ausführung* des menschlichen Grundes der Religion, weil er noch auf die *Unwirklichkeit*, auf die *imaginäre* Gestalt dieses menschlichen Kernes provoziert. Der sogenannte christliche Staat ist der *unvollkommene* Staat, und die christliche Religion gilt ihm als *Ergänzung* und als *Heiligung* seiner Unvollkommenheit. Die Religion wird ihm daher notwendig zum *Mittel*, und er ist der Staat der *Heuchelei*. Es ist ein großer Unterschied, ob der *vollendete* Staat wegen des Mangels, der im allgemeinen *Wesen* des Staats liegt, die Religion unter seine *Voraussetzungen* zählt, oder ob der *unvollendete* Staat wegen des Mangels, der in seiner *besonderen Existenz* liegt, als mangelhafter Staat, die Religion für seine *Grundlage* erklärt. Im letztern Falle wird die Religion zur *unvollkommenen* Politik. Im ersten Falle zeigt sich die Unvollkommenheit selbst der vollendeten *Politik* in der Religion. Der sogenannte christliche Staat bedarf der christlichen Religion, um sich *als Staat* zu vervollständigen. Der demokratische Staat, der wirkliche Staat, bedarf nicht der Religion zu seiner politischen Vervollständigung. Er kann vielmehr von der Religion abstrahieren, weil in ihm die menschliche Grundlage der Religion auf weltliche Weise ausgeführt ist. Der sogenannte christliche Staat verhält sich dagegen politisch zur Religion und religiös zur Politik. Wenn er die Staatsformen zum Schein herabsetzt, so setzt er ebensosehr die Religion zum Schein herab.

Um diesen Gegensatz zu verdeutlichen, betrachten wir Bauers Konstruktion des christlichen Staats, eine Konstruktion, welche aus der Anschauung des christlich-germanischen Staats hervorgegangen ist.

»Man hat neuerlich«, sagt Bauer, »um die *Unmöglichkeit* oder *Nichtexistenz* eines christlichen Staates zu beweisen, öfter auf diejenigen Aussprüche in den Evangelien hingewiesen, die der [jetzige] Staat *nicht nur nicht* befolgt, sondern *auch nicht einmal befolgen kann, wenn er sich nicht* [als Staat] *vollständig auflösen will.* So leicht aber ist die Sache nicht abgemacht. Was verlangen denn jene evangelischen Sprüche? Die übernatürliche Selbstverleugnung, die Unterwerfung unter die Autorität der Offenbarung, die Abwendung vom Staat, die Aufhebung der weltlichen Verhältnisse. Nun, alles das verlangt und leistet der christliche Staat. Er hat den *Geist des Evangeliums* sich angeeignet, und wenn er ihn nicht mit denselben Buchstaben wiedergibt, mit denen ihn das Evangelium ausdrückt, so kommt das nur daher, weil er diesen Geist in Staatsformen, d.h. in Formen ausdrückt, die zwar dem Staatswesen und dieser Welt entlehnt sind, aber in der religiösen Wiedergeburt, die sie erfahren müssen, zum Schein herabgesetzt werden. Er ist die Abwendung vom Staate, die sich zu ihrer Ausführung der Staatsformen bedient.« (p. 55.)

Bauer entwickelt nun weiter, wie das Volk des christlichen Staats nur ein Nichtvolk ist, keinen eigenen Willen mehr hat, sein wahres Dasein aber in dem Haupte besitzt, dem es untertan, welches ihm jedoch ursprünglich und seiner Natur nach fremd, d.h. von Gott gegeben und ohne sein eigenes Zutun zu ihm gekommen ist, wie die Gesetze dieses Volkes nicht sein Werk, sondern positive Offenbarungen sind, wie sein Oberhaupt privilegierter Vermittler mit dem eigentlichen Volke, mit der Masse bedarf, wie diese Masse selbst in eine Menge besonderer Kreise zerfällt, welche der Zufall bildet und bestimmt, die sich durch ihre Interessen, besonderen Leidenschaften und Vorurteile unterscheiden und als Privilegium die Erlaubnis bekommen, sich gegenseitig voneinander abzuschließen, etc. (p. 56.)

Allein Bauer sagt selbst: »Die Politik, wenn sie nichts als Religion sein soll, darf nicht Politik sein, sowenig, wie das Reinigen der Kochtöpfe, wenn es als Religionsangelegenheit gelten soll, als eine Wirtschaftssache betrachtet werden darf.« (p. 108.) Im christlich-germanischen Staat ist aber die Religion eine ›Wirtschaftssache‹, wie die ›Wirtschaftssache‹ Religion ist. Im christlich-germanischen Staat ist die Herrschaft der Religion die Religion der Herrschaft.

Die Trennung des ›Geistes des Evangeliums‹ von den ›Buchstaben des Evangeliums‹ ist ein *irreligiöser* Akt. Der Staat, der das Evangelium in den Buchstaben der Politik sprechen läßt, in anderen Buchstaben als den Buchstaben des heiligen Geistes, begeht ein Sakrilegium, wenn nicht vor menschlichen Augen, so doch vor seinen eigenen religiösen Augen. Dem Staate, der das Christentum als seine höchste Norm, der die *Bibel* als seine *Charte* bekennt, muß man die Worte der heiligen Schrift entgegenstellen, denn die Schrift ist heilig bis auf das Wort. Dieser Staat sowohl als das *Menschenkehricht*, worauf er basiert, gerät in einen schmerzlichen, vom Standpunkte des religiösen Bewußtseins aus unüberwindlichen Widerspruch, wenn man ihn auf diejenigen Aussprüche des Evangeliums verweist, die er »nicht nur nicht befolgt, sondern *auch nicht einmal befolgen kann, wenn er sich nicht als Staat vollständig auflösen will*«. Und warum will er sich nicht vollständig auflösen? Er selbst kann darauf weder sich noch andern antworten. Vor seinem *eigenen Bewußtsein* ist der offizielle christliche Staat ein *Sollen*, dessen Verwirklichung unerreichbar ist, der die *Wirklichkeit* seiner Existenz nur durch Lügen vor sich selbst zu konstatieren weiß und sich selbst daher stets ein Gegenstand des Zweifels, ein unzuverlässiger, problematischer Gegenstand bleibt. Die Kritik befindet sich also in vollem Rechte, wenn sie den Staat, der auf die Bibel provoziert, zur Verrücktheit des Bewußtseins zwingt, wo er selbst nicht mehr weiß, ob er eine *Einbildung* oder eine *Realität* ist, wo die Infamie seiner *weltlichen* Zwecke, denen die Religion zum Deckmantel dient, mit der Ehrlichkeit seines *religiösen* Bewußtseins, dem die Religion als Zweck der Welt erscheint, in unauflöslichen Konflikt gerät. Dieser Staat kann sich nur aus seiner inneren Qual erlösen, wenn er zum *Schergen* der katholischen Kirche wird. Ihr gegenüber, welche die weltliche Macht für ihren dienenden Körper erklärt, ist der Staat ohnmächtig, ohnmächtig die *weltliche* Macht, welche die Herrschaft des religiösen Geistes zu sein behauptet.

In dem sogenannten christlichen Staate gilt zwar die *Entfremdung*, aber nicht der *Mensch*. Der einzige Mensch, der gilt, der *König*, ist ein von den anderen Menschen spezifisch unterschiedenes, dabei selbst noch religiöses, mit dem Himmel, mit Gott direkt zusammenhängendes Wesen. Die Beziehungen, die hier herrschen, sind noch *gläubige* Beziehungen. Der religiöse Geist ist also noch nicht wirklich verweltlicht.

Aber der religiöse Geist kann auch nicht *wirklich* verweltlicht werden, denn was ist er selbst, als die *unweltliche* Form einer Entwicklungsstufe des menschlichen Geistes? Der religiöse Geist kann nur verwirklicht werden, insofern die Entwicklungsstufe des menschlichen Geistes, deren religiöser Ausdruck er ist, in ihrer *weltlichen* Form heraustritt und sich konstituiert. Dies geschieht im *demokratischen* Staat. Nicht das Christentum, sondern der *menschliche Grund* des Christentums ist der

Grund dieses Staates. Die Religion bleibt das ideale, unweltliche Bewußtsein seiner Glieder, weil sie die ideale Form der *menschlichen Entwicklungsstufe* ist, die in ihm durchgeführt wird.

Religiös sind die Glieder des politischen Staats durch den Dualismus zwischen dem individuellen und dem Gattungsleben, zwischen dem Leben der bürgerlichen Gesellschaft und dem politischen Leben, religiös, indem der Mensch sich zu dem seiner wirklichen Individualität jenseitigen Staatsleben als seinem wahren Leben verhält, religiös, insofern die Religion hier der Geist der bürgerlichen Gesellschaft, der Ausdruck der Trennung und der Entfernung des Menschen vom Menschen ist. Christlich ist die politische Demokratie, indem in ihr der Mensch, nicht nur ein Mensch, sondern jeder Mensch, als *souveränes*, als höchstes Wesen gilt, aber der Mensch in seiner unkultivierten, unsozialen Erscheinung, der Mensch in seiner zufälligen Existenz, der Mensch, wie er geht und steht, der Mensch, wie er durch die ganze Organisation unserer Gesellschaft verdorben, sich selbst verloren, veräußert, unter der Herrschaft unmenschlicher Verhältnisse und Elemente gegeben ist, mit einem Wort, der Mensch, der noch kein *wirkliches* Gattungswesen ist. Das Phantasiebild, der Traum, das Postulat des Christentums, die Souveränität des Menschen, aber als eines fremden, von dem wirklichen Menschen unterschiedenen Wesens, ist in der Demokratie sinnliche Wirklichkeit, Gegenwart, weltliche Maxime.

Das religiöse und theologische Bewußtsein selbst gilt sich in der vollendeten Demokratie um so religiöser, um so theologischer, als es scheinbar ohne politische Bedeutung, ohne irdische Zwecke, Angelegenheit des weltscheuen Gemütes, Ausdruck der Verstandes-Borniertheit, Produkt der Willkür und der Phantasie, als es ein wirklich jenseitiges Leben ist. Das Christentum erreicht hier den *praktischen* Ausdruck seiner universalreligiösen Bedeutung, indem die verschiedenartigste Weltanschauung in der Form des Christentums sich nebeneinander gruppiert, noch mehr dadurch, daß es an andere nicht einmal die Forderung des Christentums, sondern nur noch der Religion überhaupt, irgendeiner Religion stellt (vergl. die angeführte Schrift von Beaumont). Das religiöse Bewußtsein schwelgt in dem Reichtum des religiösen Gegensatzes und der religiösen Mannigfaltigkeit.

Wir haben also gezeigt: Die politische Emanzipation von der Religion läßt die Religion bestehen, wenn auch keine privilegierte Religion. Der Widerspruch, in welchem sich der Anhänger einer besonderen Religion mit seinem Staatsbürgertum befindet, ist nur *ein Teil* des allgemeinen *weltlichen Widerspruchs zwischen dem politischen Staat und der bürgerlichen Gesellschaft.* Die Vollendung des christlichen Staats ist der Staat, der sich als Staat bekennt und von der Religion seiner Glieder abstrahiert. Die Emanzipation des Staats von der Religion ist nicht die Emanzipation des wirklichen Menschen von der Religion.

Wir sagen also nicht mit Bauer den Juden: Ihr könnt nicht politisch emanzipiert werden, ohne euch radikal vom Judentum zu emanzipieren. Wir sagen ihnen vielmehr: Weil ihr politisch emanzipiert werden könnt, ohne euch vollständig und widerspruchslos vom Judentum loszusagen, darum ist die *politische Emanzipation* selbst nicht die *menschliche* Emanzipation. Wenn ihr Juden politisch emanzipiert werden wollt, ohne euch selbst menschlich zu emanzipieren, so liegt die Halbheit und der Widerspruch nicht nur in euch, sie liegt in dem *Wesen* und der *Kategorie* der politischen Emanzipation. Wenn ihr in dieser Kategorie befangen seid, so teilt ihr eine allgemeine Befangenheit. Wie der Staat *evangelisiert*, wenn er, obschon Staat, sich christlich zu dem Juden verhält, so *politisiert* der Jude, wenn er, obschon Jude, Staatsbürgerrechte verlangt.

Aber wenn der Mensch, obgleich Jude, politisch emanzipiert werden, Staatsbürgerrechte empfangen kann, kann er die sogenannten *Menschenrechte* in Anspruch nehmen und empfangen? Bauer *leugnet* es. »Die Frage ist, ob der Jude als solcher, d.h. der Jude, der selber eingesteht, daß er durch sein wahres Wesen gezwungen ist, in ewiger Absonderung von anderen zu leben, fähig sei, die *allgemeinen Menschenrechte* zu empfangen und anderen zuzugestehen.«

»Der Gedanke der Menschenrechte ist für die christliche Welt erst im vorigen Jahrhundert entdeckt worden. Er ist dem Menschen nicht angeboren, er wird vielmehr nur erobert im Kampfe gegen die geschichtlichen Traditionen, in denen der Mensch bisher erzogen wurde. So sind die Menschenrechte nicht ein Geschenk der Natur, keine Mitgift der bisherigen Geschichte, sondern der Preis des Kampfes gegen den Zufall der Geburt und gegen die Privilegien, welche die Geschichte von Generation auf Generation bis jetzt vererbt hat. Sie sind das Resultat der Bildung und derjenige kann sie nur besitzen, der sie sich erworben und verdient hat.«

»Kann sie nun der Jude wirklich in Besitz nehmen? Solange er Jude ist, muß über das menschliche Wesen, welches ihn als Menschen mit Menschen verbinden sollte, das beschränkte Wesen, das ihn zum Juden macht, den Sieg davontragen und ihn von den Nichtjuden absondern. Er erklärt durch diese Absonderung, daß das besondere Wesen, das ihn zum Juden macht, sein wahres höchstes Wesen ist, vor welchem das Wesen des Menschen zurücktreten muß.«

»In derselben Weise kann der Christ als Christ keine Menschenrechte gewähren.« (p. 19, 20.)

Der Mensch muß nach Bauer das *»Privilegium des Glaubens«* aufopfern, um die allgemeinen Menschenrechte empfangen zu können. Betrachten wir einen Augenblick die sogenannten Menschenrechte, und zwar die Menschenrechte unter ihrer authentischen Gestalt, unter der Gestalt, welche sie bei ihren *Entdeckern*, den Nordamerikanern und Franzosen, besitzen! Zum Teil sind diese Menschenrechte *politische* Rechte, Rechte, die nur in der Gemeinschaft mit anderen ausgeübt werden. Die *Teilnahme* am *Gemeinwesen*, und zwar am *politischen* Gemeinwesen, am *Staatswesen*, bildet ihren Inhalt. Sie fallen unter die Kategorie der *politischen Freiheit*, unter die Kategorie der *Staatsbürgerrechte*, welche keineswegs, wie wir gesehen, die widerspruchslose und positive Aufhebung der Religion, also etwa auch des Judentums, voraussetzen. Es bleibt der andere Teil der Menschenrechte zu betrachten, die *droits de l'homme*, insofern sie unterschieden sind von den *droits du citoyen*.

In ihrer Reihe findet sich die Gewissensfreiheit, das Recht, einen beliebigen Kultus auszuüben. Das *Privilegium des Glaubens* wird ausdrücklich anerkannt, entweder als ein *Menschenrecht* oder als Konsequenz eines Menschenrechtes, der Freiheit.

Déclaration des droits de l'homme et du citoyen, 1791, art. 10: »Nul ne doit être inquiété pour ses opinions même religieuses.« Im titre I der Const. von 1791 wird als Menschenrecht garantiert: »La liberté à tout homme d'exercer le *culte religieux* auquel il est attaché.«

Déclaration des droits de l'homme, etc. 1793, zählt unter die Menschenrechte, art. 7: »Le libre exercice des cultes.« Ja, in bezug auf das Recht, seine Gedanken und Meinungen zu veröffentlichen, sich zu versammeln, seinen Kultus auszuüben, heißt es sogar: »La nécessité d'énoncer ces *droits* suppose ou la présence ou le souvenir récent du despotisme.« Man vergleiche die Const. von 1795, titre XIV. art. 354.

Constitution de Pennsylvanie, art. 9 § 3: »Tous les hommes ont reçu de la nature le *droit* imprescriptible d'adorer le Tout-Puissant selon les inspirations de leur conscience, et nul ne peut légalement être contraint de suivre, instituer ou soutenir contre son gré aucun culte ou ministère religieux. Nulle autorité humaine ne peut, dans aucun cas, intervenir dans les questions de conscience et contrôler les pouvoirs de l'âme.«

Constitution de New-Hampshire, art. 5 et 6: »Au nombre des droits naturels, quelques-uns sont inaliénables de leur nature, parce que rien n'en peut être l'équivalent. De ce nombre sont les *droits* de conscience.« (Beaumont l. c. p. 213, 214.)

Die Unvereinbarkeit der Religion mit den Menschenrechten liegt so wenig im Begriff der Menschenrechte, daß das *Recht, religiös zu sein*, auf beliebige Weise religiös zu sein, den Kultus seiner besonderen Religion auszuüben, vielmehr ausdrücklich unter die Menschenrechte gezählt wird. Das *Privilegium des Glaubens* ist ein *allgemeines Menschenrecht*.

Die *droits de l'homme*, die Menschenrechte werden als solche unterschieden von den *droits du citoyen*, von den Staatsbürgerrechten. Wer ist der vom *citoyen* unterschiedene *homme*? Niemand anders als das *Mitglied der bürgerlichen Gesellschaft*. Warum wird das Mitglied der bürgerlichen Gesellschaft ›Mensch‹, Mensch schlechthin, warum werden seine Rechte *Menschenrechte* genannt? Woraus erklären wir dies Faktum? Aus dem Verhältnis des politischen Staats zur bürgerlichen Gesellschaft, aus dem Wesen der politischen Emanzipation.

Vor allem konstatieren wir die Tatsache, daß die sogenannten *Menschenrechte*, die *droits de l'homme* im Unterschied von den *droits du citoyen*, nichts anderes sind als die Rechte des *Mitglieds der bürgerlichen Gesellschaft*, d.h. des egoistischen Menschen, des vom Menschen und vom Gemeinwesen getrennten Menschen. Die radikalste Konstitution, die Konstitution von 1793, mag sprechen:

Déclar. des droits de l'homme et du citoyen.

Art. 2. Ces droits etc. (les droits naturels et imprescriptibles) sont: *l'égalité, la liberté, la sûreté, la propriété.*

Worin besteht die *liberté*?

Art. 6. »La liberté est le pouvoir qui appartient à l'homme de faire tout ce qui ne nuit pas aux droits d'autrui«, oder nach der Deklaration der Menschenrechte von 1791: »La liberté consiste à pouvoir faire tout ce qui ne nuit pas à autrui.«

Die Freiheit ist also das Recht, alles zu tun und zu treiben, was keinem anderen schadet. Die Grenze, in welcher sich jeder dem anderen *unschädlich* bewegen kann, ist durch das Gesetz bestimmt, wie die Grenze zweier Felder durch den Zaunpfahl bestimmt ist. Es handelt sich um die Freiheit des Menschen als isolierter auf sich zurückgezogener Monade. Warum ist der Jude nach Bauer unfähig, die Menschenrechte zu empfangen? »Solange er Jude ist, muß über das menschliche Wesen, welches ihn als Menschen mit Menschen verbinden sollte, das beschränkte Wesen, das ihn zum Juden macht, den Sieg davontragen und ihn von den Nichtjuden absondern.« Aber das Menschenrecht der Freiheit basiert nicht auf der Verbindung des Menschen mit dem Menschen, sondern vielmehr auf der Absonderung des Menschen von dem Menschen. Es ist das *Recht* dieser Absonderung, das Recht des *beschränkten*, auf sich beschränkten Individuums.

Die praktische Nutzanwendung des Menschenrechts der Freiheit ist das Menschenrecht des *Privateigentums*.

Worin besteht das Menschenrecht des Privateigentums?

Art. 16. (Const. de 1793): »Le droit de *propriété* est celui qui appartient à tout citoyen de jouir et de disposer *à son gré* de ses biens, de ses revenus, du fruit de son travail et de son industrie.«

Das Menschenrecht des Privateigentums ist also das Recht, willkürlich (à son gré), ohne Beziehung auf andere Menschen, unabhängig von der Gesellschaft, sein Vermögen zu genießen und über dasselbe zu disponieren, das Recht des Eigennutzes. Jene individuelle Freiheit, wie diese Nutzanwendung derselben, bilden die Grundlage der bürgerlichen Gesellschaft. Sie läßt jeden Menschen im anderen Menschen nicht die *Verwirklichung*, sondern vielmehr die *Schranke* seiner Freiheit finden. Sie proklamiert vor allem aber das Menschenrecht, »du jouir et de disposer *à son gré* de ses biens, de ses revenus, du fruit de son travail et de son industrie.«

Es bleiben noch die anderen Menschenrechte, die égalité und die sûreté.

Die égalité, hier in ihrer nichtpolitischen Bedeutung, ist nichts als die Gleichheit der oben beschriebenen *liberté*, nämlich: daß jeder Mensch gleichmäßig als solche auf sich ruhende Monade betrachtet wird. Die Const. von 1795 bestimmt den Begriff dieser Gleichheit, ihrer Bedeutung angemessen, dahin:

Art. 3 (Const. de 1795): »L'égalité consiste en ce que la loi est la même pour tous, soit qu'elle protège, soit qu'elle punisse.«

Und die sûreté?

Art. 8. (Const. de 1793): »La sûreté consiste dans la protection accordée par la société à chacun de ses membres pour la conservation de sa personne, de ses droits et de ses propriétés.«

Die *Sicherheit* ist der höchste soziale Begriff der bürgerlichen Gesellschaft, der Begriff der *Polizei*, daß die ganze Gesellschaft nur da ist, um jedem ihrer Glieder die Erhaltung seiner Person, seiner Rechte und seines Eigentums zu garantieren. Hegel nennt in diesem Sinn die bürgerliche Gesellschaft »den Not- und Verstandesstaat«.

Durch den Begriff der Sicherheit erhebt sich die bürgerliche Gesellschaft nicht über ihren Egoismus. Die Sicherheit ist vielmehr die *Versicherung* des Egoismus.

Keines der sogenannten Menschenrechte geht also über den egoistischen Menschen hinaus, über den Menschen, wie er Mitglied der bürgerlichen Gesellschaft, nämlich auf sich, auf sein Privatinteresse und seine Privatwillkür zurückgezogenes und vom Gemeinwesen abgesondertes Individuum ist. Weit entfernt, daß der Mensch in ihnen als Gattungswesen aufgefaßt wurde, erscheint vielmehr das Gattungsleben selbst, die Gesellschaft, als ein den Individuen äußerlicher Rahmen, als Beschränkung ihrer ursprünglichen Selbständigkeit. Das einzige Band, das sie zusammenhält, ist die Natur-Notwendigkeit, das Bedürfnis und das Privatinteresse, die Konservation ihres Eigentums und ihrer egoistischen Person.

Es ist schon rätselhaft, daß ein Volk, welches eben beginnt, sich zu befreien, alle Barrieren zwischen den verschiedenen Volksgliedern niederzureißen, ein politisches Gemeinwesen zu gründen, daß ein solches Volk die Berechtigung des egoistischen, vom Mitmenschen und vom Gemeinwesen abgesonderten Menschen feierlich proklamiert (Décl. de 1791), ja diese Proklamation in einem Augenblicke wiederholt, wo die heroischeste Hingebung allein die Nation retten kann und daher gebieterisch verlangt wird, in einem Augenblicke, wo die Aufopferung aller Interessen der bürgerlichen Gesellschaft zur Tagesordnung erhoben und der Egoismus als ein Verbrechen bestraft werden muß (Décl. des droits de l'homme etc. de 1793). Noch rätselhafter wird diese Tatsache, wenn wir sehen, daß das Staatsbürgertum, das *politische Gemeinwesen* von den politischen Emanzipatoren sogar zum bloßen *Mittel* für die Erhaltung dieser sogenannten Menschenrechte herabgesetzt, daß also der citoyen zum Diener des egoistischen homme erklärt, die Sphäre, in welcher der Mensch sich als Gemeinwesen verhält, unter die Sphäre, in welcher er sich als Teilwesen verhält, degradiert, endlich nicht der Mensch als citoyen, sondern der Mensch als bourgeois für den *eigentlichen* und *wahren* Menschen genommen wird.

»Le *but* de toute *association politique* est la *conservation* des droits naturels et imprescriptibles de l'homme.« (Décl. des droits etc. de 1791 art. 2.) »Le *gouvernement* est institué pour garantir à l'homme la jouissance de ses droits naturels et imprescriptibles.« (Décl. etc. de 1793 art. 1.) Also selbst in den Momenten seines noch jugendfrischen und durch den Drang der Umstände auf die Spitze getriebenen Enthusiasmus, erklärt sich das politische Leben für ein bloßes *Mittel*, dessen Zweck das Leben der bürgerlichen Gesellschaft ist. Zwar steht seine revolutionäre Praxis in flagrantem Widerspruch mit seiner Theorie. Während z.B. die Sicherheit als ein Menschenrecht erklärt wird, wird die Verletzung des Briefgeheimnisses öffentlich auf die Tagesordnung gesetzt. Während die *»liberté indéfinie* de la presse« (Const. de 1793 art. 122) als Konsequenz des Menschenrechts, der individuellen Freiheit, garantiert wird, wird die Preßfreiheit vollständig vernichtet, denn »la liberté de la presse ne doit pas être permise lorsqu'elle compromet la liberté publique« (Robespierre jeune, hist. parlem. de la rev. franç. par Buchez et Roux, t. 28 p. 159), d.h. also: das Menschenrecht der Freiheit hört auf, ein Recht zu sein, sobald es mit dem *politischen* Leben in Konflikt tritt, während der Theorie nach das politische Leben nur die Garantie der Menschenrechte, der Rechte des individuellen Menschen ist, also aufgegeben werden muß, sobald es seinem *Zwecke*, diesen Menschenrechten widerspricht. Aber die Praxis ist nur die Ausnahme, und die Theorie ist die Regel. Will man aber selbst die revolutionäre Praxis als die richtige Stellung des Verhältnisses betrachten, so bleibt immer noch das Rätsel zu lösen, warum im Bewußtsein der politischen Emanzipatoren das Verhältnis auf den Kopf gestellt ist und der Zweck als Mittel, das Mittel als Zweck erscheint. Diese optische Täuschung ihres Bewußtseins wäre immer noch dasselbe Rätsel, obgleich dann ein psychologisches, ein theoretisches Rätsel.

Das Rätsel löst sich einfach.

Die politische Emanzipation ist zugleich die *Auflösung* der alten Gesellschaft, auf welcher das dem Volk entfremdete Staatswesen, die Herrschermacht, ruht. Die politische Revolution ist die Revolution der bürgerlichen Gesellschaft. Welches war der Charakter der alten Gesellschaft? Ein Wort charakterisiert sie. Die *Feudalität*. Die alte bürgerliche Gesellschaft hatte *unmittelbar* einen *politischen* Charakter, d.h. die Elemente des bürgerlichen Lebens, wie z.B. der Besitz oder die Familie oder die Art und Weise der Arbeit, waren in der Form der Grundherrlichkeit, des Standes und der Korporation zu Elementen des Staatslebens erhoben. Sie bestimmten in dieser Form das Verhältnis des einzelnen Individuums zum *Staatsganzen*, d.h. sein *politisches* Verhältnis, d.h. sein Verhältnis zur Trennung und Ausschließung von den anderen Bestandteilen der Gesellschaft. Denn jene Organisation des Volkslebens erhob den Besitz oder die Arbeit nicht zu sozialen Elementen, sondern vollendete vielmehr ihre *Trennung* von dem Staatsganzen und konstituierte sie zu *besonderen* Gesellschaften in der Gesellschaft. So waren indes immer noch die Lebensfunktionen und Lebensbedingungen der bürgerlichen Gesellschaft politisch, wenn auch politisch im Sinne der Feudalität, d. h. sie schlossen das Individuum vom Staatsganzen ab, sie verwandelten das *besondere* Verhältnis seiner Korporation zum Staatsganzen in sein eigenes allgemeines Verhältnis zum Volksleben, wie seine bestimmte bürgerliche Tätigkeit und Situation in seine allgemeine Tätigkeit und Situation. Als Konsequenz dieser Organisation erscheint notwendig die Staatseinheit, wie das Bewußtsein, der Wille und die Tätigkeit der Staatseinheit, die allgemeine Staatsmacht, ebenfalls als *besondere* Angelegenheit eines von dem Volke abgeschiedenen Herrschers und seiner Diener.

Die politische Revolution, welche diese Herrschermacht stürzte und die Staatsangelegenheiten zu Volksangelegenheiten erhob, welche den politischen Staat als *allgemeine* Angelegenheit, d. h. als wirklichen Staat konstituierte, zerschlug notwendig alle Stände, Korporationen, Innungen, Privilegien, die ebensoviele Ausdrücke der Trennung des Volkes von seinem Gemeinwesen waren. Die politische Revolution *hob* damit den *politischen Charakter der bürgerlichen Gesellschaft auf*. Sie zerschlug die bürgerliche Gesellschaft in ihre einfachen Bestandteile, einerseits in die *Individuen*, andererseits in die *materiellen* und *geistigen Elemente*, welche den Lebensinhalt, die bürgerliche Situation dieser Individuen bilden. Sie entfesselte den politischen Geist, der gleichsam in die verschiedenen Sackgassen der feudalen Gesellschaft zerteilt, zerlegt, zerlaufen war; sie sammelte ihn aus dieser Zerstreuung, sie befreite ihn von seiner Vermischung mit dem bürgerlichen Leben und konstituierte ihn als die Sphäre des Gemeinwesens, der *allgemeinen* Volksangelegenheit in idealer Unabhängigkeit von jenen *besonderen* Elementen des bürgerlichen Lebens. Die *bestimmte* Lebenstätigkeit und die bestimmte Lebenssituation sanken zu einer nur individuellen Bedeutung herab. Sie bildeten nicht mehr das allgemeine Verhältnis des Individuums zum Staatsganzen. Die öffentliche Angelegenheit als solche ward vielmehr zur allgemeinen Angelegenheit jedes Individuums und die politische Funktion zu seiner allgemeinen Funktion.

Allein die Vollendung des Idealismus des Staats war zugleich die Vollendung des Materialismus der bürgerlichen Gesellschaft. Die Abschüttlung des politischen Jochs war zugleich die Abschüttlung der Bande, welche den egoistischen Geist der bürgerlichen Gesellschaft gefesselt hielten. Die politische Emanzipation war zugleich die Emanzipation der bürgerlichen Gesellschaft von der Politik, von dem *Schein* selbst eines allgemeinen Inhalts.

Die feudale Gesellschaft war aufgelöst in ihren Grund, in den *Menschen*. Aber in den Menschen, wie er wirklich ihr Grund war, in den *egoistischen* Menschen.

Dieser *Mensch*, das Mitglied der bürgerlichen Gesellschaft, ist nun die Basis, die Voraussetzung des *politischen* Staats. Er ist von ihm als solche anerkannt in den Menschenrechten.

Die Freiheit des egoistischen Menschen und die Anerkennung dieser Freiheit ist aber vielmehr die Anerkennung der *zügellosen* Bewegung der geistigen und materiellen Elemente, welche seinen Lebensinhalt bilden.

Der Mensch wurde daher nicht von der Religion befreit, er erhielt die Religionsfreiheit. Er wurde nicht vom Eigentum befreit. Er erhielt die Freiheit des Eigentums. Er wurde nicht von dem Egoismus des Gewerbes befreit, er erhielt die Gewerbefreiheit.

Die *Konstitution des politischen Staats* und die Auflösung der bürgerlichen Gesellschaft in die unabhängigen *Individuen* – deren Verhältnis das *Recht* ist, wie das Verhältnis der Standes- und Innungsmenschen das *Privilegium* war – vollzieht sich in *einem und demselben Akte*. Der Mensch, wie er Mitglied der bürgerlichen Gesellschaft ist, der *unpolitische* Mensch, erscheint aber notwendig als der *natürliche* Mensch. Die *droits de l'homme* erscheinen als *droits naturels*, denn die *selbstbewußte Tätigkeit* konzentriert sich auf den *politischen Akt*. Der *egoistische* Mensch ist das *passive*, nur *vorgefundene* Resultat der aufgelösten Gesellschaft, Gegenstand der *unmittelbaren Gewißheit*, also *natürlicher* Gegenstand. Die *politische Revolution* löst das bürgerliche Leben in seine Bestandteile auf, ohne diese Bestandteile selbst zu *revolutionieren* und der Kritik zu unterwerfen. Sie verhält sich zur bürgerlichen Gesellschaft, zur Welt der Bedürfnisse, der Arbeit, der Privatinteressen, des Privatrechts, als zur *Grundlage ihres Bestehens*, als zu einer nicht weiter begründeten *Voraussetzung*, daher als zu ihrer *Naturbasis*. Endlich gilt der Mensch, wie er Mitglied der bürgerlichen Gesellschaft ist, für den *eigentlichen* Menschen, für den *homme* im Unterschied von dem *citoyen*, weil er der Mensch in seiner sinnlichen individuellen *nächsten* Existenz ist, während der *politische* Mensch nur der abstrahierte, künstliche Mensch ist, der Mensch als eine *allegorische, moralische* Person. Der wirkliche Mensch ist erst in der Gestalt des *egoistischen* Individuums, der *wahre* Mensch erst in der Gestalt des *abstrakten citoyen* anerkannt.

Die Abstraktion des politischen Menschen schildert Rousseau richtig also:

»Celui qui ose entreprendre d'instituer un peuple doit se sentir en état de *changer* pour ainsi dire la *nature humaine*, de *transformer* chaque individu, qui par lui-même est un tout parfait et solitaire, en *partie* d'un plus grand tout dont cet individu reçoive en quelque sorte sa vie et son être, de substituer une *existence partielle* et *morale* à l'existence physique et indépendante. Il faut qu'il ôte à *l'homme ses forces propres* pour lui en donner qui lui soient étrangères et dont il ne puisse faire usage sans le secours d'autrui.« (Cont. Soc. liv. II, Londr. 1782, p. 67.)

Alle Emanzipation ist *Zurückführung* der menschlichen Welt, der Verhältnisse, auf den *Menschen selbst.*

Die politische Emanzipation ist die Reduktion des Menschen, einerseits auf das Mitglied der bürgerlichen Gesellschaft, auf das *egoistische unabhängige* Individuum, andererseits auf den *Staatsbürger*, auf die moralische Person.

Erst wenn der wirkliche individuelle Mensch den abstrakten Staatsbürger in sich zurücknimmt und als individueller Mensch in seinem empirischen Leben, in seiner individuellen Arbeit, in seinen individuellen Verhältnissen, *Gattungswesen* geworden ist, erst wenn der Mensch seine ›forces propres‹ als *gesellschaftliche* Kräfte erkannt und organisiert hat und daher die gesellschaftliche Kraft nicht mehr in der Gestalt der *politischen* Kraft von sich trennt, erst dann ist die menschliche Emanzipation vollbracht.

2.
Die Fähigkeit der heutigen Juden und Christen, frei zu werden. Von Bruno Bauer. (Einundzwanzig Bogen pag. 56–71.)

Unter dieser Form behandelt Bauer das Verhältnis der *jüdischen und christlichen Religion*, wie das Verhältnis derselben zur Kritik. Ihr Verhältnis zur Kritik ist ihr Verhältnis »zur Fähigkeit frei zu werden«.

Es ergibt sich: »Der Christ hat nur eine Stufe, nämlich seine Religion zu übersteigen, um die Religion überhaupt aufzugeben«, also frei zu werden, »der Jude dagegen hat nicht nur mit seinem jüdischen Wesen, sondern auch mit der Entwicklung[,] der Vollendung seiner Religion zu brechen, mit einer Entwicklung, die ihm fremd geblieben ist«. (p. 71.)

Bauer verwandelt also hier die Frage von der Judenemanzipation in eine rein religiöse Frage. Der theologische Skrupel, wer eher Aussicht hat, selig zu werden, Jude oder Christ, wiederholt sich in der aufgeklärten Form: wer von beiden ist *emanzipationsfähiger*? Es fragt sich zwar nicht mehr: macht Judentum oder Christentum frei? sondern vielmehr umgekehrt: was macht freier, die Negation des Judentums oder die Negation des Christentums?

»Wenn sie frei werden wollen, so dürfen sich die Juden nicht zum Christentum bekennen, sondern zum aufgelösten Christentum, zur aufgelösten Religion überhaupt, d.h. zur Aufklärung, Kritik und ihrem Resultate, der freien Menschlichkeit.« (p. 70.)

Es handelt sich immer noch um ein *Bekenntnis* für den Juden, aber nicht mehr um das Bekenntnis zum Christentum, sondern zum aufgelösten Christentum.

Bauer stellt an den Juden die Forderung, mit dem Wesen der christlichen Religion zu brechen, eine Forderung, welche, wie er selbst sagt, nicht aus der Entwicklung des jüdischen Wesens hervorgeht.

Nachdem Bauer am Schluß der Judenfrage das Judentum nur als die rohe religiöse Kritik des Christentums begriffen, ihm also eine ›nur‹ religiöse Bedeutung abgewonnen hatte, war vorherzusehen, daß auch die Emanzipation der Juden in einen philosophisch-theologischen Akt sich verwandeln werde.

Bauer faßt das *ideale* abstrakte Wesen des Juden, seine *Religion* als sein *ganzes* Wesen. Er schließt daher mit Recht: »Der Jude gibt der Menschheit nichts, wenn er sein beschränktes Gesetz für sich mißachtet«, wenn er sein ganzes Judentum aufhebt. (p. 65.)

Das Verhältnis der Juden und Christen wird demnach folgendes: das einzige Interesse des Christen an der Emanzipation des Juden ist ein allgemein menschliches, ein *theoretisches* Interesse. Das Judentum ist eine beleidigende Tatsache für das religiöse Auge des Christen. Sobald sein Auge aufhört, religiös zu sein, hört diese Tatsache auf, beleidigend zu sein. Die Emanzipation des Juden ist an und für sich keine Arbeit für den Christen.

Der Jude dagegen, um sich zu befreien, hat nicht nur seine eigene Arbeit, sondern zugleich die Arbeit des Christen, die Kritik der Synoptiker und das Leben Jesu etc. durchzumachen.

»Sie mögen selber zusehen: sie werden sich selber ihr Geschick bestimmen; die Geschichte aber läßt mit sich nicht spotten.« (p. 71.)

Wir versuchen, die theologische Fassung der Frage zu brechen. Die Frage nach der Emanzipationsfähigkeit des Juden verwandelt sich uns in die Frage, welches besondere *gesellschaftliche* Element zu überwinden sei, um das Judentum aufzuheben? Denn die Emanzipationsfähigkeit des heutigen Juden ist das Verhältnis des Judentums zur Emanzipation der heutigen Welt. Dies Verhältnis ergibt sich notwendig aus der besonderen Stellung des Judentums in der heutigen geknechteten Welt.

Betrachten wir den wirklichen weltlichen Juden, nicht den *Sabbathjuden*, wie Bauer es tut, sondern den *Alltagsjuden*.

Suchen wir das Geheimnis des Juden nicht in seiner Religion, sondern suchen wir das Geheimnis der Religion im wirklichen Juden.

Welches ist der weltliche Grund des Judentums? Das *praktische* Bedürfnis, der *Eigennutz*.

Welches ist der weltliche Kultus des Juden? Der *Schacher*. Welches ist sein weltlicher Gott? Das *Geld*.

Nun wohl! Die Emanzipation vom *Schacher* und vom *Geld*, also vom praktischen, realen Judentum wäre die Selbstemanzipation unserer Zeit.

Eine Organisation der Gesellschaft, welche die Voraussetzungen des Schachers, also die Möglichkeit des Schachers aufhöbe, hätte den Juden unmöglich gemacht. Sein religiöses Bewußtsein würde wie ein fader Dunst in der wirklichen Lebensluft der Gesellschaft sich auflösen. Andererseits: wenn der Jude dies sein *praktisches* Wesen als nichtig erkennt und an seiner Aufhebung arbeitet, arbeitet er aus seiner bisherigen Entwicklung heraus, an *der menschlichen Emanzipation* schlechthin und kehrt sich gegen den *höchsten praktischen* Ausdruck der menschlichen Selbstentfremdung.

Wir erkennen also im Judentum ein allgemeines *gegenwärtiges antisoziales* Element, welches durch die geschichtliche Entwicklung, an welcher die Juden in dieser schlechten Beziehung eifrig mitgearbeitet, auf seine jetzige Höhe getrieben wurde, auf eine Höhe, auf welcher es sich notwendig auflösen muß.

Die *Judenemanzipation* in ihrer letzten Bedeutung ist die Emanzipation der Menschheit vom *Judentum*.

Der Jude hat sich bereits auf jüdische Weise emanzipiert. »Der Jude, der in Wien z.B. nur toleriert ist, bestimmt durch seine Geldmacht das Geschick des ganzen Reichs. Der Jude, der in dem kleinsten deutschen Staate rechtlos sein kann, entscheidet über das Schicksal Europas.

Während die Korporationen und Zünfte dem Juden sich verschließen oder ihm noch nicht geneigt sind, spottet die Kühnheit der Industrie des Eigensinns der mittelalterlichen Institute.« (B. Bauer, Judenfrage, p. 114.)

Es ist dies kein vereinzeltes Faktum. Der Jude hat sich auf jüdische Weise emanzipiert, nicht nur, indem er sich die Geldmacht angeeignet, sondern indem durch ihn und ohne ihn *das Geld* zur Weltmacht und der praktische Judengeist zum praktischen Geist der christlichen Völker geworden ist. Die Juden haben sich insoweit emanzipiert, als die Christen zu Juden geworden sind.

Der fromme und politisch freie Bewohner von Neuengland, berichtet z.B. Oberst Hamilton, »ist eine Art von *Laokoon*, der auch nicht die geringste Anstrengung macht, um sich von den Schlangen zu befreien, die ihn zusammenschnüren. *Mammon* ist ihr Götze, sie beten ihn nicht nur allein mit ihren Lippen, sondern mit allen Kräften ihres Körpers und ihres Gemüts an. Die Erde ist in ihren Augen nichts anderes als eine Börse, und sie sind überzeugt, daß sie hienieden keine andere Bestimmung haben, als reicher zu werden denn ihre Nachbarn. Der Schacher hat sich aller ihrer Gedanken bemächtigt, die Abwechslung in den Gegenständen bildet ihre einzige Erholung. Wenn sie reisen, tragen sie, sozusagen, ihren Kram oder ihr Komptoir auf dem Rücken mit sich herum und sprechen von nichts als von Zinsen und Gewinn. Wenn sie einen Augenblick ihre Geschäfte aus den Augen verlieren, so geschieht dieses bloß, um jene von anderen zu beschnüffeln.«

Ja, die praktische Herrschaft des Judentums über die christliche Welt hat in Nordamerika den unzweideutigen, normalen Ausdruck erreicht, daß die *Verkündigung des Evangeliums* selbst, daß das christliche Lehramt zu einem Handelsartikel geworden ist, und der bankerotte Kaufmann im Evangelium macht wie der reichgewordene Evangelist in Geschäftchen. »*Tel que vous voyez à la tête d'une congrégation respectable a commencé par être marchand; son commerce étant tombé, il s'est fait ministre; cet autre a débuté par le sacerdoce, mais dès qu'il a eu quelque somme d'argent à sa disposition, il a laissé la chaire pour le négoce. Aux yeux d'un grand nombre, le ministère religieux est une véritable carrière industrielle.*« (*Beaumont*, l. c. p. 185, 186.)

Nach Bauer ist es ein lügenhafter Zustand, wenn in der Theorie dem Juden die politischen Rechte vorenthalten werden, während er in der Praxis eine ungeheure Gewalt besitzt und seinen politischen Einfluß, wenn er ihm im *détail* verkürzt wird, *en gros* ausübt. (Judenfrage, p. 114.)

Der Widerspruch, in welchem die praktische politische Macht des Juden zu seinen politischen Rechten steht, ist der Widerspruch der Politik und Geldmacht überhaupt. Während die erste ideal über der zweiten steht, ist sie in der Tat zu ihrem Leibeigenen geworden.

Das Judentum hat sich *neben* dem Christentum gehalten, nicht nur als religiöse Kritik des Christentums, nicht nur als inkorporierter Zweifel an der religiösen Abkunft des Christentums, sondern ebensosehr, weil der praktisch-jüdische Geist, weil das Judentum in der christlichen Gesellschaft selbst sich gehalten und sogar seine höchste Ausbildung erhalten hat. Der Jude, der als ein besonderes Glied in der bürgerlichen Gesellschaft steht, ist nur die besondere Erscheinung von dem Judentum der bürgerlichen Gesellschaft.

Das Judentum hat sich nicht trotz der Geschichte, sondern durch die Geschichte erhalten.

Aus ihren eigenen Eingeweiden erzeugt die bürgerliche Gesellschaft fortwährend den Juden.

Welches war an und für sich die Grundlage der jüdischen Religion? Das praktische Bedürfnis, der Egoismus.

Der Monotheismus des Juden ist daher in der Wirklichkeit der Polytheismus der vielen Bedürfnisse, ein Polytheismus, der auch den Abtritt zu einem Gegenstand des göttlichen Gesetzes macht. Das *praktische Bedürfnis, der Egoismus* ist das Prinzip der *bürgerlichen Gesellschaft* und tritt rein als solches hervor, sobald die bürgerliche Gesellschaft den politischen Staat vollständig aus sich herausgeboren. Der Gott des *praktischen Bedürfnisses und Eigennutzes* ist das *Geld*.

Das Geld ist der eifrige Gott Israels, vor welchem kein anderer Gott bestehen darf. Das Geld erniedrigt alle Götter des Menschen – und verwandelt sie in eine Ware. Das Geld ist der allgemeine, für sich selbst konstituierte *Wert* aller Dinge. Es hat daher die ganze Welt, die Menschenwelt wie die Natur, ihres eigentümlichen Wertes beraubt. Das Geld ist das dem Menschen entfremdete Wesen seiner Arbeit und seines Daseins, und dies fremde Wesen beherrscht ihn, und er betet es an.

Der Gott der Juden hat sich verweltlicht, er ist zum Weltgott geworden. Der Wechsel ist der wirkliche Gott des Juden. Sein Gott ist nur der illusorische Wechsel.

Die Anschauung, welche unter der Herrschaft des Privateigentums und des Geldes von der Natur gewonnen wird, ist die wirkliche Verachtung, die praktische Herabwürdigung der Natur, welche in der jüdischen Religion zwar existiert, aber nur in der Einbildung existiert.

In diesem Sinn erklärt es Thomas Münzer für unerträglich, »daß alle Kreatur zum Eigentum gemacht worden sei, die Fische im Wasser, die Vögel in der Luft, das Gewächs auf Erden – auch die Kreatur müsse frei werden.«

Was in der jüdischen Religion abstrakt liegt, die Verachtung der Theorie, der Kunst, der Geschichte, des Menschen als Selbstzweck, das ist der *wirkliche bewußte* Standpunkt, die Tugend des Geldmenschen. Das

Gattungsverhältnis selbst, das Verhältnis von Mann und Weib etc. wird zu einem Handelsgegenstand! Das Weib wird verschachert.

Die *chimärische* Nationalität des Juden ist die Nationalität des Kaufmanns, überhaupt des Geldmenschen.

Das grund- und bodenlose Gesetz des Juden ist nur die religiöse Karikatur der grund- und bodenlosen Moralität und des Rechts überhaupt, der nur *formellen* Riten, mit welchen sich die Welt des Eigennutzes umgibt.

Auch hier ist das höchste Verhältnis des Menschen das *gesetzliche* Verhältnis, das Verhältnis zu Gesetzen, die ihm nicht gelten, weil sie die Gesetze seines eigenen Willens und Wesens sind, sondern weil sie *herrschen* und weil der Abfall von ihnen *gerächt* wird.

Der jüdische Jesuitismus, derselbe praktische Jesuitismus, den Bauer im Talmud nachweist, ist das Verhältnis der Welt des Eigennutzes zu den sie beherrschenden Gesetzen, deren schlaue Umgehung die Hauptkunst dieser Welt bildet.

Ja die Bewegung dieser Welt innerhalb ihrer Gesetze ist notwendig eine stete Aufhebung des Gesetzes.

Das *Judentum* konnte sich als *Religion*, es konnte sich theoretisch nicht weiter entwickeln, weil die Weltanschauung des praktischen Bedürfnisses ihrer Natur nach borniert und in wenigen Zügen erschöpft ist.

Die Religion des praktischen Bedürfnisses konnte ihrem Wesen nach die Vollendung nicht in der Theorie, sondern nur in der *Praxis* finden, eben weil ihre Wahrheit die Praxis ist.

Das Judentum konnte keine neue Welt schaffen; es konnte nur die neuen Weltschöpfungen und Weltverhältnisse in den Bereich seiner Betriebsamkeit ziehen, weil das praktische Bedürfnis, dessen Verstand der Eigennutz ist, sich passiv verhält und sich nicht beliebig erweitert, sondern sich erweitert *findet* mit der Fortentwicklung der gesellschaftlichen Zustände.

Das Judentum erreicht seinen Höhepunkt mit der Vollendung der bürgerlichen Gesellschaft; aber die bürgerliche Gesellschaft vollendet sich erst in der *christlichen* Welt. Nur unter der Herrschaft des Christentums, welches *alle* nationalen, natürlichen, sittlichen, theoretischen Verhältnisse dem Menschen *äußerlich* macht, konnte die bürgerliche Gesellschaft sich vollständig vom Staatsleben trennen, alle Gattungsbande des Menschen zerreißen, den Egoismus, das eigennützige Bedürfnis an die Stelle dieser Gattungsbande setzen, die Menschenwelt in eine Welt atomistischer, feindlich sich gegenüberstehender Individuen auflösen.

Das Christentum ist aus dem Judentum entsprungen. Es hat sich wieder in das Judentum aufgelöst.

Der Christ war von vornherein der theoretisierende Jude, der Jude ist daher der praktische Christ, und der praktische Christ ist wieder Jude geworden.

Das Christentum hatte das reale Judentum nur zum Schein überwunden. Es war zu *vornehm*, zu spiritualistisch, um die Roheit des praktischen Bedürfnisses anders als durch die Erhebung in die blaue Luft zu beseitigen.

Das Christentum ist der sublime Gedanke des Judentums, das Judentum ist die gemeine Nutzanwendung des Christentums, aber diese Nutzanwendung konnte erst zu einer allgemeinen werden, nachdem das Christentum als die fertige Religion die Selbstentfremdung des Menschen von sich und der Natur *theoretisch* vollendet hatte.

Nun erst konnte das Judentum zur allgemeinen Herrschaft gelangen und den entäußerten Menschen, die entäußerte Natur zu *veräußerlichen*, verkäuflichen, der Knechtschaft des egoistischen Bedürfnisses, dem Schacher anheimgefallenen Gegenständen machen.

Die Veräußerung ist die Praxis der Entäußerung. Wie der Mensch, solange er religiös befangen ist, sein Wesen nur zu vergegenständlichen weiß, indem er es zu einem *fremden* phantastischen Wesen macht, so kann er sich unter der Herrschaft des egoistischen Bedürfnisses nur praktisch betätigen, nur praktisch Gegenstände erzeugen, indem er seine Produkte, wie seine Tätigkeit, unter die Herrschaft eines fremden Wesens stellt und ihnen die Bedeutung eines fremden Wesens – des Geldes – verleiht.

Der christliche Seligkeitsegoismus schlägt in seiner vollendeten Praxis notwendig um in den Leibesegoismus des Juden, das himmlische Bedürfnis in das irdische, der Subjektivismus in den Eigennutz. Wir erklären die Zähigkeit des Juden nicht aus seiner Religion, sondern vielmehr aus dem menschlichen Grunde seiner Religion, dem praktischen Bedürfnis, dem Egoismus.

Weil das reale Wesen des Juden in der bürgerlichen Gesellschaft sich allgemein verwirklicht, verweltlicht hat, darum konnte die bürgerliche Gesellschaft den Juden nicht von der *Unwirklichkeit* seines *religiösen* Wesens, welches eben nur die ideale Anschauung des praktischen Bedürfnisses ist, überzeugen. Also nicht nur im Pentateuch oder im Talmud, in der jetzigen Gesellschaft finden wir das Wesen des heutigen Juden, nicht als ein abstraktes, sondern als ein höchst empirisches Wesen, nicht nur als Beschränktheit des Juden, sondern als die jüdische Beschränktheit der Gesellschaft.

Sobald es der Gesellschaft gelingt, das *empirische* Wesen des Judentums, den Schacher und seine Voraussetzungen aufzuheben, ist der Jude *unmöglich* geworden, weil sein Bewußtsein keinen Gegenstand mehr hat, weil die subjektive Basis des Judentums das praktische Bedürfnis vermenschlicht, weil der Konflikt der individuell-sinnlichen Existenz mit der Gattungsexistenz des Menschen aufgehoben ist.

Die *gesellschaftliche* Emanzipation des Juden ist die *Emanzipation der Gesellschaft vom Judentum*.

Karl Marx

⌊Kritik der Hegelschen Dialektik und Philosophie überhaupt]

(Schlußkapitel der ›Ökonomisch-philosophischen Manuskripte‹)

6) An diesem Punkte ist vielleicht der Ort, sowohl zur Verständigung und Berechtigung über die Hegelsche Dialektik überhaupt als namentlich über ihre Ausführung in der Phänomenologie und Logik, endlich über das Verhältnis der neuern kritischen Bewegung einige Andeutungen zu geben.

Die Beschäftigung mit dem Inhalt der alten Welt, die von dem Stoff befangne Entwicklung der modernen deutschen Kritik war so gewaltsam, daß ein völlig kritikloses Verhalten zur Methode des Kritisierens und eine völlige Bewußtlosigkeit über die *teils formelle*, aber wirklich *wesentliche* Frage stattfand, wie halten wir es nun mit der Hegelschen *Dialektik*? Die Bewußtlosigkeit – über das Verhältnis der modernen Kritik zur Hegelschen Philosophie überhaupt und zur Dialektik namentlich – war so groß, daß Kritiker, wie *Strauß* und *Bruno Bauer*, der erstere vollständig, der zweite in seinen ›Synoptikern‹ (wo er dem Strauß gegenüber das ›Selbstbewußtsein‹ des abstrakten Menschen an die Stelle der Substanz der ›abstrakten Natur‹ stellt)[1] und selbst noch im ›entdeckten Christentum‹ wenigstens der Potenz nach noch vollständig innerhalb der Hegelschen Logik befangen sind. So heißt es z. B. in dem entdeckten Christentum[2]: »Als ob nicht das Selbstbewußtsein, indem es die Welt, den Unterschied setzt und in dem, was es hervorbringt, sich selbst hervorbringt, da es den Unterschied des Hervorgebrachten von ihm selbst wieder aufhebt, da es nur im Hervorbringen[3] und in der Bewegung es selber ist – als ob es nicht in dieser Bewegung seinen Zweck hätte« etc. oder: »Sie (die französischen Materialisten) haben noch nicht sehen können, daß die Bewegung des Universums erst als die Bewegung des Selbstbewußtseins wirklich für sich geworden und zur Einheit mit ihr selbst zusammengegangen ist«. Ausdrücke, die auch nicht einmal in der Sprache einen Unterschied von der Hegelschen Auffassung zeigen, sondern sie vielmehr wörtlich wiederholen.

/XII/ Wie wenig während des Akts der Kritik (Bauer, die ›Synoptiker‹) ein Bewußtsein vorhanden war über[4] das Verhältnis zur Hegelschen Dialektik, wie wenig dieses Bewußtsein auch nach dem Akt der stofflichen Kritik entstand, beweist Bauer, wenn er in seiner ›guten Sache der Freiheit‹ die vorlaute Frage des Herrn Gruppe, »was nun mit der Logik«, dadurch abweist, daß er ihn auf kommende Kritiker verweist.

Aber auch nun, nachdem *Feuerbach* – sowohl in seinen ›Thesen‹ in den ›Anecdotis‹, als ausführlich in der ›Philosophie der Zukunft‹ die alte Dialektik und Philosophie dem Keime nach umgeworfen hat – nachdem dagegen jene Kritik, welche diese Tat nicht zu vollbringen wußte, dagegen die Tat vollbracht sah, als reine, entschiedne, absolute, mit sich ins Klare gekommene Kritik ausgerufen, nachdem sie in ihrem spiritualistischen Hochmut die ganze geschichtliche Bewegung auf das Verhältnis der übrigen Welt – die ihr gegenüber unter die Kategorie der ›Masse‹ fällt – zu ihr selbst reduziert und alle dogmatischen Gegensätze in dem *einen* dogmatischen Gegensatz ihrer eignen Klugheit und der Dummheit der Welt, des kritischen Christus und der Menschheit, als den ›*Haufen*‹ aufgelöst hat, nachdem sie ihre eigne Vortrefflichkeit täglich und stündlich an der Geistlosigkeit der Masse bewiesen hat, nachdem sie endlich das kritische *jüngste Gericht* unter der Gestalt verkündigt hat, daß der Tag herannahe, wo die ganze verfallende Menschheit ihr gegenüber sich scharen werde, – von ihr in Gruppen sondiert und jeder besondere Haufen sein testimonium paupertatis erhalten werde, nachdem sie ihre Erhabenheit über menschliche Empfindungen, wie über die Welt, über welche sie in erhabener Einsamkeit thronend, nur von Zeit zu Zeit das Gelächter der olympischen Götter von ihren sarkastischen Lippen schallen läßt, hat drucken lassen[5], – nach allen diesen ergötzlichen Gebarungen des unter der Form der Kritik verscheidenden Idealismus (des Junghegeltums) hat er auch nicht einmal die Ahnung ausgesprochen, daß man sich nun kritisch mit seiner Mutter, der Hegelschen Dialektik auseinanderzusetzen habe, ja selbst als kein kritisches Verhältnis zur Feuerbachischen Dialektik anzugeben gewußt. Ein völliges unkritisches Verhalten zu sich selbst.

Feuerbach ist der einzige, der ein *ernsthaftes*, ein *kritisches* Verhältnis zur Hegelschen Dialektik hat und wahrhafte Entdeckungen auf diesem Gebiete gemacht hat, überhaupt der wahre Überwinder der alten Philosophie ist. Die Größe der Leistung und die geräuschlose Einfachheit, womit Feuerbach sie der Welt gibt, stehn in einem wunderlichen Gegensatz zu dem umgekehrten Verhältnis.

Feuerbachs große Tat ist: 1) der Beweis, daß die Philosophie nichts andres ist als die in Gedanken gebrachte und denkend ausgeführte

Religion; also ebenfalls zu verurteilen ist, eine andre Form und Daseinsweise der Entfremdung des menschlichen Wesen;

2) Die Gründung des *wahren Materialismus* und der *reellen Wissenschaft*, indem Feuerbach das gesellschaftliche Verhältnis »des Menschen zum Menschen« ebenso zum Grundprinzip der Theorie macht,

3) indem er der Negation der Negation, die das absolut Positive zu sein behauptet, das auf sich selbst ruhende und positiv auf sich selbst begründete Positive entgegenstellt.

Feuerbach erklärt die Hegelsche Dialektik – (und begründet dadurch den Ausgang vom Positiven, vom Sinnlich-Gewissen) – folgendermaßen:

Hegel geht aus von der Entfremdung (Logisch: dem Unendlichen, abstrakt Allgemeinen) der Substanz, der absoluten und fixierten Abstraktion, – d.h. populär ausgedrückt, er geht von der Religion und Theologie aus.

Zweitens: Er hebt das Unendliche auf, setzt das Wirkliche, Sinnliche, Reale, Endliche, Besondre[6] (Philosophie, Aufhebung der Religion und Theologie).

Drittens. Er hebt das Positive wieder auf, stellt die Abstraktion, das Unendliche, wieder her. Wiederherstellung der Religion und Theologie.

Feuerbach faßt also die Negation der Negation *nur* als Widerspruch der Philosophie mit sich selbst auf, als die Philosophie, welche die Theologie (Transzendenz etc.) bejaht, nachdem sie dieselbe verneint hat, also im Gegensatz zu sich selbst bejaht.

Die Position oder Selbstbejahung und Selbstbestätigung, die in der Negation der Negation liegt, wird für eine ihrer selbst noch nicht sichere, darum mit ihrem Gegensatz behaftete, an sich selbst zweifelnde und darum des Beweises bedürftige, also nicht durch ihr Dasein sich selbst beweisende, als nicht eingestandene /XIII/ Position gefaßt und darum ihr direkt und unvermittelt die sinnlichgewisse auf sich selbst gegründete Position entgegengestellt.

Aber indem Hegel die Negation der Negation – der positiven Beziehung nach, die in ihr liegt, als das wahrhaft und einzig Positive – der negativen Beziehung nach, die in ihr liegt, als den einzig wahren Akt und Selbstbetätigungsakt alles Seins – aufgefaßt hat, hat er nur den *abstrakten, logischen, spekulativen* Ausdruck für die Bewegung der Geschichte gefunden, die noch nicht *wirkliche* Geschichte des Menschen als eines vorausgesetzten Subjekts, sondern erst *Erzeugungsakt, Entstehungsgeschichte* des Menschen ist. – Sowohl die abstrakte Form werden wir erklären, als den Unterschied, den diese Bewegung bei Hegel im Gegensatz zur modernen Kritik zu demselben Prozeß in Feuerbachs Wesen des Christentums hat oder vielmehr die *kritische* Gestalt dieser bei Hegel noch unkritischen Bewegung. – Ein Blick auf das Hegelsche System. Man muß beginnen mit der Hegelschen *Phänomenologie*, der wahren Geburtsstätte und dem Geheimnis der Hegelschen Philosophie. –

Phänomenologie. A) *Das Selbstbewußtsein*.

I. *Bewußtsein*. α) Sinnliche Gewißheit oder das Dieses und das Meinen. β) Die *Wahrnehmung* oder das Ding mit seinen Eigenschaften und die *Täuschung*. γ) Kraft und Verstand, Erscheinung und übersinnliche Welt.

II. *Selbstbewußtsein*. Die Wahrheit der Gewißheit seiner selbst. a) Selbständigkeit und Unselbständigkeit des Selbstbewußtseins, Herrschaft und Knechtschaft. b) Freiheit des Selbstbewußtseins. Stoizismus, Skeptizismus, das unglückliche Bewußtsein.

III. *Vernunft*. Gewißheit und Wahrheit der Vernunft. a) Beobachtende Vernunft; Beobachtung der Natur und des Selbstbewußtseins. b) Verwirklichung des vernünftigen Selbstbewußtseins durch sich selbst. Die Lust und die Notwendigkeit. Das Gesetz des Herzens und der Wahnsinn des Eigendünkels. Die Tugend und der Weltlauf. c) Die Individualität, welche sich an und für sich reell ist. Das geistige Tierreich und der Betrug oder die Sache selbst. Die gesetzgebende Vernunft. Die gesetzprüfende Vernunft.

B) *Der Geist*.

I. Der *wahre* Geist: die Sittlichkeit. II. Der sich entfremdete Geist, die Bildung. III. Der seiner selbst gewisse Geist, die Moralität.

C) *Die Religion. Natürliche, Kunstreligion, offenbare Religion*.

D) *Das absolute Wissen*.

Wie die *Enzyklopädie* Hegels mit der Logik beginnt, mit dem *reinen spekulativen Gedanken*, und mit dem *absoluten Wissen*, dem selbstbewußten, sich selbst erfassenden philosophischen oder absoluten, d.i. übermenschlichen abstrakten Geiste[7], aufhört, so ist die ganze Enzyklopädie[8] nichts als das *ausgebreitete Wesen* des philosophischen Geistes[9], seine Selbstvergegenständlichung; wie der philosophische Geist nichts ist, als der innerhalb seiner Selbstentfremdung denkend d.h. abstrakt sich erfassende entfremdete Geist der Welt. Die *Logik* – das *Geld* des Geistes, der spekulative, der *Gedankenwert* des Menschen und der Natur – ihr gegen alle wirkliche Bestimmtheit vollständig gleichgültig gewordenes und darum unwirkliches Wesen – das *entäußerte*, daher von der Natur und dem wirklichen Menschen abstrahierende *Denken*; das *abstrakte* Denken. – Die *Äußerlichkeit dieses abstrakten Denkens* ... die *Natur*, wie sie für dies abstrakte Denken ist. Sie ist ihm äußerlich, sein Selbstverlust; und er faßt sie auch äußerlich, als abstrakten Gedanken, aber als entäußertes abstraktes Denken – endlich der *Geist*, dies in seine eigne Geburtsstätte heimkehrende Denken, welches sich als anthropologischer, phänomenologischer, psychologischer, sittlicher, künstlich-religiöser Geist immer noch erst für sich selbst gilt, bis es sich endlich als *absolutes* Wissen in dem nun absoluten, i. e. abstrakten Geist vorfindet und selbstbezieht, sein bewußtes und ihm entsprechendes Dasein erhält. Denn sein wirkliches Dasein ist die *Abstraktion*. – –

Ein doppelter Fehler bei Hegel.

Der erste tritt in der Phänomenologie als der Geburtsstätte der Hegelschen Philosophie am klarsten hervor. Wenn er z.B. Reichtum, Staatsmacht etc. als dem *menschlichen* Wesen entfremdete Wesen gefaßt, so geschieht dies nur in ihrer Gedankenform ... Sie sind Gedankenwesen – daher bloß eine Entfremdung des *reinen*, d.i. abstrakten philosophischen Denkens. Die ganze Bewegung endet daher mit dem absoluten Wissen. Wovon diese Gegenstände entfremdet sind und wem sie mit der Anmaßung der Wirklichkeit entgegentreten, das ist eben das abstrakte Denken. Der *Philosoph* legt sich – also selbst eine abstrakte Gestalt des entfremdeten Menschen – als den *Maßstab* der entfremdeten Welt an. Die ganze *Entäußerungsgeschichte* und die ganze *Zurücknahme* der Entäußerung ist daher nichts, als die *Produktionsgeschichte* des abstrakten i.e. absoluten Denkens, des logischen spekulativen Denkens.[10] Die *Entfremdung*, welche daher das eigentliche Interesse dieser Entäußerung und Aufhebung dieser Entäußerung bildet, ist der Gegensatz von *an sich* und *für sich*, von *Bewußtsein* und *Selbstbewußtsein*, von *Objekt und Subjekt*, d.h. der Gegensatz des abstrakten Denkens und der sinnlichen Wirklichkeit oder der wirklichen Sinnlichkeit, innerhalb des Gedankens selbst. Alle andren Gegensätze und Bewegungen dieser Gegensätze sind nur der *Schein*, die *Hülle*, die *exoterische* Gestalt dieser[11] einzig interessanten Gegensätze, welche den *Sinn* der andren, profanen G[egensätze] bilden.[12] Nicht, daß das menschliche Wesen sich *unmenschlich*, im Gegensatz zu sich selbst sich *vergegenständlicht*, sondern, daß es im *Unterschied* vom und im *Gegensatz* zum abstrakten Denken sich *vergegenständlicht*, gilt als das gesetzte und als das aufzuhebende Wesen der Entfremdung.

/XVIII/ Die Aneignung der zu Gegenständen[13] und zu fremden Gegenständen gewordenen Wesenkräfte des Menschen ist also erstens nur eine *Aneignung*, die im *Bewußtsein*, im *reinen Denken*, i.e. in der *Abstraktion* vor sich geht, die Aneignung dieser Gegenstände als *Gedanken* und *Gedankenbewegungen*, weshalb schon in der Phänomenologie – trotz ihres durchaus negativen und kritischen Aussehens und trotz der wirklich in ihr enthaltenen, oft weit der spätern Entwicklung vorgreifenden Kritik – schon der unkritische Positivismus und der ebenso unkritische Idealismus der spätern Hegelschen Werke – diese philosophische Auflösung und Wiederherstellung der vorhandenen Empirie – latent liegt, als Keim, als Potenz, als ein Geheimnis vorhanden ist. *Zweitens*. Die Vindizierung der gegenständlichen Welt für den Menschen – z.B. die Erkenntnis, daß das *sinnliche* Bewußtsein kein *abstrakt* sinnliches Bewußtsein, sondern ein *menschlich* sinnliches Bewußtsein, daß die Religion, der Reichtum etc. nur die entfremdete Wirklichkeit der *menschlichen* Vergegenständlichung, der zum Werk herausgebornen *menschlichen* Wesenskräfte und darum nur der *Weg* zur wahren *menschlichen* Wirklichkeit sind –, diese Aneignung oder die Einsicht in diesen Prozeß erscheint daher bei Hegel so, daß die *Sinnlichkeit, Religion*, Staatsmacht etc. *geistige* Wesen sind – denn nur der Geist ist das *wahre* Wesen des Menschen, und die wahre Form des Geistes ist der denkende Geist, der logische, spekulative Geist. Die *Menschlichkeit* der Natur und der von der Geschichte erzeugten Natur, der Produkte des Menschen, erscheint darin, daß sie *Produkte* des abstrakten Geistes sind und insofern also *geistige* Momente, *Gedankenwesen*. Die Phänomenologie ist daher die verborgne, sich selbst noch unklare und mystizierende Kritik; aber insofern sie die *Entfremdung* des Menschen – wenn auch der Mensch nur in der Gestalt des Geistes erscheint – festhält, liegen in ihr *alle* Elemente der Kritik verborgen und oft schon in einer weit den Hegelschen Standpunkt überragenden Weise *vorbereitet* und *ausgearbeitet*. Das ›unglückliche Bewußtsein‹, das ›ehrliche Bewußtsein‹, der Kampf des ›edelmütigen und niederträchtigen Bewußtseins‹ etc. etc., diese einzelnen Abschnitte enthalten die *kritischen* Elemente – aber noch in einer entfremdeten Form – ganzer

Sphären, wie der Religion, des Staats, des bürgerlichen Lebens etc. Wie also das *Wesen, der Gegenstand* als Gedankenwesen, so ist das *Subjekt* immer *Bewußtsein* oder *Selbstbewußtsein*, oder vielmehr der Gegenstand erscheint nur als *abstraktes* Bewußtsein, der Mensch nur als *Selbstbewußtsein*, die unterschiedenen Gestalten der Entfremdung, die auftreten, sind daher nur verschiedne Gestalten des Bewußtseins und Selbstbewußtseins. Wie *an sich* das abstrakte Bewußtsein – als welches der Gegenstand gefaßt wird – bloß ein Unterscheidungsmoment des Selbstbewußtseins ist – so tritt auch als Resultat der Bewegung die Identität des Selbstbewußtseins mit dem Bewußtsein, das absolute Wissen, die nicht mehr nach außen hin, sondern nur noch in sich selbst vorgehnde Bewegung des abstrakten Denkens als Resultat auf, d.h. die Dialektik des reinen Gedankens ist das Resultat.

|XXIII| Das Große an der Hegelschen *Phänomenologie* und ihrem Endresultate – der Dialektik der Negativität als dem bewegenden und erzeugenden Prinzip – ist also einmal, daß Hegel die Selbsterzeugung des Menschen als einen Prozeß faßt, die Vergegenständlichung als Entgegenständlichung, als Entäußerung und als Aufhebung dieser Entäußerung; daß er also das Wesen der *Arbeit* faßt und den gegenständlichen Menschen, wahren, weil wirklichen Menschen, als Resultat seiner *eignen Arbeit* begreift. Das *wirkliche*, tätige Verhalten des Menschen zu sich als Gattungswesen oder die Betätigung seiner als eines wirklichen Gattungswesens, d.h. als menschlichen Wesens, ist nur möglich dadurch, daß er wirklich alle seine *Gattungskräfte* – was wieder nur durch das Gesamtwirken der Menschen möglich ist, nur als Resultat der Geschichte – herausschafft, sich zu ihnen als Gegenständen verhält, was zunächst wieder nur in der Form der Entfremdung möglich ist.

Die Einseitigkeit und die Grenze Hegels werden wir nun ausführlich an dem Schlußkapitel der Phänomenologie, dem absoluten Wissen – ein Kapitel, welches sowohl den zusammengefaßten Geist der Phänomenologie, ihr Verhältnis zur spekulativen Dialektik, als auch das *Bewußtsein* Hegels über beide und ihr wechselseitiges Verhältnis enthält – darstellen.

Vorläufig nehmen wir nur noch das vorweg: Hegel steht auf dem Standpunkt der modernen Nationalökonomie. Er erfaßt die *Arbeit* als das *Wesen*, als das sich bewährende Wesen des Menschen; er sieht nur die positive Seite der Arbeit, nicht ihre negative. Die Arbeit ist das *Fürsichwerden des Menschen* innerhalb der *Entäußerung* oder als *entäußerter* Mensch. Die Arbeit, welche Hegel allein kennt und anerkennt, ist die *abstrakt geistige*. Was also überhaupt das Wesen der Philosophie bildet, die *Entäußerung des sich wissenden Menschen* oder die sich *denkende entäußerte* Wissenschaft, dies erfaßt Hegel als ihr Wesen, und er kann daher der vorhergehenden Philosophie gegenüber ihre einzelnen Momente zusammenfassen und seine Philosophie als *die* Philosophie darstellen. Was die andern Philosophen taten – daß sie einzelne Momente der Natur und des menschlichen Lebens als Momente des Selbstbewußtseins und zwar des abstrakten Selbstbewußtseins fassen – das *weiß* Hegel aus dem *Tun* der Philosophie, darum ist seine Wissenschaft absolut. Gehn wir nun zu unserm Gegenstand über.

Das absolute Wissen. Letztes Kapitel der Phänomenologie.

Die Hauptsache ist, daß der *Gegenstand des Bewußtseins* nichts andres als das *Selbstbewußtsein* oder daß der Gegenstand nur das *vergegenständlichte Selbstbewußtsein*, das Selbstbewußtsein als Gegenstand ist. (Setzen des Menschen = Selbstbewußtsein.)

Es gilt daher den *Gegenstand des Bewußtseins* zu überwinden. Die *Gegenständlichkeit* als solche gilt für ein *entfremdetes*, dem *menschlichen Wesen*, dem Selbstbewußtsein nicht entsprechendes Verhältnis des Menschen. Die *Wiederaneignung* des als fremd, unter der Bestimmung der Entfremdung erzeugten gegenständlichen Wesens des Menschen hat also nicht nur die Bedeutung, die *Entfremdung*, sondern die *Gegenständlichkeit* aufzuheben, d.h. also der Mensch gilt als ein *nicht-gegenständliches, spiritualistisches* Wesen.

Die Bewegung der *Überwindung des Gegenstandes des Bewußtseins* beschreibt Hegel nun wie folgt:

Der *Gegenstand* zeigt sich nicht nur (das ist nach Hegel die *einseitige* – also die eine Seite erfassende – Auffassung jener Bewegung) als *zurückkehrend* in das *Selbst*. Der Mensch wird gleich Selbst gesetzt. Das Selbst ist aber nur der *abstrakt* gefaßte und durch Abstraktion erzeugte Mensch. Der Mensch *ist* selbstisch. Sein Auge, sein Ohr etc. ist *selbstisch*; jede seiner Wesenskräfte hat in ihm die Eigenschaft der *Selbstigkeit*. Aber deswegen ist es nun ganz falsch zu sagen: Das *Selbstbewußtsein* hat Aug', Ohr, Wesenskraft. Das Selbstbewußtsein ist vielmehr eine Qualität der menschlichen Natur, des menschlichen Auges etc., nicht die menschliche Natur ist eine Qualität des /XXIV/ *Selbstbewußtseins*.

Das für sich abstrahierte und fixierte Selbst ist der Mensch als *abstrakter Egoist*, der in seine reine Abstraktion zum Denken erhobene *Egoismus*. (Wir kommen später hierauf zurück.)

Das *menschliche Wesen*, der *Mensch*, gilt für Hegel gleich *Selbstbewußtsein*. Alle Entfremdung des menschlichen Wesens ist daher *nichts* als *Entfremdung des Selbstbewußtseins*. Die Entfremdung des Selbstbewußtseins gilt nicht als *Ausdruck*, im Wissen und Denken sich abspiegelnder Ausdruck der *wirklichen* Entfremdung des menschlichen Wesens. Die *wirkliche*, als real erscheinende Entfremdung vielmehr ist ihrem *innersten* verborgenen – und erst durch die Philosophie ans Licht gebrachten – Wesen nach nichts andres als die *Erscheinung* von der Entfremdung des wirklichen menschlichen Wesens, des *Selbstbewußtseins*. Die Wissenschaft, welche dies begreift, heißt daher *Phänomenologie*. Alle Wiederaneignung des entfremdeten gegenständlichen Wesens erscheint daher als eine Einverleibung in das Selbstbewußtsein; der sich seines Wesens bemächtigende Mensch ist *nur* das der gegenständlichen[14] Wesen sich bemächtigende Selbstbewußtsein, Rückkehr des Gegenstandes in das Selbst ist daher die Wiederaneignung des Gegenstandes. –

Allseitig ausgedrückt ist die *Überwindung* des *Gegenstandes des Bewußtseins*:

1) daß der Gegenstand als solcher sich dem Bewußtsein als verschwindend darstellt; 2) daß die Entäußerung des Selbstbewußtseins es ist, welche die Dingheit setzt; 3) daß diese Entäußerung nicht nur *negative*, sondern *positive* Bedeutung hat, 4) sie nicht nur *für uns* oder an sich, sondern *für es selbst* hat. 5) *Für es* hat das Negative des Gegenstandes oder dessen sich selbst Aufheben dadurch die *positive* Bedeutung oder es *weiß* diese Nichtigkeit desselben dadurch, daß es sich selbst entäußert, denn in dieser[15] Entäußerung setzt es *sich* als Gegenstand oder den Gegenstand um der untrennbaren Einheit des *Fürsichseins* willen als sich selbst. 6) Andrerseits liegt hierin zugleich dies andre Moment, daß es diese Entäußerung und Gegenständlichkeit eben so sehr auch aufgehoben und in sich zurückgenommen hat, also in *seinem* Anderssein *als solchem bei sich* ist. 7) Dies ist die Bewegung des Bewußtseins und dies ist darum die Totalität seiner Momente. 8) Es muß sich ebenso zu dem Gegenstand nach der Totalität seiner Bestimmungen verhalten und ihn nach jeder derselben so erfaßt haben. Diese Totalität seiner Bestimmungen macht ihn *an sich* zum *geistigen Wesen* und für das Bewußtsein wird dies in Wahrheit durch das Auffassen einer jeden[16] einzelnen derselben als des *Selbsts* oder durch das oben genannte *geistige* Verhalten zu ihnen.

ad 1) Daß der Gegenstand als solcher sich dem Bewußtsein als verschwindend darstellt, ist die oben erwähnte *Rückkehr des Gegenstandes in das Selbst*.

ad 2) Die *Entäußerung des Selbstbewußtseins* setzt die *Dingheit*. Weil der Mensch = Selbstbewußtsein, so ist sein entäußertes gegenständliches Wesen oder die *Dingheit* – (das, *was für ihn Gegenstand* ist, und Gegenstand ist wahrhaft nur für ihn, was ihm wesentlicher Gegenstand, was also sein *gegenständliches* Wesen ist. Da nun nicht der *wirkliche Mensch*, darum auch nicht die *Natur* – der Mensch ist die *menschliche Natur* –, als solcher zum Subjekt gemacht wird, sondern nur die Abstraktion des Menschen, das Selbstbewußtsein, so kann die Dingheit nur das entäußerte Selbstbewußtsein sein) gleich dem *entäußerten Selbstbewußtsein*, und die *Dingheit* ist durch diese Entäußerung gesetzt. Daß ein lebendiges, natürliches, mit gegenständlichen, i.e. materiellen Wesenskräften ausgerüstetes und begabtes Wesen auch sowohl *wirkliche natürliche Gegenstände* seines Wesens hat, als daß seine Selbstentäußerung die Setzung einer *wirklichen*, aber unter der Form der *Äußerlichkeit*, also zu seinem Wesen nicht gehörigen und übermächtigen, gegenständlichen Welt ist, ist ganz natürlich. Es ist nichts Unbegreifliches und Rätselhaftes dabei. Vielmehr wäre das Gegenteil rätselhaft. Aber daß ein *Selbstbewußtsein*, d.h. seine Entäußerung, nur die *Dingheit*, d.h. selbst nur ein abstraktes Ding, ein Ding der Abstraktion und kein *wirkliches* Ding setzen kann, ist ebenso klar. Es ist */XXVI/* ferner klar, daß die Dingheit daher durchaus nichts *Selbständiges, Wesentliches* gegen das Selbstbewußtsein, sondern ein bloßes Geschöpf, ein von ihm *Gesetztes* ist, und das Gesetzte, statt sich selbst zu bestätigen, ist nur eine Bestätigung des Aktes des Setzens, der einen Augenblick seine Energie als das Produkt fixiert und zum *Schein* ihm die Rolle – aber nur für einen Augenblick – eines selbständigen, wirklichen Wesens erteilt.

Wenn der wirkliche, leibliche, auf der festen wohlgerundeten Erde stehende, alle Naturkräfte aus- und einatmende *Mensch* seine wirklichen, gegenständlichen *Wesenskräfte* durch seine Entäußerung als fremde Gegenstände *setzt*, so ist nicht das *Setzen* Subjekt; es ist die Subjektivität *gegenständlicher* Wesenskräfte, deren Aktion daher auch eine *gegenständliche*[17] sein muß. Das gegenständliche Wesen wirkt gegenständlich, und es würde nicht gegenständlich wirken, wenn nicht das Gegenständliche in seiner Wesensbestimmung läge. Es schafft, setzt *nur Gegenstände, weil* es durch Gegenstände gesetzt ist, weil es von Haus aus *Natur* ist. In dem Akt des Setzens fällt es also nicht aus seiner ›reinen Tätigkeit‹ in ein *Schaffen* des *Gegenstandes*, sondern sein *gegenständliches* Produkt bestätigt nur seine *gegenständliche* Tätigkeit, seine Tätigkeit als eine Tätigkeit eines gegenständlichen natürlichen Wesens.

Wir sehn hier, wie der durchgeführte Naturalismus oder Humanismus sich sowohl von dem Idealismus, als dem Materialismus unterscheidet und zugleich ihre beide vereinigende Wahrheit ist. Wir sehn zugleich, wie nur der Naturalismus fähig ist, den Akt der Weltgeschichte zu begreifen.[18]

Der *Mensch* ist unmittelbar *Naturwesen*. Als Naturwesen und als lebendiges Naturwesen ist er teils mit *natürlichen Kräften*, mit *Lebenskräften* ausgerüstet, ein *tätiges* Naturwesen; diese Kräfte existieren in ihm als Anlagen und Fähigkeiten, als *Triebe*; teils ist er als natürliches, leibliches, sinnliches, gegenständliches Wesen ein *leidendes*, bedingtes und beschränktes Wesen, wie es auch das Tier und die Pflanze ist, d.h. die *Gegenstände* seiner Triebe existieren außer ihm, als von ihm unabhängige *Gegenstände*, aber diese Gegenstände sind *Gegenstände* seines *Bedürfnisses*, zur Betätigung und Bestätigung seiner Wesenskräfte unentbehrliche, wesentliche *Gegenstände*. Daß der Mensch ein *leibliches*, naturkräftiges, lebendiges, wirkliches, sinnliches, gegenständliches Wesen ist, heißt, daß er *wirkliche, sinnliche Gegenstände* zum Gegenstand seines Wesens, seiner Lebensäußerung hat oder daß er nur an wirklichen, sinnlichen Gegenständen sein Leben *äußern* kann. Gegenständlich, natürlich, sinnlich *sein* und sowohl Gegenstand, Natur, Sinn außer sich haben oder selbst Gegenstand, Natur, Sinn für ein drittes sein ist identisch.[19] Der *Hunger* ist ein natürliches *Bedürfnis*; er bedarf also einer *Natur* außer sich, eines *Gegenstandes* außer sich, um sich zu befriedigen, um sich zu stillen. Der Hunger ist das gegenständliche Bedürfnis eines Leibes nach einem außer ihm seienden, zu seiner Integrierung und Wesensäußerung unentbehrlichen *Gegenstande*. Die Sonne ist der *Gegenstand* der Pflanze, ein ihr unentbehrlicher, ihr Leben bestätigender Gegenstand, wie die Pflanze Gegenstand der Sonne ist, als *Äußerung* von der lebenserweckenden Kraft der Sonne, von der *gegenständlichen* Wesenskraft der Sonne.

Ein Wesen, welches seine Natur nicht außer sich hat, ist kein *natürliches* Wesen, nimmt nicht Teil am Wesen der Natur. Ein Wesen, welches keinen Gegenstand außer sich hat, ist kein gegenständliches Wesen. Ein Wesen, welches nicht selbst Gegenstand für ein drittes Wesen ist, hat kein Wesen zu seinem *Gegenstand*, d.h. verhält sich nicht gegenständlich, sein Sein ist kein Gegenständliches.

/XXVII/ Ein ungegenständliches Wesen ist ein *Unwesen*.

Setzt ein Wesen, welches weder selbst Gegenstand ist, noch einen Gegenstand hat. Ein solches Wesen wäre erstens das *einzige* Wesen, es existierte kein Wesen außer ihm, es existierte einsam und allein. Denn sobald es Gegenstände außer mir gibt, sobald ich nicht *allein* bin, bin ich ein *andres*, eine *andre Wirklichkeit* als der Gegenstand außer mir. Für diesen dritten Gegenstand bin ich also eine *andre Wirklichkeit* als er, d.h. *sein* Gegenstand. Ein Wesen, welches nicht Gegenstand eines andern Wesens ist, unterstellt also, daß *kein* gegenständliches Wesen existiert. Sobald ich einen Gegenstand habe, hat dieser Gegenstand mich zum Gegenstand. Aber ein *ungegenständliches* Wesen ist ein unwirkliches, unsinnliches, nur gedachtes, d.h. nur eingebildetes Wesen, ein Wesen der Abstraktion. *Sinnlich* sein, d.h. wirklich sein, ist, Gegenstand des Sinns sein, *sinnlicher* Gegenstand sein, also sinnliche Gegenstände außer sich haben, Gegenstände seiner Sinnlichkeit haben. Sinnlich sein ist *leidend* sein.

Der Mensch als ein gegenständliches sinnliches Wesen ist daher ein *leidendes* und weil seine Leiden empfindendes Wesen, ein *leidenschaftliches* Wesen. Die Leidenschaft, die Passion ist die nach[20] seinem Gegenstand energisch strebende[21] Wesenskraft des Menschen.

Aber der Mensch ist nicht nur Naturwesen, sondern er ist *menschliches* Naturwesen; d.h. für sich selbst seiendes Wesen, darum *Gattungswesen*, als welches er sich sowohl in seinem Sein als in seinem Wissen bestätigen und betätigen muß. Weder sind also die *menschlichen* Gegenstände die Naturgegenstände, wie sie sich unmittelbar bieten, noch ist der *menschliche* Sinn, wie er unmittelbar *ist*, gegenständlich ist, *menschliche* Sinnlichkeit, menschliche Gegenständlichkeit. Weder die Natur – objektiv – noch die Natur subjektiv ist unmittelbar dem *menschlichen* Wesen adäquat vorhanden.[22] Und wie alles Natürliche *entstehn* muß, so hat auch der *Mensch* seinen Entstehungsakt, die *Geschichte*, die aber für ihn eine gewußte und darum als Entstehungsakt mit Bewußtsein sich aufhebender Entstehungsakt ist. Die Geschichte ist die wahre Naturgeschichte des Menschen. – (Darauf ist zurückzukommen.)

Drittens, weil dies Setzen der Dingheit selbst nur ein Schein, ein dem Wesen der reinen Tätigkeit widersprechender Akt ist, muß er auch wieder aufgehoben, die Dingheit geleugnet werden.

ad. 3, 4, 5, 6. 3) Diese Entäußerung des Bewußtseins hat nicht nur *negative*, sondern auch *positive* Bedeutung und 4) diese positive Bedeutung nicht nur *für uns* oder an sich, sondern für es, das Bewußtsein selbst. 5) *Für es* hat das Negative des Gegenstandes oder dessen sich selbst Aufheben dadurch die *positive* Bedeutung, oder es *weiß* diese Nichtigkeit desselben dadurch, daß es *sich* selbst entäußert, denn in dieser Entäußerung *weiß* es als Gegenstand oder den Gegenstand um der untrennbaren

Einheit des *Fürsichseins* willen als sich selbst. 6) Andrerseits liegt hierin zugleich das andre Moment, daß es diese Entäußerung und Gegenständlichkeit eben so sehr auch aufgehoben und in sich zurückgenommen hat, also in seinem *Anderssein als solchem bei sich ist*.[23]

Wir haben schon gesehn. Die Aneignung des entfremdeten gegenständlichen Wesens oder die Aufhebung der Gegenständlichkeit unter der Bestimmung der *Entfremdung* – die von der gleichgültigen Fremdheit bis zur wirklich feindseligen Entfremdung fortgehen muß – hat für Hegel zugleich oder sogar hauptsächlich die Bedeutung, die *Gegenständlichkeit* aufzuheben, weil nicht der *bestimmte* Charakter des Gegenstandes, sondern sein *gegenständlicher* Charakter für das Selbstbewußtsein das Anstößige in der Entfremdung ist. Der Gegenstand ist daher ein Negatives, ein sich selbst Aufhebendes, eine *Nichtigkeit*. Diese Nichtigkeit desselben hat für das Bewußtsein nicht nur eine negative, sondern eine *positive* Bedeutung, denn jene *Nichtigkeit* des Gegenstandes ist eben die Selbst*bestätigung* der Ungegenständlichkeit, der */XXVIII/ Abstraktion*, seiner selbst. Für das *Bewußtsein selbst* hat die Nichtigkeit des Gegenstands darum eine positive Bedeutung, daß es diese Nichtigkeit, das gegenständliche Wesen, als seine *Selbstentäußerung weiß*; daß es weiß, daß sie nur ist durch seine Selbstentäußerung …

Die Art, wie das Bewußtsein ist, und wie etwas für es ist, ist das *Wissen*. Das Wissen ist sein einziger Akt. Etwas wird daher für dasselbe, insofern es dies *Etwas weiß*. Wissen ist sein einziges gegenständliches Verhalten. – Es weiß nun die Nichtigkeit des Gegenstandes, d.h. das Nichtunterschiedensein des Gegenstands von ihm, das Nichtsein des Gegenstandes für es – dadurch, daß es den Gegenstand als seine *Selbstentäußerung* weiß, d.h. sich – das[24] Wissen als Gegenstand – dadurch weiß, daß der Gegenstand nur der *Schein* eines Gegenstandes, ein vorgemachter Dunst ist, seinem Wesen nach aber nichts andres als das Wissen selbst, welches sich sich selbst entgegenstellt und daher sich eine *Nichtigkeit*, ein Etwas entgegengestellt hat, was *keine* Gegenständlichkeit außer dem Wissen hat; oder das Wissen weiß, daß es, indem es sich zu einem Gegenstand verhält, nur *außer* sich ist, sich entäußert; daß *es selbst* sich nur als Gegenstand *erscheint*, oder daß das, was ihm als Gegenstand erscheint, nur es selbst ist.

Andrerseits, sagt Hegel, liegt hierin zugleich dies andre Moment, daß es diese Entäußerung und Gegenständlichkeit eben so sehr aufgehoben und in sich zurückgenommen hat, also in seinem *Anderssein als solchem bei sich* ist.

Wir haben in dieser Auseinandersetzung alle Illusionen der Spekulation zusammen.

Einmal: Das Bewußtsein, das Selbstbewußtsein ist in *seinem Anderssein als solchem bei sich*. Es ist daher – oder wenn wir hier von der Hegelschen Abstraktion abstrahieren und statt das Selbstbewußtsein das Selbstbewußtsein des Menschen setzen – es ist in seinem *Anderssein als solchem bei sich*. Darin liegt einmal, daß das Bewußtsein – das Wissen als Wissen – das Denken als Denken – unmittelbar das *andere* seiner selbst [zu] sein, Sinnlichkeit, Wirklichkeit, Leben zu sein vorgibt – das im Denken sich überbietende Denken. (Feuerbach.) Diese Seite ist hierin enthalten, insofern das Bewußtsein als nur Bewußtsein nicht an der entfremdeten Gegenständlichkeit, sondern an der *Gegenständlichkeit als solcher*[25] seinen Anstoß hat.[26]

Zweitens liegt hierin, daß der selbstbewußte Mensch[27], insofern er die geistige Welt – oder das geistige allgemeine Dasein seiner Welt – als Selbstentäußerung erkannt und aufgehoben hat, er dieselbe dennoch wieder in dieser entäußerten Gestalt bestätigt und als sein wahres Dasein ausgibt, sie wiederherstellt, *in seinem Anderssein als solchem bei sich* zu sein vorgibt, also nach Aufhebung z. B. der Religion, nach der Erkennung der Religion als eines Produkts der Selbstentäußerung, dennoch in der *Religion als Religion* sich bestätigt findet. Hier *ist* die Wurzel des *falschen* Positivismus Hegels oder seines nur *scheinbaren* Kritizismus; was Feuerbach als Setzen, Negieren und Wiederherstellen der Religion oder Theologie bezeichnet – was aber allgemeiner zu fassen ist. Also die Vernunft ist bei sich in der Unvernunft als Unvernunft. Der Mensch, der in Recht, Politik etc. ein entäußertes Leben zu führen erkannt hat, führt in diesem entäußerten Leben als solchem sein wahres menschliches[28] Leben. Die Selbstbejahung, Selbstbestätigung im *Widerspruch* mit sich selbst, sowohl mit dem Wissen als mit dem Wesen des Gegenstandes, ist also das wahre *Wissen* und *Leben*.

Von einer Akkommodation Hegels gegen Religion, Staat etc. kann also keine Rede mehr sein, da diese Lüge die Lüge seines Progresses ist.

/XXIX/ Wenn ich die Religion als *entäußertes* menschliches Selbstbewußtsein *weiß*, so weiß ich also in ihr als Religion nicht mein Selbstbewußtsein, sondern mein entäußertes Selbstbewußtsein in ihr bestätigt. Mein sich selbst, seinem Wesen angehöriges Selbstbewußtsein weiß ich also dann nicht in der *Religion*, sondern vielmehr in der *vernichteten, aufgehobnen* Religion bestätigt.

Bei Hegel ist die Negation der Negation daher nicht die Bestätigung des wahren Wesens, eben durch die Negation des Scheinwesens, sondern die Bestätigung des Scheinwesens, oder des sich entfremdeten Wesens in seiner Verneinung oder die Verneinung dieses Scheinwesens als eines gegenständlichen, außer dem Menschen hausenden und von ihm unabhängigen Wesens und seine Verwandlung in das Subjekt.[29]

Eine eigentümliche Rolle spielt daher das *Aufheben*, worin die *Verneinung* und die Aufbewahrung, die Bejahung verknüpft sind.

So z.B. ist in Hegels Rechtsphilosophie das aufgehobne *Privatrecht* gleich *Moral*, die aufgehobne Moral gleich *Familie*, die aufgehobne Familie gleich *bürgerliche Gesellschaft*, die aufgehobne bürgerliche Gesellschaft gleich *Staat*, der aufgehobne Staat gleich *Weltgeschichte*. In der *Wirklichkeit* bleiben Privatrecht, Moral, Familie, bürgerliche Gesellschaft, Staat etc. bestehn, nur sind sie zu *Momenten* geworden, zu Existenzen und Daseinsweisen des Menschen, die nicht isoliert gelten, sich wechselseitig auflösen und erzeugen etc. *Momente der Bewegung*.

In ihrer wirklichen Existenz ist dies ihr *bewegliches* Wesen verborgen. Zum Vorschein, zur Offenbarung kömmt es erst im Denken, in der Philosophie, und darum ist mein wahres religiöses Dasein mein *religionsphilosophisches* Dasein, mein wahres politisches Dasein mein *rechtsphilosophisches* Dasein, mein wahres natürliches Dasein das *naturphilosophische* Dasein, mein wahres künstlerisches Dasein das *kunstphilosophische* Dasein, mein wahres menschliches Dasein mein *philosophisches* Dasein. Eben so ist die wahre Existenz von Religion, Staat, Natur, Kunst: die Religions-, Natur-, Staats-, Kunst*philosophie*. Wenn aber mir die Religionsphilosophie etc. nur das wahre Dasein der Religion ist, so bin ich auch nur als *Religionsphilosoph* wahrhaft religiös und so verleugne ich die *wirkliche* Religiösität und den wirklich *religiösen* Menschen. Aber zugleich *bestätige* ich sie, teils innerhalb meines eignen Daseins oder innerhalb des fremden Daseins, das ich ihnen entgegensetze, denn dieses *ist* nur ihr *philosophischer* Ausdruck; teils in ihrer eigentümlichen ursprünglichen Gestalt, denn sie gelten mir als das nur *scheinbare* Anderssein, als Allegorien, unter sinnlichen Hüllen verborgne Gestalten ihres eignen wahren, id est meines *philosophischen* Daseins.[30]

Ebenso ist die aufgehobne *Qualität* gleich *Quantität*, die aufgehobne Quantität gleich *Maß*, das aufgehobne Maß gleich *Wesen*, das aufgehobne Wesen gleich *Erscheinung*, die aufgehobne Erscheinung gleich *Wirklichkeit*, die aufgehobne Wirklichkeit gleich *Begriff*, der aufgehobne Begriff gleich *Objektivität*, die aufgehobne Objektivität gleich *absoluter Idee*, die aufgehobne absolute Idee gleich *Natur*, die aufgehobne Natur gleich *subjektivem* Geist, der aufgehobne subjektive Geist gleich *sittlichem* objektivem Geist, der aufgehobne sittliche Geist gleich *Kunst*, die aufgehobne Kunst gleich *Religion*, die aufgehobne Religion gleich *absolutem* Wissen.

Einerseits ist dies Aufheben ein Aufheben des gedachten Wesens, also das *gedachte* Privateigentum hebt sich auf in den *Gedanken* der Moral. Und weil das Denken sich einbildet, unmittelbar das Andre seiner selbst zu sein, *sinnliche Wirklichkeit*, also ihm seine Aktion auch für *sinnliche wirkliche* Aktion gilt, so glaubt dies denkende Aufheben, welches seinen Gegenstand in der Wirklichkeit stehen läßt, ihn wirklich überwunden zu haben und andrerseits, weil er ihm nun als Gedankenmoment geworden ist, drum gilt er ihm auch in seiner Wirklichkeit als Selbstbestätigung seiner selbst, des Selbstbewußtseins, der Abstraktion.

/XXX/ Nach der einen Seite hin ist das Dasein, welches Hegel in die Philosophie *aufhebt*, daher nicht die *wirkliche* Religion, Staat, Natur, sondern die Religion selbst schon als ein Gegenstand des Wissens, die *Dogmatik*, so die *Jurisprudenz, Staatswissenschaft, Naturwissenschaft*. Nach der einen Seite steht er also im Gegensatz sowohl zu dem *wirklichen* Wesen als zu der unmittelbaren unphilosophischen *Wissenschaft* oder zu den unphilosophischen *Begriffen* dieses Wesens. Er widerspricht daher ihren gangbaren Begriffen.

Andrerseits kann sich der religiöse etc. Mensch in Hegel seine letzte Bestätigung finden.

Es sind nun die *positiven* Momente der Hegelschen Dialektik – innerhalb der Bestimmung der Entfremdung – zu fassen.

a) Das *Aufheben*, als gegenständliche, die Entäußerung in sich *zurücknehmende* Bewegung. – Es ist dies die innerhalb der Entfremdung ausgedrückte Einsicht von der *Aneignung* des gegenständlichen Wesens durch die Aufhebung seiner Entfremdung, die entfremdete Einsicht in die *wirkliche Vergegenständlichung* des Menschen, in die wirkliche Aneignung seines gegenständlichen Wesens durch die Vernichtung der *entfremdeten* Bestimmung der gegenständlichen Welt, durch ihre Aufhebung, in ihrem entfremdeten Dasein, wie der Atheismus als Aufhebung Gottes das Werden des theoretischen Humanismus, der Kommunismus als Aufhebung des Privateigentums die Vindikation des[31] wirklichen menschlichen Lebens als seines Eigentums ist, dies Werden des praktischen Humanismus ist, oder der Atheismus ist der durch Aufhebung der Religion, der Kommunismus der durch Aufhebung des Privateigentums mit sich vermittelte Humanismus. Erst durch die Aufhebung dieser Vermittelung – die aber eine notwendige Voraussetzung ist – wird der positiv von sich selbst beginnende, der *positive* Humanismus.[32]

Aber Atheismus, Kommunismus sind keine Flucht, keine Abstraktion, kein Verlieren der von dem Menschen erzeugten gegenständlichen Welt, seiner zur Gegenständlichkeit herausgebornen Wesenskräfte, keine zur unnatürlichen, unentwickelten Einfachheit zurückkehrende Armut. Sie sind vielmehr erst das wirkliche Werden, die wirklich für den Menschen gewordne Verwirklichung seines Wesens und seines Wesens als eines wirklichen.

Hegel faßt also, indem er den *positiven* Sinn der auf sich selbst bezognen Negation – wenn auch wieder in entfremdeter Weise – faßt, die Selbstentfremdung, Wesensentäußerung, Entgegenständlichung und Entwirklichung des Menschen als Selbstgewinnung, Wesensänderung, Vergegenständlichung, Verwirklichung. Kurz er faßt – innerhalb der Abstraktion – die Arbeit als den *Selbsterzeugungsakt* des Menschen, das Verhalten zu sich als fremdem Wesen und das Betätigen seiner als eines fremden Wesens als das werdende *Gattungsbewußtsein* und *Gattungsleben*.[33]

b) Bei Hegel – abgesehn oder vielmehr als Konsequenz der schon geschilderten Verkehrtheit – erscheint dieser Akt aber einmal als ein *nur formeller*, weil als ein abstrakter, weil das menschliche Wesen selbst nur als *abstraktes denkendes Wesen*, als Selbstbewußtsein gilt; oder

zweitens, weil die Fassung *formell* und *abstrakt* ist, darum wird die Aufhebung der Entäußerung zu einer Bestätigung der Entäußerung, oder für Hegel ist jene Bewegung des *Selbsterzeugens*, des *Selbstvergegenständlichens* als *Selbstentäußerung und Selbstentfremdung* die *absolute* und darum die letzte, sich selbst bezweckende und in sich beruhigte, bei ihrem Wesen angelangte *menschliche Lebensäußerung*.

Diese Bewegung in ihrer abstrakten */XXXI/* Form als Dialektik gilt daher als das *wahrhaft menschliche Leben*, und weil es doch eine Abstraktion, eine Entfremdung des menschlichen Lebens ist, gilt es als *göttlicher Prozeß*, daher als der göttliche Prozeß des Menschen, – ein Prozeß, den sein von ihm unterschiednes abstraktes, reines, absolutes Wesen selbst durchmacht.

Drittens: Dieser Prozeß muß einen Träger haben, ein Subjekt; aber das Subjekt wird erst als Resultat; dies Resultat, das sich als absolutes Selbstbewußtsein wissende Subjekt ist daher der *Gott, absoluter Geist, die sich wissende und betätigende Idee*. Der wirkliche Mensch und die wirkliche Natur werden bloß zu Prädikaten, zu Symbolen dieser verborgnen unwirklichen Menschen und dieser unwirklichen Natur. Subjekt und Prädikat haben daher das Verhältnis einer absoluten Verkehrung zu einander, *mystisches Subjekt-Objekt* oder über das *Objekt übergreifende Subjektivität*, das *absolute Subjekt* als ein *Prozeß*, als sich *entäußerndes* und aus der Entäußerung in sich zurückkehrendes, aber sie zugleich in sich zurücknehmendes *Subjekt* und das Subjekt als dieser Prozeß; das reine, *rastlose* Kreisen in sich.

Einmal formelle und abstrakte Fassung des Selbsterzeugungs- oder Selbstvergegenständlichungsakts des Menschen.

Der entfremdete Gegenstand, die entfremdete Wesenswirklichkeit des Menschen ist – da Hegel den Menschen gleich Selbstbewußtsein setzt – nichts als *Bewußtsein*, nur der Gedanke der Entfremdung, ihr *abstrakter* und darum inhaltsloser und unwirklicher Ausdruck, die *Negation*. Die Aufhebung der Entäußerung ist daher ebenfalls nichts als eine abstrakte, inhaltslose Aufhebung jener inhaltslosen Abstraktion, die *Negation der Negation*. Die inhaltsvolle, lebendige, sinnliche, konkrete Tätigkeit der Selbstvergegenständlichung wird daher zu ihrer bloßen Abstraktion, der *absoluten Negativität*, eine Abstraktion, die wieder als solche fixiert und als eine selbständige Tätigkeit, als die Tätigkeit schlechthin gedacht wird. Weil diese sogenannte Negativität nichts andres ist als die *abstrakte, inhaltslose* Form jenes wirklichen lebendigen Aktes, darum kann auch ihr Inhalt bloß ein *formeller*, durch die Abstraktion von allem Inhalt erzeugter Inhalt sein. Es sind daher die allgemeinen, abstrakten, jedem Inhalt angehörigen, darum auch sowohl gegen allen Inhalt gleichgültigen, als eben darum für jeden Inhalt gültigen *Abstraktionsformen*, die Denkformen, die logischen Kategorien, losgerissen vom *wirklichen* Geist und von der *wirklichen* Natur. (Wir werden den *logischen* Inhalt der absoluten Negativität weiter unten entwickeln.)

Das Positive, was Hegel hier vollbracht hat – in seiner spekulativen Logik – ist, daß die *bestimmten Begriffe*, die allgemeinen *fixen Denkformen* in ihrer Selbständigkeit gegen Natur und Geist ein notwendiges Resultat der allgemeinen Entfremdung des menschlichen Wesens, also auch des menschlichen Denkens sind und daß Hegel sie daher als Momente des Abstraktionsprozesses dargestellt und zusammengefaßt hat. Z. B. das aufgehobne Sein ist Wesen, das aufgehobne Wesen Begriff, der aufgehobne Begriff ... absolute Idee. Aber was ist nun die absolute Idee? Sie hebt sich selbst wieder auf, wenn sie nicht wieder von vorn den ganzen Abstraktionsakt durchmachen und sich damit begnügen will, eine Totalität von Abstraktionen oder die sich erfassende Abstraktion zu sein. Aber die sich als Abstraktion erfassende Abstraktion weiß sich als nichts; sie muß sich, die Abstraktion aufgeben, und so kömmt sie bei einem Wesen an, welches grade ihr Gegenteil ist, bei der *Natur*. Die ganze Logik ist also der Beweis, daß das abstrakte Denken für sich nichts ist, daß die absolute Idee für sich nichts ist, daß erst die *Natur* etwas ist.[34]

/XXXII/ Die absolute Idee[35], die *abstrakte* Idee, welche »nach ihrer Einheit mit sich *betrachtet Anschauen* ist« (Hegels Enzyklopädie, 3. Ausg. p. 222), welche l. c. »in der absoluten Wahrheit ihrer selbst sich *entschließt*, das Moment ihrer Besonderheit oder des ersten Bestimmens und Andersseins, die *unmittelbare Idee*, als ihren Widerschein, sich als *Natur* frei *aus sich zu entlassen*« (l. c.), diese ganze, so sonderbar und barock sich gebarende Idee, welche den Hegelianern ungeheure Kopfschmerzen verursacht hat, ist durchaus nichts anders als die *Abstraktion*, i.e. der abstrakte Denker, die durch Erfahrung gewitzigt und über ihre Wahrheit aufgeklärt, sich unter mancherlei – falschen und selbst noch abstrakten – Bedingungen dazu entschließt, sich *aufzugeben* und ihr Anderssein, das Besondere, Bestimmte an die Stelle ihres Beisichseins, Nichtsseins, ihrer Allgemeinheit und ihrer Unbestimmtheit[36] zu setzen, die *Natur*, die sie nur als Abstraktion, als Gedankending in sich verbarg, *frei aus sich zu entlassen*, d.h. die Abstraktion zu verlassen und sich einmal die von ihr *freie* Natur anzusehn. Die abstrakte Idee, die unmittelbar *Anschauen* wird, ist durchaus nichts andres als das abstrakte Denken, das sich aufgibt und zur *Anschauung* entschließt. Dieser ganze Übergang der Logik in die Naturphilosophie ist nichts andres als der – dem abstrakten Denker so schwer zu bewerkstelligende und daher so abenteuerlich von ihm beschriebene Übergang aus dem *Abstrahieren* in das *Anschauen*. Das *mystische* Gefühl, was den Philosophen aus dem abstrakten Denken in das Anschauen treibt, ist die *Langweile*, die Sehnsucht nach einem Inhalt.[37]

(Der sich selbst entfremdete Mensch ist auch seinem *Wesen*, d.h. dem natürlichen und menschlichen Wesen entfremdeter Denker. Seine Gedanken sind daher außer der Natur und dem Menschen hausende fixe Geister. Hegel hat in seiner Logik alle diese fixen Geister zusammengesperrt, jeden derselben einmal als Negation, d.h. als *Entäußerung* des *menschlichen* Denkens, dann als Negation der Negation, d.h. als Aufhebung dieser Entäußerung[38], als *wirkliche* Äußerung des menschlichen Denkens gefaßt; aber da als selbst noch in der Entfremdung befangen – ist diese Negation der Negation teils das Wiederherstellen derselben in ihrer Entfremdung[39], teils das Stehnbleiben bei dem letzten

Akt, das Sichaufsichbeziehn in der Entäußerung, als dem wahren Dasein dieser fixen Geister [(d.h. Hegel setzt den in sich kreisenden Akt der Abstraktion an die Stelle jener fixen Abstraktionen; damit hat er einmal das Verdienst, die Geburtsstätte aller dieser ihrem ursprünglichen Datum nach einzelnen Philosophien zugehörigen ungehörigen Begriffe[40] nachgewiesen, sie zusammengefaßt und statt einer bestimmten Abstraktion die in ihrem ganzen Umkreis erschöpfte Abstraktion als Gegenstand der Kritik geschaffen zu haben) (warum Hegel das Denken vom *Subjekt* trennt, werden wir später sehn; es ist aber jetzt schon klar, daß, wenn der Mensch nicht ist, auch seine Wesensäußerung nicht menschlich sein kann, also auch das Denken nicht als Wesensäußerung des Menschen als eines menschlichen und natürlichen mit Augen, Ohren etc. in der Gesellschaft und Welt und Natur lebenden Subjekts gefaßt werden konnte,)] teils insofern diese Abstraktion sich selbst erfaßt und über sich selbst eine unendliche Langweile empfindet, erscheint bei Hegel das Aufgeben des abstrakten nur im Denken sich bewegenden Denkens, das ohne Aug', ohn' Zahn, ohn' Ohr, ohn' alles ist, als Entschließung, die *Natur* als Wesen anzuerkennen und sich auf die Anschauung zu verlegen.)

/XXXIII/ Aber auch die *Natur*, abstrakt genommen, für sich, in der Trennung vom Menschen fixiert, ist für den Menschen *nichts*. Daß der abstrakte Denker, der sich zum Anschauen entschlossen hat, sie abstrakt anschaut, versteht sich von selbst. Wie die Natur, von dem Denker in seiner ihm selbst verborgnen und rätselhaften Gestalt, als absolute Idee, als Gedankending eingeschlossen lag, so hat er in Wahrheit, indem er sie aus sich entlassen hat, nur diese *abstrakte Natur* – aber nun mit der Bedeutung, daß sie das Anderssein des Gedankens ist, daß sie die wirkliche angeschaute, vom abstrakten Denken unterschiedne Natur ist – nur das *Gedankending* der Natur aus sich entlassen. Oder, um eine menschliche Sprache zu reden, bei seiner Naturanschauung erfährt der abstrakte Denker, daß die Wesen, welche er in der göttlichen Dialektik als reine Produkte der in sich selbst webenden und nirgends in die Wirklichkeit hinausschauenden Arbeit des Denkens aus dem Nichts, aus der puren Abstraktion zu schaffen meinte, nichts andres sind, als *Abstraktionen von Naturbestimmungen*. Die ganze Natur wiederholt ihm also nur in einer sinnlichen, äußerlichen Form die logischen Abstraktionen. – Er *analysiert* sie und diese Abstraktionen wieder. Seine Naturanschauung ist also nur der Bestätigungsakt seiner Abstraktion von der Naturanschauung, der von ihm mit Bewußtsein wiederholte Zeugungsgang[41]

seiner Abstraktion. So ist z.B. die Zeit gleich Negativität, die sich auf sich bezieht: (p. 238 l. c.). Dem aufgehobnen Werden als Dasein entspricht – in natürlicher Form – die aufgehobne Bewegung als Materie. Das Licht ist – die *natürliche* Form – die *Reflexion in sich*.[42] Der Körper als *Mond* und *Komet* ist – die *natürliche* Form – des *Gegensatzes*, der nach der Logik einerseits das *auf sich selbst ruhende Positive*, andrerseits das auf sich selbst ruhende *Negative* ist. Die Erde ist die *natürliche* Form des logischen *Grundes*, als negative Einheit des Gegensatzes etc.

Die *Natur als Natur*, d.h. insofern sie sich sinnlich noch unterscheidet von jenem geheimen, in ihr verborgenen Sinn, die Natur getrennt, unterschieden von diesen Abstraktionen ist *Nichts*, ein sich als *Nichts bewährendes Nichts*, ist *sinnlos* oder hat nur den Sinn einer Äußerlichkeit, die aufgehoben worden ist.

»In dem endlich-*teleologischen* Standpunkt findet sich die richtige Voraussetzung, daß die Natur den absoluten Zweck nicht in ihr selbst enthält« p. 225. Ihr Zweck ist die Bestätigung der Abstraktion. »Die Natur hat sich als die Idee in der *Form* des *Andersseins* ergeben. Da die *Idee* so als das Negative ihrer selbst oder *sich äußerlich* ist, so ist die Natur nicht äußerlich, nur relativ gegen diese Idee, sondern die *Äußerlichkeit* macht die Bestimmung aus, in welcher sie als Natur ist« p. 227.

Die *Äußerlichkeit* ist hier nicht als die sich *äußernde* und dem Licht, dem sinnlichen Menschen erschlossene *Sinnlichkeit* zu verstehn, diese Äußerlichkeit ist hier im Sinne der Entäußerung, eines Fehlers, eines Gebrechens, das nicht sein soll, zu nehmen. Denn das Wahre ist immer noch die Idee. Die Natur ist nur die *Form* ihres *Andersseins*. Und da[43] das abstrakte Denken das *Wesen* ist, so ist das, was ihm äußerlich ist, seinem Wesen nach ein nur *Äußerliches*. Der abstrakte Denker erkennt zugleich an, daß die *Sinnlichkeit* das Wesen der Natur ist, die *Äußerlichkeit* im Gegensatz zu dem *in sich* webenden Denken. Aber zugleich spricht er diesen Gegensatz so aus, daß diese *Äußerlichkeit der Natur* ihr *Gegensatz* zum Denken, ihr *Mangel*, daß sie, insofern sie sich von der Abstraktion unterscheidet, ein mangelhaftes Wesen ist. /*XXXIV*/ Ein nicht nur für mich, in meinen Augen mangelhaftes, ein an sich selbst mangelhaftes Wesen hat etwas außer sich, was ihm mangelt. D.h. sein Wesen ist ein andres als es selbst. Die Natur muß sich daher selbst aufheben für den abstrakten Denker, weil sie schon von ihm als ein der Potenz nach *aufgehobnes* Wesen gesetzt ist.

»Der Geist hat *für uns die Natur* zu seiner *Voraussetzung*, deren *Wahrheit* und damit deren *absolutes Erstes* er ist. In dieser Wahrheit ist die

Natur *verschwunden*, und der Geist hat sich als die zu ihrem Fürsichsein gelangte Idee ergeben, deren *Objekt* ebensowohl als das *Subjekt der Begriff* ist. Diese Identität ist *absolute Negativität*, weil in der Natur der Begriff seine vollkommene äußerliche Objektivität hat, diese seine Entäußerung aber aufgehoben, und er in dieser sich identisch mit sich geworden ist. Er ist diese Identität somit nur als Zurückkommen aus der Natur.« p. 392.

»Das *Offenbaren*, welches als die *abstrakte* Idee unmittelbarer Übergang, *Werden* der Natur ist, ist als Offenbaren des Geistes, der frei ist, *Setzen* der Natur als *seiner* Welt; ein Setzen das als Reflexion zugleich *Voraussetzen* der Welt als selbständiger Natur ist. Das Offenbaren im Begriffe ist Erschaffen derselben als seines Seins, in welchem er die *Affirmation* und *Wahrheit* seiner Freiheit sich gibt.« »Das *Absolute ist der Geist*; dies ist die höchste Definition des Absoluten.«

Karl Marx/ Friedrich Engels

Vorrede

[zu Feuerbach. 1. Teil der »Deutschen Ideologie«]

Die Menschen haben sich bisher stets falsche Vorstellungen über sich selbst gemacht, von dem, was sie sind oder sein sollen. Nach ihren Vorstellungen von Gott, von dem Normalmenschen usw. haben sie ihre Verhältnisse eingerichtet. Die Ausgeburten ihres Kopfes sind ihnen über den Kopf gewachsen. Vor ihren Geschöpfen haben sie, die Schöpfer, sich gebeugt. Befreien wir sie von den Hirngespinsten, den Ideen, den Dogmen, den eingebildeten Wesen, unter deren Joch sie verkümmern. Rebellieren wir gegen diese Herrschaft der Gedanken. Lehren wir sie, diese Einbildungen mit Gedanken vertauschen, die dem Wesen des Menschen entsprechen, sagt der Eine, sich kritisch zu ihnen verhalten, sagt der Andere, sie sich aus dem Kopf schlagen, sagte der Dritte, und – die bestehende Wirklichkeit wird zusammenbrechen.

Diese unschuldigen und kindlichen Phantasien bilden den Kern der neuern junghegelschen Philosophie, die in Deutschland nicht nur von dem Publikum mit Entsetzen und Ehrfurcht empfangen, sondern auch von den *philosophischen Heroen* selbst mit dem feierlichen Bewußtsein der weltumstürzenden Gefährlichkeit und der verbrecherischen Rücksichtslosigkeit ausgegeben wird. Der erste Band dieser Publikation hat den Zweck, diese Schafe, die sich für Wölfe halten und dafür gehalten werden, zu entlarven, zu zeigen, wie sie die Vorstellungen der deutschen Bürger nur philosophisch nachblöken, wie die Prahlereien dieser philosophischen Ausleger nur die Erbärmlichkeit der wirklichen deutschen Zustände widerspiegeln. Sie hat den Zweck, den philosophischen Kampf mit den Schatten der Wirklichkeit, der dem träumerischen und duseligen deutschen Volk zusagt, zu blamieren und um den Kredit zu bringen.

Ein wackrer Mann bildete sich einmal ein, die Menschen ertränken nur im Wasser, weil sie vom *Gedanken der Schwere* besessen wären. Schlügen sie sich diese Vorstellung aus dem Kopfe, etwa indem sie dieselbe für eine abergläubige, für eine religiöse Vorstellung erklärten, so seien sie über alle Wassersgefahr erhaben. Sein Leben lang bekämpfte er die Illusion der Schwere, von deren schädlichen Folgen jede Statistik ihm neue und zahlreiche Beweise lieferte. Der wackre Mann war der Typus der neuen deutschen revolutionären Philosophen.[1]

I

Feuerbach

Gegensatz von materialistischer und idealistischer Anschauung

[Einleitung]

Wie deutsche Ideologen melden, hat Deutschland in den letzten Jahren eine Umwälzung ohnegleichen durchgemacht. Der Verwesungsprozeß des Hegelschen Systems, der mit Strauß begann, hat sich zu einer Weltgärung entwickelt, in welche alle ›Mächte der Vergangenheit‹ hineingerissen sind. In dem allgemeinen Chaos haben sich gewaltige Reiche gebildet, um alsbald wieder unterzugehen, sind Heroen momentan aufgetaucht, um von kühneren und mächtigeren Nebenbuhlern wieder in die Finsternis zurückgeschleudert zu werden. Es war eine Revolution, wogegen die französische ein Kinderspiel ist, ein Weltkampf, vor dem die Kämpfe der Diadochen kleinlich erscheinen. Die Prinzipien verdrängten, die Gedankenhelden überstürzten einander mit unerhörter Hast, und in den drei Jahren 1842–[18]45 wurde in Deutschland mehr aufgeräumt als sonst in drei Jahrhunderten.

Alles dies soll sich im reinen Gedanken zugetragen haben.

Es handelt sich allerdings um ein interessantes Ereignis: um den Verfaulungsprozeß des absoluten Geistes. Nach Erlöschen des letzten Lebensfunkens traten die verschiedenen Bestandteile dieses caput mortuum[2] in Dekomposition, gingen neue Verbindungen ein und bildeten neue Substanzen. Die philosophischen Industriellen, die bisher von der Exploitation des absoluten Geistes gelebt hatten, warfen sich jetzt auf die neuen Verbindungen. Jeder betrieb den Verschleiß des ihm zugefallenen Anteils mit möglichster Emsigkeit. Es konnte dies nicht abgehen ohne Konkurrenz. Sie wurde anfangs ziemlich bürgerlich und solide geführt. Später, als der deutsche Markt überführt war und die Ware trotz aller Mühe auf dem Weltmarkt keinen Anklang fand, wurde das Geschäft nach gewöhnlicher deutscher Manier verdorben durch fabrikmäßige und

Scheinproduktion, Verschlechterung der Qualität, Sophistikation des Rohstoffs, Verfälschung der Etiketten, Scheinkäufe, Wechselreiterei und ein aller reellen Grundlage entbehrendes Kreditsystem. Die Konkurrenz lief in einen erbitterten Kampf aus, der uns jetzt als welthistorischer Umschwung, als Erzeuger der gewaltigsten Resultate und Errungenschaften angepriesen und konstruiert wird.

Um diese philosophische Marktschreierei, die selbst in der Brust des ehrsamen deutschen Bürgers ein wohltätiges Nationalgefühl erweckt, richtig zu würdigen, um die Kleinlichkeit, die lokale Borniertheit dieser ganzen junghegelschen Bewegung, um namentlich den tragikomischen Kontrast zwischen den wirklichen Leistungen dieser Helden und den Illusionen über diese Leistungen anschaulich zu machen, ist es nötig, sich den ganzen Spektakel einmal von einem Standpunkte anzusehen, der außerhalb Deutschland liegt.[3]

A. Die Ideologie überhaupt, namentlich die deutsche

Die deutsche Kritik hat bis auf ihre neuesten Efforts den Boden der Philosophie nicht verlassen. Weit davon entfernt, ihre allgemein-philosophischen Voraussetzungen zu untersuchen, sind ihre sämtlichen Fragen sogar auf dem Boden eines bestimmten philosophischen Systems, des Hegelschen, gewachsen. Nicht nur in ihren Antworten, schon in den Fragen selbst lag eine Mystifikation. Diese Abhängigkeit von Hegel ist der Grund, warum keiner dieser neueren Kritiker eine umfassende Kritik des Hegelschen Systems auch nur versuchte, sosehr Jeder von ihnen behauptet, über Hegel hinaus zu sein. Ihre Polemik gegen Hegel und gegeneinander beschränkt sich darauf, daß Jeder eine Seite des Hegelschen Systems herausnimmt und diese sowohl gegen das ganze System wie gegen die von den Andern herausgenommenen Seiten wendet. Im Anfange nahm man reine, unverfälschte Hegelsche Kategorien heraus, wie Substanz und Selbstbewußtsein, später profanierte man diese Kategorien durch weltlichere Namen, wie Gattung, der Einzige, der Mensch etc.

Die gesamte deutsche philosophische Kritik von Strauß bis Stirner beschränkt sich auf Kritik der *religiösen* Vorstellungen[4]. Man ging aus von der wirklichen Religion und eigentlichen Theologie. Was religiöses Bewußtsein, religiöse Vorstellung sei, wurde im weiteren Verlauf verschieden bestimmt. Der Fortschritt bestand darin, die angeblich herrschenden metaphysischen, politischen, rechtlichen, moralischen und andern Vorstellungen auch unter die Sphäre der religiösen oder theologischen Vorstellungen zu subsumieren; ebenso das politische, rechtliche, moralische Bewußtsein für religiöses oder theologisches Bewußtsein, und den politischen, rechtlichen, moralischen Menschen, in letzter Instanz ›*den* Menschen‹, für religiös zu erklären. Die Herrschaft der Religion wurde vorausgesetzt.

Nach und nach wurde jedes herrschende Verhältnis für ein Verhältnis der Religion erklärt und in Kultus verwandelt, Kultus des Rechts, Kultus des Staats pp. Überall hatte man es nur mit Dogmen und dem Glauben an Dogmen zu tun. Die Welt wurde in immer größerer Ausdehnung kanonisiert, bis endlich der ehrwürdige Sankt Max sie en bloc heiligsprechen und damit ein für allemal abfertigen konnte.

Die Althegelianer hatten Alles *begriffen*, sobald es auf eine Hegelsche logische Kategorie zurückgeführt war. Die Junghegelianer *kritisierten* Alles, indem sie ihm religiöse Vorstellungen unterschoben oder es für theologisch erklärten. Die Junghegelianer stimmen mit den Althegelianern überein in dem Glauben an die Herrschaft der Religion, der Begriffe, des Allgemeinen in der bestehenden Welt. Nur bekämpfen die Einen die Herrschaft als Usurpation, welche die Andern als legitim feiern.

Da bei diesen Junghegelianern die Vorstellungen, Gedanken, Begriffe, überhaupt die Produkte des von ihnen verselbständigten Bewußtseins für die eigentlichen Fesseln der Menschen gelten, gerade wie sie bei den Althegelianern für die wahren Bande der menschlichen Gesellschaft erklärt werden, so versteht es sich, daß die Junghegelianer auch nur gegen diese Illusionen des Bewußtseins zu kämpfen haben. Da nach ihrer Phantasie die Verhältnisse der Menschen, ihr ganzes Tun und Treiben, ihre Fesseln und Schranken Produkte ihres Bewußtseins sind, so stellen die Junghegelianer konsequenterweise das moralische Postulat an sie, ihr gegenwärtiges Bewußtsein mit dem menschlichen, kritischen oder egoistischen Bewußtsein zu vertauschen und dadurch ihre Schranken zu beseitigen. Diese Forderung, das Bewußtsein zu verändern, läuft auf die Forderung hinaus, das Bestehende anders zu interpretieren, d.h. es vermittelst einer andren Interpretation anzuerkennen. Die junghegelschen Ideologen sind trotz ihrer angeblich ›welterschütternden‹ Phrasen die größten Konservativen. Die jüngsten von ihnen haben den richtigen Ausdruck für ihre Tätigkeit gefunden, wenn sie behaupten, nur gegen ›*Phrasen*‹ zu kämpfen. Sie vergessen nur, daß sie diesen Phrasen selbst nichts als Phrasen entgegensetzen, und daß sie die wirkliche bestehende Welt keineswegs bekämpfen, wenn sie nur die Phrasen dieser Welt bekämpfen. Die einzigen Resultate, wozu diese philosophische Kritik es bringen konnte, waren einige und noch dazu einseitige religionsgeschichtliche Aufklärungen über das Christentum; ihre sämtlichen sonstigen Behauptungen sind nur weitere Ausschmückungen ihres Anspruchs, mit diesen unbedeutenden Aufklärungen welthistorische Entdeckungen geliefert zu haben.

Keinem von diesen Philosophen ist es eingefallen, nach dem Zusammenhange der deutschen Philosophie mit der deutschen Wirklichkeit, nach dem Zusammenhange ihrer Kritik mit ihrer eignen materiellen Umgebung zu fragen.

Die Voraussetzungen, mit denen wir beginnen, sind keine willkürlichen, keine Dogmen, es sind wirkliche Voraussetzungen, von denen man nur in der Einbildung abstrahieren kann. Es sind die wirklichen Individuen, ihre Aktion und ihre materiellen Lebensbedingungen, sowohl die vorgefundenen wie die durch ihre eigne Aktion erzeugten. Diese Voraussetzungen sind also auf rein empirischem Wege konstatierbar.

Die erste Voraussetzung aller Menschengeschichte ist natürlich die Existenz lebendiger menschlicher Individuen.[5] Der erste zu konstatierende Tatbestand ist also die körperliche Organisation dieser Individuen und ihr dadurch gegebenes Verhältnis zur übrigen Natur. Wir können hier natürlich weder auf die physische Beschaffenheit der Menschen selbst noch auf die von den Menschen vorgefundenen Naturbedingungen, die geologischen, orohydrographischen, klimatischen und andern Verhältnisse, eingehen.[6] Alle Geschichtsschreibung muß von diesen natürlichen Grundlagen und ihrer Modifikation im Lauf der Geschichte durch die Aktion der Menschen ausgehen.

Man kann die Menschen durch das Bewußtsein, durch die Religion, durch was man sonst will, von den Tieren unterscheiden. Sie selbst fangen an, sich von den Tieren zu unterscheiden, sobald sie anfangen, ihre Lebensmittel *zu produzieren*, ein Schritt, der durch ihre körperliche Organisation bedingt ist. Indem die Menschen ihre Lebensmittel produzieren, produzieren sie indirekt ihr materielles Leben selbst.

Die Weise, in der die Menschen ihre Lebensmittel produzieren, hängt zunächst von der Beschaffenheit der vorgefundenen und zu reproduzierenden Lebensmittel selbst ab. Diese Weise der Produktion ist nicht bloß nach der Seite hin zu betrachten, daß sie die Reproduktion der physischen Existenz der Individuen ist. Sie ist vielmehr schon eine bestimmte Art der Tätigkeit dieser Individuen, eine bestimmte Art, ihr Leben zu äußern, eine bestimmte *Lebensweise* derselben. Wie die Individuen ihr Leben äußern, so sind sie. Was sie sind, fällt also zusammen mit ihrer Produktion, sowohl damit, *was* sie produzieren, als auch damit, *wie* sie produzieren. Was die Individuen also sind, das hängt ab von den materiellen Bedingungen ihrer Produktion.

Diese Produktion tritt erst ein mit der *Vermehrung der Bevölkerung.* Sie setzt selbst wieder einen *Verkehr* der Individuen untereinander voraus. Die Form dieses Verkehrs ist wieder durch die Produktion bedingt.

Die Beziehungen verschiedener Nationen untereinander hängen davon ab, wie weit jede von ihnen ihre Produktivkräfte, die Teilung der Arbeit und den innern Verkehr entwickelt hat. Dieser Satz ist allgemein anerkannt. Aber nicht nur die Beziehung einer Nation zu anderen, sondern auch die ganze innere Gliederung dieser Nation selbst hängt von der Entwicklungsstufe ihrer Produktion und ihres innern und äußern Verkehrs ab. Wie weit die Produktionskräfte einer Nation entwickelt sind, zeigt am augenscheinlichsten der Grad, bis zu dem die Teilung der Arbeit entwickelt ist. Jede neue Produktivkraft, sofern sie nicht eine bloß quantitative Ausdehnung der bisher schon bekannten Produktivkräfte ist (z.B. Urbarmachung von Ländereien), hat eine neue Ausbildung der Teilung der Arbeit zur Folge.

Die Teilung der Arbeit innerhalb einer Nation führt zunächst die Trennung der industriellen und kommerziellen von der ackerbauenden Arbeit und damit die Trennung von *Stadt* und *Land* und den Gegensatz der Interessen Beider herbei. Ihre weitere Entwicklung führt zur Trennung der kommerziellen Arbeit von der industriellen. Zu gleicher Zeit entwickeln sich durch die Teilung der Arbeit innerhalb dieser verschiednen Branchen wieder verschiedne Abteilungen unter den zu bestimmten Arbeiten zusammenwirkenden Individuen. Die Stellung dieser einzelnen Abteilungen gegeneinander ist bedingt durch die Betriebsweise der ackerbauenden, industriellen und kommerziellen Arbeit (Patriarchalismus, Sklaverei, Stände, Klassen). Dieselben Verhältnisse zeigen sich bei entwickelterem Verkehr in den Beziehungen verschiedner Nationen zueinander.

Die verschiednen Entwicklungsstufen der Teilung der Arbeit sind ebensoviel verschiedne Formen des Eigentums; d.h., die jedesmalige Stufe der Teilung der Arbeit bestimmt auch die Verhältnisse der Individuen zueinander in Beziehung auf das Material, Instrument und Produkt der Arbeit.

Die erste Form des Eigentums ist das Stammeigentum. Es entspricht der unentwickelten Stufe der Produktion, auf der ein Volk von Jagd und Fischfang, von Viehzucht oder höchstens vom Ackerbau sich nährt. Es setzt in diesem letzteren Falle eine große Masse unbebauter Ländereien voraus. Die Teilung der Arbeit ist auf dieser Stufe noch sehr wenig entwickelt und beschränkt sich auf eine weitere Ausdehnung der in der Familie gegebenen naturwüchsigen Teilung der Arbeit. Die gesellschaftliche Gliederung beschränkt sich daher auf eine Ausdehnung der Familie: patriarchalische Stammhäupter, unter ihnen die Stammitglieder, endlich Sklaven. Die in der Familie latente Sklaverei entwickelt sich erst allmählich mit der Vermehrung der Bevölkerung und der Bedürfnisse und mit der Ausdehnung des äußeren Verkehrs, sowohl des Kriegs wie des Tauschhandels.

Die zweite Form ist das antike Gemeinde- und Staatseigentum, das namentlich aus der Vereinigung mehrerer Stämme zu einer *Stadt* durch Vertrag oder Eroberung hervorgeht und bei dem die Sklaverei fortbestehen bleibt. Neben dem Gemeindeeigentum entwickelt sich schon das mobile und später auch das immobile Privateigentum, aber als eine abnorme, dem Gemeindeeigentum untergeordnete Form. Die Staatsbürger besitzen nur in ihrer Gemeinschaft die Macht über ihre arbeitenden Sklaven und sind schon deshalb an die Form des Gemeindeeigentums gebunden. Es ist das gemeinschaftliche Privateigentum der aktiven Staatsbürger, die den Sklaven gegenüber gezwungen sind, in dieser naturwüchsigen Weise der Assoziation zu bleiben. Daher verfällt die ganze hierauf basierende Gliederung der Gesellschaft und mit ihr die Macht des Volks in demselben Grade, in dem namentlich das immobile Privateigentum sich entwickelt. Die Teilung der Arbeit ist schon entwickelter. Wir finden schon den Gegensatz von Stadt und Land, später den Gegensatz zwischen Staaten, die das städtische und die das Landinteresse repräsentieren, und innerhalb der Städte selbst den Gegensatz zwischen Industrie und Seehandel. Das Klassenverhältnis zwischen Bürgern und Sklaven ist vollständig ausgebildet.

Dieser ganzen Geschichtsauffassung scheint das Faktum der Eroberung zu widersprechen. Man hat bisher die Gewalt, den Krieg, Plünderung, Raubmord pp. zur treibenden Kraft der Geschichte gemacht. Wir können uns hier nur auf die Hauptpunkte beschränken und nehmen daher nur das frappanteste[7] Beispiel, die Zerstörung einer alten Zivilisation durch ein barbarisches Volk und die sich daran anknüpfende, von vorn anfangende Bildung einer neuen Gliederung der Gesellschaft

(Rom und Barbaren, Feudalität und Gallien, oströmisches Reich und Türken). Bei dem erobernden Barbarenvolke ist der Krieg selbst noch, wie schon oben angedeutet, eine regelmäßige Verkehrsform, die um so eifriger exploitiert wird, je mehr der Zuwachs der Bevölkerung bei der hergebrachten und für sie einzig möglichen rohen Produktionsweise das Bedürfnis neuer Produktionsmittel schafft. In Italien dagegen war durch die Konzentration des Grundeigentums (verursacht außer durch Aufkauf und Verschuldung auch noch durch Erbschaft, indem bei der großen Liederlichkeit und den seltnen Heiraten die alten Geschlechter allmählich ausstarben und ihr Besitz Wenigen zufiel) und Verwandlung desselben in Viehweiden (die außer durch die gewöhnlichen, noch heute gültigen ökonomischen Ursachen durch die Einfuhr geraubten und Tributgetreides und den hieraus folgenden Mangel an Konsumenten für italisches Korn verursacht wurde) die freie Bevölkerung fast verschwunden, die Sklaven selbst starben immer wieder aus und mußten stets durch neue ersetzt werden. Die Sklaverei blieb die Basis der gesamten Produktion. Die Plebejer, zwischen Freien und Sklaven stehend, brachten es nie über ein Lumpenproletariat hinaus. Überhaupt kam Rom nie über die Stadt hinaus und stand mit den Provinzen in einem fast nur politischen Zusammenhange, der natürlich auch wieder durch politische Ereignisse unterbrochen werden konnte.

Mit der Entwicklung des Privateigentums treten hier zuerst dieselben Verhältnisse ein, die wir beim modernen Privateigentum, nur in ausgedehnterem Maßstabe, wiederfinden werden. Einerseits die Konzentration des Privateigentums, die in Rom sehr früh anfing (Beweis das licinische Ackergesetz), seit den Bürgerkriegen und namentlich unter den Kaisern sehr rasch vor sich ging; andrerseits im Zusammenhange hiermit die Verwandlung der plebejischen kleinen Bauern in ein Proletariat, das aber bei seiner halben Stellung zwischen besitzenden Bürgern und Sklaven zu keiner selbständigen Entwicklung kam.

Die dritte Form ist das feudale oder ständische Eigentum. Wenn das Altertum von der *Stadt* und ihrem kleinen Gebiet ausging, so ging das Mittelalter vom *Lande* aus. Die vorgefundene dünne, über eine große Bodenfläche zersplitterte Bevölkerung, die durch die Eroberer keinen großen Zuwachs erhielt, bedingte diesen veränderten Ausgangspunkt. Im Gegensatz zu Griechenland und Rom beginnt die feudale Entwicklung daher auf einem viel ausgedehnteren, durch die römischen Eroberungen und die anfangs damit verknüpfte Ausbreitung der Agrikultur vorbereiteten Terrain. Die letzten Jahrhunderte des verfallenden römischen

Reichs und die Eroberung durch die Barbaren selbst zerstörten eine Masse von Produktivkräften; der Ackerbau war gesunken, die Industrie aus Mangel an Absatz verfallen, der Handel eingeschlafen oder gewaltsam unterbrochen, die ländliche und städtische Bevölkerung hatte abgenommen. Diese vorgefundenen Verhältnisse und die dadurch bedingte Weise der Organisation der Eroberung entwickelten unter dem Einflusse der germanischen Heerverfassung das feudale Eigentum. Es beruht, wie das Stamm- und Gemeindeeigentum, wieder auf einem Gemeinwesen, dem aber nicht wie dem antiken die Sklaven, sondern die leibeignen kleinen Bauern als unmittelbar produzierende Klasse gegenüberstehen. Zugleich mit der vollständigen Ausbildung des Feudalismus tritt noch der Gegensatz gegen die Städte hinzu. Die hierarchische Gliederung des Grundbesitzes und die damit zusammenhängenden bewaffneten Gefolgschaften gaben dem Adel die Macht über die Leibeignen. Diese feudale Gliederung war ebensogut wie das antike Gemeindeeigentum eine Assoziation gegenüber der beherrschten produzierenden Klasse; nur war die Form der Assoziation und das Verhältnis zu den unmittelbaren Produzenten verschieden, weil verschiedene Produktionsbedingungen vorlagen.

Dieser feudalen Gliederung des Grundbesitzes entsprach in den *Städten* das korporative Eigentum, die feudale Organisation des Handwerks. Das Eigentum bestand hier hauptsächlich in der Arbeit jedes Einzelnen. Die Notwendigkeit der Assoziation gegen den assoziierten Raubadel, das Bedürfnis gemeinsamer Markthallen in einer Zeit, wo der Industrielle zugleich Kaufmann war, die wachsende Konkurrenz der den aufblühenden Städten zuströmenden entlaufnen Leibeignen, die feudale Gliederung des ganzen Landes führten die *Zünfte* herbei; die allmählich ersparten kleinen Kapitalien einzelner Handwerker und ihre stabile Zahl bei der wachsenden Bevölkerung entwickelten das Gesellen- und Lehrlingsverhältnis, das in den Städten eine ähnliche Hierarchie zustande brachte wie die auf dem Lande.

Das Haupteigentum bestand während der Feudalepoche also in Grundeigentum mit daran geketteter Leibeignenarbeit einerseits und eigner Arbeit mit kleinem, die Arbeit von Gesellen beherrschendem Kapital andrerseits. Die Gliederung von Beiden war durch die bornierten Produktionsverhältnisse – die geringe und rohe Bodenkultur und die handwerksmäßige Industrie – bedingt. Teilung der Arbeit fand in der Blüte des Feudalismus wenig statt. Jedes Land hatte den Gegensatz von Stadt und Land in sich; die Ständegliederung war allerdings sehr scharf ausgeprägt, aber außer der Scheidung von Fürsten, Adel, Geistlichkeit und Bauern auf dem Lande und Meistern, Gesellen, Lehrlingen und bald auch Taglöhnerpöbel in den Städten fand keine bedeutende Teilung statt. Im Ackerbau war sie durch die parzellierte Bebauung erschwert, neben der die Hausindustrie der Bauern selbst aufkam, in der Industrie war die Arbeit in den einzelnen Handwerken selbst gar nicht, unter ihnen sehr wenig geteilt. Die Teilung von Industrie und Handel wurde in älteren Städten vorgefunden, entwickelte sich in den neueren erst später, als die Städte unter sich in Beziehung traten.

Die Zusammenfassung größerer Länder zu feudalen Königreichen war für den Grundadel wie für die Städte ein Bedürfnis. Die Organisation der herrschenden Klasse, des Adels, hatte daher überall einen Monarchen an der Spitze.

Die Tatsache ist also die: bestimmte Individuen, die auf bestimmte Weise produktiv tätig sind, gehen diese bestimmten gesellschaftlichen und politischen Verhältnisse ein. Die empirische Beobachtung muß in jedem einzelnen Fall den Zusammenhang der gesellschaftlichen und politischen Gliederung mit der Produktion empirisch und ohne alle Mystifikation und Spekulation aufweisen. Die gesellschaftliche Gliederung und der Staat gehen beständig aus dem Lebensprozeß bestimmter Individuen hervor; aber dieser Individuen, nicht wie sie in der eignen oder fremden Vorstellung erscheinen mögen, sondern wie sie *wirklich* sind, d. h. wie sie wirken, materiell produzieren, also wie sie unter bestimmten materiellen und von ihrer Willkür unabhängigen Schranken, Voraussetzungen und Bedingungen tätig sind.[8]

Die Produktion der Ideen, Vorstellungen, des Bewußtseins ist zunächst unmittelbar verflochten in die materielle Tätigkeit und den materiellen Verkehr der Menschen, Sprache des wirklichen Lebens. Das Vorstellen, Denken, der geistige Verkehr der Menschen erscheinen hier noch als direkter Ausfluß ihres materiellen Verhaltens. Von der geistigen Produktion, wie sie in der Sprache der Politik, der Gesetze, der Moral, der Religion, Metaphysik usw. eines Volkes sich darstellt, gilt dasselbe. Die Menschen sind die Produzenten ihrer Vorstellungen, Ideen pp., aber die wirklichen, wirkenden Menschen, wie sie bedingt sind durch eine bestimmte Entwicklung ihrer Produktivkräfte und des denselben entsprechenden Verkehrs bis zu seinen weitesten Formationen hinauf. Das Bewußtsein kann nie etwas Andres sein als das bewußte Sein, und das Sein der Menschen ist ihr wirklicher Lebensprozeß. Wenn in der ganzen Ideologie die Menschen und ihre Verhältnisse wie in einer Camera obscura auf den Kopf gestellt erscheinen, so geht dies Phänomen ebensosehr aus ihrem historischen Lebensprozeß hervor, wie die Umdrehung der Gegenstände auf der Netzhaut aus ihrem unmittelbar physischen.

Ganz im Gegensatz zur deutschen Philosophie, welche vom Himmel auf die Erde herabsteigt, wird hier von der Erde zum Himmel gestiegen. D.h., es wird nicht ausgegangen von dem, was die Menschen sagen, sich einbilden, sich vorstellen, auch nicht von den gesagten, gedachten, eingebildeten, vorgestellten Menschen, um davon aus bei den leibhaftigen Menschen anzukommen; es wird von den wirklich tätigen Menschen ausgegangen und aus ihrem wirklichen Lebensprozeß auch die Entwicklung der ideologischen Reflexe und Echos dieses Lebensprozesses dargestellt. Auch die Nebelbildungen im Gehirn der Menschen sind notwendige Sublimate ihres materiellen, empirisch konstatierbaren und an materielle Voraussetzungen geknüpften Lebensprozesses. Die Moral, Religion, Metaphysik und sonstige Ideologie und die ihnen entsprechenden Bewußtseinsformen behalten hiermit nicht länger den Schein der Selbständigkeit. Sie haben keine Geschichte, sie haben keine Entwicklung, sondern die ihre materielle Produktion und ihren materiellen Verkehr entwickelnden Menschen ändern mit dieser ihrer Wirklichkeit auch ihr Denken und die Produkte ihres Denkens. Nicht das Bewußtsein bestimmt das Leben, sondern das Leben bestimmt das Bewußtsein. In der ersten Betrachtungsweise geht man von dem Bewußtsein als dem lebendigen Individuum aus, in der zweiten, dem wirklichen Leben entsprechenden, von den wirklichen lebendigen Individuen selbst und betrachtet das Bewußtsein nur als *ihr* Bewußtsein.

Diese Betrachtungsweise ist nicht voraussetzungslos. Sie geht von den wirklichen Voraussetzungen aus, sie verläßt sie keinen Augenblick. Ihre Voraussetzungen sind die Menschen nicht in irgendeiner phantastischen Abgeschlossenheit und Fixierung, sondern in ihrem wirklichen, empirisch anschaulichen Entwicklungsprozeß unter bestimmten Bedingungen. Sobald dieser tätige Lebensprozeß dargestellt wird, hört die Geschichte auf, eine Sammlung toter Fakta zu sein, wie bei den selbst noch abstrakten Empirikern, oder eine eingebildete Aktion eingebildeter Subjekte, wie bei den Idealisten.

Da, wo die Spekulation aufhört, beim wirklichen Leben, beginnt also die wirkliche, positive Wissenschaft, die Darstellung der praktischen Betätigung, des praktischen Entwicklungsprozesses der Menschen. Die Phrasen vom Bewußtsein hören auf, wirkliches Wissen muß an ihre Stelle treten. Die selbständige Philosophie verliert mit der Darstellung der Wirklichkeit ihr Existenzmedium. An ihre Stelle kann höchstens eine Zusammenfassung der allgemeinsten Resultate treten, die sich aus der Betrachtung der historischen Entwicklung der Menschen abstrahieren lassen. Diese Abstraktionen haben für sich, getrennt von der wirklichen Geschichte, durchaus keinen Wert. Sie können nur dazu dienen, die Ordnung des geschichtlichen Materials zu erleichtern, die Reihenfolge seiner einzelnen Schichten anzudeuten. Sie geben aber keineswegs, wie die Philosophie, ein Rezept oder Schema, wonach die geschichtlichen Epochen zurechtgestutzt werden können. Die Schwierigkeit beginnt im Gegenteil erst da, wo man sich an die Betrachtung und Ordnung des Materials, sei es einer vergangnen Epoche oder der Gegenwart, an die wirkliche Darstellung gibt. Die Beseitigung dieser Schwierigkeiten ist durch Voraussetzungen bedingt, die keineswegs hier gegeben werden können, sondern die erst aus dem Studium des wirklichen Lebensprozesses und der Aktion der Individuen jeder Epoche sich ergeben. Wir nehmen hier einige dieser Abstraktionen heraus, die wir gegenüber der Ideologie gebrauchen, und werden sie an historischen Beispielen erläutern.

[1.] Geschichte

Wir müssen bei den voraussetzungslosen Deutschen damit anfangen, daß wir die erste Voraussetzung aller menschlichen Existenz, also auch aller Geschichte konstatieren, nämlich die Voraussetzung, daß die Menschen imstande sein müssen zu leben, um ›Geschichte machen‹ zu können.[9] Zum Leben aber gehört vor Allem Essen und Trinken, Wohnung, Kleidung und noch einiges Andere. Die erste geschichtliche Tat ist also die Erzeugung der Mittel zur Befriedigung dieser Bedürfnisse, die Produktion des materiellen Lebens selbst, und zwar ist dies eine geschichtliche Tat, eine Grundbedingung aller Geschichte, die noch heute, wie vor Jahrtausenden, täglich und stündlich erfüllt werden muß, um die Menschen nur am Leben zu erhalten. Selbst wenn die Sinnlichkeit, wie beim heiligen Bruno, auf einen Stock, auf das Minimum reduziert ist, setzt sie die Tätigkeit der Produktion dieses Stockes voraus. Das Erste also bei aller geschichtlichen Auffassung ist, daß man diese Grundtatsache in ihrer ganzen Bedeutung und ihrer ganzen Ausdehnung beobachtet und zu ihrem Rechte kommen läßt. Dies haben die Deutschen bekanntlich nie getan, daher nie eine *irdische* Basis für die Geschichte und folglich nie einen Historiker gehabt. Die Franzosen und Engländer, wenn sie auch den Zusammenhang dieser Tatsache mit der sogenannten Geschichte nur höchst einseitig auffaßten, namentlich solange sie in der politischen Ideologie befangen waren, so haben sie doch immerhin die ersten Versuche gemacht, der Geschichtsschreibung eine materialistische Basis zu geben, indem sie zuerst Geschichten der bürgerlichen Gesellschaft, des Handels und der Industrie schrieben.

Das Zweite ist, daß das befriedigte erste Bedürfnis selbst, die Aktion der Befriedigung und das schon erworbene Instrument der Befriedigung zu neuen Bedürfnissen führt – und diese Erzeugung neuer Bedürfnisse ist die erste geschichtliche Tat. Hieran zeigt sich sogleich, wes Geistes Kind die große historische Weisheit der Deutschen ist, die da, wo ihnen das positive Material ausgeht und wo weder theologischer noch politischer noch literarischer Unsinn verhandelt wird, gar keine Geschichte, sondern die ›vorgeschichtliche Zeit‹ sich ereignen lassen, ohne uns indes darüber aufzuklären, wie man aus diesem Unsinn der ›Vorgeschichte‹ in die eigentliche Geschichte kommt – obwohl auf der andern Seite ihre historische Spekulation sich ganz besonders auf diese ›Vorgeschichte‹ wirft, weil sie da sicher zu sein glaubt vor den Eingriffen des ›rohen Faktums‹ und zugleich, weil sie hier ihrem spekulierenden Triebe alle Zügel schießen lassen und Hypothesen zu Tausenden erzeugen und umstoßen kann.

Das dritte Verhältnis, was hier gleich von vornherein in die geschichtliche Entwicklung eintritt, ist das, daß die Menschen, die ihr eignes Leben täglich neu machen, anfangen, andre Menschen zu machen, sich fortzupflanzen – das Verhältnis zwischen Mann und Weib, Eltern und Kindern, die *Familie*. Diese Familie, die im Anfange das einzige soziale Verhältnis ist, wird späterhin, wo die vermehrten Bedürfnisse neue gesellschaftliche Verhältnisse, und die vermehrte Menschenzahl neue Bedürfnisse erzeugen, zu einem untergeordneten (ausgenommen in Deutschland) und muß alsdann nach den existierenden empirischen Daten, nicht nach dem ›Begriff der Familie‹ wie man in Deutschland zu tun pflegt, behandelt und entwickelt werden.[10] Übrigens sind diese drei Seiten der sozialen Tätigkeit nicht als drei verschiedene Stufen zu fassen, sondern eben nur als drei Seiten, oder um für die Deutschen klar zu schreiben, drei ›Momente‹, die vom Anbeginn der Geschichte an und seit den ersten Menschen zugleich existiert haben und sich noch heute in der Geschichte geltend machen.

Die Produktion des Lebens, sowohl des eignen in der Arbeit wie des fremden in der Zeugung, erscheint nun schon sogleich als ein doppeltes Verhältnis – einerseits als natürliches, andrerseits als gesellschaftliches Verhältnis –, gesellschaftlich in dem Sinne, als hierunter das Zusammenwirken mehrerer Individuen, gleichviel unter welchen Bedingungen, auf welche Weise und zu welchem Zweck, verstanden wird. Hieraus geht hervor, daß eine bestimmte Produktionsweise oder industrielle Stufe stets mit einer bestimmten Weise des Zusammenwirkens oder gesellschaftlichen Stufe vereinigt ist, und diese Weise des Zusammenwirkens ist selbst eine ›Produktivkraft‹, daß die Menge der den Menschen zugänglichen Produktivkräfte den gesellschaftlichen Zustand bedingt und also die ›Geschichte der Menschheit‹ stets im Zusammenhange mit der Geschichte der Industrie und des Austausches studiert und bearbeitet werden muß. Es ist aber auch klar, wie es in Deutschland unmöglich ist, solche Geschichte zu schreiben, da den Deutschen dazu nicht nur die Auffassungsfähigkeit und das Material, sondern auch die ›sinnliche Gewißheit‹ abgeht und man jenseits des Rheins über diese Dinge keine Erfahrungen machen kann, weil dort keine Geschichte mehr vorgeht. Es zeigt sich also schon von vornherein ein materialistischer Zusammenhang der Menschen untereinander, der durch die Bedürfnisse und die Weise der Produktion bedingt und so alt ist wie die Menschen selbst – ein Zusammenhang, der stets neue Formen annimmt und also eine ›Geschichte‹ darbietet, auch ohne daß irgendein politischer oder religiöser Nonsens existiert, der die Menschen noch extra zusammenhalte.

Jetzt erst, nachdem wir bereits vier Momente, vier Seiten der ursprünglichen, geschichtlichen Verhältnisse betrachtet haben, finden wir, daß der Mensch auch ›Bewußtsein‹ hat.[11] Aber auch dies nicht von vornherein, als ›reines‹ Bewußtsein. Der ›Geist‹ hat von vornherein den Fluch an sich, mit der Materie ›behaftet‹ zu sein, die hier in der Form von bewegten Luftschichten, Tönen, kurz der Sprache auftritt. Die Sprache ist so alt wie das Bewußtsein – die Sprache *ist* das praktische, auch für andre Menschen existierende, also auch für mich selbst erst existierende wirkliche Bewußtsein, und die Sprache entsteht, wie das Bewußtsein, erst aus dem Bedürfnis, der Notdurft des Verkehrs mit andern Menschen.[12] Wo ein Verhältnis existiert, da existiert es für mich, das Tier *›verhält‹* sich zu Nichts und überhaupt nicht. Für das Tier existiert sein Verhältnis zu andern nicht als Verhältnis. Das Bewußtsein ist also von vornherein schon ein gesellschaftliches Produkt und bleibt es, solange überhaupt Menschen existieren. Das Bewußtsein ist natürlich zuerst bloß Bewußtsein über die *nächste* sinnliche Umgebung und Bewußtsein des bornierten Zusammenhanges mit andern Personen und Dingen außer dem sich bewußt werdenden Individuum; es ist zu gleicher Zeit Bewußtsein der Natur, die den Menschen anfangs als eine durchaus fremde, allmächtige und unangreifbare Macht gegenübertritt, zu der sich die Menschen rein tierisch verhalten, von der sie sich imponieren lassen wie das Vieh; und also ein rein tierisches Bewußtsein der Natur (Naturreligion).

Man sieht hier sogleich: Diese Naturreligion oder dies bestimmte Verhalten zur Natur ist bedingt durch die Gesellschaftsform und umgekehrt. Hier wie überall tritt die Identität von Natur und Mensch auch so hervor, daß das bornierte Verhalten der Menschen zur Natur ihr borniertes Verhalten zueinander, und ihr borniertes Verhalten zueinander ihr borniertes Verhältnis zur Natur bedingt, eben weil die Natur noch kaum geschichtlich modifiziert ist, und andrerseits Bewußtsein der Notwendigkeit, mit den umgebenden Individuen in Verbindung zu treten, der Anfang des Bewußtseins darüber, daß er überhaupt in der Gesellschaft lebt. Dieser Anfang ist so tierisch wie das gesellschaftliche Leben dieser Stufe selbst, er ist bloßes Herdenbewußtsein, und der Mensch unterscheidet sich hier vom Hammel nur dadurch, daß sein Bewußtsein ihm die Stelle des Instinkts vertritt, oder daß sein Instinkt ein bewußter ist. Dieses Hammel- oder Stammbewußtsein erhält seine weitere Entwicklung und Ausbildung durch die gesteigerte Produktivität, die Vermehrung der Bedürfnisse und die Beiden zum Grunde liegende Vermehrung der Bevölkerung. Damit entwickelt sich die Teilung der Arbeit, die ursprünglich nichts war als die Teilung der Arbeit im Geschlechtsakt, dann Teilung der Arbeit, die sich vermöge der natürlichen Anlage (z. B. Körperkraft), Bedürfnisse, Zufälle etc. etc. von selbst oder ›naturwüchsig‹ macht. Die Teilung der Arbeit wird erst wirklich Teilung von dem Augenblicke an, wo eine Teilung der materiellen und geistigen Arbeit eintritt.[13] Von diesem Augenblicke an *kann* sich das Bewußtsein wirklich einbilden, etwas Andres als das Bewußtsein der bestehenden Praxis zu sein, *wirklich* etwas vorzustellen, ohne etwas Wirkliches vorzustellen – von diesem Augenblicke an ist das Bewußtsein imstande, sich von der Welt zu emanzipieren und zur Bildung der ›reinen‹ Theorie, Theologie, Philosophie, Moral etc. überzugehen. Aber selbst wenn diese Theorie, Theologie, Philosophie, Moral etc. in Widerspruch mit den bestehenden Verhältnissen treten, so kann dies nur dadurch geschehen, daß die bestehenden gesellschaftlichen Verhältnisse mit der bestehenden

Produktionskraft in Widerspruch getreten sind – was übrigens in einem bestimmten nationalen Kreise von Verhältnissen auch dadurch geschehen kann, daß der Widerspruch nicht in diesem nationalen Umkreis, sondern zwischen diesem nationalen Bewußtsein und der Praxis der anderen Nationen[14], d.h. zwischen dem nationalen und allgemeinen Bewußtsein einer Nation sich einstellt.

Übrigens ist es ganz einerlei, was das Bewußtsein alleene anfängt, wir erhalten aus diesem ganzen Dreck nur das eine Resultat, daß diese drei Momente, die Produktionskraft, der gesellschaftliche Zustand und das Bewußtsein, in Widerspruch untereinander geraten können und müssen, weil mit der *Teilung der Arbeit* die Möglichkeit, ja die Wirklichkeit gegeben ist, daß die geistige und materielle Tätigkeit – daß der Genuß und die Arbeit, Produktion und Konsumtion, verschiedenen Individuen zufallen, und die Möglichkeit, daß sie nicht in Widerspruch geraten, nur darin liegt, daß die Teilung der Arbeit wieder aufgehoben wird. Es versteht sich übrigens von selbst, daß die ›Gespenster‹, ›Bande‹, ›höheres Wesen‹, ›Begriff‹, ›Bedenklichkeit‹ bloß der idealistische geistliche Ausdruck, die Vorstellung scheinbar des vereinzelten Individuums sind, die Vorstellung von sehr empirischen Fesseln und Schranken, innerhalb deren sich die Produktionsweise des Lebens und die damit zusammenhängende Verkehrsform bewegt.

Mit der Teilung der Arbeit, in welcher alle diese Widersprüche gegeben sind und welche ihrerseits wieder auf der naturwüchsigen Teilung der Arbeit in der Familie und der Trennung der Gesellschaft in einzelne, einander entgegengesetzte Familien beruht, ist zu gleicher Zeit auch die *Ver*teilung, und zwar die *ungleiche*, sowohl quantitative wie qualitative Verteilung der Arbeit und ihrer Produkte gegeben, also das Eigentum, das in der Familie, wo die Frau und die Kinder die Sklaven des Mannes sind, schon seinen Keim, seine erste Form hat. Die freilich noch sehr rohe, latente Sklaverei in der Familie ist das erste Eigentum, das übrigens hier schon vollkommen der Definition der modernen Ökonomen entspricht, nach der es die Verfügung über fremde Arbeitskraft ist. Übrigens sind Teilung der Arbeit und Privateigentum identische Ausdrücke – in dem Einen wird in Beziehung auf die Tätigkeit dasselbe ausgesagt, was in dem Andern in bezug auf das Produkt der Tätigkeit ausgesagt wird.

Ferner ist mit der Teilung der Arbeit zugleich der Widerspruch zwischen dem Interesse des einzelnen Individuums oder der einzelnen Familie und dem gemeinschaftlichen Interesse aller Individuen, die miteinander verkehren, gegeben; und zwar existiert dies gemeinschaftliche Interesse nicht bloß in der Vorstellung, als ›Allgemeines‹, sondern zuerst in der Wirklichkeit als gegenseitige Abhängigkeit der Individuen, unter denen die Arbeit geteilt ist. Und endlich bietet uns die Teilung der Arbeit gleich das erste Beispiel davon dar, daß, solange die Menschen sich in der naturwüchsigen Gesellschaft befinden, solange also die Spaltung zwischen dem besondern und gemeinsamen Interesse existiert, solange die Tätigkeit also nicht freiwillig, sondern naturwüchsig geteilt ist, die eigne Tat des Menschen ihm zu einer fremden, gegenüberstehenden Macht wird, die ihn unterjocht, statt daß er sie beherrscht. Sowie nämlich die Arbeit verteilt zu werden anfängt, hat Jeder einen bestimmten ausschließlichen Kreis der Tätigkeit, der ihm aufgedrängt wird, aus dem er nicht heraus kann; er ist Jäger, Fischer oder Hirt oder kritischer Kritiker und muß es bleiben, wenn er nicht die Mittel zum Leben verlieren will – während in der kommunistischen Gesellschaft, wo Jeder nicht einen ausschließlichen Kreis der Tätigkeit hat, sondern sich in jedem beliebigen Zweige ausbilden kann, die Gesellschaft die allgemeine Produktion regelt und mir eben dadurch möglich macht, heute dies, morgen jenes zu tun, morgens zu jagen, nachmittags zu fischen, abends Viehzucht zu treiben, nach dem Essen zu kritisieren, wie ich gerade Lust habe, ohne je Jäger, Fischer, Hirt oder Kritiker zu werden. Dieses Sichfestsetzen der sozialen Tätigkeit, diese Konsolidation unsres eignen Produkts zu einer sachlichen Gewalt über uns, die unsrer Kontrolle entwächst, unsre Erwartungen durchkreuzt, unsre Berechnungen zunichte macht, ist eines der Hauptmomente in der bisherigen geschichtlichen Entwicklung, und eben aus diesem Widerspruch des besondern und gemeinschaftlichen Interesses nimmt das gemeinschaftliche Interesse als *Staat* eine selbständige Gestaltung, getrennt von den wirklichen Einzel- und Gesamtinteressen, an, und zugleich als illusorische Gemeinschaftlichkeit, aber stets auf der realen Basis der in jedem Familien- und Stamm-Konglomerat vorhandenen Bänder, wie Fleisch und Blut, Sprache, Teilung der Arbeit im größeren Maßstabe und sonstigen Interessen – und besonders, wie wir später entwickeln werden, der durch die Teilung der Arbeit bereits bedingten Klassen, die in jedem derartigen Menschenhaufen sich absondern und von denen eine alle andern beherrscht. Hieraus folgt, daß alle Kämpfe innerhalb des Staats, der Kampf zwischen Demokratie, Aristokratie und Monarchie, der Kampf um das Wahlrecht etc. etc., nichts als die illusorischen Formen sind, in denen die wirklichen Kämpfe der verschiednen Klassen untereinander geführt werden (wovon die deutschen Theoretiker nicht eine Silbe ahnen, trotzdem daß man ihnen in den ›Deutsch-Französischen Jahrbüchern‹ und der ›Heiligen Familie‹ dazu Anleitung genug gegeben hatte), und ferner, daß jede nach der Herrschaft strebende Klasse, wenn ihre Herrschaft auch, wie dies beim Proletariat der Fall ist, die Aufhebung der ganzen alten Gesellschaftsform und der Herrschaft überhaupt bedingt, sich zuerst die politische Macht erobern muß, um ihr Interesse wieder als das Allgemeine, wozu sie im ersten Augenblick gezwungen ist, darzustellen. Eben weil die Individuen *nur* ihr besondres, für sie nicht mit ihrem gemeinschaftlichen Interesse zusammenfallendes suchen, überhaupt das Allgemeine illusorische Form der Gemeinschaftlichkeit, wird dies als ein ihnen ›fremdes‹ und von ihnen ›unabhängiges‹, als ein selbst wieder besonderes und eigentümliches ›Allgemein‹-Interesse geltend gemacht, oder sie selbst müssen sich in diesem Zwiespalt bewegen[15], wie in der Demokratie. Andrerseits macht denn auch der *praktische* Kampf dieser beständig *wirklich* den gemeinschaftlichen und illusorischen gemeinschaftlichen Interessen entgegentretenden Sonderinteressen die *praktische* Dazwischenkunft und Zügelung durch das illusorische ›Allgemein‹-Interesse als Staat nötig. Die soziale Macht, d. h. die vervielfachte Produktionskraft, die durch das in der Teilung der Arbeit bedingte Zusammenwirken der verschiedenen Individuen entsteht, erscheint diesen Individuen, weil das Zusammenwirken selbst nicht freiwillig, sondern naturwüchsig ist, nicht als ihre eigne, vereinte Macht, sondern als eine fremde, außer ihnen stehende Gewalt, von der sie nicht wissen woher und wohin, die sie also nicht mehr beherrschen können, die im Gegenteil nun eine eigentümliche, vom Wollen und Laufen der Menschen unabhängige, ja dies Wollen und Laufen erst dirigierende Reihenfolge von Phasen und Entwicklungsstufen durchläuft.

Diese ›*Entfremdung*‹, um den Philosophen verständlich zu bleiben, kann natürlich nur unter zwei *praktischen* Voraussetzungen aufgehoben werden. Damit sie eine ›unerträgliche‹ Macht werde, d. h. eine Macht, gegen die man revolutioniert, dazu gehört, daß sie die Masse der Menschheit als durchaus ›Eigentumslos‹ erzeugt hat und zugleich im Widerspruch zu einer vorhandnen Welt des Reichtums und der Bildung, was beides eine große Steigerung der Produktivkraft, einen hohen Grad ihrer Entwicklung voraussetzt – und andrerseits ist diese Entwicklung der Produktivkräfte (womit zugleich schon die in *weltgeschichtlichem*, statt der in lokalem Dasein der Menschen vorhandne empirische Existenz gegeben ist) auch deswegen eine absolut notwendige praktische Voraussetzung, weil ohne sie nur der *Mangel* verallgemeinert, also mit der *Notdurft* auch der Streit um das Notwendige wieder beginnen und die ganze alte Scheiße sich herstellen müßte, weil ferner nur mit dieser universellen Entwicklung der Produktivkräfte ein *universeller* Verkehr der Menschen gesetzt ist, daher einerseits das Phänomen der ›Eigentumslosen‹ Masse in Allen Völkern gleichzeitig erzeugt (allgemeine Konkurrenz), jedes derselben von den Umwälzungen der andern abhängig macht, und endlich *weltgeschichtliche*, empirisch universelle Individuen an die Stelle der lokalen gesetzt hat. Ohne dies könnte 1. der Kommunismus nur als eine Lokalität existieren, 2. die *Mächte* des Verkehrs selbst hätten sich als *universelle*, drum unerträgliche Mächte nicht entwickeln können, sie wären heimisch-abergläubige ›Umstände‹ geblieben, und 3. würde jede Erweiterung des Verkehrs den lokalen Kommunismus aufheben. Der Kommunismus ist empirisch nur als die Tat der herrschenden Völker ›auf einmal‹ und gleichzeitig[16] möglich, was die universelle Entwicklung der Produktivkraft und den mit ihm zusammenhängenden Weltverkehr voraussetzt. Wie hätte sonst z. B. das Eigentum überhaupt eine Geschichte haben, verschiedene Gestalten annehmen, und etwa das Grundeigentum je nach der verschiedenen vorliegenden Voraussetzung in Frankreich aus der Parzellierung zur Zentralisation in wenigen Händen, in England aus der Zentralisation in wenigen Händen zur Parzellierung drängen können, wie dies heute wirklich der Fall ist? Oder wie kommt es, daß der Handel, der doch weiter nichts ist als der Austausch der Produkte verschiedner Individuen und Länder, durch das Verhältnis von Nachfrage und Zufuhr die ganze Welt beherrscht – ein Verhältnis, das, wie ein englischer Ökonom sagt, gleich dem antiken Schicksal über der Erde schwebt und mit unsichtbarer Hand Glück und Unglück an die Menschen verteilt, Reiche stiftet und Reiche zertrümmert, Völker entstehen und verschwinden[17] macht –, während mit der Aufhebung der Basis, des Privateigentums, mit der kommunistischen Regelung der Produktion und der darin liegenden Vernichtung der Fremdheit, mit der sich die Menschen zu ihrem eignen Produkt verhalten, die Macht des Verhältnisses von Nachfrage und Zufuhr sich in Nichts auflöst und die Menschen den Austausch, die Produktion, die Weise ihres gegenseitigen Verhaltens wieder in ihre Gewalt bekommen?

Der Kommunismus ist für uns nicht ein *Zustand*, der hergestellt werden soll, ein *Ideal*, wonach die Wirklichkeit sich zu richten haben [wird]. Wir nennen Kommunismus die *wirkliche* Bewegung, welche den jetzigen Zustand aufhebt. Die Bedingungen dieser Bewegung ergeben sich aus der jetzt bestehenden Voraussetzung. Übrigens setzt die Masse von *bloßen*

Arbeitern – massenhafte[18] von Kapital oder von irgendeiner bornierten Befriedigung abgeschnittne Arbeiterkraft – und darum auch der nicht mehr temporäre Verlust dieser Arbeit selbst als einer gesicherten Lebensquelle durch die Konkurrenz den *Weltmarkt* voraus. Das Proletariat kann also nur *weltgeschichtlich* existieren, wie der Kommunismus, seine Aktion, nur als ›weltgeschichtliche‹ Existenz überhaupt vorhanden sein kann; weltgeschichtliche Existenz der Individuen, d. h. Existenz der Individuen, die unmittelbar mit der Weltgeschichte verknüpft ist.

Die durch die auf allen bisherigen geschichtlichen Stufen vorhandenen Produktionskräfte bedingte und sie wiederum bedingende Verkehrsform ist die *bürgerliche Gesellschaft*, die, wie schon aus dem Vorhergehenden hervorgeht, die einfache Familie und die zusammengesetzte Familie, das sogenannte Stammwesen zu ihrer Voraussetzung und Grundlage hat, und deren nähere Bestimmungen im Vorhergehenden enthalten sind. Es zeigt sich schon hier, daß diese bürgerliche Gesellschaft der wahre Herd und Schauplatz aller Geschichte ist, und wie widersinnig die bisherige, die wirklichen Verhältnisse vernachlässigende Geschichtsauffassung mit ihrer Beschränkung auf hochtönende Haupt- und Staatsaktionen ist.[19]

Die bürgerliche Gesellschaft umfaßt den gesamten materiellen Verkehr der Individuen innerhalb einer bestimmten Entwicklungsstufe der Produktivkräfte. Sie umfaßt das gesamte kommerzielle und industrielle Leben einer Stufe und geht insofern über den Staat und die Nation hinaus, obwohl sie andrerseits wieder nach Außen hin als Nationalität sich geltend machen, nach Innen als Staat sich gliedern muß. Das Wort bürgerliche Gesellschaft kam auf im achtzehnten Jahrhundert, als die Eigentumsverhältnisse bereits aus dem antiken und mittelalterlichen Gemeinwesen sich herausgearbeitet hatten. Die bürgerliche Gesellschaft als solche entwickelt sich erst mit der Bourgeoisie; die unmittelbar aus der Produktion und dem Verkehr sich entwickelnde gesellschaftliche Organisation, die zu allen Zeiten die Basis des Staats und der sonstigen idealistischen Superstruktur bildet, ist indes fortwährend mit demselben Namen bezeichnet worden.

[2.] Über die Produktion des Bewußtseins

In der bisherigen Geschichte ist es allerdings ebensosehr eine empirische Tatsache, daß die einzelnen Individuen mit der Ausdehnung der Tätigkeit zur Weltgeschichtlichen immer mehr unter einer ihnen fremden Macht geknechtet worden sind (welchen Druck sie sich denn auch als

Schikane des sogenannten Weltgeistes etc. vorstellten), einer Macht, die immer massenhafter geworden ist und sich in letzter Instanz als *Weltmarkt* ausweist. Aber ebenso empirisch begründet ist es, daß durch den Umsturz des bestehenden gesellschaftlichen Zustandes durch die kommunistische Revolution (wovon weiter unten) und die damit identische Aufhebung des Privateigentums diese den deutschen Theoretikern so mysteriöse Macht aufgelöst wird und alsdann die Befreiung jedes einzelnen Individuums in demselben Maße durchgesetzt wird, in dem die Geschichte sich vollständig in Weltgeschichte verwandelt. Daß der wirkliche geistige Reichtum des Individuums ganz von dem Reichtum seiner wirklichen Beziehungen abhängt, ist nach dem Obigen klar. Die einzelnen Individuen werden erst hierdurch von den verschiedenen nationalen und lokalen Schranken befreit, mit der Produktion (auch mit der geistigen) der ganzen Welt in praktische Beziehung gesetzt und in den Stand gesetzt, sich die Genußfähigkeit für diese allseitige Produktion der ganzen Erde (Schöpfungen der Menschen) zu erwerben. Die *allseitige* Abhängigkeit, diese naturwüchsige Form des *weltgeschichtlichen* Zusammenwirkens der Individuen, wird durch diese kommunistische Revolution verwandelt in die Kontrolle und bewußte Beherrschung dieser Mächte, die, aus dem Aufeinander-Wirken der Menschen erzeugt, ihnen bisher als durchaus fremde Mächte imponiert und sie beherrscht haben. Diese Anschauung kann nun wieder spekulativ-idealistisch, d. h. phantastisch als ›Selbsterzeugung der Gattung‹ (die ›Gesellschaft als Subjekt‹) gefaßt und dadurch die aufeinanderfolgende Reihe von im Zusammenhang stehenden Individuen als ein einziges Individuum vorgestellt werden, das das Mysterium vollzieht, sich selbst zu erzeugen. Es zeigt sich hier, daß die Individuen allerdings *einander* machen, physisch und geistig, aber nicht sich machen, weder im Unsinn des heiligen Bruno, noch im Sinne des ›Einzigen‹, des ›gemachten‹ Mannes.

Diese Geschichtsauffassung beruht also darauf, den wirklichen Produktionsprozeß, und zwar von der materiellen Produktion des unmittelbaren Lebens ausgehend, zu entwickeln und die mit dieser Produktionsweise zusammenhängende und von ihr erzeugte Verkehrsform, also die bürgerliche Gesellschaft in ihren verschiedenen Stufen, als Grundlage der ganzen Geschichte aufzufassen und sie sowohl in ihrer Aktion als Staat darzustellen, wie die sämtlichen verschiednen theoretischen Erzeugnisse und Formen des Bewußtseins, Religion, Philosophie, Moral etc. etc., aus ihr zu erklären und ihren Entstehungsprozeß aus ihnen zu verfolgen, wo dann natürlich auch die Sache in ihrer Totalität (und darum auch die Wechselwirkung dieser verschiednen Seiten aufeinander) dargestellt werden kann. Sie hat in jeder Periode nicht, wie die idealistische Geschichtsanschauung, nach einer Kategorie zu suchen, sondern bleibt fortwährend auf dem wirklichen Geschichts*boden* stehen, erklärt nicht die Praxis aus der Idee, erklärt die Ideenformationen aus der materiellen Praxis und kommt demgemäß auch zu dem Resultat[20], daß alle Formen und Produkte des Bewußtseins nicht durch geistige Kritik, durch Auflösung ins ›Selbstbewußtsein‹ oder Verwandlung in ›Spuk‹, ›Gespenster‹, ›Sparren‹ etc., sondern nur durch den praktischen Umsturz der realen gesellschaftlichen Verhältnisse, aus denen diese idealistischen Flausen hervorgegangen sind, aufgelöst werden können – daß nicht die Kritik, sondern die Revolution die treibende Kraft der Geschichte auch der Religion, Philosophie und sonstigen Theorie ist. Sie zeigt, daß die Geschichte nicht damit endigt, sich ins ›Selbstbewußtsein‹ als ›Geist vom Geist‹ aufzulösen, sondern daß in ihr auf jeder Stufe ein materielles Resultat, eine Summe von Produktionskräften, ein historisch geschaffnes Verhältnis zur Natur und der Individuen zueinander sich vorfindet, die jeder Generation von ihrer Vorgängerin überliefert wird, eine Masse von Produktivkräften, Kapitalien und Umständen, die zwar einerseits von der neuen Generation modifiziert wird, ihr aber auch andrerseits ihre eignen Lebensbedingungen vorschreibt und ihr eine bestimmte Entwicklung, einen speziellen Charakter gibt – daß also die Umstände ebensosehr die Menschen, wie die Menschen die Umstände machen. Diese Summe von Produktionskräften, Kapitalien und sozialen Verkehrsformen, die jedes Individuum und jede Generation als etwas Gegebenes vorfindet, ist der reale Grund dessen, was sich die Philosophen als ›Substanz‹ und ›Wesen des Menschen‹ vorgestellt, was sie apotheosiert und bekämpft haben, ein realer Grund, der dadurch nicht im Mindesten in seinen Wirkungen und Einflüssen auf die Entwicklung der Menschen gestört wird, daß diese Philosophen als ›Selbstbewußtsein‹ und ›Einzige‹ dagegen rebellieren. Diese vorgefundenen Lebensbedingungen der verschiedenen Generationen entscheiden auch, ob die periodisch in der Geschichte wiederkehrende revolutionäre Erschütterung stark genug sein wird oder nicht, die Basis alles Bestehenden umzuwerfen, und wenn diese materiellen Elemente einer totalen Umwälzung, nämlich einerseits die vorhandnen Produktivkräfte, andrerseits die Bildung einer revolutionären Masse, die nicht nur gegen einzelne Bedingungen der bisherigen Gesellschaft, sondern gegen die bisherige ›Lebensproduktion‹ selbst, die ›Gesamttätigkeit‹, worauf sie basierte, revolutioniert – nicht vorhanden sind, so ist es ganz gleichgültig für die praktische Entwicklung, ob die *Idee* dieser Umwälzung schon hundertmal ausgesprochen ist – wie die Geschichte des Kommunismus dies beweist.

Die ganze bisherige Geschichtsauffassung hat diese wirkliche Basis der Geschichte entweder ganz und gar unberücksichtigt gelassen oder sie nur als eine Nebensache betrachtet, die mit dem geschichtlichen Verlauf außer allem Zusammenhang steht. Die Geschichte muß daher immer nach einem außer ihr liegenden Maßstab geschrieben werden; die wirkliche Lebensproduktion erscheint als urgeschichtlich, während das Geschichtliche als das vom gemeinen Leben Getrennte, Extra-Überweltliche erscheint. Das Verhältnis der Menschen zur Natur ist hiermit von der Geschichte ausgeschlossen, wodurch der Gegensatz von Natur und Geschichte erzeugt wird. Sie hat daher in der Geschichte nur politische Haupt- und Staatsaktionen und religiöse und überhaupt theoretische Kämpfe sehen können und speziell bei jeder geschichtlichen Epoche *die Illusion dieser Epoche teilen* müssen. Z.B. bildet sich eine Epoche ein, durch rein ›politische‹ oder ›religiöse‹ Motive bestimmt zu werden, obgleich ›Religion‹ und ›Politik‹ nur Formen ihrer wirklichen Motive sind, so akzeptiert ihr Geschichtschreiber diese Meinung. Die ›Einbildung‹, die ›Vorstellung‹ dieser bestimmten Menschen über ihre wirkliche Praxis wird in die einzig bestimmende und aktive Macht verwandelt, welche die Praxis dieser Menschen beherrscht und bestimmt. Wenn die rohe Form, in der die Teilung der Arbeit bei den Indern und Ägyptern vorkommt, das Kastenwesen bei diesen Völkern in ihrem Staat und ihrer Religion hervorruft, so glaubt der Historiker, das Kastenwesen sei die Macht, welche diese rohe gesellschaftliche Form erzeugt habe. Während die Franzosen und Engländer wenigstens an der politischen Illusion, die der Wirklichkeit noch am nächsten steht, halten, bewegen sich die Deutschen im Gebiete des ›reinen Geistes‹ und machen die religiöse Illusion zur treibenden Kraft der Geschichte. Die Hegelsche Geschichtsphilosophie ist die letzte, auf ihren ›reinsten Ausdruck‹ gebrachte Konsequenz dieser gesamten Deutschen Geschichtsschreibung, in der es sich nicht um wirkliche, nicht einmal um politische Interessen, sondern um reine Gedanken handelt, die dann auch dem heiligen Bruno als eine Reihe von ›Gedanken‹ erscheinen muß, von denen einer den andren auffrißt und in dem ›Selbstbewußtsein‹ schließlich untergeht, und noch konsequenter dem heiligen Max Stirner, der von der ganzen wirklichen Geschichte nichts weiß, dieser historische Verlauf als eine bloße ›Ritter‹-, Räuber- und Gespenstergeschichte erscheinen mußte, vor deren Visionen er sich natürlich nur durch die ›Heillosigkeit‹ zu retten weiß.[21] Diese Auffassung ist wirklich religiös, sie unterstellt den religiösen Menschen als den Urmenschen, von dem alle Geschichte ausgeht, und setzt in ihrer Einbildung die religiöse Phantasien-Produktion an die Stelle der wirklichen Produktion der Lebensmittel und des Lebens selbst. Diese ganze Geschichtsauffassung samt ihrer Auflösung und den daraus entstehenden Skrupeln und Bedenken ist eine bloß *nationale* Angelegenheit der Deutschen und hat nur *lokales* Interesse für Deutschland, wie zum Exempel die wichtige, neuerdings mehrfach behandelte Frage: wie man denn eigentlich »aus dem Gottesreich in das Menschenreich komme«, als ob dieses ›Gottesreich‹ je anderswo existiert habe als in der Einbildung und die gelehrten Herren nicht fortwährend, ohne es zu wissen, in dem ›Menschenreich‹ lebten, zu welchem sie jetzt den Weg suchen, und als ob das wissenschaftliche Amüsement, denn mehr als das ist es nicht, das Kuriosum dieser theoretischen Wolkenbildung zu erklären, nicht gerade umgekehrt darin läge, daß man ihre Entstehung aus den wirklichen irdischen Verhältnissen nachweist. Überhaupt handelt es sich bei diesen Deutschen stets darum, den vorgefundenen Unsinn in irgendeine andre Marotte aufzulösen, d.h. vorauszusetzen, daß dieser ganze Unsinn überhaupt einen aparten *Sinn* habe, der herauszufinden sei, während es sich nur darum handelt, diese theoretischen Phrasen aus den bestehenden wirklichen Verhältnissen zu erklären. Die wirkliche, praktische Auflösung dieser Phrasen, die Beseitigung dieser Vorstellungen aus dem Bewußtsein der Menschen wird, wie schon gesagt, durch veränderte Umstände, nicht durch theoretische Deduktionen bewerkstelligt. Für die Masse der Menschen, d.h. das Proletariat, existieren diese theoretischen Vorstellungen nicht, brauchen also für sie auch nicht aufgelöst zu werden, und wenn diese Masse je einige theoretische Vorstellungen, z.B. Religion hatte, so sind diese jetzt schon längst durch die Umstände aufgelöst.

Das rein Nationale dieser Fragen und Lösungen zeigt sich auch noch darin, daß diese Theoretiker alles Ernstes glauben, Hirngespinste wie ›der Gottmensch‹, ›der Mensch‹ etc. hätten den einzelnen Epochen der Geschichte präsidiert – der heilige Bruno geht sogar so weit, zu behaupten, nur »die Kritik und die Kritiker hätten die Geschichte gemacht« – und, wenn sie sich selbst an geschichtliche Konstruktionen geben, über alles Frühere in der größten Eile hinwegspringen und vom ›Mongolentum‹ sogleich auf die eigentliche ›inhaltsvolle‹ Geschichte, nämlich die Geschichte der ›Hallischen‹ und ›Deutschen Jahrbücher‹ und der Auflösung der Hegelschen Schule in eine allgemeine Zänkerei übergehen. Alle andern Nationen, alle wirklichen Ereignisse werden vergessen, das Theatrum mundi[22] beschränkt sich auf die Leipziger Büchermesse und die gegenseitigen Streitigkeiten der ›Kritik‹, des ›Menschen‹ und des ›Einzigen‹. Wenn sich die Theorie vielleicht einmal daran gibt, wirklich historische Themata zu behandeln, wie z. B. das achtzehnte Jahrhundert, so geben sie nur die Geschichte der Vorstellungen, losgerissen von den Tatsachen und praktischen Entwicklungen, die ihnen zum Grunde liegen, und auch diese nur in der Absicht, um diese Zeit als eine unvollkommene Vorstufe, als den noch bornierten Vorläufer der wahren geschichtlichen Zeit, d. h. der Zeit des deutschen Philosophenkampfes von 1840/44 darzustellen. Diesem Zwecke, eine frühere Geschichte zu schreiben, um den Ruhm einer ungeschichtlichen Person und ihrer Phantasien desto heller leuchten zu lassen, entspricht es denn, daß man alle wirklich historischen Ereignisse, selbst die wirklich historischen Eingriffe der Politik in die Geschichte, nicht erwähnt und dafür eine nicht auf Studien, sondern Konstruktionen und literarischen Klatschgeschichten beruhende Erzählung gibt – wie dies vom heiligen Bruno in seiner nun vergessenen ›Geschichte des 18ten Jahrhunderts‹ geschehen ist. Diese hochtrabenden und hochfahrenden Gedankenkrämer, die unendlich weit über alle nationalen Vorurteile erhaben zu sein glauben, sind also in der Praxis noch viel nationaler als die Bierphilister, die von Deutschlands Einheit träumen. Sie erkennen die Taten andrer Völker gar nicht für historisch an, sie leben in Deutschland zu Deutschland und für Deutschland, sie verwandeln das Rheinlied in ein geistliches Lied und erobern Elsaß und Lothringen, indem sie statt des französischen Staats die französische Philosophie bestehlen, statt französischer Provinzen französische Gedanken germanisieren. Herr Venedey ist ein Kosmopolit gegen die Heiligen Bruno und Max, die in der Weltherrschaft der Theorie die Weltherrschaft Deutschlands proklamieren.

Es zeigt sich aus diesen Auseinandersetzungen auch, wie sehr Feuerbach sich täuscht, wenn er (›Wigand's Vierteljahrsschrift‹, 1845, Bd. 2) sich vermöge der Qualifikation ›Gemeinmensch‹ für einen Kommunisten erklärt, in ein Prädikat *›des‹* Menschen verwandelt, also das Wort Kommunist, das in der bestehenden Welt den Anhänger einer bestimmten revolutionären Partei bezeichnet, wieder in eine bloße Kategorie verwandeln zu können glaubt. Feuerbachs ganze Deduktion in Beziehung auf das Verhältnis der Menschen zueinander geht nur dahin, zu beweisen, daß die Menschen einander nötig haben und *immer gehabt* *haben*. Er will das Bewußtsein über diese Tatsache etablieren, er will also, wie die übrigen Theoretiker, nur ein richtiges Bewußtsein über ein *bestehendes* Faktum hervorbringen, während es dem wirklichen Kommunisten darauf ankommt, dies Bestehende umzustürzen. Wir erkennen es übrigens vollständig an, daß Feuerbach, indem er das Bewußtsein gerade *dieser* Tatsache zu erzeugen strebt, so weit geht, wie ein Theoretiker überhaupt gehen kann, ohne aufzuhören, Theoretiker und Philosoph zu sein. Charakteristisch ist es aber, daß die Heiligen Bruno und Max die Vorstellung Feuerbachs vom Kommunisten sogleich an die Stelle des wirklichen Kommunisten setzen, was teilweise schon deswegen geschieht, damit sie auch den Kommunismus als ›Geist vom Geist‹, als philosophische Kategorie, als ebenbürtigen Gegner bekämpfen können – und von seiten des heiligen Bruno auch noch aus pragmatischen Interessen. Als Beispiel von der Anerkennung und zugleich Verkennung des Bestehenden, die Feuerbach noch immer mit unsern Gegnern teilt, erinnern wir an die Stelle der ›Philosophie der Zukunft‹, wo er entwickelt, daß das Sein eines Dinges oder Menschen zugleich sein Wesen sei, daß die bestimmten Existenzverhältnisse, Lebensweise und Tätigkeit eines tierischen oder menschlichen Individuums dasjenige sei, worin sein ›Wesen‹ sich befriedigt fühle. Hier wird ausdrücklich jede Ausnahme als ein unglücklicher Zufall, als eine Abnormität, die nicht zu ändern ist, aufgefaßt. Wenn also Millionen von Proletariern sich in ihren Lebensverhältnissen keineswegs befriedigt fühlen, wenn ihr ›Sein‹ ihrem [...][23].

[...] sich in Wirklichkeit und für den *praktischen* Materialisten, d.h. *Kommunisten*, darum handelt, die bestehende Welt zu revolutionieren, die vorgefundnen Dinge praktisch anzugreifen und zu verändern. Wenn bei Feuerbach sich zuweilen derartige Anschauungen finden, so gehen sie doch nie über vereinzelte Ahnungen hinaus und haben auf seine allgemeine Anschauungsweise viel zuwenig Einfluß, als daß sie hier anders denn als entwicklungsfähige Keime in Betracht kommen könnten. Feuerbachs ›Auffassung‹ der sinnlichen Welt beschränkt sich einerseits auf die bloße Anschauung derselben und andrerseits auf die bloße Empfindung, er sagt ›*den* Menschen‹ statt d[ie] ›wirklichen historischen Menschen‹. ›Der Mensch‹ ist realiter[24] ›der Deutsche‹. Im ersten Falle, in der *Anschauung* der sinnlichen Welt, stößt er notwendig auf Dinge, die seinem Bewußtsein und seinem Gefühl widersprechen, die die von ihm vorausgesetzte Harmonie aller Teile der sinnlichen Welt und namentlich des Menschen mit der Natur stören.[25] Um diese zu beseitigen, muß er dann zu einer doppelten Anschauung seine Zuflucht nehmen, zwischen einer profanen, die nur das ›auf platter Hand Liegende‹, und einer höheren, philosophischen, die das ›wahre Wesen‹ der Dinge erschaut. Er sieht nicht, wie die ihn umgebende sinnliche Welt nicht ein unmittelbar von Ewigkeit her gegebenes, sich stets gleiches Ding ist, sondern das Produkt der Industrie und des Gesellschaftszustandes, und zwar in dem Sinne, daß sie ein geschichtliches Produkt ist, das Resultat der Tätigkeit einer ganzen Reihe von Generationen, deren Jede auf den Schultern der vorhergehenden stand, ihre Industrie und ihren Verkehr weiter ausbildete, ihre soziale Ordnung nach den veränderten Bedürfnissen modifizierte. Selbst die Gegenstände der einfachsten ›sinnlichen Gewißheit‹ sind ihm nur durch die gesellschaftliche Entwicklung, die Industrie und den kommerziellen Verkehr gegeben. Der Kirschbaum ist, wie fast alle Obstbäume, bekanntlich erst vor wenig Jahrhunderten durch den *Handel* in unsre Zone verpflanzt worden und wurde deshalb erst *durch* diese Aktion einer bestimmten Gesellschaft in einer bestimmten Zeit der ›sinnlichen Gewißheit‹ Feuerbachs gegeben.

Übrigens löst sich in dieser Auffassung der Dinge, wie sie wirklich sind und geschehen sind, wie sich weiter unten noch deutlicher zeigen wird, jedes tiefsinnige philosophische Problem ganz einfach in ein empirisches Faktum auf. Z.B. die wichtige Frage über das Verhältnis des Menschen zur Natur (oder gar, wie Bruno sagt (p. 110), die ›Gegensätze in Natur und Geschichte‹ als ob das zwei voneinander getrennte ›Dinge‹ seien, der Mensch nicht immer eine geschichtliche Natur und eine natürliche Geschichte vor sich habe), aus der alle die ›unergründlich hohen Werke‹ über ›Substanz‹ und ›Selbstbewußtsein‹ hervorgegangen sind, zerfällt von selbst in der Einsicht, daß die vielberühmte ›Einheit des Menschen mit der Natur‹ in der Industrie von jeher bestanden und in jeder Epoche je nach der geringeren oder größeren Entwicklung der Industrie anders bestanden hat, ebenso wie der ›Kampf‹ des Menschen mit der Natur, bis zur Entwicklung seiner Produktivkräfte auf einer entsprechenden Basis. Die Industrie und der Handel, die Produktion und der Austausch der Lebensbedürfnisse bedingen ihrerseits und werden wiederum in der Art ihres Betriebes bedingt durch die Distribution, die Gliederung der verschiednen gesellschaftlichen Klassen – und so kommt es denn, daß Feuerbach in Manchester z.B. nur Fabriken und Maschinen sieht, wo vor hundert Jahren nur Spinnräder und Webstühle zu sehen waren, oder in der Campagna di Roma nur Viehweiden und Sümpfe entdeckt, wo er zur Zeit des Augustus nichts als Weingärten und Villen römischer Kapitalisten gefunden hätte. Feuerbach spricht namentlich von der Anschauung der Naturwissenschaft, er erwähnt Geheimnisse, die nur dem Auge des Physikers und Chemikers offenbar werden; aber wo wäre ohne Industrie und Handel die Naturwissenschaft? Selbst diese ›reine‹ Naturwissenschaft erhält ja ihren Zweck sowohl wie ihr Material erst durch Handel und Industrie, durch sinnliche Tätigkeit der Menschen. So sehr ist diese Tätigkeit, dieses fortwährende sinnliche Arbeiten und Schaffen, diese Produktion die Grundlage der ganzen sinnlichen Welt, wie sie jetzt existiert, daß, wenn sie auch nur für ein Jahr unterbrochen würde, Feuerbach eine ungeheure Veränderung nicht nur in der natürlichen Welt vorfinden, sondern auch die ganze Menschenwelt und sein eignes Anschauungsvermögen, ja seine Eigne Existenz sehr bald vermissen würde. Allerdings bleibt dabei die Priorität der äußeren Natur bestehen, und allerdings hat dies Alles keine Anwendung auf die ursprünglichen, durch generatio aequivoca[26] erzeugten Menschen; aber diese Unterscheidung hat nur insofern Sinn, als man den Menschen als von der Natur unterschieden betrachtet. Übrigens ist diese der menschlichen Geschichte vorhergehende Natur ja nicht die Natur, in der Feuerbach lebt, nicht die Natur, die heutzutage, ausgenommen etwa auf einzelnen australischen Koralleninseln neueren Ursprungs, nirgends mehr existiert, also auch für Feuerbach nicht existiert.

Feuerbach hat allerdings den großen Vorzug vor den ›reinen‹ Materialisten, daß er einsieht, wie auch der Mensch ›sinnlicher Gegenstand‹ ist; aber abgesehen davon, daß er ihn nur als ›sinnlichen Gegenstand‹, nicht als ›sinnliche Tätigkeit‹ faßt, da er sich auch hierbei in der Theorie hält, die Menschen nicht in ihrem gegebenen gesellschaftlichen Zusammenhange, nicht unter ihren vorliegenden Lebensbedingungen, die sie zu Dem gemacht haben, was sie sind, auffaßt, so kommt er nie zu den wirklich existierenden, tätigen Menschen, sondern bleibt bei dem Abstraktum ›der Mensch‹ stehen und bringt es nur dahin, den ›wirklichen, individuellen, leibhaftigen Menschen‹ in der Empfindung anzuerkennen, d.h., er kennt keine andern ›menschlichen Verhältnisse‹ ›des Menschen zum Menschen‹, als Liebe und Freundschaft, und zwar idealisiert. Gibt keine Kritik der jetzigen Lebensverhältnisse. Er kommt also nie dazu, die sinnliche Welt als die gesamte lebendige sinnliche *Tätigkeit* der sie ausmachenden Individuen aufzufassen, und ist daher gezwungen, wenn er z.B. statt gesunder Menschen einen Haufen skrofulöser, überarbeiteter und schwindsüchtiger Hungerleider sieht, da zu der ›höheren

Anschauung‹ und zur ideellen ›Ausgleichung in der Gattung‹ seine Zuflucht zu nehmen, also gerade da in den Idealismus zurückzufallen, wo der kommunistische Materialist die Notwendigkeit und zugleich die Bedingung einer Umgestaltung sowohl der Industrie wie der gesellschaftlichen Gliederung sieht.

Soweit Feuerbach Materialist ist, kommt die Geschichte bei ihm nicht vor, und soweit er die Geschichte in Betracht zieht, ist er kein Materialist. Bei ihm fallen Materialismus und Geschichte ganz auseinander, was sich übrigens schon aus dem Gesagten erklärt.[27]

Die Geschichte ist nichts als die Aufeinanderfolge der einzelnen Generationen, von denen Jede die ihr von allen vorhergegangenen übermachten Materiale, Kapitalien, Produktionskräfte exploitiert, daher also einerseits unter ganz veränderten Umständen die überkommene Tätigkeit fortsetzt und andrerseits mit einer ganz veränderten Tätigkeit die alten Umstände modifiziert, was sich nun spekulativ so verdrehen läßt, daß die spätere Geschichte zum Zweck der früheren gemacht wird, z. B., daß der Entdeckung Amerikas der Zweck zugrunde gelegt wird, der französischen Revolution zum Durchbruch zu verhelfen, wodurch dann die Geschichte ihre aparten Zwecke erhält und eine ›Person neben anderen Personen‹ (als da sind: ›Selbstbewußtsein, Kritik, Einziger‹ etc.) wird, während das, was man mit den Worten ›Bestimmung‹, ›Zweck‹, ›Keim‹, ›Idee‹ der früheren Geschichte bezeichnet, weiter nichts ist als eine Abstraktion von der späteren Geschichte, eine Abstraktion von dem aktiven Einfluß, den die frühere Geschichte auf die spätere ausübt.

Je weiter sich im Laufe dieser Entwicklung nun die einzelnen Kreise, die aufeinander einwirken, ausdehnen, je mehr die ursprüngliche Abgeschlossenheit der einzelnen Nationalitäten durch die ausgebildete Produktionsweise, Verkehr und dadurch naturwüchsig hervorgebrachte Teilung der Arbeit zwischen verschiednen Nationen vernichtet wird, desto mehr wird die Geschichte zur Weltgeschichte, so daß z. B., wenn in England eine Maschine erfunden wird, die in Indien und China zahllose Arbeiter außer Brot setzt und die ganze Existenzform dieser Reiche umwälzt, diese Erfindung zu einem weltgeschichtlichen Faktum wird; oder daß der Zucker und Kaffee ihre weltgeschichtliche Bedeutung im neunzehnten Jahrhundert dadurch bewiesen, daß der durch das napoleonische Kontinentalsystem erzeugte Mangel an diesen Produkten die Deutschen zum Aufstande gegen Napoleon brachte und so die reale Basis der glorreichen Befreiungskriege von 1813 wurde. Hieraus folgt, daß diese Umwandlung der Geschichte in Weltgeschichte nicht etwa eine bloße abstrakte Tat des ›Selbstbewußtseins‹, Weltgeistes oder sonst eines metaphysischen Gespenstes ist, sondern eine ganz materielle, empirisch nachweisbare Tat, eine Tat, zu der jedes Individuum, wie es geht und steht, ißt, trinkt und sich kleidet, den Beweis liefert.

Die Gedanken der herrschenden Klasse sind in jeder Epoche die herrschenden Gedanken, d.h. die Klasse, welche die herrschende *materielle* Macht der Gesellschaft ist, ist zugleich ihre herrschende *geistige* Macht. Die Klasse, die die Mittel zur materiellen Produktion zu ihrer Verfügung hat, disponiert damit zugleich über die Mittel zur geistigen Produktion, so daß ihr damit zugleich im Durchschnitt die Gedanken derer, denen die Mittel zur geistigen Produktion abgehen, unterworfen sind. Die herrschenden Gedanken sind weiter Nichts als der ideelle Ausdruck der herrschenden materiellen Verhältnisse, die als Gedanken gefaßten herrschenden materiellen Verhältnisse; also der Verhältnisse, die eben die eine Klasse zur herrschenden machen, also die Gedanken ihrer Herrschaft. Die Individuen, welche die herrschende Klasse ausmachen, haben unter Anderm auch Bewußtsein und denken daher; insofern sie also als Klasse herrschen und den ganzen Umfang einer Geschichtsepoche bestimmen, versteht es sich von selbst, daß sie dies in ihrer ganzen Ausdehnung tun, also unter Andern auch als Denkende, als Produzenten von Gedanken herrschen, die Produktion und Distribution der Gedanken ihrer Zeit regeln; daß also ihre Gedanken die herrschenden Gedanken der Epoche sind. Zu einer Zeit z.B. und in einem Lande, wo königliche Macht, Aristokratie und Bourgeoisie sich um die Herrschaft streiten, wo also die Herrschaft geteilt ist, zeigt sich als herrschender Gedanke die Doktrin von der Teilung der Gewalten, die nun als ein ›ewiges Gesetz‹ ausgesprochen wird.

Die Teilung der Arbeit, die wir schon oben als eine der Hauptmächte der bisherigen Geschichte vorfanden, äußert sich nun auch in der herrschenden Klasse als Teilung der geistigen und materiellen Arbeit, so daß innerhalb dieser Klasse der eine Teil als die Denker dieser Klasse auftritt (die aktiven konzeptiven Ideologen derselben, welche die Ausbildung der Illusion dieser Klasse über sich selbst zu ihrem Hauptnahrungszweige machen), während die Andern sich zu diesen Gedanken und Illusionen mehr passiv und rezeptiv verhalten, weil sie in der Wirklichkeit die aktiven Mitglieder dieser Klasse sind und weniger Zeit dazu haben, sich Illusionen und Gedanken über sich selbst zu machen. Innerhalb dieser Klasse kann diese Spaltung derselben sich sogar zu einer gewissen Entgegensetzung und Feindschaft beider Teile entwickeln, die aber bei jeder praktischen Kollision, wo die Klasse selbst gefährdet ist, von selbst wegfällt, wo denn auch der Schein verschwindet, als wenn die herrschenden Gedanken nicht die Gedanken der herrschenden Klasse wären und eine von der Macht dieser Klasse unterschiedene Macht hätten. Die Existenz revolutionärer Gedanken in einer bestimmten Epoche setzt bereits die Existenz einer revolutionären Klasse voraus, über deren Voraussetzungen bereits oben das Nötige gesagt ist.

Löst man nun bei der Auffassung des geschichtlichen Verlaufs die Gedanken der herrschenden Klasse von der herrschenden Klasse los, verselbständigt man sie, bleibt dabei stehen, daß in einer Epoche diese und jene Gedanken geherrscht haben, ohne sich um die Bedingungen der Produktion und um die Produzenten dieser Gedanken zu bekümmern, läßt man also die den Gedanken zugrunde liegenden Individuen und Weltzustände weg, so kann man z. B. sagen, daß während der Zeit, in der die Aristokratie herrschte, die Begriffe Ehre, Treue etc., während der Herrschaft der Bourgeoisie die Begriffe Freiheit, Gleichheit etc. herrschten.[28] Die herrschende Klasse selbst bildet sich dies im Durchschnitt ein. Diese Geschichtsauffassung, die allen Geschichtsschreibern vorzugsweise seit dem achtzehnten Jahrhundert gemeinsam ist, wird notwendig auf das Phänomen stoßen, daß immer abstraktere Gedanken herrschen, d. h. Gedanken, die immer mehr die Form der Allgemeinheit annehmen. Jede neue Klasse nämlich, die sich an die Stelle einer vor ihr herrschenden setzt, ist genötigt, schon um ihren Zweck durchzuführen, ihr Interesse als das gemeinschaftliche Interesse aller Mitglieder der Gesellschaft darzustellen, d. h. ideell ausgedrückt: ihren Gedanken die Form der Allgemeinheit zu geben, sie als die einzig vernünftigen, allgemein gültigen darzustellen. Die revolutionierende Klasse tritt von vornherein, schon weil sie einer *Klasse* gegenübersteht, nicht als Klasse, sondern als Vertreterin der ganzen Gesellschaft auf, sie erscheint als die ganze Masse der Gesellschaft gegenüber der einzigen, herrschenden Klasse.[29] Sie kann dies, weil im Anfang ihr Interesse wirklich noch mehr mit dem gemeinschaftlichen Interesse aller übrigen nichtherrschenden Klassen zusammenhängt, sich unter dem Druck der bisherigen Verhältnisse noch nicht als besonderes Interesse einer besonderen Klasse entwickeln konnte. Ihr Sieg nutzt daher auch vielen Individuen der übrigen, nicht zur Herrschaft kommenden Klassen, aber nur insofern, als er diese Individuen jetzt in den Stand setzt, sich in die herrschende Klasse zu erheben. Als die französische Bourgeoisie die Herrschaft der Aristokratie stürzte, machte sie es dadurch vielen Proletariern möglich, sich über das Proletariat zu erheben, aber nur, insofern sie Bourgeois wurden. Jede neue Klasse bringt daher nur auf einer breiteren Basis als die der bisher herrschenden ihre Herrschaft zustande, wogegen sich dann später auch der Gegensatz der nichtherrschenden gegen die nun herrschende Klasse um so schärfer und tiefer entwickelt. Durch Beides ist bedingt, daß der gegen diese neue herrschende Klasse zu führende Kampf wiederum auf eine entschiedenere, radikalere Negation der bisherigen Gesellschaftszustände hinarbeitet, als alle bisherigen die Herrschaft anstrebenden Klassen dies tun konnten.

Dieser ganze Schein, als ob die Herrschaft einer bestimmten Klasse nur die Herrschaft gewisser Gedanken sei, hört natürlich von selbst auf, sobald die Herrschaft von Klassen überhaupt aufhört, die Form der gesellschaftlichen Ordnung zu sein, sobald es also nicht mehr nötig ist, ein besonderes Interesse als allgemeines oder ›das Allgemeine‹ als herrschend darzustellen.

Nachdem einmal die herrschenden Gedanken von den herrschenden Individuen und vor allem von den Verhältnissen, die aus einer gegebenen Stufe der Produktionsweise hervorgehen, getrennt sind und dadurch das Resultat zustande gekommen ist, daß in der Geschichte stets Gedanken herrschen, ist es sehr leicht, aus diesen verschiedenen Gedanken sich ›*den* Gedanken‹, die Idee etc. als das in der Geschichte Herrschende zu abstrahieren und damit alle diese einzelnen Gedanken und Begriffe als ›Selbstbestimmungen‹ *des* sich in der Geschichte entwickelnden Begriffs zu fassen. Es ist dann auch natürlich, daß alle Verhältnisse der Menschen aus dem Begriff des Menschen, dem vorgestellten Menschen, dem Wesen des Menschen, *dem* Menschen abgeleitet werden können. Dies hat die spekulative Philosophie getan. Hegel gesteht selbst am Ende der ›Geschichtsphilosophie‹, daß er ›den Fortgang *des Begriffs* allein betrachtet‹ und in der Geschichte die ›wahrhafte *Theodizee*‹ dargestellt habe (p. 446). Man kann nun wieder auf die Produzenten ›des Begriffs‹ zurückgehen, auf die Theoretiker, Ideologen und Philosophen, und kommt dann zu dem Resultate, daß die Philosophen, die Denkenden als solche, von jeher in der Geschichte geherrscht haben – ein Resultat, was, wie wir sehen, auch schon von Hegel ausgesprochen wurde. Das ganze Kunststück also, in der Geschichte die Oberherrlichkeit des Geistes (Hierarchie bei Stirner) nachzuweisen, beschränkt sich auf folgende drei Efforts.

Nr. 1. Man muß die Gedanken der aus empirischen Gründen, unter empirischen Bedingungen und als materielle Individuen Herrschenden von diesen Herrschenden trennen und somit die Herrschaft von Gedanken oder Illusionen in der Geschichte anerkennen.

Nr. 2. Man muß in diese Gedankenherrschaft eine Ordnung bringen, einen mystischen Zusammenhang unter den aufeinanderfolgenden herrschenden Gedanken nachweisen, was dadurch zustande gebracht wird, daß man sie als ›Selbstbestimmungen des Begriffs‹ faßt (dies ist deshalb möglich, weil diese Gedanken vermittelst ihrer empirischen Grundlage wirklich miteinander zusammenhängen und weil sie als *bloße* Gedanken gefaßt zu Selbstunterscheidungen, vom Denken gemachten Unterschieden, werden).

Nr. 3. Um das mystische Aussehen dieses ›sich selbst bestimmenden Begriffs‹ zu beseitigen, verwandelt man ihn in eine Person – ›das Selbstbewußtsein‹ – oder, um recht materialistisch zu erscheinen, in eine Reihe von Personen, die ›den Begriff‹ in der Geschichte repräsentieren, in ›die Denkenden‹, die ›Philosophen‹, die Ideologen, die nun wieder als die Fabrikanten der Geschichte, als ›der Rat der Wächter‹, als die Herrschenden gefaßt werden.[30] Hiermit hat man sämtliche materialistischen Elemente aus der Geschichte beseitigt und kann nun seinem spekulativen Roß ruhig die Zügel schießen lassen.

Während im gewöhnlichen Leben jeder Shopkeeper[31] sehr wohl zwischen Dem zu unterscheiden weiß, was Jemand zu sein vorgibt, und dem, was er wirklich ist, so ist unsre Geschichtschreibung noch nicht zu dieser trivialen Erkenntnis gekommen. Sie glaubt jeder Epoche aufs Wort, was sie von sich selbst sagt und sich einbildet.

Es muß diese Geschichtsmethode, die in Deutschland, und warum vorzüglich, herrschte, entwickelt werden aus dem Zusammenhang mit der Illusion der Ideologen überhaupt, z.B. den Illusionen der Juristen, Politiker (auch der praktischen Staatsmänner darunter), aus den dogmatischen Träumereien und Verdrehungen dieser Kerls, die sich ganz einfach erklärt aus ihrer praktischen Lebensstellung, ihrem Geschäft und der Teilung der Arbeit.

[B. Die wirkliche Basis der Ideologie]
[1.] Verkehr und Produktivkraft

Die größte Teilung der materiellen und geistigen Arbeit ist die Trennung von Stadt und Land. Der Gegensatz zwischen Stadt und Land fängt an mit dem Übergange aus der Barbarei in die Zivilisation, aus dem Stammwesen in den Staat, aus der Lokalität in die Nation, und zieht sich durch die ganze Geschichte der Zivilisation bis auf den heutigen

Tag (die Anti-Corn-Law League) hindurch. – Mit der Stadt ist zugleich die Notwendigkeit der Administration, der Polizei, der Steuern usw., kurz des Gemeindewesens und damit der Politik überhaupt gegeben. Hier zeigte sich zuerst die Teilung der Bevölkerung in zwei große Klassen, die direkt auf der Teilung der Arbeit und den Produktionsinstrumenten beruht. Die Stadt ist bereits die Tatsache der Konzentration der Bevölkerung, der Produktionsinstrumente, des Kapitals, der Genüsse, der Bedürfnisse, während das Land gerade die entgegengesetzte Tatsache, die Isolierung und Vereinzelung, zur Anschauung bringt. Der Gegensatz zwischen Stadt und Land kann nur innerhalb des Privateigentums existieren. Er ist der krasseste Ausdruck der Subsumtion des Individuums unter die Teilung der Arbeit, unter eine bestimmte, ihm aufgezwungene Tätigkeit, eine Subsumtion, die den Einen zum bornierten Stadttier, den Andern zum bornierten Landtier macht und den Gegensatz der Interessen Beider täglich neu erzeugt. Die Arbeit ist hier wieder die Hauptsache, die Macht *über* den Individuen, und solange diese existiert, solange muß das Privateigentum existieren. Die Aufhebung des Gegensatzes von Stadt und Land ist eine der ersten Bedingungen der Gemeinschaft, eine Bedingung, die wieder von einer Masse materieller Voraussetzungen abhängt und die der bloße Wille nicht erfüllen kann, wie Jeder auf den ersten Blick sieht. (Diese Bedingungen müssen noch entwickelt werden.) Die Trennung von Stadt und Land kann auch gefaßt werden als die Trennung von Kapital und Grundeigentum, als der Anfang einer vom Grundeigentum unabhängigen Existenz und Entwicklung des Kapitals, eines Eigentums, das bloß in der Arbeit und im Austausch seine Basis hat.

In den Städten, welche im Mittelalter nicht aus der früheren Geschichte fertig überliefert waren, sondern sich neu aus den freigewordnen Leibeignen bildeten, war die besondre Arbeit eines Jeden sein einziges Eigentum außer dem kleinen, fast nur im nötigsten Handwerkszeug bestehenden Kapital, das er mitbrachte. Die Konkurrenz der fortwährend in die Stadt kommenden entlaufenen Leibeigenen, der fortwährende Krieg des Landes gegen die Städte und damit die Notwendigkeit einer organisierten städtischen Kriegsmacht, das Band des gemeinsamen Eigentums an einer bestimmten Arbeit, die Notwendigkeit gemeinsamer Gebäude zum Verkauf ihrer Waren zu einer Zeit, wo die Handwerker zugleich commerçants[32], und die damit gegebene Ausschließung Unberufener von diesen Gebäuden, der Gegensatz der Interessen der einzelnen Handwerke unter sich, die Notwendigkeit eines Schutzes der mit Mühe erlernten Arbeit und die feudale Organisation des ganzen Landes waren die Ursachen der Vereinigung der Arbeiter eines jeden Handwerks in Zünften. Wir haben hier auf die vielfachen Modifikationen des Zunftwesens, die durch spätere historische Entwicklungen hereinkommen, nicht weiter einzugehen. Die Flucht der Leibeignen in die Städte fand während des ganzen Mittelalters ununterbrochen statt. Diese Leibeignen, auf dem Lande von ihren Herren verfolgt, kamen einzeln in die Städte, wo sie eine organisierte Gemeinde vorfanden, gegen die sie machtlos waren und worin[33] sie sich der Stellung unterwerfen mußten, die ihnen das Bedürfnis nach ihrer Arbeit und das Interesse ihrer organisierten städtischen Konkurrenten anwies. Diese einzeln hereinkommenden Arbeiter konnten es nie zu einer Macht bringen, da, wenn ihre Arbeit eine zunftmäßige war, die erlernt werden mußte, die Zunftmeister sie sich unterwarfen und nach ihrem Interesse organisierten, oder, wenn ihre Arbeit nicht erlernt werden mußte, daher keine zunftmäßige, sondern Taglöhnerarbeit war, nie zu einer Organisation kamen, sondern unorganisierter Pöbel blieben. Die Notwendigkeit der Taglöhnerarbeit in den Städten schuf den Pöbel.

Diese Städte waren wahre ›Vereine‹, hervorgerufen durch das unmittelbare Bedürfnis, die Sorge um den Schutz des Eigentums, und um die Produktionsmittel und Verteidigungsmittel der einzelnen Mitglieder zu multiplizieren. Der Pöbel dieser Städte war dadurch, daß er aus einander fremden, vereinzelt hereingekommenen Individuen bestand, die einer organisierten, kriegsmäßig gerüsteten, sie eifersüchtig überwachenden Macht unorganisiert gegenüberstanden, aller Macht beraubt. Die Gesellen und Lehrlinge waren in jedem Handwerk so organisiert, wie es dem Interesse der Meister am besten entsprach; das patriarchalische Verhältnis, in dem sie zu ihren Meistern standen, gab diesen eine doppelte Macht, einerseits in ihrem direkten Einfluß auf das ganze Leben der Gesellen und dann, weil es für die Gesellen, die bei demselben Meister arbeiteten, ein wirkliches Band war, das sie gegenüber den Gesellen der übrigen Meister zusammenhielt und sie von diesen trennte; und endlich waren die Gesellen schon durch das Interesse, das sie hatten, selbst Meister zu werden, an die bestehende Ordnung geknüpft. Während daher der Pöbel es wenigstens zu Emeuten gegen die ganze städtische Ordnung brachte, die indes bei seiner Machtlosigkeit ohne alle Wirkung blieben, kamen die Gesellen nur zu kleinen Widersetzlichkeiten innerhalb einzelner Zünfte, wie sie zur Existenz des Zunftwesens selbst gehören. Die großen Aufstände des Mittelalters gingen alle vom

Lande aus, blieben aber ebenfalls wegen der Zersplitterung und der daraus folgenden Roheit der Bauern total erfolglos.

Die Teilung der Arbeit war in den Städten zwischen den einzelnen Zünften noch [ganz naturwüchsig] und in den Zünften selbst zwischen den einzelnen Arbeitern gar nicht durchgeführt. Jeder Arbeiter mußte in einem ganzen Kreise von Arbeiten bewandert sein, mußte Alles machen können, was mit seinen Werkzeugen zu machen war; der beschränkte Verkehr und die geringe Verbindung der einzelnen Städte unter sich, der Mangel an Bevölkerung und die Beschränktheit der Bedürfnisse ließen keine weitere Teilung der Arbeit aufkommen, und daher mußte Jeder, der Meister werden wollte, seines ganzen Handwerks mächtig sein. Daher findet sich bei den mittelalterlichen Handwerkern noch ein Interesse an ihrer speziellen Arbeit und an der Geschicklichkeit darin, das sich bis zu einem gewissen bornierten Kunstsinn steigern konnte. Daher ging aber auch jeder mittelalterliche Handwerker ganz in seiner Arbeit auf, hatte ein gemütliches Knechtschaftsverhältnis zu ihr und war viel mehr als der moderne Arbeiter, dem seine Arbeit gleichgültig ist, unter sie subsumiert.

Das Kapital in diesen Städten war ein naturwüchsiges Kapital, das in der Wohnung, den Handwerkszeugen und der naturwüchsigen, erblichen Kundschaft bestand und sich wegen des unentwickelten Verkehrs und der mangelnden Zirkulation als unrealisierbar vom Vater auf den Sohn forterben mußte. Dies Kapital war nicht, wie das moderne, ein in Geld abzuschätzendes, bei dem es gleichgültig ist, ob es in dieser oder jener Sache steckt, sondern ein unmittelbar mit der bestimmten Arbeit des Besitzers zusammenhängendes, von ihr gar nicht zu trennendes, und insofern *ständisches* Kapital.

Die nächste Ausdehnung der Teilung der Arbeit war die Trennung von Produktion und Verkehr, die Bildung einer besondern Klasse von Kaufleuten, eine Trennung, die in den historisch überlieferten Städten (u.a. mit den Juden) mit überkommen war und in den neugebildeten sehr bald eintrat. Hiermit war die Möglichkeit einer über den nächsten Umkreis hinausgehenden Handelsverbindung gegeben, eine Möglichkeit, deren Ausführung von den bestehenden Kommunikationsmitteln, dem durch die politischen Verhältnisse bedingten Stande der öffentlichen Sicherheit auf dem Lande (im ganzen Mittelalter zogen bekanntlich die Kaufleute in bewaffneten Karawanen herum) und von den durch die jedesmalige Kulturstufe bedingten roheren oder entwickelteren Bedürfnissen des dem Verkehr zugänglichen Gebietes abhing.

Mit dem in einer besonderen Klasse konstituierten Verkehr, mit der Ausdehnung des Handels durch die Kaufleute über die nächste Umgebung der Stadt hinaus, tritt sogleich eine Wechselwirkung zwischen der Produktion und dem Verkehr ein. Die Städte treten *miteinander* in Verbindung, es werden neue Werkzeuge aus einer Stadt in die andre gebracht, und die Teilung zwischen Produktion und Verkehr ruft bald eine neue Teilung der Produktion zwischen den einzelnen Städten hervor, deren Jede bald einen vorherrschenden Industriezweig exploitiert. Die anfängliche Beschränkung auf die Lokalität fängt an, allmählich aufgelöst zu werden.

Die Bürger in jeder Stadt waren im Mittelalter gezwungen, sich gegen den Landadel zu vereinigen, um sich ihrer Haut zu wehren; die Ausdehnung des Handels, die Herstellung der Kommunikationen führte die einzelnen Städte dazu, andere Städte kennenzulernen, die dieselben Interessen im Kampfe mit demselben Gegensatz durchgesetzt hatten. Aus den vielen lokalen Bürgerschaften der einzelnen Städte entstand erst sehr allmählich die Bürger*klasse*. Die Lebensbedingungen der einzelnen Bürger wurden durch den Gegensatz gegen die bestehenden Verhältnisse und durch die davon bedingte Art der Arbeit zugleich zu Bedingungen, welche ihnen allen gemeinsam und von jedem einzelnen unabhängig waren. Die Bürger hatten diese Bedingungen geschaffen, insofern sie sich von dem feudalen Verbande losgerissen hatten, und waren von ihnen geschaffen, insofern sie durch ihren Gegensatz gegen die Feudalität, die sie vorfanden, bedingt waren. Mit dem Eintreten der Verbindung zwischen den einzelnen Städten entwickelten sich diese gemeinsamen Bedingungen zu Klassenbedingungen. Dieselben Bedingungen, derselbe Gegensatz, dieselben Interessen mußten im Ganzen und Großen auch überall gleiche Sitten hervorrufen. Die Bourgeoisie selbst entwickelt sich erst mit ihren Bedingungen allmählich, spaltet sich nach der Teilung der Arbeit wieder in verschiedene Fraktionen und absorbiert endlich alle vorgefundenen besitzenden Klassen in sich[34] (während sie die Majorität der vorgefundenen besitzlosen und einen Teil der bisher besitzenden Klassen[35] zu einer neuen Klasse, dem Proletariat, entwickelt), in dem Maße, als alles vorgefundene Eigentum in industrielles oder kommerzielles Kapital umgewandelt wird. Die einzelnen Individuen bilden nur insofern eine Klasse, als sie einen gemeinsamen Kampf gegen eine andre Klasse zu führen haben; im übrigen stehen sie einander selbst in der Konkurrenz wieder feindlich gegenüber. Auf der andern Seite verselbständigt sich die Klasse wieder gegen die Individuen, so daß diese ihre

Lebensbedingungen prädestiniert vorfinden, von der Klasse ihre Lebensstellung und damit ihre persönliche Entwicklung angewiesen bekommen, unter sie subsumiert werden. Dies ist dieselbe Erscheinung wie die Subsumtion der einzelnen Individuen unter die Teilung der Arbeit und kann nur durch die Aufhebung des Privateigentums und der Arbeit[36] selbst beseitigt werden. Wie diese Subsumtion der Individuen unter die Klasse sich zugleich zu einer Subsumtion unter allerlei Vorstellungen pp. entwickelt, haben wir bereits mehrere Male angedeutet.

Es hängt lediglich von der Ausdehnung des Verkehrs ab, ob die in einer Lokalität gewonnenen Produktivkräfte, namentlich Erfindungen, für die spätere Entwicklung verlorengehen oder nicht. Solange noch kein über die unmittelbare Nachbarschaft hinausgehender Verkehr existiert, muß jede Erfindung in jeder Lokalität besonders gemacht werden, und bloße Zufälle, wie Irruptionen barbarischer Völker, selbst gewöhnliche Kriege, reichen hin, ein Land mit entwickelten Produktivkräften und Bedürfnissen dahin zu bringen, daß es wieder von vorne anfangen muß. In der anfänglichen Geschichte mußte jede Erfindung täglich neu und in jeder Lokalität unabhängig gemacht werden. Wie wenig ausgebildete Produktivkräfte selbst bei einem verhältnismäßig sehr ausgedehnten Handel vor dem gänzlichen Untergange sicher sind, beweisen die Phönizier, deren Erfindungen zum größten Teil durch die Verdrängung dieser Nation aus dem Handel, die Eroberung Alexanders und den daraus folgenden Verfall auf lange Zeit verlorengingen. Ebenso im Mittelalter die Glasmalerei z. B. Erst wenn der Verkehr zum Weltverkehr geworden ist und die große Industrie zur Basis hat, alle Nationen in den Konkurrenzkampf hereingezogen sind, ist die Dauer der gewonnenen Produktivkräfte gesichert.

Die Teilung der Arbeit zwischen den verschiedenen Städten hatte zur nächsten Folge das Entstehen der Manufakturen, der dem Zunftwesen entwachsenen Produktionszweige. Das erste Aufblühen der Manufakturen – in Italien und später in Flandern – hatte den Verkehr mit auswärtigen Nationen zu seiner historischen Voraussetzung. In andern Ländern – England und Frankreich z. B. – beschränkten die Manufakturen sich anfangs auf den inländischen Markt. Die Manufakturen haben außer den angegebenen Voraussetzungen noch eine schon fortgeschrittene Konzentration der Bevölkerung – namentlich auf dem Lande – und des Kapitals, das sich teils in den Zünften trotz der Zunftgesetze, teils bei den Kaufleuten in einzelnen Händen zu sammeln anfing, zur Voraussetzung.

Diejenige Arbeit, die von vornherein eine Maschine, wenn auch noch in der rohsten Gestalt, voraussetzte, zeigte sich sehr bald als die entwicklungsfähigste. Die Weberei, bisher auf dem Lande von den Bauern nebenbei betrieben, um sich ihr nötige Kleidung zu verschaffen, war die erste Arbeit, welche durch die Ausdehnung des Verkehrs einen Anstoß und eine weitere Ausbildung erhielt. Die Weberei war die erste und blieb die hauptsächlichste Manufaktur. Die mit der steigenden Bevölkerung steigende Nachfrage nach Kleidungsstoffen, die beginnende Akkumulation und Mobilisation des naturwüchsigen Kapitals durch die beschleunigte Zirkulation, das hierdurch hervorgerufene und durch die allmähliche Ausdehnung des Verkehrs überhaupt begünstigte Luxusbedürfnis gaben der Weberei quantitativ und qualitativ einen Anstoß, der sie aus der bisherigen Produktionsform herausriß. Neben den zum Selbstgebrauch webenden Bauern, die fortbestehen blieben und noch fortbestehen, kam eine neue Klasse von Webern in den Städten auf, deren Gewebe für den ganzen heimischen Markt und meist auch für auswärtige Märkte bestimmt waren.

Die Weberei, eine in den meisten Fällen wenig Geschicklichkeit erfordernde und bald in unendlich viele Zweige zerfallende Arbeit, widerstrebte ihrer ganzen Beschaffenheit nach den Fesseln der Zunft. Die Weberei wurde daher auch meist in Dörfern und Marktflecken ohne zünftige Organisation betrieben, die allmählich zu Städten, und zwar bald zu den blühendsten Städten jedes Landes wurden.

Mit der zunftfreien Manufaktur veränderten sich sogleich auch die Eigentumsverhältnisse. Der erste Fortschritt über das naturwüchsig-ständische Kapital hinaus war durch das Aufkommen der Kaufleute gegeben, deren Kapital von vornherein mobil, Kapital im modernen Sinne war, soweit davon unter den damaligen Verhältnissen die Rede sein kann. Der zweite Fortschritt kam mit der Manufaktur, die wieder eine Masse des naturwüchsigen Kapitals mobilisierte und überhaupt die Masse des mobilen Kapitals gegenüber der des naturwüchsigen vermehrte.

Die Manufaktur wurde zugleich eine Zuflucht der Bauern gegen die sie ausschließenden oder schlecht bezahlenden Zünfte, wie früher die Zunftstände den Bauern als Zuflucht gegen [den sie bedrückenden Landadel gedient] hatten.

Mit dem Anfange der Manufakturen gleichzeitig war eine Periode des Vagabundentums, veranlaßt durch das Aufhören der feudalen Gefolgschaften, die Entlassung der zusammengelaufenen Armeen, die den

Königen gegen die Vasallen gedient hatten, durch verbesserten Ackerbau und Verwandlung von großen Streifen Ackerlandes in Viehweiden. Schon hieraus geht hervor, wie dies Vagabundentum genau mit der Auflösung der Feudalität zusammenhängt. Schon im dreizehnten Jahrhundert kommen einzelne Epochen dieser Art vor, allgemein und dauernd tritt dies Vagabundentum erst mit dem Ende des 15. und Anfang des 16. Jahrhunderts hervor. Diese Vagabunden, die so zahlreich waren, daß u.a. Heinrich VIII. von England ihrer 72000 hängen ließ, wurden nur mit den größten Schwierigkeiten und durch die äußerste Not und erst nach langem Widerstreben dahin gebracht, daß sie arbeiteten. Das rasche Aufblühen der Manufakturen, namentlich in England, absorbierte sie allmählich.

Mit der Manufaktur traten die verschiedenen Nationen in ein Konkurrenzverhältnis, in den Handelskampf, der in Kriegen, Schutzzöllen und Prohibitionen durchgekämpft wurde, während früher die Nationen, soweit sie in Verbindung waren, einen harmlosen Austausch miteinander verführt[37] hatten. Der Handel hat von nun an politische Bedeutung.

Mit der Manufaktur war zugleich ein verändertes Verhältnis des Arbeiters zum Arbeitgeber gegeben. In den Zünften existierte das patriarchalische Verhältnis zwischen Gesellen und Meister fort; in der Manufaktur trat an seine Stelle das Geldverhältnis zwischen Arbeiter und Kapitalist; ein Verhältnis, das auf dem Lande und in kleinen Städten patriarchalisch tingiert blieb, in den größeren, eigentlichen Manufakturstädten jedoch schon früh fast alle patriarchalische Färbung verlor.

Die Manufaktur und überhaupt die Bewegung der Produktion erhielt einen enormen Aufschwung durch die Ausdehnung des Verkehrs, welche mit der Entdeckung Amerikas und des Seeweges nach Ostindien eintrat. Die neuen, von dort importierten Produkte, namentlich die Massen von Gold und Silber, die in Zirkulation kamen, die Stellung der Klassen gegeneinander total veränderten und dem feudalen Grundeigentum und den Arbeitern einen harten Stoß gaben, die Abenteurerzüge, Kolonisation und vor Allem die jetzt möglich gewordene und täglich sich mehr und mehr herstellende Ausdehnung der Märkte zum Weltmarkt riefen eine neue Phase der geschichtlichen Entwicklung hervor, auf welche im Allgemeinen hier nicht weiter einzugehen ist. Durch die Kolonisation der neuentdeckten Länder erhielt der Handelskampf der Nationen gegeneinander neue Nahrung und demgemäß größere Ausdehnung und Erbitterung.

Die Ausdehnung des Handels und der Manufaktur beschleunigten die Akkumulation des mobilen Kapitals, während in den Zünften, die keinen Stimulus zur erweiterten Produktion erfuhren, das naturwüchsige Kapital stabil blieb oder gar abnahm. Handel und Manufaktur schufen die große Bourgeoisie, in den Zünften konzentrierte sich die Kleinbürgerschaft, die nun nicht mehr wie früher in den Städten herrschte, sondern der Herrschaft der großen Kaufleute und Manufacturiers[38] sich beugen mußte.[39] Daher der Verfall der Zünfte, sobald sie mit der Manufaktur in Berührung kam[en].

Das Verhältnis der Nationen untereinander in ihrem Verkehr nahm während der Epoche, von der wir gesprochen haben, zwei verschiedene Gestalten an. Im Anfange bedingte die geringe zirkulierende Quantität des Goldes und Silbers das Verbot der Ausfuhr dieser Metalle; und die durch die Notwendigkeit der Beschäftigung für die wachsende städtische Bevölkerung nötig gewordene, meist vom Auslande importierte Industrie konnte der Privilegien nicht entbehren, die natürlich nicht nur gegen inländische, sondern hauptsächlich gegen auswärtige Konkurrenz gegeben werden konnten. Das lokale Zunftprivilegium wurde in diesen ursprünglichen Prohibitionen auf die ganze Nation erweitert. Die Zölle entstanden aus den Abgaben, die die Feudalherren den ihr Gebiet durchziehenden Kaufleuten als Abkauf der Plünderung auflegten, Abgaben, die später von den Städten ebenfalls auferlegt wurden und die beim Aufkommen der modernen Staaten das zunächstliegende Mittel für den Fiskus waren, um Geld zu bekommen.

Die Erscheinung des amerikanischen Goldes und Silbers auf den europäischen Märkten, die allmähliche Entwicklung der Industrie, der rasche Aufschwung des Handels und das hierdurch hervorgerufene Aufblühen der nichtzünftigen Bourgeoisie und des Geldes gab diesen Maßregeln eine andre Bedeutung. Der Staat, der des Geldes täglich weniger entbehren konnte, behielt nun das Verbot der Gold- und Silberausfuhr aus fiskalischen Rücksichten bei; die Bourgeois, für die diese neue auf den Markt geschleuderten Geldmassen der Hauptgegenstand des Akkaparements[40] war, waren damit vollständig zufrieden; die bisherigen Privilegien wurden eine Einkommensquelle für die Regierung und für Geld verkauft; in der Zollgesetzgebung kamen die Ausfuhrzölle auf, die, der Industrie nur ein Hindernis in den Weg [legend], einen rein fiskalischen Zweck hatten.

Die zweite Periode trat mit der Mitte des siebzehnten Jahrhunderts ein und dauerte fast bis zum Ende des achtzehnten. Der Handel und die Schiffahrt hatten sich rascher ausgedehnt als die Manufaktur, die eine sekundäre Rolle spielte; die Kolonien fingen an, starke Konsumenten zu werden, die einzelnen Nationen teilten sich durch lange Kämpfe in den sich öffnenden Weltmarkt. Diese Periode beginnt mit den Navigationsgesetzen und Kolonialmonopolen. Die Konkurrenz der Nationen untereinander wurde durch Tarife, Prohibitionen, Traktate möglichst ausgeschlossen; und in letzter Instanz wurde der Konkurrenzkampf durch Kriege (besonders Seekriege) geführt und entschieden. Die zur See mächtigste Nation, die Engländer, behielten das Übergewicht im Handel und in der Manufaktur. Schon hier die Konzentration auf ein Land.

Die Manufaktur war fortwährend durch Schutzzölle im heimischen Markte, im Kolonialmarkte durch Monopole und im auswärtigen möglichst viel durch Differentialzölle geschützt. Die Bearbeitung des im Lande selbst erzeugten Materials wurde begünstigt (Wolle und Leinen in England, Seide in Frankreich), die Ausfuhr des im Inlande erzeugten Rohmaterials verboten (Wolle in England) und die [Bearbeitung] des importierten vernachlässigt oder unterdrückt (Baumwolle in England). Die im Seehandel und der Kolonialmacht vorherrschende Nation sicherte sich natürlich auch die größte quantitative und qualitative Ausdehnung der Manufaktur. Die Manufaktur konnte überhaupt des Schutzes nicht entbehren, da sie durch die geringste Veränderung, die in andern Ländern vorgeht, ihren Markt verlieren und ruiniert werden kann; sie ist leicht in einem Lande unter einigermaßen günstigen Bedingungen eingeführt und ebendeshalb leicht zerstört. Sie ist zugleich durch die Art, wie sie, namentlich im 18. Jahrhundert auf dem Lande, betrieben wurde, mit den Lebensverhältnissen einer großen Masse von Individuen so verwachsen, daß kein Land wagen darf, ihre Existenz durch Zulassung der freien Konkurrenz aufs Spiel zu setzen. Sie hängt daher, insofern sie es bis zum Export bringt, ganz von der Ausdehnung oder Beschränkung des Handels ab und übt eine verhältnis[mäßig] sehr geringe Rückwirkung [auf ihn] aus. Daher ihre sekundäre [Bedeutung] und daher der Einfluß [der Kauf]leute im achtzehnten Jahrhundert. Die Kaufleute und besonders die Reeder waren es, die vor allen Andern auf Staatsschutz und Monopolien drangen; die Manufacturiers verlangten und erhielten zwar auch Schutz, standen aber fortwährend hinter den Kaufleuten an politischer Bedeutung zurück. Die Handelsstädte, speziell die Seestädte, wurden einigermaßen zivilisiert und großbürgerlich, während in den Fabrikstädten die größte Kleinbürgerei bestehen blieb. Vgl. Aikin pp. Das achtzehnte Jahrhundert war das des Handels. Pinto sagt dies ausdrücklich: »Le commerce fait la marotte du siècle«[41], und: »Depuis quelque temps il n'est plus question que de commerce, de navigation et de marine.«[42, 43]

Diese Periode ist auch bezeichnet durch das Aufhören der Gold- und Silberausfuhrverbote, das Entstehen des Geldhandels, der Banken, der Staatsschulden, des Papiergeldes, der Aktien- und Fondsspekulation, der Agiotage in allen Artikeln und der Ausbildung des Geldwesens überhaupt. Das Kapital verlor wieder einen großen Teil der ihm noch anklebenden Naturwüchsigkeit. Die im siebzehnten Jahrhundert unaufhaltsam sich entwickelnde Konzentration des Handels und der Manufaktur auf ein Land, England, schuf für dieses Land allmählich einen relativen Weltmarkt und damit eine Nachfrage für die Manufakturprodukte dieses Landes, die durch die bisherigen industriellen Produktivkräfte nicht mehr befriedigt werden konnte. Diese den Produktionskräften über den Kopf wachsende Nachfrage war die treibende Kraft, welche die dritte Periode des Privateigentums seit dem Mittelalter hervorrief, indem sie die große Industrie – die Anwendung von Elementarkräften zu industriellen Zwecken, die Maschinerie und die ausgedehnteste Teilung der Arbeit – erzeugte. Die übrigen Bedingungen dieser neuen Phase – die Freiheit der Konkurrenz innerhalb der Nation, die Ausbildung der theoretischen Mechanik (die durch Newton vollendete Mechanik war überhaupt im 18. Jahrhundert in Frankreich und England die populärste Wissenschaft) pp. – existierten in England bereits. (Die freie Konkurrenz in der Nation selbst mußte überall durch eine Revolution erobert werden – 1640 und 1688 in England, 1789 in Frankreich.) Die Konkurrenz zwang bald jedes Land, das seine historische Rolle behalten wollte, seine Manufakturen durch erneuerte Zollmaßregeln zu schützen (die alten Zölle halfen gegen die große Industrie nicht mehr) und bald darauf die große Industrie unter Schutzzöllen einzuführen. Die große Industrie universalisierte trotz dieser Schutzmittel die Konkurrenz (sie ist die praktische Handelsfreiheit, der Schutzzoll ist in ihr nur ein Palliativ, eine Gegenwehr *in* der Handelsfreiheit), stellte die Kommunikationsmittel und den modernen Weltmarkt her, unterwarf sich den Handel, verwandelte alles Kapital in industrielles Kapital und erzeugte damit die rasche Zirkulation (die Ausbildung des Geldwesens) und Zentralisation der Kapitalien. Sie zwang durch die universelle Konkurrenz alle Individuen zur äußersten Anspannung ihrer Energie. Sie vernichtete möglichst die Ideologie, Religion, Moral etc., und wo sie dies nicht konnte, machte sie sie zur handgreiflichen Lüge. Sie erzeugte insoweit erst die

Weltgeschichte, als sie jede zivilisierte Nation und jedes Individuum darin in der Befriedigung seiner Bedürfnisse von der ganzen Welt abhängig machte und die bisherige naturwüchsige Ausschließlichkeit einzelner Nationen vernichtete. Sie subsumierte die Naturwissenschaft unter das Kapital und nahm der Teilung der Arbeit den letzten Schein der Naturwüchsigkeit. Sie vernichtete überhaupt die Naturwüchsigkeit, soweit dies innerhalb der Arbeit möglich ist, und löste alle naturwüchsigen Verhältnisse in Geldverhältnisse auf. Sie schuf an der Stelle der naturwüchsigen Städte die modernen, großen Industriestädte, die über Nacht entstanden sind. Sie zerstörte, wo sie durchdrang, das Handwerk und überhaupt alle früheren Stufen der Industrie. Sie vollendete den Sieg [der] Handelsstadt über das Land. [Ihre erste Voraussetzung] ist das automatische System. [Ihre Entwicklung er]zeugte eine Masse von Pro[duktivkr]äften, für die das Privat[eigentum] ebensosehr eine Fessel wurde wie die Zunft für die Manufaktur und der kleine, ländliche Betrieb für das sich ausbildende Handwerk. Die Produktivkräfte erhalten unter dem Privateigentum eine nur einseitige Entwicklung, werden für die Mehrzahl zu Destruktivkräften, und eine Menge solcher Kräfte können im Privateigentum gar nicht zur Anwendung kommen. Sie erzeugte im Allgemeinen überall dieselben Verhältnisse zwischen den Klassen der Gesellschaft und vernichtete dadurch die Besonderheit der einzelnen Nationalitäten. Und endlich, während die Bourgeoisie jeder Nation noch aparte nationale Interessen behält, schuf die große Industrie eine Klasse, die bei allen Nationen dasselbe Interesse hat und bei der die Nationalität schon vernichtet ist, eine Klasse, die wirklich die ganze alte Welt los ist und zugleich ihr gegenübersteht. Sie macht dem Arbeiter nicht bloß das Verhältnis zum Kapitalisten, sondern die Arbeit selbst unerträglich.

Es versteht sich, daß die große Industrie nicht in jeder Lokalität eines Landes zu derselben Höhe der Ausbildung kommt. Dies hält indes die Klassenbewegung des Proletariats nicht auf, da die durch die große Industrie erzeugten Proletarier an die Spitze dieser Bewegung treten und die ganze Masse mit sich fortreißen, und da die von der großen Industrie ausgeschlossenen Arbeiter durch diese große Industrie in eine noch schlechtere Lebenslage versetzt werden als die Arbeiter der großen Industrie selbst. Ebenso wirken die Länder, in denen eine große Industrie entwickelt ist, auf die plus ou moins[44] nichtindustriellen Länder, sofern diese durch den Weltverkehr in den universellen Konkurrenzkampf hereingerissen sind.[45]

Diese verschiedenen Formen sind ebensoviel Formen der Organisation der Arbeit und damit des Eigentums. In jeder Periode fand eine Vereinigung der existierenden Produktivkräfte statt, soweit sie durch die Bedürfnisse notwendig geworden war.

[2.] Verhältnis von Staat und Recht zum Eigentum

Die erste Form des Eigentums ist sowohl in der antiken Welt wie im Mittelalter das Stammeigentum, bedingt bei den Römern hauptsächlich durch den Krieg, bei den Germanen durch die Viehzucht. Bei den antiken Völkern erscheint, weil in einer Stadt mehrere Stämme zusammenwohnen, das Stammeigentum als Staatseigentum und das Recht des Einzelnen daran als bloße Possessio[46], die sich indes, wie das Stammeigentum überhaupt, nur auf das Grundeigentum beschränkt. Das eigentliche Privateigentum fängt bei den Alten, wie bei den modernen Völkern, mit dem Mobiliareigentum an. – (Sklaverei und Gemeinwesen) (dominium ex jure Quiritum[47]). Bei den aus dem Mittelalter hervorgehenden Völkern entwickelt sich das Stammeigentum so durch verschiedene Stufen – feudales Grundeigentum, korporatives Mobiliareigentum, Manufakturkapital – bis zum modernen, durch die große Industrie und universelle Konkurrenz bedingten Kapital, dem reinen Privateigentum, das allen Schein des Gemeinwesens abgestreift und alle Einwirkung des Staats auf die Entwicklung des Eigentums ausgeschlossen hat. Diesem modernen Privateigentum entspricht der moderne Staat, der durch die Steuern allmählich von den Privateigentümern an sich gekauft, durch das Staatsschuldenwesen ihnen vollständig verfallen und dessen Existenz in dem Steigen und Fallen der Staatspapiere auf der Börse gänzlich von dem kommerziellen Kredit abhängig geworden ist, den ihm die Privateigentümer, die Bourgeois, geben. Die Bourgeoisie ist schon, weil sie eine *Klasse*, nicht mehr ein *Stand* ist, dazu gezwungen, sich national, nicht mehr lokal zu organisieren und ihrem Durchschnittsinteresse eine allgemeine Form zu geben. Durch die Emanzipation des Privateigentums vom Gemeinwesen ist der Staat zu einer besonderen Existenz neben und außer der bürgerlichen Gesellschaft geworden; er ist aber weiter Nichts als die Form der Organisation, welche sich die Bourgeois sowohl nach außen als nach innen hin zur gegenseitigen Garantie ihres Eigentums und ihrer Interessen notwendig geben. Die Selbständigkeit des Staats kommt heutzutage nur noch in solchen Ländern vor, wo die Stände sich nicht vollständig zu Klassen entwickelt haben, wo die in den fortgeschrittneren Ländern beseitigten Stände noch eine Rolle spielen und ein Gemisch existiert, in denen daher kein Teil der Bevölkerung es zur Herrschaft über die übrigen bringen kann. Dies ist namentlich in Deutschland der Fall. Das vollendetste Beispiel des modernen Staats ist Nordamerika. Die neueren französischen, englischen und amerikanischen Schriftsteller sprechen sich Alle dahin aus, daß der Staat nur um des Privateigentums willen existiere, so daß dies auch in das gewöhnliche Bewußtsein übergegangen ist.

Da der Staat die Form ist, in welcher die Individuen einer herrschenden Klasse ihre gemeinsamen Interessen geltend machen und die ganze bürgerliche Gesellschaft einer Epoche sich zusammenfaßt, so folgt, daß alle gemeinsamen Institutionen durch den Staat vermittelt werden, eine politische Form erhalten. Daher die Illusion, als ob das Gesetz auf dem Willen, und zwar auf dem von seiner realen Basis losgerissenen, dem *freien* Willen beruhe. Ebenso wird das Recht dann wieder auf das Gesetz reduziert.

Das Privatrecht entwickelt sich zu gleicher Zeit mit dem Privateigentum aus der Auflösung des naturwüchsigen Gemeinwesens. Bei den Römern blieb die Entwicklung des Privateigentums und Privatrechts ohne weitere industrielle und kommerzielle Folgen, weil ihre ganze Produktionsweise dieselbe blieb.[48] Bei den modernen Völkern, wo das feudale Gemeinwesen durch die Industrie und den Handel aufgelöst wurde, begann mit dem Entstehen des Privateigentums und Privatrechts eine neue Phase, die einer weiteren Entwicklung fähig war. Gleich die erste Stadt, die im Mittelalter einen ausgedehnten Seehandel führte, Amalfi, bildete auch das Seerecht aus. Sobald, zuerst in Italien und später in anderen Ländern, die Industrie und der Handel das Privateigentum weiterentwickelten, wurde gleich das ausgebildete römische Privatrecht wieder aufgenommen und zur Autorität erhoben. Als später die Bourgeoisie so viel Macht erlangt hatte, daß die Fürsten sich ihrer Interessen annahmen, um vermittelst der Bourgeoisie den Feudaladel zu stürzen, begann in allen Ländern – in Frankreich im 16. Jahrhundert – die eigentliche Entwicklung des Rechts, die in allen Ländern, ausgenommen England, auf der Basis des römischen Kodex vor sich ging. Auch in England mußten römische Rechtsgrundsätze zur weiteren Ausbildung des Privatrechts (besonders im Mobiliareigentum) hereingenommen werden. (Nicht zu vergessen, daß das Recht ebensowenig eine eigene Geschichte hat wie die Religion.)

Im Privatrecht werden die bestehenden Eigentumsverhältnisse als Resultat des allgemeinen Willens ausgesprochen. Das jus utendi et abutendi[49] selbst spricht einerseits die Tatsache aus, daß das Privateigentum vom Gemeinwesen durchaus unabhängig geworden ist, und andererseits die Illusion, als ob das Privateigentum selbst auf dem bloßen Privatwillen, der willkürlichen Disposition über die Sache beruhe. In der Praxis hat das abuti[50] sehr bestimmte ökonomische Grenzen für den Privateigentümer, wenn er nicht sein Eigentum und damit sein jus abutendi in andre Hände übergehn sehen will, da überhaupt die Sache, bloß in Beziehung auf seinen Willen betrachtet, gar keine Sache ist, sondern erst im Verkehr und unabhängig vom Recht zu einer Sache, zu wirklichem Eigentum wird (ein *Verhältnis*, was die Philosophen eine Idee nennen).[51]

Diese juristische Illusion, die das Recht auf den bloßen Willen reduziert, führt in der weiteren Entwicklung der Eigentumsverhältnisse notwendig dahin, daß Jemand einen juristischen Titel auf eine Sache haben kann, ohne die Sache wirklich zu haben. Wird z.B. durch die Konkurrenz die Rente eines Grundstückes beseitigt, so hat der Eigentümer desselben zwar seinen juristischen Titel daran, samt dem jus utendi et abutendi. Aber er kann nichts damit anfangen, er besitzt nichts als Grundeigentümer, falls er nicht sonst noch Kapital genug besitzt, um seinen Boden zu bebauen. Aus derselben Illusion der Juristen erklärt es sich, daß es für sie und für jeden Kodex überhaupt zufällig ist, daß Individuen in Verhältnisse untereinander treten, z.B. Verträge, und daß ihm diese Verhältnisse für solche gelten, die man nach Belieben eingehen oder nicht eingehen [kann] und deren Inhalt ganz auf der individuellen [Will]kür der Kontrahenten [ber]uht.

Sooft sich durch die Entwick[lung] der Industrie und des Handels neue [Ve]rkehrsformen gebildet haben, [z.]B. Assekuranz- etc.-Kompanien, war das Recht jedesmal genötigt, sie unter die Eigentumserwerbsarten aufzunehmen.

Es ist nichts gewöhnlicher als die Vorstellung, in der Geschichte sei es bisher nur auf das *Nehmen* angekommen. Die Barbaren *nehmen* das römische Reich, und mit der Tatsache dieses Nehmens erklärt man den Übergang aus der alten Welt in die Feudalität. Bei dem Nehmen durch Barbaren kommt es aber darauf an, ob die Nation, die eingenommen wird, industrielle Produktivkräfte entwickelt hat, wie dies bei den modernen Völkern der Fall ist, oder ob ihre Produktivkräfte hauptsächlich bloß auf ihrer Vereinigung und dem Gemeinwesen beruhen. Das

Nehmen ist ferner bedingt durch den Gegenstand, der genommen wird. Das in Papier bestehende Vermögen eines Bankiers kann gar nicht genommen werden, ohne daß der Nehmende sich den Produktions- und Verkehrsbedingungen des genommenen Landes unterwirft. Ebenso das gesamte industrielle Kapital eines modernen Industrielandes. Und endlich hat das Nehmen überall sehr bald ein Ende, und wenn nichts mehr zu nehmen ist, muß man anfangen zu produzieren. Aus dieser sehr bald eintretenden Notwendigkeit des Produzierens folgt, daß die von den sich niederlassenden Eroberern angenommene Form des Gemeinwesens der Entwicklungsstufe der vorgefundenen Produktivkräfte entsprechen, oder, wenn dies nicht von vornherein der Fall ist, sich nach den Produktivkräften ändern muß. Hieraus erklärt sich auch das Faktum, das man in der Zeit nach der Völkerwanderung überall bemerkt haben will, daß nämlich der Knecht der Herr war, und die Eroberer von den Eroberten Sprache, Bildung und Sitten sehr bald annahmen.

Die Feudalität wurde keineswegs aus Deutschland fertig mitgebracht, sondern sie hatte ihren Ursprung von seiten der Eroberer in der kriegerischen Organisation des Heerwesens während der Eroberung selbst, und diese entwickelte sich nach derselben durch die Einwirkung der in den eroberten Ländern vorgefundnen Produktivkräfte erst zur eigentlichen Feudalität. Wie sehr diese Form durch die Produktivkräfte bedingt war, zeigen die gescheiterten Versuche, andre aus altrömischen Reminiszenzen entspringende Formen durchzusetzen (Karl der Große pp.).

[3.] Naturwüchsige und zivilisierte Produktionsinstrumente und Eigentumsformen

[...][52] funden wird. Aus dem ersteren ergibt sich die Voraussetzung einer ausgebildeten Teilung der Arbeit und eines ausgedehnten Handels, aus dem zweiten die Lokalität. Bei dem ersten müssen die Individuen zusammengebracht sein, bei dem zweiten finden sie sich neben dem gegebenen Produktionsinstrument selbst als Produktionsinstrumente vor. Hier tritt also der Unterschied zwischen den naturwüchsigen und den durch die Zivilisation geschaffenen Produktionsinstrumenten hervor. Der Acker (das Wasser etc.) kann als naturwüchsiges Produktionsinstrument betrachtet werden. Im ersten Fall, beim naturwüchsigen Produktionsinstrument, werden die Individuen unter die Natur subsumiert, im zweiten Falle unter ein Produkt der Arbeit. Im ersten Falle erscheint daher auch das Eigentum (Grundeigentum) als unmittelbare, naturwüchsige Herrschaft, im zweiten als Herrschaft der Arbeit, speziell der akkumulierten Arbeit, des Kapitals. Der erste Fall setzt voraus, daß die Individuen durch irgendein Band, sei es Familie, Stamm, der Boden selbst pp. zusammengehören, der zweite Fall, daß sie unabhängig voneinander sind und nur durch den Austausch zusammengehalten werden. Im ersten Fall ist der Austausch hauptsächlich ein Austausch zwischen den Menschen und der Natur, ein Austausch, in dem die Arbeit der Einen gegen die Produkte der Andern eingetauscht wird; im zweiten Falle ist er vorherrschend Austausch der Menschen unter sich. Im ersten Falle reicht der durchschnittliche Menschenverstand hin, körperliche und geistige Tätigkeit sind noch gar nicht getrennt; im zweiten Falle muß bereits die Teilung zwischen geistiger und körperlicher Arbeit praktisch vollzogen sein. Im ersten Falle kann die Herrschaft des Eigentümers über die Nichteigentümer auf persönlichen Verhältnissen, auf einer Art von Gemeinwesen beruhen, im zweiten Falle muß sie in einem Dritten, dem Geld, eine dingliche Gestalt angenommen haben. Im ersten Falle existiert die kleine Industrie, aber subsumiert unter die Benutzung des naturwüchsigen Produktionsinstruments, und daher ohne Verteilung der Arbeit an verschiedene Individuen; im zweiten Falle besteht die Industrie nur in und durch die Teilung der Arbeit.

Wir gingen bisher von den Produktionsinstrumenten aus, und schon hier zeigte sich die Notwendigkeit des Privateigentums für gewisse industrielle Stufen. In der industrie extractive[53] fällt das Privateigentum mit der Arbeit noch ganz zusammen; in der kleinen Industrie und aller bisherigen Agrikultur ist das Eigentum notwendige Konsequenz der vorhandenen Produktionsinstrumente; in der großen Industrie ist der Widerspruch zwischen dem Produktionsinstrument und Privateigentum erst ihr Produkt, zu dessen Erzeugung sie bereits sehr entwickelt sein muß. Mit ihr ist also auch die Aufhebung des Privateigentums erst möglich.

In der großen Industrie und Konkurrenz sind die sämtlichen Existenzbedingungen, Bedingtheiten, Einseitigkeiten der Individuen zusammengeschmolzen in die beiden einfachsten Formen: Privateigentum und Arbeit. Mit dem Gelde ist jede Verkehrsform und der Verkehr selbst für die Individuen als zufällig gesetzt. Also liegt schon im Gelde, daß aller bisherige Verkehr nur Verkehr der Individuen unter bestimmten Bedingungen, nicht der Individuen als Individuen war. Diese Bedingungen sind auf zwei – akkumulierte Arbeit oder Privateigentum, oder wirkliche

Arbeit – reduziert. Hört diese oder eine von ihnen auf, so stockt der Verkehr. Die modernen Ökonomen selbst, z. B. Sismondi, Cherbuliez etc., stellen die association des individus[54] der association des capitaux[55] entgegen. Andererseits sind die Individuen selbst vollständig unter die Teilung der Arbeit subsumiert und dadurch in die vollständigste Abhängigkeit voneinander gebracht. Das Privateigentum, soweit es, innerhalb der Arbeit, der Arbeit gegenübertritt, entwickelt sich aus der Notwendigkeit der Akkumulation und hat im Anfange immer noch mehr die Form des Gemeinwesens, nähert sich aber in der weiteren Entwicklung immer mehr der modernen Form des Privateigentums. Durch die Teilung der Arbeit ist schon von vornherein die Teilung auch der Arbeits*bedingungen*, Werkzeuge und Materialien gegeben und damit die Zersplitterung des akkumulierten Kapitals an verschiedne Eigentümer, und damit die Zersplitterung zwischen Kapital und Arbeit, und die verschiedenen Formen des Eigentums selbst. Je mehr sich die Teilung der Arbeit ausbildet und je mehr die Akkumulation wächst, desto schärfer bildet sich auch diese Zersplitterung aus. Die Arbeit selbst kann nur bestehen unter der Voraussetzung dieser Zersplitterung.

Es zeigen sich hier also zwei Fakta.[56] Erstens erscheinen die Produktivkräfte als ganz unabhängig und losgerissen von den Individuen, als eine eigne Welt neben den Individuen, was darin seinen Grund hat, daß die Individuen, deren Kräfte sie sind, zersplittert und im Gegensatz gegeneinander existieren, während diese Kräfte andererseits nur im Verkehr und Zusammenhang dieser Individuen wirkliche Kräfte sind. Also auf der einen Seite eine Totalität von Produktivkräften, die gleichsam eine sachliche Gestalt angenommen haben und für die Individuen selbst nicht mehr die Kräfte der Individuen, sondern des Privateigentums [sind], und daher der Individuen nur, insofern sie Privateigentümer sind. In keiner früheren Periode hatten die Produktivkräfte diese gleichgültige Gestalt für den Verkehr der Individuen *als* Individuen angenommen, weil ihr Verkehr selbst noch ein bornierter war. Auf der andern Seite steht diesen Produktivkräften die Majorität der Individuen gegenüber, von denen diese Kräfte losgerissen sind und die daher alles wirklichen Lebensinhalts beraubt, abstrakte Individuen geworden sind, die aber dadurch erst in den Stand gesetzt werden, *als Individuen* miteinander in Verbindung zu treten.

Der einzige Zusammenhang, in dem sie noch mit den Produktivkräften und mit ihrer eignen Existenz stehen, die Arbeit, hat bei ihnen allen Schein der Selbstbetätigung verloren und erhält ihr Leben nur, indem sie es verkümmert. Während in den früheren Perioden Selbstbetätigung und Erzeugung des materiellen Lebens dadurch getrennt waren, daß sie an verschiedene Personen fielen und die Erzeugung des materiellen Lebens wegen der Borniertheit der Individuen selbst noch als eine untergeordnete Art der Selbstbetätigung galt, fallen sie jetzt so auseinander, daß überhaupt das materielle Leben als Zweck, die Erzeugung dieses materiellen Lebens, die Arbeit (welche die jetzt einzig mögliche, aber wie wir sehn, negative Form der Selbstbetätigung ist), als Mittel erscheint.

Es ist also jetzt so weit gekommen, daß die Individuen sich die vorhandene Totalität von Produktivkräften aneignen müssen, nicht nur um zu ihrer Selbstbetätigung zu kommen, sondern schon überhaupt um ihre Existenz sicherzustellen. Diese Aneignung ist zuerst bedingt durch den anzueignenden Gegenstand – die zu einer Totalität entwickelten und nur innerhalb eines universellen Verkehrs existierenden Produktivkräfte. Diese Aneignung muß also schon von dieser Seite her einen den Produktivkräften und dem Verkehr entsprechenden universellen Charakter haben. Die Aneignung dieser Kräfte ist selbst weiter nichts als die Entwicklung der den materiellen Produktionsinstrumenten entsprechenden individuellen Fähigkeiten. Die Aneignung einer Totalität von Produktionsinstrumenten ist schon deshalb die Entwicklung einer Totalität von Fähigkeiten in den Individuen selbst. Diese Aneignung ist ferner bedingt durch die aneignenden Individuen. Nur die von aller Selbstbetätigung vollständig ausgeschlossenen Proletarier der Gegenwart sind imstande, ihre vollständige, nicht mehr bornierte Selbstbetätigung, die in der Aneignung einer Totalität von Produktivkräften und der damit gesetzten Entwicklung einer Totalität von Fähigkeiten besteht, durchzusetzen. Alle früheren revolutionären Aneignungen waren borniert; Individuen, deren Selbstbetätigung durch ein beschränktes Produktionsinstrument und einen beschränkten Verkehr borniert war, eigneten sich dies beschränkte Produktionsinstrument an und brachten es daher nur zu einer neuen Beschränktheit. Ihr Produktionsinstrument wurde ihr Eigentum, aber sie selbst blieben unter die Teilung der Arbeit und unter ihr eigenes Produktionsinstrument subsumiert. Bei allen bisherigen Aneignungen blieb eine Masse von Individuen unter ein einziges Produktionsinstrument subsumiert; bei der Aneignung der Proletarier müssen eine Masse von Produktionsinstrumenten unter jedes Individuum und das Eigentum unter Alle subsumiert werden. Der moderne universelle Verkehr kann nicht anders unter die Individuen subsumiert werden, als dadurch, daß er unter Alle subsumiert wird.

Die Aneignung ist ferner bedingt durch die Art und Weise, wie sie vollzogen werden muß. Sie kann nur vollzogen werden durch eine Vereinigung, die durch den Charakter des Proletariats selbst wieder nur eine universelle sein kann, und durch eine Revolution, in der einerseits die Macht der bisherigen Produktions- und Verkehrsweise und gesellschaftlichen Gliederung gestürzt wird und andererseits der universelle Charakter und die zur Durchführung der Aneignung nötige Energie des Proletariats sich entwickelt, ferner das Proletariat alles abstreift, was ihm noch aus seiner bisherigen Gesellschaftsstellung geblieben ist.

Erst auf dieser Stufe fällt die Selbstbetätigung mit dem materiellen Leben zusammen, was der Entwicklung der Individuen zu totalen Individuen und der Abstreifung aller Naturwüchsigkeit entspricht; und dann entspricht sich die Verwandlung der Arbeit in Selbstbetätigung und die Verwandlung des bisherigen bedingten Verkehrs in den Verkehr der Individuen als solcher. Mit der Aneignung der totalen Produktivkräfte durch die vereinigten Individuen hört das Privateigentum auf. Während in der bisherigen Geschichte immer eine besondere Bedingung als zufällig erschien, ist jetzt die Absonderung der Individuen selbst, der besondre Privaterwerb eines Jeden selbst zufällig geworden.

Die Individuen, die nicht mehr unter die Teilung der Arbeit subsumiert werden, haben die Philosophen sich als Ideal unter dem Namen ›der Mensch‹ vorgestellt, und den ganzen, von uns entwickelten Prozeß als den Entwicklungsprozeß ›des Menschen‹ gefaßt, so daß den bisherigen Individuen auf jeder geschichtlichen Stufe ›der Mensch‹ untergeschoben und als die treibende Kraft der Geschichte dargestellt wurde. Der ganze Prozeß wurde so als Selbstentfremdungsprozeß ›des Menschen‹ gefaßt, und dies kommt wesentlich daher, daß das Durchschnittsindividuum der späteren Stufe immer der früheren und das spätere Bewußtsein den früheren Individuen untergeschoben [wurde]. Durch diese Umkehrung, die von vornherein von den wirklichen Bedingungen abstrahiert, war es möglich, die ganze Geschichte in einen Entwicklungsprozeß des Bewußtseins zu verwandeln.

Schließlich erhalten wir noch folgende Resultate aus der entwickelten Geschichtsauffassung: 1. In der Entwicklung der Produktivkräfte tritt eine Stufe ein, auf welcher Produktionskräfte und Verkehrsmittel hervorgerufen werden, welche unter den bestehenden Verhältnissen nur Unheil anrichten, welche keine Produktionskräfte mehr sind, sondern Destruktionskräfte (Maschinerie und Geld) – und was damit zusammenhängt, daß eine Klasse hervorgerufen wird, welche alle Lasten der

Gesellschaft zu tragen hat, ohne ihre Vorteile zu genießen, welche aus der Gesellschaft herausgedrängt, in den entschiedensten Gegensatz zu allen andern Klassen forciert wird; eine Klasse, die die Majorität aller Gesellschaftsmitglieder bildet und von der das Bewußtsein über die Notwendigkeit einer gründlichen Revolution, das kommunistische Bewußtsein, ausgeht, das sich natürlich auch unter den andern Klassen vermöge der Anschauung der Stellung dieser Klasse bilden kann; 2. daß die Bedingungen, innerhalb deren bestimmte Produktionskräfte angewandt werden können, die Bedingungen der Herrschaft einer bestimmten Klasse der Gesellschaft sind, deren soziale, aus ihrem Besitz hervorgehende Macht in der jedesmaligen Staatsform ihren *praktisch*-idealistischen Ausdruck hat, und deshalb jeder revolutionäre Kampf gegen eine Klasse, die bisher geherrscht hat, sich richtet[57]; 3. daß in allen bisherigen Revolutionen die Art der Tätigkeit stets unangetastet blieb und es sich nur um eine andre Distribution dieser Tätigkeit, um eine neue Verteilung der Arbeit an andre Personen handelte, während die kommunistische Revolution sich gegen die bisherige *Art* der Tätigkeit richtet, die *Arbeit* beseitigt[58] und die Herrschaft aller Klassen mit den Klassen selbst aufhebt, weil sie durch die Klasse bewirkt wird, die in der Gesellschaft für keine Klasse mehr gilt, nicht als Klasse anerkannt wird, schon der Ausdruck der Auflösung der Klassen, Nationalitäten etc. innerhalb der jetzigen Gesellschaft ist; und 4. daß sowohl zur massenhaften Erzeugung dieses kommunistischen Bewußtseins wie zur Durchsetzung der Sache selbst eine massenhafte Veränderung der Menschen nötig ist, die nur in einer praktischen Bewegung, in einer *Revolution* vor sich gehen kann; daß also die Revolution nicht nur nötig ist, weil die *herrschende* Klasse auf keine andre Weise gestürzt werden kann, sondern auch, weil die *stürzende* Klasse nur in einer Revolution dahin kommen kann, sich den ganzen alten Dreck vom Halse zu schaffen und zu einer neuen Begründung der Gesellschaft befähigt zu werden.[59]

[C.] Kommunismus. –
Produktion der Verkehrsform selbst

Der Kommunismus unterscheidet sich von allen bisherigen Bewegungen dadurch, daß er die Grundlage aller bisherigen Produktions- und Verkehrsverhältnisse umwälzt und alle naturwüchsigen Voraussetzungen zum ersten Mal mit Bewußtsein als Geschöpfe der bisherigen Menschen behandelt, ihrer Naturwüchsigkeit entkleidet und der Macht der vereinigten Individuen unterwirft. Seine Einrichtung ist daher wesentlich ökonomisch, die materielle Herstellung der Bedingungen dieser Vereinigung; sie macht die vorhandenen Bedingungen zu Bedingungen der Vereinigung. Das Bestehende, was der Kommunismus schafft, ist eben die wirkliche Basis zur Unmöglichmachung alles von den Individuen unabhängig Bestehenden, sofern dies Bestehende dennoch nichts als ein Produkt des bisherigen Verkehrs der Individuen selbst ist. Die Kommunisten behandeln also praktisch die durch die bisherige Produktion und Verkehr erzeugten Bedingungen als unorganische, ohne indes sich einzubilden, es sei der Plan oder die Bestimmung der bisherigen Generationen gewesen, ihnen Material zu liefern, und ohne zu glauben, daß diese Bedingungen für die sie schaffenden Individuen unorganisch waren. Der Unterschied zwischen persönlichem Individuum und zufälligem Individuum ist keine Begriffsunterscheidung, sondern ein historisches Faktum. Diese Unterscheidung hat zu verschiedenen Zeiten einen verschiedenen Sinn, z. B. der Stand als etwas dem Individuum Zufälliges im 18. Jahrhundert, plus ou moins[60] auch die Familie. Es ist eine Unterscheidung, die nicht wir für jede Zeit zu machen haben, sondern die jede Zeit unter den verschiedenen Elementen, die sie vorfindet, selbst macht, und zwar nicht nach dem Begriff, sondern durch materielle Lebenskollisionen gezwungen. Was als zufällig der späteren Zeit im Gegensatz zur früheren erscheint, also auch unter den ihr von der früheren überkommenen Elementen, ist eine Verkehrsform, die einer bestimmten Entwicklung der Produktivkräfte entsprach. Das Verhältnis der Produktionskräfte zur Verkehrsform ist das Verhältnis der Verkehrsform zur Tätigkeit oder Betätigung der Individuen. (Die Grundform dieser Betätigung ist natürlich die materielle, von der alle andre geistige, politische, religiöse etc. abhängt. Die verschiedene Gestaltung des materiellen Lebens ist natürlich jedesmal abhängig von den schon entwickelten Bedürfnissen, und sowohl die Erzeugung wie die Befriedigung dieser Bedürfnisse ist selbst ein historischer Prozeß, der sich bei keinem Schafe oder Hunde findet (widerhaariges Hauptargument Stirners *adversus* hominem[61]), obwohl Schafe und Hunde in ihrer jetzigen Gestalt allerdings, aber malgré eux[62], Produkte eines historischen Prozesses sind.) Die Bedingungen, unter denen die Individuen, solange der Widerspruch noch nicht eingetreten ist, miteinander verkehren, sind zu ihrer Individualität gehörige Bedingungen, nichts Äußerliches für sie, Bedingungen, unter denen diese bestimmten, unter bestimmten Verhältnissen existierenden

Individuen allein ihr materielles Leben und was damit zusammenhängt produzieren können, sind also die Bedingungen ihrer Selbstbetätigung und werden von dieser Selbstbetätigung produziert.[63] Die bestimmte Bedingung, unter der sie produzieren, entspricht also, solange der Widerspruch noch nicht eingetreten ist, ihrer wirklichen Bedingtheit, ihrem einseitigen Dasein, dessen Einseitigkeit sich erst durch den Eintritt des Widerspruchs zeigt und also für die Späteren existiert. Dann erscheint diese Bedingung als eine zufällige Fessel, und dann wird das Bewußtsein, daß sie eine Fessel sei, auch der früheren Zeit untergeschoben.

Diese verschiedenen Bedingungen, die zuerst als Bedingungen der Selbstbetätigung, später als Fesseln derselben erschienen, bilden in der ganzen geschichtlichen Entwicklung eine zusammenhängende Reihe von Verkehrsformen, deren Zusammenhang darin besteht, daß an die Stelle der früheren, zur Fessel gewordenen Verkehrsform eine neue, den entwickelteren Produktivkräften und damit der fortgeschrittenen Art der Selbstbetätigung der Individuen entsprechende gesetzt wird, die à son tour[64] wieder zur Fessel und dann durch eine andre ersetzt wird. Da diese Bedingungen auf jeder Stufe der gleichzeitigen Entwicklung der Produktivkräfte entsprechen, so ist ihre Geschichte zugleich die Geschichte der sich entwickelnden und von jeder neuen Generation übernommenen Produktivkräfte und damit die Geschichte der Entwicklung der Kräfte der Individuen selbst.

Da diese Entwicklung naturwüchsig vor sich geht, d.h. nicht einem Gesamtplan frei vereinigter Individuen subordiniert ist, so geht sie von verschiedenen Lokalitäten, Stämmen, Nationen, Arbeitszweigen etc. aus, deren Jede anfangs sich unabhängig von den anderen entwickelt und erst nach und nach mit den andern in Verbindung tritt. Sie geht ferner nur sehr langsam vor sich; die verschiedenen Stufen und Interessen werden nie vollständig überwunden, sondern nur dem siegenden Interesse untergeordnet und schleppen sich noch jahrhundertelang neben diesem fort. Hieraus folgt, daß selbst innerhalb einer Nation die Individuen auch abgesehen von ihren Vermögensverhältnissen ganz verschiedene Entwicklungen haben, und daß ein früheres Interesse, dessen eigentümliche Verkehrsform schon durch die einem späteren angehörige verdrängt ist, noch lange im Besitz einer traditionellen Macht in der den Individuen gegenüber verselbständigten scheinbaren Gemeinschaft (Staat, Recht) bleibt, einer Macht, die in letzter Instanz nur durch eine Revolution zu brechen ist. Hieraus erklärt sich auch, warum in Beziehung auf einzelne Punkte, die eine allgemeinere Zusammenfassung erlauben, das

Bewußtsein zuweilen weiter vorgerückt scheinen kann als die gleichzeitigen empirischen Verhältnisse, so daß man in den Kämpfen einer späteren Epoche sich auf frühere Theoretiker als auf Autoritäten stützen kann.

Dagegen geht die Entwicklung in Ländern, die, wie Nordamerika, in einer schon entwickelten Geschichtsepoche von vorn anfangen, sehr rasch vor sich. Solche Länder haben keine andern naturwüchsigen Voraussetzungen außer den Individuen, die sich dort ansiedeln und die hierzu durch die ihren Bedürfnissen nicht entsprechenden Verkehrsformen der alten Länder veranlaßt wurden. Sie fangen also mit den fortgeschrittensten Individuen der alten Länder und daher mit der diesen Individuen entsprechenden entwickeltsten Verkehrsform an, noch ehe diese Verkehrsform in den alten Ländern sich durchsetzen kann.[65] Dies ist der Fall mit allen Kolonien, sofern sie nicht bloße Militär- oder Handelsstationen sind. Karthago, die griechischen Kolonien und Island im 11. und 12. Jahrhundert liefern Beispiele dazu. Ein ähnliches Verhältnis findet statt bei der Eroberung, wenn dem eroberten Lande die auf einem andern Boden entwickelte Verkehrsform fertig herübergebracht wird; während sie in ihrer Heimat noch mit Interessen und Verhältnissen aus früheren Epochen behaftet war, kann und muß sie hier vollständig und ohne Hindernis durchgesetzt werden, schon um den Eroberern dauernde Macht zu sichern. (England und Neapel nach der normännischen Eroberung, wo sie die vollendetste Form der feudalen Organisation erhielten.)

Alle Kollisionen der Geschichte haben also nach unsrer Auffassung ihren Ursprung in dem Widerspruch zwischen den Produktivkräften und der Verkehrsform. Es ist übrigens nicht nötig, daß dieser Widerspruch, um zu Kollisionen in einem Lande zu führen, in diesem Lande selbst auf die Spitze getrieben ist. Die durch den erweiterten internationalen Verkehr hervorgerufene Konkurrenz mit industriell entwickelteren Ländern ist hinreichend, um auch in den Ländern mit weniger entwickelter Industrie einen ähnlichen Widerspruch zu erzeugen (z. B. das latente Proletariat in Deutschland, durch die Konkurrenz der englischen Industrie zur Erscheinung gebracht).

Dieser Widerspruch zwischen den Produktivkräften und der Verkehrsform, der, wie wir sahen, schon mehreremal in der bisherigen Geschichte vorkam, ohne jedoch die Grundlage derselben zu gefährden, mußte jedesmal in einer Revolution eklatieren, wobei er zugleich verschiedene Nebengestalten annahm, als Totalität von Kollisionen, als

Kollisionen verschiedener Klassen[66], als Widerspruch des Bewußtseins, Gedankenkampf etc., politischer Kampf etc. Von einem bornierten Gesichtspunkte aus kann man nun eine dieser Nebengestalten herausnehmen und sie als die Basis dieser Revolutionen betrachten, was um so leichter ist, als die Individuen, von denen die Revolutionen ausgingen, sich je nach ihrem Bildungsgrad und der Stufe der historischen Entwicklung über ihre eigne Tätigkeit selbst Illusionen machten.

Die Verwandlung der persönlichen Mächte (Verhältnisse) in sachliche durch die Teilung der Arbeit kann nicht dadurch wieder aufgehoben werden, daß man sich die allgemeine Vorstellung davon aus dem Kopfe schlägt, sondern nur dadurch, daß die Individuen diese sachlichen Mächte wieder unter sich subsumieren und die Teilung der Arbeit aufheben.[67] Dies ist ohne die Gemeinschaft nicht möglich. Erst in der Gemeinschaft [mit Andern hat jedes] Individuum die Mittel, seine Anlagen nach allen Seiten hin auszubilden; erst in der Gemeinschaft wird also die persönliche Freiheit möglich. In den bisherigen Surrogaten der Gemeinschaft, im Staat usw. existierte die persönliche Freiheit nur für die in den Verhältnissen der herrschenden Klasse entwickelten Individuen und nur, insofern sie Individuen dieser Klasse waren. Die scheinbare Gemeinschaft, zu der sich bisher die Individuen vereinigten, verselbständigte sich stets ihnen gegenüber und war zugleich, da sie eine Vereinigung einer Klasse gegenüber einer andern war, für die beherrschte Klasse nicht nur eine ganz illusorische Gemeinschaft, sondern auch eine neue Fessel. In der wirklichen Gemeinschaft erlangen die Individuen in und durch ihre Assoziation zugleich ihre Freiheit.

Es geht aus der ganzen bisherigen Entwicklung hervor, daß das gemeinschaftliche Verhältnis, in das die Individuen einer Klasse traten und das durch ihre gemeinschaftlichen Interessen gegenüber einem Dritten bedingt war, stets eine Gemeinschaft war, der diese Individuen nur als Durchschnittsindividuen angehörten, nur soweit sie in den Existenzbedingungen ihrer Klasse lebten, ein Verhältnis, an dem sie nicht als Individuen, sondern als Klassenmitglieder teilhatten. Bei der Gemeinschaft der revolutionären Proletarier dagegen, die ihre und aller Gesellschaftsmitglieder Existenzbedingungen unter ihre Kontrolle nehmen, ist es gerade umgekehrt; an ihr nehmen die Individuen als Individuen Anteil. Es ist eben die Vereinigung der Individuen (innerhalb der Voraussetzung der jetzt entwickelten Produktivkräfte natürlich), die die Bedingungen der freien Entwicklung und Bewegung der Individuen unter ihre Kontrolle gibt, Bedingungen, die bisher dem Zufall überlassen waren und sich gegen die einzelnen Individuen eben durch ihre Trennung als Individuen, durch ihre notwendige Vereinigung, die mit der Teilung der Arbeit gegeben, und durch ihre Trennung zu einem ihnen fremden Bande geworden war, verselbständigt hatten. Die bisherige Vereinigung war nur eine (keineswegs willkürliche, wie sie z.B. im ›Contrat social‹ dargestellt wird, sondern notwendige) Vereinigung (vergleiche z.B. die Bildung des nordamerikanischen Staats und die südamerikanischen Republiken) über diese Bedingungen, innerhalb deren dann die Individuen den Genuß der Zufälligkeit hatten. Dieses Recht, innerhalb gewisser Bedingungen ungestört der Zufälligkeit sich erfreuen zu dürfen, nannte man bisher persönliche Freiheit. – Diese Existenzbedingungen sind natürlich nur die jedesmaligen Produktionskräfte und Verkehrsformen.

Wenn man diese Entwicklung der Individuen in den gemeinsamen Existenzbedingungen der geschichtlich aufeinanderfolgenden Stände und Klassen und den ihnen damit aufgedrängten allgemeinen Vorstellungen philosophisch betrachtet, so kann man sich allerdings leicht einbilden, in diesen Individuen habe sich die Gattung oder der Mensch, oder sie haben den Menschen entwickelt; eine Einbildung, womit der Geschichte einige starke Ohrfeigen gegeben werden.[68] Man kann dann diese verschiedenen Stände und Klassen als Spezifikationen des allgemeinen Ausdrucks, als Unterarten der Gattung, als Entwicklungsphasen des Menschen fassen.

Diese Subsumtion der Individuen unter bestimmte Klassen kann nicht eher aufgehoben werden, als bis sich eine Klasse gebildet hat, die gegen die herrschende Klasse kein besonderes Klasseninteresse mehr durchzusetzen hat.

Die Individuen gingen immer von sich aus, natürlich aber von sich innerhalb ihrer gegebenen historischen Bedingungen und Verhältnisse, nicht vom ›reinen‹ Individuum im Sinne der Ideologen. Aber im Lauf der historischen Entwicklung und gerade durch die innerhalb der Teilung der Arbeit unvermeidliche Verselbständigung der gesellschaftlichen Verhältnisse tritt ein Unterschied heraus zwischen dem Leben jedes Individuums, soweit es persönlich ist und insofern es unter irgendeinen Zweig der Arbeit und die dazugehörigen Bedingungen subsumiert ist. (Dies ist nicht so zu verstehen, als ob z.B. der Rentier, der Kapitalist pp. aufhörten, Personen zu sein; sondern ihre Persönlichkeit ist durch ganz bestimmte Klassenverhältnisse bedingt und bestimmt, und der Unterschied tritt erst im Gegensatz zu einer andern Klasse und für sie selbst erst dann hervor, wenn sie Bankerott machen.) Im Stand (mehr noch im Stamm) ist dies noch verdeckt, z.B. ein Adliger bleibt stets ein Adliger, ein Roturier[69] stets ein Roturier, abgesehn von seinen sonstigen Verhältnissen, eine von seiner Individualität unzertrennliche Qualität. Der Unterschied des persönlichen Individuums gegen das Klassenindividuum, die Zufälligkeit der Lebensbedingungen für das In[dividuum] tritt erst mit dem Auftreten der Klasse [ein], die selbst ein Produkt der Bourgeoisie ist. Die Konkurrenz und der Kampf [der] Individuen untereinander erz[eugt und en]twickelt erst diese Zufälligkeit als solche. In der Vorstellung sind daher die Individuen unter der Bourgeoisieherrschaft freier als früher, weil ihnen ihre Lebensbedingungen zufällig sind; in der Wirklichkeit sind sie natürlich unfreier, weil mehr unter sachliche Gewalt subsumiert. Der Unterschied vom Stand tritt namentlich heraus im Gegensatz der Bourgeoisie gegen das Proletariat. Als der Stand der städtischen Bürger, die Korporationen pp. gegenüber dem Landadel aufkamen, erschien ihre Existenzbedingung, das Mobileigentum und die Handwerksarbeit, die schon vor ihrer Trennung vom Feudalverbande latent existiert hatten, als etwas Positives, das gegen das feudale Grundeigentum geltend gemacht wurde, und nahm daher auch zunächst wieder die feudale Form in ihrer Weise an. Allerdings behandelten die entlaufenden Leibeignen ihre bisherige Leibeigenschaft als etwas ihrer Persönlichkeit Zufälliges. Hierin aber taten sie nur dasselbe, was jede sich von einer Fessel befreiende Klasse tut, und dann befreiten sie sich nicht als Klasse, sondern vereinzelt. Sie traten ferner nicht aus dem Bereich des Ständewesens heraus, sondern bildeten nur einen neuen Stand und behielten ihre bisherige Arbeitsweise auch in der neuen Stellung bei und bildeten sie weiter aus, indem sie sie von ihren bisherigen, ihrer schon erreichten Entwicklung nicht [mehr] entsprechenden Fesseln befreiten.[70]

Bei den Proletariern dagegen ist ihre eigne Lebensbedingung, die Arbeit und damit sämtliche Existenzbedingungen der heutigen Gesellschaft, für sie zu etwas Zufälligem geworden, worüber die einzelnen Proletarier keine Kontrolle haben und worüber ihnen keine *gesellschaftliche* Organisation eine Kontrolle geben kann, und der Widerspruch zwischen der Persönlichkeit des einzelnen Proletariers und seiner ihm aufgedrängten Lebensbedingung, der Arbeit, tritt für ihn selbst hervor, namentlich da er schon von Jugend auf geopfert wird und da ihm die Chance fehlt, innerhalb seiner Klasse zu den Bedingungen zu kommen, die ihn in die andre stellen.

Während also die entlaufenden Leibeignen nur ihre bereits vorhandenen Existenzbedingungen frei entwickeln und zur Geltung bringen wollten und daher in letzter Instanz nur bis zur freien Arbeit kamen, müssen die Proletarier, um persönlich zur Geltung zu kommen, ihre eigne bisherige Existenzbedingung, die zugleich die der ganzen bisherigen Gesellschaft ist, die Arbeit, aufheben. Sie befinden sich daher auch im direkten Gegensatz zu der Form, in der die Individuen der Gesellschaft sich bisher einen Gesamtausdruck gaben, zum Staat, und müssen den Staat stürzen, um ihre Persönlichkeit durchzusetzen.

Karl Marx

[Thesen über Feuerbach]

1. Ad Feuerbach

1

Der Hauptmangel alles bisherigen Materialismus (den Feuerbachschen mit eingerechnet) ist, daß der Gegenstand, die Wirklichkeit, Sinnlichkeit nur unter der Form des *Objekts oder der Anschauung* gefaßt wird; nicht aber als *sinnlich menschliche Tätigkeit, Praxis*; nicht subjektiv. Daher die *tätige* Seite abstrakt im Gegensatz zu dem Materialismus von dem Idealismus – der natürlich die wirkliche, sinnliche Tätigkeit als solche nicht kennt – entwickelt. Feuerbach will sinnliche – von den Gedankenobjekten wirklich unterschiedne Objekte: aber er faßt die menschliche Tätigkeit selbst nicht als *gegenständliche* Tätigkeit. Er betrachtet daher im ›Wesen des Christenthums‹ nur das theoretische Verhalten als das echt menschliche, während die Praxis nur in ihrer schmutzig jüdischen Erscheinungsform gefaßt und fixiert wird. Er begreift daher nicht die Bedeutung der ›revolutionären‹, der ›praktisch-kritischen‹ Tätigkeit.

2

Die Frage, ob dem menschlichen Denken gegenständliche Wahrheit zukomme – ist keine Frage der Theorie, sondern eine *praktische* Frage. In der Praxis muß der Mensch die Wahrheit, i. e. Wirklichkeit und Macht, Diesseitigkeit seines Denkens beweisen. Der Streit über die Wirklichkeit oder Nichtwirklichkeit des Denkens – das von der Praxis isoliert ist – ist eine rein *scholastische* Frage.

3

Die materialistische Lehre von der Veränderung der Umstände und der Erziehung vergißt, daß die Umstände von den Menschen verändert und der Erzieher selbst erzogen werden muß. Sie muß daher die Gesellschaft in zwei Teile – von denen der eine über ihr erhaben ist – sondieren.

Das Zusammenfallen des Ändern[s] der Umstände und der menschlichen Tätigkeit oder Selbstveränderung kann nur als *revolutionäre Praxis* gefaßt und rationell verstanden werden.

4

Feuerbach geht von dem Faktum der religiösen Selbstentfremdung, der Verdoppelung der Welt in eine religiöse und eine weltliche aus. Seine Arbeit besteht darin, die religiöse Welt in ihre weltliche Grundlage aufzulösen. Aber daß die weltliche Grundlage sich von sich selbst abhebt und sich ein selbständiges Reich in den Wolken fixiert, ist nur aus der Selbstzerrissenheit und Sichselbstwidersprechen dieser weltlichen Grundlage zu erklären. Diese selbst muß also in sich selbst sowohl in ihrem Widerspruch verstanden als praktisch revolutioniert werden. Also nachdem z.B. die irdische Familie als das Geheimnis der heiligen Familie entdeckt ist, muß nun erstere selbst theoretisch und praktisch vernichtet werden.

5

Feuerbach, mit dem *abstrakten Denken* nicht zufrieden, will die *Anschauung*; aber er faßt die Sinnlichkeit nicht als *praktische* menschlich-sinnliche Tätigkeit.

6

Feuerbach löst das religiöse Wesen in das *menschliche* Wesen auf. Aber das menschliche Wesen ist kein dem einzelnen Individuum inwohnendes Abstraktum. In seiner Wirklichkeit ist es das ensemble der gesellschaftlichen Verhältnisse.

Feuerbach, der auf die Kritik dieses wirklichen Wesens nicht eingeht, ist daher gezwungen:

1. von dem geschichtlichen Verlauf zu abstrahieren und das religiöse Gemüt für sich zu fixieren, und ein abstrakt – *isoliert* – menschliches Individuum vorauszusetzen.
2. Das Wesen kann daher nur als »Gattung«, als innere, stumme, die vielen Individuen *natürlich* verbindende Allgemeinheit gefaßt werden.

7

Feuerbach sieht daher nicht, daß das »religiöse Gemüt« selbst ein gesellschaftliches Produkt ist und daß das abstrakte Individuum, das er analysiert, einer bestimmten Gesellschaftsform angehört.

8

Alles gesellschaftliche Leben ist wesentlich *praktisch*. Alle Mysterien, welche die Theorie zum Mystizism[us] veranlassen, finden ihre rationelle Lösung in der menschlichen Praxis und in dem Begreifen dieser Praxis.

9

Das Höchste, wozu der anschauende Materialismus kommt, d.h. der Materialismus, der die Sinnlichkeit nicht als praktische Tätigkeit begreift, ist die Anschauung der einzelnen Individuen und der bürgerlichen Gesellschaft.

10

Der Standpunkt des alten Materialismus ist die bürgerliche Gesellschaft, der Standpunkt des neuen die menschliche Gesellschaft oder die gesellschaftliche Menschheit.

11

Die Philosophen haben die Welt nur verschieden *interpretiert*, es kömmt drauf an, sie zu *verändern*.

Friedrich Engels

[Redigierte Thesen von Karl Marx über Feuerbach)

1

Der Hauptmangel alles bisherigen Materialismus – den Feuerbachschen mit eingerechnet – ist, daß der Gegenstand, die Wirklichkeit, Sinnlichkeit, nur unter der Form des *Objekts* oder der *Anschauung* gefaßt wird; nicht aber als *menschliche sinnliche Tätigkeit, Praxis*, nicht subjektiv. Daher geschah es, daß die *tätige* Seite, im Gegensatz zum Materialismus, vom Idealismus entwickelt wurde – aber nur abstrakt, da der Idealismus natürlich die wirkliche, sinnliche Tätigkeit als solche nicht kennt. Feuerbach will sinnliche, von den Gedankenobjekten wirklich unterschiedene Objekte; aber er faßt die menschliche Tätigkeit selbst nicht als *gegenständliche* Tätigkeit. Er betrachtet daher im ›Wesen des Christenthums‹ nur das theoretische Verhalten als das echt menschliche, während die Praxis nur in ihrer schmutzig-jüdischen Erscheinungsform gefaßt und fixiert wird. Er begreift daher nicht die Bedeutung der ›revolutionären‹, der ›praktisch-kritischen‹ Tätigkeit.

2

Die Frage, ob dem menschlichen Denken gegenständliche Wahrheit zukomme, ist keine Frage der Theorie, sondern eine *praktische* Frage. In der Praxis muß der Mensch die Wahrheit, das heißt die Wirklichkeit und Macht, die Diesseitigkeit seines Denkens beweisen. Der Streit über die Wirklichkeit oder Nichtwirklichkeit eines Denkens, das sich von der Praxis isoliert, ist eine rein *scholastische* Frage.

3

Die materialistische Lehre, daß die Menschen Produkte der Umstände und der Erziehung, veränderte Menschen also Produkte anderer Umstände und geänderter Erziehung sind, vergißt, daß die Umstände eben von den Menschen verändert werden und daß der Erzieher selbst erzogen werden muß. Sie kommt daher mit Notwendigkeit dahin, die Gesellschaft in zwei Teile zu sondern, von denen der eine über der Gesellschaft erhaben ist. (Z.B. bei Robert Owen.)

Das Zusammenfallen des Änderns der Umstände und der menschlichen Tätigkeit kann nur als *umwälzende Praxis* gefaßt und rationell verstanden werden.

4

Feuerbach geht aus von dem Faktum der religiösen Selbstentfremdung, der Verdoppelung der Welt in eine religiöse, vorgestellte und eine wirkliche Welt. Seine Arbeit besteht darin, die religiöse Welt in ihre weltliche Grundlage aufzulösen. Er übersieht, daß nach Vollbringung dieser Arbeit die Hauptsache noch zu tun bleibt. Die Tatsache nämlich, daß die weltliche Grundlage sich von sich selbst abhebt und sich, ein selbständiges Reich, in den Wolken fixiert, ist eben nur aus der Selbstzerrissenheit und dem Sichselbst-Widersprechen dieser weltlichen Grundlage zu erklären. Diese selbst muß also erstens in ihrem Widerspruch verstanden und sodann durch Beseitigung des Widerspruchs praktisch revolutioniert werden. Also z. B., nachdem die irdische Familie als das Geheimnis der heiligen Familie entdeckt ist, muß nun erstere selbst theoretisch kritisiert und praktisch umgewälzt werden.

5

Feuerbach, mit dem *abstrakten Denken* nicht zufrieden, appelliert an die *sinnliche Anschauung*; aber er faßt die Sinnlichkeit nicht als *praktische* menschlich-sinnliche Tätigkeit.

6

Feuerbach löst das religiöse Wesen in das *menschliche* Wesen auf. Aber das menschliche Wesen ist kein dem einzelnen Individuum innewohnendes Abstraktum. In seiner Wirklichkeit ist es das Ensemble der gesellschaftlichen Verhältnisse.

Feuerbach, der auf die Kritik dieses wirklichen Wesens nicht eingeht, ist daher gezwungen:

1. von dem geschichtlichen Verlauf zu abstrahieren und das religiöse Gemüt für sich zu fixieren und ein abstrakt – *isoliert* – menschliches Individuum vorauszusetzen;
2. kann bei ihm daher das menschliche Wesen nur als ›*Gattung*‹, als innere, stumme, die vielen Individuen bloß *natürlich* verbindende Allgemeinheit gefaßt werden.

7

Feuerbach sieht daher nicht, daß das ›religiöse Gemüt‹ selbst ein *gesellschaftliches Produkt* ist und daß das abstrakte Individuum, das er analysiert, in Wirklichkeit einer bestimmten Gesellschaftsform angehört.

8

Das gesellschaftliche Leben ist wesentlich *praktisch*. Alle Mysterien, welche die Theorie zum Mystizismus verleiten, finden ihre rationelle Lösung in der menschlichen Praxis und im Begreifen dieser Praxis.

9

Das Höchste, wozu der *anschauende* Materialismus es bringt, d.h. der Materialismus, der die Sinnlichkeit nicht als praktische Tätigkeit begreift, ist die Anschauung der einzelnen Individuen in der ›bürgerlichen Gesellschaft‹.

10

Der Standpunkt des alten Materialismus ist die *›bürgerliche‹* Gesellschaft; der Standpunkt des neuen, die *menschliche* Gesellschaft, oder die vergesellschaftete Menschheit.

11

Die Philosophen haben die Welt nur verschieden *interpretiert*; es kommt aber darauf an, sie zu verändern.

Friedrich Engels

Die Entwicklung des Sozialismus von der Utopie zur Wissenschaft

I

Der moderne Sozialismus ist seinem Inhalte nach zunächst das Erzeugnis der Anschauung, einerseits der in der heutigen Gesellschaft herrschenden Klassengegensätze von Besitzenden und Besitzlosen, Kapitalisten und Lohnarbeitern, andrerseits der in der Produktion herrschenden Anarchie. Aber seiner theoretischen Form nach erscheint er anfänglich als eine weitergetriebene, angeblich konsequentere Fortführung der von den großen französischen Aufklärern des 18. Jahrhunderts aufgestellten Grundsätze. Wie jede neue Theorie, mußte er zunächst anknüpfen an das vorgefundne Gedankenmaterial, so sehr auch seine Wurzel in den materiellen ökonomischen Tatsachen lag.

Die großen Männer, die in Frankreich die Köpfe für die kommende Revolution klärten, traten selbst äußerst revolutionär auf. Sie erkannten keine äußere Autorität an, welcher Art sie auch sei. Religion, Naturanschauung, Gesellschaft, Staatsordnung, alles wurde der schonungslosesten Kritik unterworfen; alles sollte sein Dasein vor dem Richterstuhl der Vernunft rechtfertigen oder aufs Dasein verzichten. Der denkende Verstand wurde als alleiniger Maßstab an alles angelegt. Es war die Zeit, wo, wie Hegel sagt, die Welt auf den Kopf gestellt wurde[1], zuerst in dem Sinn, daß der menschliche Kopf und die durch sein Denken gefundnen Sätze den Anspruch machten, als Grundlage aller menschlichen Handlung und Vergesellschaftung zu gelten; dann aber später auch in dem weitern Sinn, daß die Wirklichkeit, die diesen Sätzen widersprach, in der Tat von oben bis unten umgekehrt wurde. Alle bisherigen Gesellschafts- und Staatsformen, alle altüberlieferten Vorstellungen wurden als unvernünftig in die Rumpelkammer geworfen; die Welt hatte sich bisher lediglich von Vorurteilen leiten lassen; alles Vergangne verdiente nur Mitleid und Verachtung. Jetzt erst brach das Tageslicht, das Reich der Vernunft an; von nun an sollte der Aberglaube, das Unrecht, das Privilegium und die Unterdrückung verdrängt werden durch die ewige Wahrheit, die ewige Gerechtigkeit, die in der Natur begründete Gleichheit und die unveräußerlichen Menschenrechte.

Wir wissen jetzt, daß dies Reich der Vernunft weiter nichts war als das idealisierte Reich der Bourgeoisie; daß die ewige Gerechtigkeit ihre Verwirklichung fand in der Bourgeoisiejustiz; daß die Gleichheit hinauslief auf die bürgerliche Gleichheit vor dem Gesetz; daß als eines der wesentlichsten Menschenrechte proklamiert wurde – das bürgerliche Eigentum; und daß der Vernunftstaat, der Rousseausche Gesellschaftsvertrag ins Leben trat und nur ins Leben treten konnte als bürgerliche, demokratische Republik. So wenig wie alle ihre Vorgänger konnten die großen Denker des 18. Jahrhunderts hinaus über die Schranken, die ihnen ihre eigne Epoche gesetzt hatte.

Aber neben dem Gegensatz von Feudaladel und dem als Vertreterin der gesamten übrigen Gesellschaft auftretenden Bürgertum bestand der allgemeine Gegensatz von Ausbeutern und Ausgebeuteten, von reichen Müßiggängern und arbeitenden Armen. War es doch gerade dieser Umstand, der es den Vertretern der Bourgeoisie möglich machte, sich als Vertreter nicht einer besondern Klasse, sondern der ganzen leidenden Menschheit hinzustellen. Noch mehr. Von seinem Ursprung an war das Bürgertum behaftet mit seinem Gegensatz: Kapitalisten können nicht bestehn ohne Lohnarbeiter, und im selben Verhältnis wie der mittelalterliche Zunftbürger sich zum modernen Bourgeois, im selben Verhältnis entwickelte sich auch der Zunftgeselle und nichtzünftige Taglöhner zum Proletarier. Und wenn auch im ganzen und großen das Bürgertum beanspruchen durfte, *im Kampf mit dem Adel* gleichzeitig die Interessen der verschiednen arbeitenden Klassen jener Zeit mit zu vertreten, so brachen doch, bei jeder großen bürgerlichen Bewegung, selbständige Regungen derjenigen Klasse hervor, die die mehr oder weniger entwickelte Vorgängerin des modernen Proletariats war. So in der deutschen Reformations- und der Bauernkriegszeit die Wiedertäufer und Thomas Münzer; in der großen englischen Revolution die Levellers; in der großen französischen Revolution Babeuf. Neben diesen revolutionären Schilderhebungen einer noch unfertigen Klasse gingen entsprechende theoretische Kundgebungen; im 16. und 17. Jahrhundert utopische Schilderungen idealer Gesellschaftszustände; im 18. schon direkt kommunistische Theorien (Morelly und Mably). Die Forderung der Gleichheit wurde nicht mehr auf die politischen Rechte beschränkt, sie sollte sich auch auf die gesellschaftliche Lage der einzelnen erstrecken; nicht bloß die Klassenvorrechte sollten aufgehoben werden, sondern die Klassenunterschiede selbst. Ein asketischer, allen Lebensgenuß verpönender, an Sparta anknüpfender Kommunismus war so die erste Erscheinungsform der neuen Lehre. Dann folgten die drei großen Utopisten: Saint-Simon, bei dem die bürgerliche Richtung noch neben der proletarischen eine gewisse Geltung behielt; Fourier, und Owen, der, im Lande der entwickeltsten kapitalistischen Produktion und unter dem Eindruck der durch diese erzeugten Gegensätze, seine Vorschläge zur Beseitigung der Klassenunterschiede in direkter Anknüpfung an den französischen Materialismus systematisch entwickelte.

Allen dreien ist gemeinsam, daß sie nicht als Vertreter der Interessen des inzwischen historisch erzeugten Proletariats auftreten. Wie die Aufklärer, wollen sie nicht zunächst eine bestimmte Klasse, sondern sogleich die ganze Menschheit befreien. Wie jene wollen sie das Reich der Vernunft und der ewigen Gerechtigkeit einführen; aber ihr Reich ist himmelweit verschieden von dem der Aufklärer. Auch die nach den Grundsätzen dieser Aufklärer eingerichtete bürgerliche Welt ist unvernünftig und ungerecht und wandert daher ebensogut in den Topf des Verwerflichen wie der Feudalismus und alle früheren Gesellschaftszustände. Daß die wirkliche Vernunft und Gerechtigkeit bisher nicht in der Welt geherrscht haben, kommt nur daher, daß man sie nicht richtig erkannt hatte. Es fehlte eben der geniale einzelne Mann, der jetzt aufgetreten und der die Wahrheit erkannt hat; daß er jetzt aufgetreten, daß die Wahrheit grade jetzt erkannt worden ist, ist nicht ein aus dem Zusammenhang der geschichtlichen Entwicklung mit Notwendigkeit folgendes, unvermeidliches Ereignis, sondern ein reiner Glücksfall. Er hätte ebensogut 500 Jahre früher geboren werden können und hätte dann der Menschheit 500 Jahre Irrtum, Kämpfe und Leiden erspart.

Wir sahen, wie die französischen Philosophen des achtzehnten Jahrhunderts, die Vorbereiter der Revolution, an die Vernunft appellierten als einzige Richterin über alles, was bestand. Ein vernünftiger Staat, eine vernünftige Gesellschaft sollten hergestellt, alles, was der ewigen Vernunft widersprach, sollte ohne Barmherzigkeit beseitigt werden. Wir sahen ebenfalls, daß diese ewige Vernunft in Wirklichkeit nichts andres war als der idealisierte Verstand des eben damals zum Bourgeois sich fortentwickelnden Mittelbürgers. Als nun die französische Revolution diese Vernunftgesellschaft und diesen Vernunftstaat verwirklicht hatte, stellten sich daher die neuen Einrichtungen, so rationell sie auch waren gegenüber den früheren Zuständen, keineswegs als absolut vernünftige heraus. Der Vernunftstaat war vollständig in die Brüche gegangen. Der Rousseausche Gesellschaftsvertrag hatte seine Verwirklichung gefunden in der Schreckenszeit, aus der das an seiner eignen politischen Befähigung irre gewordne Bürgertum sich geflüchtet hatte zuerst in die Korruption des Direktoriums und schließlich unter den Schutz des napoleonischen Despotismus. Der verheißne ewige Friede war umgeschlagen in einen endlosen Eroberungskrieg. Die Vernunftgesellschaft war nicht besser gefahren. Der Gegensatz von reich und arm, statt sich aufzulösen im allgemeinen Wohlergehn, war verschärft worden durch die Beseitigung der ihn überbrückenden zünftigen und andren Privilegien und der ihn mildernden kirchlichen Wohltätigkeitsanstalten; die jetzt zur Wahrheit gewordne ›Freiheit des Eigentums‹ von feudalen Fesseln stellte sich heraus für den Kleinbürger und Kleinbauern als die Freiheit, dies von der übermächtigen Konkurrenz des Großkapitals und des Großgrundbesitzes erdrückte kleine Eigentum an eben diese großen Herren zu verkaufen und so für den Kleinbürger und Kleinbauern sich zu verwandeln in die Freiheit *vom* Eigentum; der Aufschwung der Industrie auf kapitalistischer Grundlage erhob Armut und Elend der arbeitenden Massen zu einer Lebensbedingung der Gesellschaft. Die bare Zahlung wurde mehr und mehr, nach Carlyles Ausdruck, das einzige Bindeglied der Gesellschaft. Die Zahl der Verbrechen nahm zu von Jahr zu Jahr. Waren die früher am hellen Tage sich ungescheut ergehenden feudalen Laster zwar nicht vernichtet, so doch vorläufig in den Hintergrund gedrängt, so schossen dafür die, bisher nur in der Stille gehegten, bürgerlichen Laster um so üppiger in die Blüte. Der Handel entwickelte sich mehr und mehr zur Prellerei. Die ›Brüderlichkeit‹ der revolutionären Devise verwirklichte sich in den Schikanen und dem Neid des Konkurrenzkampfs. An die Stelle der gewaltsamen Unterdrückung trat die Korruption, an die Stelle des Degens, als des ersten gesellschaftlichen Machthebels, das Geld. Das Recht der ersten Nacht ging über von den Feudalherren auf die bürgerlichen Fabrikanten. Die Prostitution breitete sich aus in bisher unerhörtem Maß. Die Ehe selbst blieb nach wie vor gesetzlich anerkannte Form, offizieller Deckmantel der Prostitution, und ergänzte sich zudem durch reichlichen Ehebruch. Kurzum, verglichen mit den prunkhaften Verheißungen der Aufklärer, erwiesen sich die durch den ›Sieg der Vernunft‹ hergestellten gesellschaftlichen und politischen Einrichtungen als bitter enttäuschende Zerrbilder. Es fehlten nur noch die Leute, die diese Enttäuschung konstatierten, und diese kamen mit der Wende des Jahrhunderts. 1802 erschienen Saint-Simons Genfer Briefe; 1808 erschien Fouriers erstes Werk, obwohl die Grundlage seiner Theorie schon von 1799 datierte; am 1. Januar 1800 übernahm Robert Owen die Leitung von New Lanark.

Um diese Zeit aber war die kapitalistische Produktionsweise, und mit ihr der Gegensatz von Bourgeoisie und Proletariat, noch sehr unentwickelt. Die große Industrie, in England eben erst entstanden, war in Frankreich noch unbekannt. Aber erst die große Industrie entwickelt einerseits die Konflikte, die eine Umwälzung der Produktionsweise, eine Beseitigung ihres kapitalistischen Charakters, zur zwingenden Notwendigkeit erheben – Konflikte nicht nur der von ihr erzeugten Klassen, sondern auch der von ihr geschaffnen Produktivkräfte und Austauschformen selbst –; und sie entwickelt andrerseits in eben diesen riesigen Produktivkräften auch die Mittel, diese Konflikte zu lösen. Waren also um 1800 die der neuen Gesellschaftsordnung entspringenden Konflikte erst im Werden begriffen, so gilt dies noch weit mehr von den Mitteln ihrer Lösung. Hatten die besitzlosen Massen von Paris während der Schreckenszeit einen Augenblick die Herrschaft erobern und dadurch die bürgerliche Revolution, selbst *gegen* das Bürgertum, zum Siege führen können, so hatten sie damit nur bewiesen, wie unmöglich ihre Herrschaft unter den damaligen Verhältnissen auf die Dauer war. Das sich aus diesen besitzlosen Massen eben erst als Stamm einer neuen Klasse absondernde Proletariat, noch ganz unfähig zu selbständiger politischer Aktion, stellte sich dar als unterdrückter, leidender Stand, dem in seiner Unfähigkeit, sich selbst zu helfen, höchstens von außen her, von oben herab Hülfe zu erbringen war.

Diese geschichtliche Lage beherrschte auch die Stifter des Sozialismus. Dem unreifen Stand der kapitalistischen Produktion, der unreifen Klassenlage, entsprachen unreife Theorien. Die Lösung der gesellschaftlichen Aufgaben, die in den unentwickelten ökonomischen Verhältnissen noch verborgen lag, sollte aus dem Kopfe erzeugt werden. Die Gesellschaft bot nur Mißstände; diese zu beseitigen war Aufgabe der denkenden Vernunft. Es handelte sich darum, ein neues, vollkommneres System der gesellschaftlichen Ordnung zu erfinden und dies der Gesellschaft von außen her, durch Propaganda, womöglich durch das Beispiel von Musterexperimenten aufzuoktroyieren. Diese neuen sozialen Systeme waren von vornherein zur Utopie verdammt; je weiter sie in ihren Einzelnheiten ausgearbeitet wurden, desto mehr mußten sie in reine Phantasterei verlaufen.

Dies einmal festgestellt, halten wir uns bei dieser, jetzt ganz der Vergangenheit angehörigen Seite keinen Augenblick länger auf. Wir können es literarischen Kleinkrämern überlassen, an diesen, heute nur noch erheiternden Phantastereien feierlich herumzuklauben und die Überlegenheit ihrer eigenen nüchternen Denkungsart geltend zu machen gegenüber solchem ›Wahnwitz‹. Wir freuen uns lieber der genialen Gedankenkeime und Gedanken, die unter der phantastischen Hülle überall hervorbrechen und für die jene Philister blind sind.

Saint-Simon war ein Sohn der großen französischen Revolution, bei deren Ausbruch er noch nicht dreißig Jahre alt war. Die Revolution war der Sieg des dritten Standes, d.h. der großen, in der Produktion und im Handel *tätigen* Masse der Nation, über die bis dahin bevorrechteten *müßigen* Stände, Adel und Geistlichkeit. Aber der Sieg des dritten Standes hatte sich bald enthüllt als der ausschließliche Sieg eines kleinen Teils dieses Standes, als die Eroberung der politischen Macht durch die gesellschaftlich bevorrechtete Schicht desselben, die besitzende Bourgeoisie. Und zwar hatte sich diese Bourgeoisie noch während der Revolution rasch entwickelt vermittelst der Spekulation in dem konfiszierten und dann *verkauften* Grundbesitz des Adels und der Kirche sowie vermittelst des Betrugs an der Nation durch die Armeelieferanten. Es war gerade die Herrschaft dieser Schwindler, die unter dem Direktorium Frankreich und die Revolution an den Rand des Untergangs brachte und damit Napoleon den Vorwand gab zu seinem Staatsstreich. So nahm im Kopf Saint-Simons der Gegensatz von drittem Stand und bevorrechteten Ständen die Form an des Gegensatzes von ›Arbeitern‹ und ›Müßigen‹. Die Müßigen, das waren nicht nur die alten Bevorrechteten, sondern auch alle, die ohne Beteiligung an Produktion und Handel von Renten lebten. Und die ›Arbeiter‹, das waren nicht nur die Lohnarbeiter, sondern auch die Fabrikanten, die Kaufleute, die Bankiers. Daß die Müßigen die Fähigkeit zur geistigen Leitung und politischen Herrschaft verloren, stand fest und war durch die Revolution endgültig besiegelt. Daß die Besitzlosen diese Fähigkeit nicht besaßen, das schien Saint-Simon bewiesen durch die Erfahrungen der Schreckenszeit. Wer aber sollte leiten und herrschen? Nach Saint-Simon die Wissenschaft und die Industrie, beide zusammengehalten durch ein neues religiöses Band, bestimmt, die seit der Reformation gesprengte Einheit der religiösen Anschauungen wiederherzustellen, ein notwendig mystisches und streng hierarchisches ›neues Christentum‹. Aber die Wissenschaft, das waren die Schulgelehrten, und die Industrie, das waren in erster Linie die aktiven Bourgeois, Fabrikanten, Kaufleute, Bankiers. Diese Bourgeois sollten sich zwar in eine Art öffentlicher Beamten, gesellschaftlicher Vertrauensleute, verwandeln, aber doch gegenüber den Arbeitern eine gebietende und auch ökonomisch bevorzugte Stellung behalten. Namentlich sollten die Bankiers durch Regulierung des Kredits die gesamte gesellschaftliche Produktion zu regeln berufen sein. Diese Auffassung entsprach ganz einer Zeit, wo in Frankreich die große Industrie und mit ihr der Gegensatz von Bourgeoisie und Proletariat eben erst im Entstehn war. Aber was Saint-Simon besonders betont, ist dies: Es sei ihm überall und immer zuerst zu tun um das Geschick »der zahlreichsten und ärmsten Klasse« (la classe la plus nombreuse et la plus pauvre).

Saint-Simon stellt bereits in seinen Genfer Briefen den Satz auf, daß »alle Menschen arbeiten sollen«.

In derselben Schrift weiß er schon, daß die Schreckensherrschaft die Herrschaft der besitzlosen Massen war.

»Seht an«, ruft er ihnen zu, »was sich in Frankreich ereignet hat zu der Zeit, als eure Kameraden dort geherrscht, sie haben die Hungersnot erzeugt.«

Die französische Revolution aber als einen Klassenkampf, und zwar nicht bloß zwischen Adel und Bürgertum, sondern zwischen Adel, Bürgertum *und Besitzlosen* aufzufassen, war im Jahr 1802 eine höchst geniale Entdeckung. 1816 erklärt er die Politik für die Wissenschaft von der Produktion und sagt voraus das gänzliche Aufgehn der Politik in der Ökonomie. Wenn hierin die Erkenntnis, daß die ökonomische Lage die Basis der politischen Einrichtungen ist, nur erst im Keime sich zeigt, so ist doch die Überführung der politischen Regierung über Menschen in eine Verwaltung von Dingen und eine Leitung von Produktionsprozessen, also neuerdings mit so viel Lärm breitgetretne ›Abschaffung des Staates‹ hier schon klar ausgesprochen. Mit gleicher Überlegenheit über seine Zeitgenossen proklamiert er 1814, unmittelbar nach dem Einzug der Verbündeteten in Paris, und noch 1815, während des Kriegs der hundert Tage, die Allianz Frankreichs mit England und in zweiter Linie beider Länder mit Deutschland als einzige Gewähr für die gedeihliche Entwicklung und den Frieden Europas. Allianz den Franzosen von 1815 predigen mit den Siegern von Waterloo, dazu gehörte in der Tat ebensoviel Mut wie geschichtlicher Fernblick.

Wenn wir bei Saint-Simon eine geniale Weite des Blicks entdecken, vermöge deren fast alle nicht streng ökonomischen Gedanken der späteren Sozialisten bei ihm im Keime enthalten sind, so finden wir bei Fourier eine echt französisch-geistreiche, aber darum nicht minder tief eindringende Kritik der bestehenden Gesellschaftszustände. Fourier nimmt die Bourgeoisie, ihre begeisterten Propheten von vor und ihre interessierten Lobhudler von nach der Revolution beim Wort. Er deckt die materielle und moralische Misère der bürgerlichen Welt unbarmherzig auf; er hält daneben sowohl die gleißenden Versprechungen der frühern Aufklärer von der Gesellschaft, in der nur die Vernunft herrschen werde, von der alles beglückenden Zivilisation, von der grenzenlosen menschlichen Vervollkommnungsfähigkeit, wie auch die schönfärbenden Redensarten der gleichzeitigen Bourgeois-Ideologen; er weist nach, wie der hochtönendsten Phrase überall die erbärmlichste Wirklichkeit entspricht, und überschüttet dies rettungslose Fiasko der Phrase mit beißendem Spott. Fourier ist nicht nur Kritiker, seine ewig heitre Natur macht ihn zum Satiriker, und zwar zu einem der größten Satiriker aller Zeiten. Die mit dem Niedergang der Revolution emporblühende Schwindelspekulation ebenso wie die allgemeine Krämerhaftigkeit des damaligen französischen Handels schildert er ebenso meisterhaft wie ergötzlich. Noch meisterhafter ist seine Kritik der bürgerlichen Gestaltung der Geschlechtsverhältnisse und der Stellung des Weibes in der bürgerlichen Gesellschaft. Er spricht es zuerst aus, daß in einer gegebnen Gesellschaft der Grad der weiblichen Emanzipation das natürliche Maß der allgemeinen Emanzipation ist. Am großartigsten aber erscheint Fourier in seiner Auffassung der Geschichte der Gesellschaft. Er teilt ihren ganzen bisherigen Verlauf in vier Entwicklungsstufen: Wildheit, Patriarchat, Barbarei, Zivilisation, welch letztere mit der jetzt sogenannten bürgerlichen Gesellschaft, also mit der seit dem 16. Jahrhundert eingeführten Gesellschaftsordnung zusammenfällt, und weist nach,

»daß die zivilisierte Ordnung jedes Laster, welches die Barbarei auf eine einfache Weise ausübt, zu einer zusammengesetzten, doppelsinnigen, zweideutigen, heuchlerischen Daseinsweise erhebt«,

daß die Zivilisation sich in einem ›fehlerhaften Kreislauf‹ bewegt, in Widersprüchen, die sie stets neu erzeugt, ohne sie überwinden zu können, so daß sie stets das Gegenteil erreicht von dem, was sie erreichen will oder erlangen zu wollen vorgibt. So daß z. B.

»in der Zivilisation die *Armut aus dem Überfluß selbst entspringt*«.

Fourier, wie man sieht, handhabt die Dialektik mit derselben Meisterschaft wie sein Zeitgenosse Hegel. Mit gleicher Dialektik hebt er hervor, gegenüber dem Gerede von der unbegrenzten menschlichen Vervollkommnungsfähigkeit, daß jede geschichtliche Phase ihren aufsteigenden, aber auch ihren absteigenden Ast hat, und wendet diese Anschauungsweise auch auf die Zukunft der gesamten Menschheit an. Wie Kant den künftigen Untergang der Erde in die Naturwissenschaft, führt Fourier den künftigen Untergang der Menschheit in die Geschichtsbetrachtung ein.

Während in Frankreich der Orkan der Revolution das Land ausfegte, ging in England eine stillere, aber darum nicht minder gewaltige Umwälzung vor sich. Der Dampf und die neue Werkzeugmaschinerie verwandelten die Manufaktur in die moderne große Industrie und revolutionierten damit die ganze Grundlage der bürgerlichen Gesellschaft. Der schläfrige Entwicklungsgang der Manufakturzeit verwandelte sich in eine wahre Sturm- und Drangperiode der Produktion. Mit stets wachsender Schnelligkeit vollzog sich die Scheidung der Gesellschaft in große Kapitalisten und besitzlose Proletarier, zwischen denen, statt des frühern stabilen Mittelstandes, jetzt eine unstete Masse von Handwerkern und Kleinhändlern eine schwankende Existenz führte, der fluktuierendste Teil der Bevölkerung. Noch war die neue Produktionsweise erst im Anfang ihres aufsteigenden Asts; noch war sie die normale, regelrechte, die unter den Umständen einzig mögliche Produktionsweise. Aber schon damals erzeugte sie schreiende soziale Mißstände: Zusammendrängung einer heimatlosen Bevölkerung in den schlechtesten Wohnstätten großer Städte – Lösung aller hergebrachten Bande des Herkommens der patriarchalischen Unterordnung, der Familie – Überarbeit besonders der Weiber und Kinder in schreckenerregendem Maß – massenhafte Entsittlichung der plötzlich in ganz neue Verhältnisse, vom Land in die Stadt, vom Ackerbau in die Industrie, aus stabilen in täglich wechselnde unsichere Lebensbedingungen geworfnen arbeitenden Klasse. Da trat ein neunundzwanzigjähriger Fabrikant als Reformator auf, ein Mann von bis zur Erhabenheit kindlicher Einfachheit des Charakters und zugleich ein geborner Lenker von Menschen wie wenige. Robert Owen hatte sich die Lehre der materialistischen Aufklärer angeeignet, daß der Charakter des Menschen das Produkt sei einerseits der angebornen Organisation und andrerseits der den Menschen während seiner Lebenszeit, besonders aber während der Entwicklungsperiode umgebenden Umstände. In der industriellen Revolution sahen die meisten seiner Standesgenossen nur Verwirrung und Chaos, gut im trüben zu fischen und sich rasch zu bereichern. Er sah in ihr die Gelegenheit, seinen Lieblingssatz in Anwendung und damit Ordnung in das Chaos zu bringen. Er hatte es schon in Manchester als Dirigent über fünfhundert Arbeiter einer Fabrik erfolgreich versucht, von 1800 bis 1829 leitete er die große Baumwollspinnerei von New Lanark in Schottland als dirigierender Associé in demselben Sinn, nur mit größrer Freiheit des Handelns und mit einem Erfolg, der ihm europäischen Ruf eintrug. Eine allmählich auf 2500 Köpfe anwachsende, ursprünglich aus den gemischtesten und größtenteils stark demoralisierten Elementen sich zusammensetzende Bevölkerung wandelte er um in eine vollständige Musterkolonie, in der Trunkenheit, Polizei, Strafrichter, Prozesse, Armenpflege, Wohltätigkeitsbedürfnis unbekannte Dinge waren. Und zwar einfach dadurch, daß er die Leute in menschenwürdigere Umstände versetzte und namentlich die heranwachsende Generation sorgfältig erziehen ließ. Er war der Erfinder der Kleinkinderschulen und führte sie hier zuerst ein. Vom zweiten Lebensjahre an kamen die Kinder in die Schule, wo sie sich so gut unterhielten, daß sie kaum wieder heimzubringen waren. Während seine Konkurrenten 13–14 Stunden täglich arbeiten ließen, wurde in New Lanark nur 10½ Stunden gearbeitet. Als eine Baumwollkrisis zu viermonatlichem Stillstand zwang, wurde den feiernden Arbeitern der volle Lohn fortbezahlt. Und dabei hatte das Etablissement seinen Wert mehr als verdoppelt und bis zuletzt den Eigentümern reichlichen Gewinn abgeworfen.

Mit alledem war Owen nicht zufrieden. Die Existenz, die er seinen Arbeitern geschaffen, war in seinen Augen noch lange keine menschenwürdige;

»die Leute waren meine Sklaven«;

die verhältnismäßig günstigen Umstände, in die er sie versetzt, waren noch weit entfernt davon, eine allseitige rationelle Entwicklung des Charakters und des Verstandes, geschweige eine freie Lebenstätigkeit zu gestatten.

»Und doch produzierte der arbeitende Teil dieser 2500 Menschen ebensoviel wirklichen Reichtum für die Gesellschaft, wie kaum ein halbes Jahrhundert vorher eine Bevölkerung von 600000 erzeugen konnte. Ich frug mich: Was wird aus der Differenz zwischen dem von 2500 Personen verzehrten Reichtum und demjenigen, den die 600000 hätten verzehren müssen?«

Die Antwort war klar. Er war verwandt worden, um den Besitzern des Etablissementes 5 % Zinsen vom Anlagekapital und außerdem nochmehr als 300000 Pfd. St. (6000000 M.) Gewinn abzuwerfen. Und was von New Lanark, galt in noch höherem Maß von allen Fabriken Englands.

»Ohne diesen neuen, durch die Maschinen geschaffnen Reichtum hätten die Kriege zum Sturz Napoleons und zur Aufrechterhaltung der aristokratischen Gesellschaftsprinzipien nicht durchgeführt werden können. Und doch war diese neue Macht die Schöpfung der arbeitenden Klasse.«[2]

Ihr gehörten daher auch die Früchte. Die neuen gewaltigen Produktivkräfte, bisher nur der Bereicherung einzelner und der Knechtung der Massen dienend, boten für Owen die Grundlage zu einer gesellschaftlichen Neubildung und waren dazu bestimmt, als gemeinsames Eigentum aller nur für die gemeinsame Wohlfahrt aller zu arbeiten.

Auf solche rein geschäftsmäßige Weise, als Frucht sozusagen der kaufmännischen Berechnung, entstand der Owensche Kommunismus. Denselben auf das Praktische gerichteten Charakter behält er durchweg. So schlug Owen 1823 Hebung des irischen Elends durch kommunistische Kolonien vor und legte vollständige Berechnungen über Anlagekosten, jährliche Auslagen und voraussichtliche Erträge bei. So ist in seinem definitiven Zukunftsplan die technische Ausarbeitung der Einzelnheiten, einschließlich Grundriß, Aufriß und Ansicht aus der Vogelperspektive, mit solcher Sachkenntnis durchgeführt, daß, die Owensche Methode der Gesellschaftsreform einmal zugegeben, sich gegen die Detaileinrichtung selbst vom fachmännischen Standpunkt nur wenig sagen läßt.

Der Fortschritt zum Kommunismus war der Wendepunkt in Owens Leben. Solange er als bloßer Philanthrop aufgetreten, hatte er nichts geerntet als Reichtum, Beifall, Ehre und Ruhm. Er war der populärste Mann in Europa. Nicht nur seine Standesgenossen, auch Staatsmänner und Fürsten hörten ihm beifällig zu. Als er aber mit seinen kommunistischen Theorien hervortrat, wendete sich das Blatt. Drei große Hindernisse waren es, die ihm vor allem den Weg zur gesellschaftlichen Reform zu versperren schienen: das Privateigentum, die Religion und die gegenwärtige Form der Ehe. Er wußte, was ihm bevorstand, wenn er sie angriff: die allgemeine Ächtung durch die offizielle Gesellschaft, der Verlust seiner ganzen sozialen Stellung. Aber er ließ sich nicht abhalten, sie rücksichtslos anzugreifen, und es geschah, wie er vorhergesehn. Verbannt aus der offiziellen Gesellschaft, totgeschwiegen von der Presse, verarmt durch fehlgeschlagne kommunistische Versuche in Amerika, in denen er sein ganzes Vermögen geopfert, wandte er sich direkt an die Arbeiterklasse und blieb in ihrer Mitte noch dreißig Jahre tätig. Alle gesellschaftlichen Bewegungen, alle wirklichen Fortschritte, die in England im Interesse der Arbeiter zustande gekommen, knüpfen sich an den Namen Owen. So setzte er 1819, nach fünfjähriger Anstrengung, das erste Gesetz zur Beschränkung der Weiber- und Kinderarbeit in den Fabriken durch. So präsidierte er dem ersten Kongreß, auf dem die Trades Unions von ganz England sich in eine einzige große Gewerksgenossenschaft vereinigten. So führte er als Übergangsmaßregeln zur vollständig kommunistischen Einrichtung der Gesellschaft einerseits die Kooperativgesellschaft ein (Konsum- und Produktivgenossenschaften), die seitdem wenigstens den praktischen Beweis geliefert haben, daß sowohl der Kaufmann wie der Fabrikant sehr entbehrliche Personen sind; andrerseits die Arbeitsbasars, Anstalten zum Austausch von Arbeitsprodukten vermittelst eines Arbeitspapiergelds, dessen Einheit die Arbeitsstunde bildete; Anstalten, die notwendig scheitern mußten, die aber die weit spätere Proudhonsche Tauschbank vollständig antizipierten, sich indes grade dadurch von dieser unterschieden, daß sie nicht das Universalheilmittel aller gesellschaftlichen Übel, sondern nur einen ersten Schritt zu einer weit radikalern Umgestaltung der Gesellschaft darstellten.

Die Anschauungsweise der Utopisten hat die sozialistischen Vorstellungen des 19. Jahrhunderts lange beherrscht und beherrscht sie zum Teil noch. Ihr huldigten noch bis vor ganz kurzer Zeit alle französischen und englischen Sozialisten, ihr gehört auch der frühere deutsche Kommunismus mit Einschluß Weitlings an. Der Sozialismus ist ihnen allen der Ausdruck der absoluten Wahrheit, Vernunft und Gerechtigkeit und braucht nur entdeckt zu werden, um durch eigne Kraft die Welt zu erobern; da die absolute Wahrheit unabhängig ist von Zeit, Raum und menschlicher geschichtlicher Entwicklung, so ist es bloßer Zufall, wann und wo sie entdeckt wird. Dabei ist dann die absolute Wahrheit, Vernunft und Gerechtigkeit wieder bei jedem Schulstifter verschieden; und da bei jedem die besondre Art der absoluten Wahrheit, Vernunft und Gerechtigkeit wieder bedingt ist durch seinen subjektiven Verstand, seine Lebensbedingungen, sein Maß von Kenntnissen und Denkschulung, so ist in diesem Konflikt absoluter Wahrheiten keine andre Lösung möglich, als daß sie sich aneinander abschleißen. Dabei konnte dann nichts andres herauskommen als eine Art von eklektischem Durchschnitts-Sozialismus, wie er in der Tat bis heute in den Köpfen der meisten sozialistischen Arbeiter in Frankreich und England herrscht, eine äußerst mannigfaltige Schattierungen zulassende Mischung aus den weniger Anstoß erregenden kritischen Auslassungen, ökonomischen Lehrsätzen und gesellschaftlichen Zukunftsvorstellungen der verschiednen Sektenstifter, eine Mischung, die sich um so leichter bewerkstelligt, je mehr den einzelnen Bestandteilen im Strom der Debatte die scharfen Ecken der Bestimmtheit abgeschliffen sind wie runden Kieseln im Bach. Um aus dem Sozialismus eine Wissenschaft zu machen, mußte er erst auf einen realen Boden gestellt werden.

II

Inzwischen war neben und nach der französischen Philosophie des 18. Jahrhunderts die neuere deutsche Philosophie entstanden und hatte in Hegel ihren Abschluß gefunden. Ihr größtes Verdienst war die Wiederaufnahme der Dialektik als der höchsten Form des Denkens. Die alten griechischen Philosophen waren alle geborne, naturwüchsige Dialektiker, und der universellste Kopf unter ihnen, Aristoteles, hat auch bereits die wesentlichsten Formen des dialektischen Denkens untersucht. Die neuere Philosophie dagegen, obwohl auch in ihr die Dialektik glänzende Vertreter hatte (z. B. Descartes und Spinoza), war besonders durch englischen Einfluß mehr und mehr in der sog. metaphysischen Denkweise festgefahren, von der auch die Franzosen des 18. Jahrhunderts, wenigstens in ihren speziell philosophischen Arbeiten, fast ausschließlich beherrscht wurden. Außerhalb der eigentlichen Philosophie waren sie ebenfalls imstande, Meisterwerke der Dialektik zu liefern; wir erinnern nur an ›Rameaus Neffen‹ von Diderot und die ›Abhandlung über den Ursprung der Ungleichheit unter den Menschen‹ von Rousseau. – Wir geben hier kurz das Wesentliche beider Denkmethoden an.

Wenn wir die Natur oder die Menschengeschichte oder unsre geistige Tätigkeit der denkenden Betrachtung unterwerfen, so bietet sich uns zunächst dar das Bild einer unendlichen Verschlingung von Zusammenhängen und Wechselwirkungen, in der nichts bleibt, was, wo und wie es war, sondern alles sich bewegt, sich verändert, wird und vergeht. Wir sehen zunächst also das Gesamtbild, in dem die Einzelheiten noch mehr oder weniger zurücktreten, wir achten mehr auf die Bewegung, die Übergänge, die Zusammenhänge, als auf das, *was* sich bewegt, übergeht und zusammenhängt. Diese ursprüngliche, naive, aber der Sache nach richtige Anschauung von der Welt ist die der alten griechischen Philosophie und ist zuerst klar ausgesprochen von Heraklit: Alles ist und ist auch nicht, denn alles *fließt*, ist in steter Veränderung, in stetem Werden und Vergehen begriffen. Aber diese Anschauung, so richtig sie auch den allgemeinen Charakter des Gesamtbildes der Erscheinungen erfaßt, genügt doch nicht, die Einzelheiten zu erklären, aus denen sich dies Gesamtbild zusammensetzt; und solange wir diese nicht kennen, sind wir auch über das Gesamtbild nicht klar. Um diese Einzelheiten zu erkennen, müssen wir sie aus ihrem natürlichen oder geschichtlichen Zusammenhang herausnehmen und sie, jede für sich, nach ihrer Beschaffenheit, ihren besondren Ursachen und Wirkungen etc. untersuchen. Dies ist zunächst die Aufgabe der Naturwissenschaft und Geschichtsforschung; Untersuchungszweige, die aus sehr guten Gründen bei den Griechen der klassischen Zeit einen nur untergeordneten Rang einnahmen, weil diese vor allem erst das Material dafür zusammenschleppen mußten. Erst nachdem der natürliche und geschichtliche Stoff bis auf einen gewissen Grad angesammelt ist, kann die kritische Sichtung, die Vergleichung, beziehungsweise die Einteilung in Klassen, Ordnungen und Arten in Angriff genommen werden. Die Anfänge der exakten Naturforschung werden daher erst bei den Griechen der alexandrinischen Periode und später, im Mittelalter, von den Arabern weiterentwickelt; eine wirkliche Naturwissenschaft datiert indes erst von der zweiten Hälfte des 15. Jahrhunderts, und von da an hat sie mit stets wachsender Geschwindigkeit Fortschritte gemacht. Die Zerlegung der Natur in ihre einzelnen Teile, die Sonderung der verschiednen Naturvorgänge und Naturgegenstände in bestimmte Klassen, die Untersuchung des Innern der organischen Körper nach ihren mannigfachen anatomischen Gestaltungen war die Grundbedingung der Riesenfortschritte, die die letzten vierhundert Jahre uns in der Erkenntnis der Natur gebracht. Aber sie hat uns ebenfalls die Gewohnheit hinterlassen, die Naturdinge und Naturvorgänge in ihrer Vereinzelung, außerhalb des großen Gesamtzusammenhangs aufzufassen; daher nicht in ihrer Bewegung, sondern in ihrem Stillstand; nicht als wesentlich veränderliche, sondern als feste Bestände; nicht in ihrem Leben, sondern in ihrem Tod. Und indem, wie dies durch Bacon und Locke geschah, diese Anschauungsweise aus der Naturwissenschaft sich in die Philosophie übertrug, schuf sie die spezifische Borniertheit der letzten Jahrhunderte, die metaphysische Denkweise.

Für den Metaphysiker sind die Dinge und ihre Gedankenabbilder, die Begriffe, vereinzelte, eins nach dem andern und ohne das andre zu betrachtende, feste, starre, ein für allemal gegebne Gegenstände der Untersuchung. Er denkt in lauter unvermittelten Gegensätzen; seine Rede ist ja, ja, nein, nein, was darüber ist, das ist vom Übel. Für ihn existiert ein Ding entweder, oder es existiert nicht: Ein Ding kann ebensowenig zugleich es selbst und ein andres sein. Positiv und negativ schließen einander absolut aus; Ursache und Wirkung stehn ebenso in starrem Gegensatz zueinander. Diese Denkweise erscheint uns auf den ersten Blick deswegen äußerst einleuchtend, weil sie diejenige des sogenannten gesunden Menschenverstands ist. Allein der gesunde Menschenverstand, ein so respektabler Geselle er auch in dem hausbacknen Gebiet seiner vier Wände ist, erlebt ganz wunderbare Abenteuer, sobald er sich in die weite Welt der Forschung wagt; und die metaphysische Anschauungsweise, auf so weiten, je nach der Natur des Gegenstands ausgedehnten Gebieten sie auch berechtigt und sogar notwendig ist, stößt doch jedesmal früher oder später auf eine Schranke, jenseits welcher sie einseitig, borniert, abstrakt wird und sich in unlösliche Widersprüche verirrt, weil sie über den einzelnen Dingen deren Zusammenhang, über ihrem Sein ihr Werden und Vergehn, über ihrer Ruhe ihre Bewegung vergißt, weil sie vor lauter Bäumen den Wald nicht sieht. Für alltägliche Fälle wissen wir z. B. und können mit Bestimmtheit sagen, ob ein Tier existiert oder nicht; bei genauerer Untersuchung finden wir aber, daß dies manchmal eine höchst verwickelte Sache ist, wie das die Juristen sehr gut wissen, die sich umsonst abgeplagt haben, eine rationelle Grenze zu entdecken, von der an die Tötung des Kindes im Mutterleibe Mord ist; und ebenso unmöglich ist es, den Moment des Todes festzustellen, indem die Physiologie nachweist, daß der Tod nicht ein einmaliges, augenblickliches Ereignis, sondern ein sehr langwieriger Vorgang ist. Ebenso ist jedes organische Wesen in jedem Augenblick dasselbe und nicht dasselbe; in jedem Augenblick verarbeitet es von außen zugeführte Stoffe und scheidet andre aus, in jedem Augenblick sterben Zellen seines Körpers ab und bilden sich neue; je nach einer längern oder kürzern Zeit ist der Stoff dieses Körpers vollständig erneuert, durch andre Stoffatome ersetzt worden, so daß jedes organisierte[3] Wesen stets dasselbe und doch ein andres ist. Auch finden wir bei genaurer Betrachtung, daß die beiden Pole eines Gegensatzes, wie positiv und negativ, ebenso untrennbar voneinander wie entgegengesetzt sind, und daß sie trotz *aller* Gegensätzlichkeit sich gegenseitig durchdringen; ebenso, daß Ursache und Wirkung Vorstellungen sind, die nur in der Anwendung auf den einzelnen Fall als solche Gültigkeit haben, daß sie aber, sowie wir den einzelnen Fall in seinem allgemeinen Zusammenhang mit dem Weltganzen betrachten, zusammengehn, sich auflösen in der Anschauung der universellen Wechselwirkung, wo Ursachen und Wirkungen fortwährend ihre Stelle wechseln, das, was jetzt oder hier Wirkung, dort oder dann Ursache wird und umgekehrt.

Alle diese Vorgänge und Denkmethoden passen nicht in den Rahmen des metaphysischen Denkens hinein. Für die Dialektik dagegen, die die Dinge und ihre begrifflichen Abbilder wesentlich in ihrem Zusammenhang, ihrer Verkettung, ihrer Bewegung, ihrem Entstehn und Vergehn auffaßt, sind Vorgänge wie die obigen ebensoviel Bestätigungen ihrer eignen Verfahrungsweise. Die Natur ist die Probe auf die Dialektik, und wir müssen es der modernen Naturwissenschaft nachsagen, daß sie für diese Probe ein äußerst reichliches, sich täglich häufendes Material geliefert und damit bewiesen hat, daß es in der Natur, in letzter Instanz, dialektisch und nicht metaphysisch hergeht, daß sie sich nicht im ewigen Einerlei eines stets wiederholten Kreises bewegt, sondern eine wirkliche Geschichte durchmacht. Hier ist vor allen Darwin zu nennen, der der metaphysischen Naturauffassung den gewaltigsten Stoß versetzt hat durch seinen Nachweis, daß die ganze heutige organische Natur, Pflanzen und Tiere und damit auch der Mensch, das Produkt eines durch Jahre fortgesetzten Entwicklungsprozesses ist. Da aber die Naturforscher bis jetzt zu zählen sind, die dialektisch zu denken gelernt haben, so erklärt sich aus diesem Konflikt der entdeckten Resultate mit der hergebrachten Denkweise die grenzenlose Verwirrung, die jetzt in der theoretischen Naturwissenschaft herrscht und die Lehrer wie Schüler, Schriftsteller wie Leser zur Verzweiflung bringt.

Eine exakte Darstellung des Weltganzen, seiner Entwicklung und der der Menschheit sowie des Spiegelbildes dieser Entwicklung in den Köpfen des Menschen, kann also nur auf dialektischem Wege, mit steter Beachtung der allgemeinen Wechselwirkungen des Werdens und Vergehens, der fort- oder rückschreitenden Änderungen zustande kommen. Und in diesem Sinne trat die neuere deutsche Philosophie auch sofort auf. Kant eröffnete seine Laufbahn damit, daß er das stabile Newtonsche Sonnensystem und seine – nachdem der famose erste Anstoß einmal gegeben – ewige Dauer auflöste in einen geschichtlichen Vorgang: in die Entstehung der Sonne und aller Planeten aus einer rotierenden Nebelmasse. Dabei zog er bereits die Folgerung, daß mit dieser Entstehung ebenfalls der künftige Untergang des Sonnensystems notwendig gegeben sei. Seine Ansicht wurde ein halbes Jahrhundert später durch Laplace mathematisch begründet, und noch ein halbes Jahrhundert später wies das Spektroskop die Existenz solcher glühenden Gasmassen, in verschiednen Stufen der Verdichtung, im Weltraum nach.

Ihren Abschluß fand diese neuere deutsche Philosophie im Hegelschen System, worin zum erstenmal – und das ist sein großer Verdienst – die ganze natürliche, geschichtliche und geistige Welt als ein Prozeß, d.h. als in steter Bewegung, Veränderung, Umbildung und Entwicklung begriffen, dargestellt und der Versuch gemacht wurde, den innern Zusammenhang in dieser Bewegung und Entwicklung nachzuweisen. Von diesem Gesichtspunkt aus erschien die Geschichte der

Menschheit nicht mehr als ein wüstes Gewirr sinnloser Gewalttätigkeiten, die vor dem Richterstuhl der jetzt gereiften Philosophenvernunft alle gleich verwerflich sind und die man am besten so rasch wie möglich vergißt, sondern als der Entwicklungsprozeß der Menschheit selbst, dessen allmählichen Stufengang durch alle Irrwege zu verfolgen und dessen innere Gesetzmäßigkeit durch alle scheinbaren Zufälligkeiten hindurch nachzuweisen jetzt die Aufgabe des Denkens wurde.

Daß das Hegelsche System die Aufgabe nicht löste, die es sich gestellt, ist hier gleichgültig. Sein epochemachendes Verdienst war, sie gestellt zu haben. Es ist eben eine Aufgabe, die kein einzelner je wird lösen können. Obwohl Hegel – neben Saint-Simon – der universellste Kopf seiner Zeit war, so war er doch beschränkt erstens durch den notwendig begrenzten Umfang seiner eignen Kenntnisse und zweitens durch die ebenfalls nach Umfang und Tiefe begrenzten Kenntnisse und Anschauungen seiner Epoche. Dazu aber kam noch ein Drittes. Hegel war Idealist, d.h. ihm galten die Gedanken seines Kopfs nicht als die mehr oder weniger abstrakten Abbilder der wirklichen Dinge und Vorgänge, sondern umgekehrt galten ihm die Dinge und ihre Entwicklung nur als die verwirklichten Abbilder der irgendwie schon vor der Welt existierenden ›Idee‹. Damit war alles auf den Kopf gestellt und der wirkliche Zusammenhang der Welt vollständig umgekehrt. Und so richtig und genial daher auch manche Einzelzusammenhänge von Hegel aufgefaßt wurden, so mußte doch aus den angegebnen Gründen auch im Detail vieles geflickt, gekünstelt, konstruiert, kurz, verkehrt ausfallen. Das Hegelsche System als solches war eine kolossale Fehlgeburt – aber auch die letzte ihrer Art. Es litt nämlich noch an einem innern unheilbaren Widerspruch: einerseits hatte es zur wesentlichen Voraussetzung die historische Anschauung, wonach die menschliche Geschichte ein Entwicklungsprozeß ist, der seiner Natur nach nicht durch die Entdeckung einer sogenannten absoluten Wahrheit seinen intellektuellen Abschluß finden kann; andrerseits aber behauptet es, der Inbegriff eben dieser absoluten Wahrheit zu sein. Ein allumfassendes, ein für allemal abschließendes System der Erkenntnis von Natur und Geschichte steht im Widerspruch mit den Grundgesetzen des dialektischen Denkens; was indes keineswegs ausschließt, sondern im Gegenteil einschließt, daß die systematische Erkenntnis der gesamten äußern Welt von Geschlecht zu Geschlecht Riesenfortschritte machen kann.

Die Einsicht in die totale Verkehrtheit des bisherigen deutschen Idealismus führte notwendig zum Materialismus, aber wohlgemerkt, nicht zum bloß metaphysischen, ausschließlich mechanischen Materialismus des 18. Jahrhunderts. Gegenüber der naiv-revolutionären, einfachen Verwerfung aller frühern Geschichte, sieht der moderne Materialismus in der Geschichte den Entwicklungsprozeß der Menschheit, dessen Bewegungsgesetze zu entdecken seine Aufgabe ist. Gegenüber der sowohl bei den Franzosen des 18. Jahrhunderts wie noch bei Hegel herrschenden Vorstellung von der Natur als eines sich in engen Kreisläufen bewegenden, sich stets gleichbleibenden Ganzen mit ewigen Weltkörpern, wie sie Newton, und unveränderlichen Arten von organischen Wesen, wie sie Linné gelehrt hatte, faßt er die neueren Fortschritte der Naturwissenschaft zusammen, wonach die Natur ebenfalls ihre Geschichte in der Zeit hat, die Weltkörper wie die Artungen der Organismen, von denen sie unter günstigen Umständen bewohnt werden, entstehn und vergehn, und die Kreisläufe, soweit sie überhaupt zulässig bleiben, unendlich großartigere Dimensionen annehmen. In beiden Fällen ist er wesentlich dialektisch und braucht keine über den andern Wissenschaften stehende Philosophie mehr. Sobald an jede einzelne Wissenschaft die Forderung herantritt, über ihre Stellung im Gesamtzusammenhang der Dinge und der Kenntnis von den Dingen sich klarzuwerden, ist jede besondre Wissenschaft vom Gesamtzusammenhang überflüssig. Was von der ganzen bisherigen Philosophie dann noch selbständig bestehen bleibt, ist die Lehre vom Denken und seinen Gesetzen – die formelle Logik und die Dialektik. Alles andre geht auf in die positive Wissenschaft von Natur und Geschichte.

Während jedoch der Umschwung in der Naturanschauung nur in dem Maß sich vollziehn konnte, als die Forschung den entsprechenden positiven Erkenntnisstoff lieferte, hatten sich schon viel früher historische Tatsachen geltend gemacht, die für die Geschichtsauffassung eine entscheidende Wendung herbeiführten. 1831 hatte in Lyon der erste Arbeiteraufstand stattgefunden; 1838 bis 1842 erreichte die erste nationale Arbeiterbewegung, die der englischen Chartisten, ihren Höhepunkt. Der Klassenkampf zwischen Proletariat und Bourgeoisie trat in den Vordergrund der Geschichte der fortgeschrittensten Länder Europas, in demselben Maß, wie sich dort einerseits die große Industrie, andrerseits die neueroberte politische Herrschaft der Bourgeoisie entwickelte. Die Lehren der bürgerlichen Ökonomie von der Identität der Interessen von Kapital und Arbeit, von der allgemeinen Harmonie und dem allgemeinen Volkswohlstand als Folge der freien Konkurrenz wurden immer schlagender von den Tatsachen Lügen gestraft. Alle diese Dinge waren nicht mehr abzuweisen, ebensowenig wie der französische und englische Sozialismus, der ihr theoretischer, wenn auch höchst unvollkommner Ausdruck war. Aber die alte idealistische Geschichtsauffassung, die noch nicht verdrängt war, kannte keine auf materiellen Interessen beruhenden Klassenkämpfe, überhaupt keine materiellen Interessen; die Produktion wie alle ökonomischen Verhältnisse kamen in ihr nur so nebenbei, als untergeordnete Elemente der ›Kulturgeschichte‹ vor.

Die neuen Tatsachen zwangen dazu, die ganze bisherige Geschichte einer neuen Untersuchung zu unterwerfen, und da zeigte sich, daß *alle* bisherige Geschichte, mit Ausnahme der Urzustände, die Geschichte von Klassenkämpfen war, daß diese einander bekämpfenden Klassen der Gesellschaft jedesmal Erzeugnisse sind der Produktions- und Verkehrsverhältnisse, mit einem Wort, der *ökonomischen* Verhältnisse ihrer Epoche; daß also die jedesmalige ökonomische Struktur der Gesellschaft die reale Grundlage bildet, aus der der gesamte Überbau der rechtlichen und politischen Einrichtungen sowie der religiösen, philosophischen und sonstigen Vorstellungsweise eines jeden geschichtlichen Zeitabschnitts in letzter Instanz zu erklären sind. Hegel hatte die Geschichtsauffassung von der Metaphysik befreit, er hatte sie dialektisch gemacht – aber seine Auffassung der Geschichte war wesentlich idealistisch. Jetzt war der Idealismus aus seinem letzten Zufluchtsort, aus der Geschichtsauffassung, vertrieben, eine materialistische Geschichtsauffassung gegeben und der Weg gefunden, um das Bewußtsein der Menschen aus ihrem Sein, statt wie bisher ihr Sein aus ihrem Bewußtsein zu erklären.

Hiernach erschien jetzt der Sozialismus nicht mehr als zufällige Entdeckung dieses oder jenes genialen Kopfs, sondern als das notwendige Erzeugnis des Kampfes zweier geschichtlich entstandnen Klassen, des Proletariats und der Bourgeoisie. Seine Aufgabe war nicht mehr, ein möglichst vollkommnes System der Gesellschaft zu verfertigen, sondern den geschichtlichen ökonomischen Verlauf zu untersuchen, dem diese Klassen und ihr Widerstreit mit Notwendigkeit entsprungen, und in der dadurch geschaffnen ökonomischen Lage die Mittel zur Lösung des Konflikts zu entdecken. Mit dieser materialistischen Auffassung war aber der bisherige Sozialismus ebenso unverträglich wie die Naturauffassung des französischen Materialismus mit der Dialektik und der neueren Naturwissenschaft. Der bisherige Sozialismus kritisierte zwar die bestehende kapitalistische Produktionsweise und ihre Folgen, konnte sie aber nicht erklären, also auch nicht mit ihr fertig werden; er konnte sie nur einfach als schlecht verwerfen. Je heftiger er gegen die von ihr unzertrennliche Ausbeutung der Arbeiterklasse eiferte, desto weniger war er imstand, deutlich anzugeben, worin diese Ausbeutung bestehe und wie sie entstehe. Es handelte sich aber darum, die kapitalistische Produktionsweise einerseits in ihrem geschichtlichen Zusammenhang und ihrer Notwendigkeit für einen bestimmten geschichtlichen Zeitabschnitt, also auch die Notwendigkeit ihres Untergangs, darzustellen, andrerseits aber auch ihren innern Charakter bloßzulegen, der noch immer verborgen war. Dies geschah durch die Enthüllung des *Mehrwerts*. Es wurde bewiesen, daß die Aneignung unbezahlter Arbeit die Grundform der kapitalistischen Produktionsweise und der durch sie vollzognen Ausbeutung des Arbeiters ist; daß der Kapitalist, selbst wenn er die Arbeitskraft seines Arbeiters zum vollen Wert verkauft, den sie als Ware auf dem Warenmarkt hat, dennoch mehr Wert aus ihr herausschlägt, als er für sie bezahlt hat; und daß dieser Mehrwert in letzter Instanz die Wertsumme bildet, aus der sich die stets wachsende Kapitalmasse in den Händen der besitzenden Klassen anhäuft. Der Hergang sowohl der kapitalistischen Produktion wie der Produktion von Kapital war erklärt.

Diese beiden großen Entdeckungen: die materialistische Geschichtsauffassung und die Enthüllung des Geheimnisses der kapitalistischen Produktion vermittelst des Mehrwerts verdanken wir *Marx*. Mit ihnen wurde der Sozialismus eine Wissenschaft, die es sich nun zunächst darum handelt, in allen ihren Einzelheiten und Zusammenhängen weiter auszuarbeiten.

III

Die materialistische Anschauung der Geschichte geht von dem Satz aus, daß die Produktion, und nächst der Produktion der Austausch ihrer Produkte, die Grundlage aller Gesellschaftsordnung ist; daß in jeder geschichtlich auftretenden Gesellschaft die Verteilung der Produkte, und mit ihr die soziale Gliederung in Klassen oder Stände, sich danach richtet, was und wie produziert und wie das Produzierte ausgetauscht wird. Hiernach sind die letzten Ursachen aller gesellschaftlichen Veränderungen und politischen Umwälzungen zu suchen nicht in den Köpfen der Menschen, in ihrer zunehmenden Einsicht in die ewige Wahrheit und Gerechtigkeit, sondern in Veränderungen der Produktions- und Austauschweise; sie sind zu suchen nicht in der *Philosophie*, sondern in der

Ökonomie der betreffenden Epoche. Die erwachende Einsicht, daß die bestehenden gesellschaftlichen Einrichtungen unvernünftig und ungerecht sind, daß Vernunft Unsinn, Wohltat Plage geworden, ist nur ein Anzeichen davon, daß in den Produktionsmethoden und Austauschformen in aller Stille Veränderungen vor sich gegangen sind, zu denen die auf frühere ökonomische Bedingungen zugeschnittne gesellschaftliche Ordnung nicht mehr stimmt. Damit ist zugleich gesagt, daß die Mittel zur Beseitigung der entdeckten Mißstände ebenfalls in den veränderten Produktionsverhältnissen selbst – mehr oder minder entwickelt – vorhanden sein müssen. Diese Mittel sind nicht etwa aus dem Kopfe zu *erfinden*, sondern vermittelst des Kopfes in den vorliegenden materiellen Tatsachen der Produktion zu *entdecken*.

Wie steht es nun hiernach mit dem modernen Sozialismus?

Die bestehende Gesellschaftsordnung – das ist nun so ziemlich allgemein zugegeben – ist geschaffen worden von der jetzt herrschenden Klasse, der Bourgeoisie. Die der Bourgeoisie eigentümliche Produktionsweise, seit Marx mit dem Namen kapitalistische Produktionsweise bezeichnet, war unverträglich mit den lokalen und ständischen Privilegien wie mit den gegenseitigen persönlichen Banden der feudalen Ordnung; die Bourgeoisie zerschlug die feudale Ordnung und stellte auf ihren Trümmern die bürgerliche Gesellschaftsverfassung her, das Reich der freien Konkurrenz, der Freizügigkeit, der Gleichberechtigung der Warenbesitzer und wie die bürgerlichen Herrlichkeiten alle heißen. Die kapitalistische Produktionsweise konnte sich jetzt frei entfalten. Die unter der Leitung der Bourgeoisie herausgearbeiteten Produktionsverhältnisse[4] entwickelten sich, seit der Dampf und die neue Werkzeugmaschinerie die alte Manufaktur in die große Industrie umgewandelt, mit bisher unerhörter Schnelligkeit und in bisher unerhörtem Maße. Aber wie ihrerzeit die Manufaktur und das unter ihrer Einwirkung weiterentwickelte Handwerk mit den feudalen Fesseln der Zünfte in Konflikt kam, so kommt die große Industrie in ihrer volleren Ausbildung in Konflikt mit den Schranken, in denen die kapitalistische Produktionsweise sie eingeengt hält. Die neuen Produktionskräfte sind der bürgerlichen Form ihrer Ausnutzung bereits über den Kopf gewachsen; und dieser Konflikt zwischen Produktivkräften und Produktionsweise ist nicht ein in den Köpfen der Menschen entstandner Konflikt, wie etwa der der menschlichen Erbsünde mit der göttlichen Gerechtigkeit, sondern er besteht in den Tatsachen, objektiv, außer uns, unabhängig vom Wollen oder Laufen selbst derjenigen Menschen, die ihn herbeigeführt.

Der moderne Sozialismus ist weiter nichts als der Gedankenreflex dieses tatsächlichen Konflikts, seine ideelle Rückspiegelung in den Köpfen zunächst der Klasse, die direkt unter ihm leidet, der Arbeiterklasse.

Worin besteht nun dieser Konflikt.

Vor der kapitalistischen Produktion, also im Mittelalter, bestand allgemeiner Kleinbetrieb auf Grundlage des Privateigentums der Arbeiter an ihren Produktionsmitteln: der Ackerbau der kleinen, freien oder hörigen Bauern, das Handwerk der Städte. Die Arbeitsmittel – Land, Ackergerät, Werkstatt, Handwerkszeug – waren Arbeitsmittel des einzelnen, nur für den Einzelgebrauch berechnet, also notwendig kleinlich, zwerghaft, beschränkt. Aber sie gehörten eben deshalb auch in der Regel dem Produzenten selbst. Diese zersplitterten, engen Produktionsmittel zu konzentrieren, auszuweiten, sie in die mächtig wirkenden Produktionshebel der Gegenwart umzuwandeln, war gerade die historische Rolle der kapitalistischen Produktionsweise und ihrer Trägerin, der Bourgeoisie. Wie sie dies seit dem 15. Jahrhundert auf den drei Stufen: der einfachen Kooperation, der Manufaktur und der großen Industrie, geschichtlich durchgeführt, hat Marx im vierten Abschnitt des ›Kapital‹ ausführlich geschildert.[5] Aber die Bourgeoisie, wie dort ebenfalls nachgewiesen, konnte jene beschränkten Produktionsmittel nicht in gewaltige Produktionskräfte verwandeln, ohne sie aus Produktionsmitteln des einzelnen in *gesellschaftliche*, nur von einer *Gesamtheit von Menschen* anwendbare Produktionsmittel zu verwandeln. An die Stelle des Spinnrads, des Handwebestuhls, des Schmiedehammers trat die Spinnmaschine, der mechanische Webstuhl, der Dampfhammer; an die Stelle der Einzelwerkstatt die das Zusammenwirken von Hunderten und Tausenden gebietende Fabrik. Und wie die Produktionsmittel, so verwandelte sich die Produktion selbst aus einer Reihe von Einzelhandlungen in eine Reihe gesellschaftlicher Akte und die Produkte aus Produkten einzelner in gesellschaftliche Produkte. Das Garn, das Gewebe, die Metallwaren, die jetzt aus der Fabrik kamen, waren das gemeinsame Produkt vieler Arbeiter, durch deren Hände sie der Reihe nach gehn mußten, ehe sie fertig wurden. Kein einzelner konnte von ihnen sagen: Das habe *ich* gemacht, das ist *mein* Produkt.

Wo aber die naturwüchsige, planlos allmählich entstandne Teilung der Arbeit innerhalb der Gesellschaft Grundform der Produktion ist, da drückt sie den Produkten die Form von *Waren* auf, deren gegenseitiger Austausch, Kauf und Verkauf, die einzelnen Produzenten in den Stand setzt, ihre mannigfachen Bedürfnisse zu befriedigen. Und dies war im

Mittelalter der Fall. Der Bauer z. B. verkaufte Ackerbauprodukte an den Handwerker und kaufte dafür von diesem Handwerkserzeugnisse. In diese Gesellschaft von Einzelproduzenten, Warenproduzenten, schob sich nun die neue Produktionsweise ein. Mitten in die naturwüchsige, *planlose* Teilung der Arbeit, wie sie in der ganzen Gesellschaft herrschte, stellte sie die *planmäßige* Teilung der Arbeit, wie sie in der einzelnen Fabrik organisiert war; neben die *Einzel*produktion trat die *gesellschaftliche* Produktion. Die Produkte beider wurden auf demselben Markt verkauft, also zu wenigstens annähernd gleichen Preisen. Aber die planmäßige Organisation war mächtiger als die naturwüchsige Arbeitsteilung; die gesellschaftlich arbeitenden Fabriken stellten ihre Erzeugnisse wohlfeiler her als die vereinzelten Kleinproduzenten. Die Einzelproduktion erlag auf einem Gebiet nach dem andern, die gesellschaftliche Produktion revolutionierte die ganze alte Produktionsweise. Aber dieser ihr revolutionärer Charakter wurde so wenig erkannt, daß sie im Gegenteil eingeführt wurde als Mittel zur Hebung und Förderung der Warenproduktion. Sie entstand in direkter Anknüpfung an bestimmte, bereits vorgefundne Hebel der Warenproduktion und des Warenaustausches: Kaufmannskapital, Handwerk, Lohnarbeit. Indem sie selbst auftrat als eine neue Form der Warenproduktion, blieben die Aneignungsformen der Warenproduktion auch für sie in voller Geltung.

In der Warenproduktion, wie sie sich im Mittelalter entwickelt hatte, konnte die Frage gar nicht entstehn, wem das Erzeugnis der Arbeit gehören solle. Der einzelne Produzent hatte es in der Regel aus ihm gehörendem, oft selbsterzeugtem Rohstoff, mit eignen Arbeitsmitteln und mit eigner Handarbeit oder der seiner Familie hergestellt. Es brauchte gar nicht erst von ihm angeeignet zu werden, es gehörte ihm ganz von selbst. Das Eigentum am Produkte beruhte also *auf eigner Arbeit*. Selbst wo fremde Hülfe gebraucht ward, blieb diese in der Regel Nebensache und erhielt häufig außer dem Lohn noch andre Vergütung: Der zünftige Lehrling und Geselle arbeiteten weniger wegen der Kost und des Lohns, als wegen ihrer eignen Ausbildung zur Meisterschaft. Da kam die Konzentration der Produktionsmittel mit großen Werkstätten und Manufakturen, ihre Verwandlung in tatsächlich gesellschaftliche Produktionsmittel. Aber die gesellschaftlichen Produktionsmittel und Produkte wurden behandelt, als wären sie nach wie vor die Produktionsmittel und Produkte einzelner. Hatte bisher der Besitzer der Arbeitsmittel sich das Produkt angeeignet, weil es in der Regel sein eignes Produkt und fremde Hülfsarbeit die Ausnahme war, so fuhr jetzt der

Besitzer der Arbeitsmittel fort, sich das Produkt anzueignen, obwohl es nicht mehr *sein* Produkt war, sondern ausschließlich Produkt *fremder* Arbeit. So wurden also die nunmehr gesellschaftlich erzeugten Produkte angeeignet nicht von denen, die die Produktionsmittel wirklich in Bewegung gesetzt und die Produkte wirklich erzeugt hatten, sondern vom *Kapitalisten*. Produktionsmittel und Produktion sind wesentlich gesellschaftlich geworden. Aber sie werden unterworfen einer Aneignungsform, die die Privatproduktion einzelner zur Voraussetzung hat, wobei also jeder sein eignes Produkt besitzt und zu Markte bringt. Die Produktionsweise wird dieser Aneignungsform unterworfen, obwohl sie deren Voraussetzung aufhebt.[6] In diesem Widerspruch, der der neuen Produktionsweise ihren kapitalistischen Charakter verleiht, *liegt die ganze Kollision der Gegenwart bereits im Keim*. Je mehr die neue Produktionsweise auf allen entscheidenden Produktionsfeldern und in allen ökonomisch entscheidenden Ländern zur Herrschaft kam und damit die Einzelproduktion bis auf unbedeutende Reste verdrängte, *desto greller mußte auch an den Tag treten die Unverträglichkeit von gesellschaftlicher Produktion und kapitalistischer Aneignung*.

Die ersten Kapitalisten fanden, wie gesagt, die Form der Lohnarbeit bereits vor. Aber Lohnarbeit als Ausnahme, als Nebenbeschäftigung, als Aushülfe, als Durchgangspunkt. Der Landarbeiter, der zeitweise taglöhnern ging, hatte seine paar Morgen eignes Land, von denen allein er zur Not leben konnte. Die Zunftordnungen sorgten dafür, daß der Geselle von heute in den Meister von morgen überging. Sobald aber die Produktionsmittel in gesellschaftliche verwandelt und in den Händen von Kapitalisten konzentriert wurden, änderte sich dies. Das Produktionsmittel wie das Produkt des kleinen Einzelproduzenten wurde mehr und mehr wertlos; es blieb ihm nichts übrig, als zum Kapitalisten auf Lohn zu gehn. Die Lohnarbeit, früher Ausnahme und Aushülfe, wurde Regel und Grundform der ganzen Produktion; früher Nebenbeschäftigung, wurde sie jetzt ausschließliche Tätigkeit des Arbeiters. Der zeitweilige Lohnarbeiter verwandelte sich in den lebenslänglichen. Die Menge der lebenslänglichen Lohnarbeiter wurde zudem kolossal vermehrt durch den gleichzeitigen Zusammenbruch der feudalen Ordnung, Auflösung der Gefolgschaften der Feudalherren, Vertreibung von Bauern aus ihren Hofstellen etc. Die Scheidung war vollzogen zwischen den in den Händen der Kapitalisten konzentrierten Produktionsmitteln hier und den auf den Besitz von nichts als ihrer Arbeitskraft reduzierten Produzenten dort. *Der Widerspruch zwischen gesellschaftlicher Produktion und kapitalistischer Aneignung tritt an den Tag als Gegensatz von Proletariat und Bourgeoisie.*

Wir sahen, daß die kapitalistische Produktionsweise sich einschob in eine Gesellschaft von Warenproduzenten, Einzelproduzenten, deren gesellschaftlicher Zusammenhang vermittelt wurde durch den Austausch ihrer Produkte. Aber jede auf Warenproduktion beruhende Gesellschaft hat das Eigentümliche, daß in ihr die Produzenten die Herrschaft über ihre eignen gesellschaftlichen Beziehungen verloren haben. Jeder produziert für sich mit seinen zufälligen Produktionsmitteln und für sein besondres Austauschbedürfnis. Keiner weiß, wieviel von seinem Artikel auf den Markt kommt, wieviel davon überhaupt gebraucht wird, keiner weiß, ob sein Einzelprodukt einen wirklichen Bedarf vorfindet, ob er seine Kosten herausschlagen oder überhaupt wird verkaufen können. Es herrscht Anarchie der gesellschaftlichen Produktion. Aber die Warenproduktion, wie jede andere Produktionsform, hat ihre eigentümlichen, inhärenten, von ihr untrennbaren Gesetze; und diese Gesetze setzen sich durch, trotz der Anarchie, in ihr, durch sie. Sie kommen zum Vorschein in der einzigen, fortbestehenden Form des gesellschaftlichen Zusammenhangs, im Austausch, und machen sich geltend gegenüber den einzelnen Produzenten als Zwangsgesetze der Konkurrenz. Sie sind diesen Produzenten also anfangs selbst unbekannt und müssen erst durch lange Erfahrung nach und nach von ihnen entdeckt werden. Sie setzen sich also durch, ohne die Produzenten und gegen die Produzenten, als blindwirkende Naturgesetze ihrer Produktionsform. Das Produkt beherrscht die Produzenten.

In der mittelalterlichen Gesellschaft, namentlich in den ersten Jahrhunderten, war die Produktion wesentlich auf den Selbstgebrauch gerichtet. Sie befriedigte vorwiegend nur die Bedürfnisse des Produzenten und seiner Familie. Wo, wie auf dem Lande, persönliche Abhängigkeitsverhältnisse bestanden, trug sie auch bei zur Befriedigung der Bedürfnisse des Feudalherrn. Hierbei fand also kein Austausch statt, die Produkte nahmen daher auch nicht den Charakter von Waren an. Die Familie des Bauern produzierte fast alles, was sie brauchte, Geräte und Kleider nicht minder als Lebensmittel. Erst als sie dahin kam, einen Überschuß über ihren eignen Bedarf und über die dem Feudalherrn geschuldeten Naturalabgaben zu produzieren, erst da produzierte sie auch Waren; dieser Überschuß, in den gesellschaftlichen Austausch geworfen, zum Verkauf ausgeboten, wurde Ware. Die städtischen Handwerker mußten allerdings schon gleich anfangs für den Austausch produzieren.

Aber auch sie erarbeiteten den größten Teil ihres Eigenbedarfs selbst; sie hatten Gärten und kleine Felder; sie schickten ihr Vieh in den Gemeindewald, der ihnen zudem Nutzholz und Feuerung lieferte, die Frauen spannen Flachs, Wolle usw. Die Produktion zum Zweck des Austausches, die Warenproduktion, war erst im Entstehn. Daher beschränkter Austausch, beschränkter Markt, stabile Produktionsweise, lokaler Abschluß nach außen, lokale Vereinigung nach innen; die Mark[7] auf dem Lande, die Zunft in der Stadt.

Mit der Erweiterung der Warenproduktion aber, und namentlich mit dem Auftreten der kapitalistischen Produktionsweise, traten auch die bisher schlummernden Gesetze der Warenproduktion offner und mächtiger in Wirksamkeit. Die alten Verbände wurden gelockert, die alten Abschließungsschranken durchbrochen, die Produzenten mehr und mehr in unabhängige, vereinzelte Warenproduzenten verwandelt. Die Anarchie der gesellschaftlichen Produktion trat an den Tag und wurde mehr und mehr auf die Spitze getrieben. Das Hauptwerkzeug aber, womit die kapitalistische Produktionsweise diese Anarchie in der gesellschaftlichen Produktion steigerte, war das gerade Gegenteil der Anarchie: die steigende Organisation der Produktion, als gesellschaftlicher, in jedem einzelnen Produktionsetablissement. Mit diesem Hebel machte sie der alten friedlichen Stabilität ein Ende. Wo sie in einem Industriezweig eingeführt wurde, litt sie keine ältre Methode des Betriebs neben sich. Wo sie sich des Handwerks bemächtigte, vernichtete sie das alte Handwerk. Das Arbeitsfeld wurde ein Kampfplatz. Die großen geographischen Entdeckungen und die ihnen folgenden Kolonisierungen vervielfältigten das Absatzgebiet und beschleunigten die Verwandlung des Handwerks in die Manufaktur. Nicht nur brach der Kampf aus zwischen den einzelnen Lokalproduzenten; die lokalen Kämpfe wuchsen ihrerseits an zu nationalen, den Handelskriegen des 17. und 18. Jahrhunderts. Die große Industrie endlich und die Herstellung des Weltmarkts haben den Kampf universell gemacht und gleichzeitig ihm eine unerhörte Heftigkeit gegeben. Zwischen einzelnen Kapitalisten wie zwischen ganzen Industrien und ganzen Ländern entscheidet die Gunst der natürlichen oder geschaffnen Produktionsbedingungen über die Existenz. Der Unterliegende wird schonungslos beseitigt. Es ist der Darwinsche Kampf ums Einzeldasein, aus der Natur mit potenzierter Wut übertragen in die Gesellschaft. Der Naturstandpunkt des Tiers erscheint als Gipfelpunkt der menschlichen Entwicklung. Der Widerspruch zwischen gesellschaftlicher Produktion und kapitalistischer Aneignung stellt sich nun dar als

Gegensatz zwischen der Organisation der Produktion in der einzelnen Fabrik und der Anarchie der Produktion in der ganzen Gesellschaft.

In diesen beiden Erscheinungsformen des ihr durch ihren Ursprung immanenten Widerspruchs bewegt sich die kapitalistische Produktionsweise, beschreibt sie ausweglos jenen ›fehlerhaften Kreislauf‹, den schon Fourier an ihr entdeckte. Was Fourier allerdings zu seiner Zeit noch nicht sehn konnte, ist, daß sich dieser Kreislauf allmählich verengert, daß die Bewegung vielmehr eine Spirale darstellt und ihr Ende erreichen muß, wie die der Planeten, durch Zusammenstoß mit dem Zentrum. Es ist die treibende Kraft der gesellschaftlichen Anarchie der Produktion, die die große Mehrzahl der Menschen mehr und mehr in Proletarier verwandelt, und es sind wieder die Proletariermassen, die schließlich der Produktionsanarchie ein Ende machen werden. Es ist die treibende Kraft der sozialen Produktionsanarchie, die die unendliche Vervollkommnungsfähigkeit der Maschinen der großen Industrie in ein Zwangsgebot verwandelt für jeden einzelnen industriellen Kapitalisten, seine Maschinerie mehr und mehr zu vervollkommnen, bei Strafe des Untergangs. Aber Vervollkommnung der Maschinerie, das heißt Überflüssigmachung von Menschenarbeit. Wenn die Einführung und Vermehrung der Maschinerie Verdrängung von Millionen von Handarbeitern durch wenige Maschinenarbeiter bedeutet, so bedeutet Verbesserung der Maschinerie Verdrängung von mehr und mehr Maschinenarbeitern selbst und in letzter Instanz Erzeugung einer das durchschnittliche Beschäftigungsbedürfnis des Kapitals überschreitenden Anzahl disponibler Lohnarbeiter, einer vollständigen industriellen Reservearmee, wie ich sie schon 1845[8] nannte, disponibel für die Zeiten, wo die Industrie mit Hochdruck arbeitet, aufs Pflaster geworfen durch den notwendig folgenden Krach, zu allen Zeiten ein Bleigewicht an den Füßen der Arbeiterklasse in ihrem Existenzkampf mit dem Kapital, ein Regulator zur Niederhaltung des Arbeitslohns auf dem dem kapitalistischen Bedürfnis angemeßnen niedrigen Niveau. So geht es zu, daß die Maschinerie, um mit Marx zu reden, das machtvollste Kriegsmittel des Kapitals gegen die Arbeiterklasse wird, daß das Arbeitsmittel dem Arbeiter fortwährend das Lebensmittel aus der Hand schlägt, daß das eigne Produkt des Arbeiters sich verwandelt in ein Werkzeug zur Knechtung des Arbeiters.[9] So kommt es, daß die Ökonomisierung der Arbeitsmittel von vornherein zugleich rücksichtsloseste Verschwendung der Arbeitskraft und Raub an den normalen Voraussetzungen der Arbeitsfunktion wird[10]; daß die Maschinerie, das gewaltigste Mittel zur

Verkürzung der Arbeitszeit, umschlägt in das unfehlbarste Mittel, alle Lebenszeit des Arbeiters und seiner Familie in disponible Arbeitszeit für die Verwertung des Kapitals zu verwandeln; so kommt es, daß die Überarbeitung der einen die Voraussetzung wird für die Beschäftigungslosigkeit der andern und daß die große Industrie, die den ganzen Erdkreis nach neuen Konsumenten abjagt, zu Hause die Konsumtion der Massen auf ein Hungerminimum beschränkt und sich damit den eignen innern Markt untergräbt. »Das Gesetz, welches die relative Surpluspopulation oder industrielle Reservearmee stets mit Umfang und Energie der Kapitalakkumulation im Gleichgewicht hält, schmiedet den Arbeiter fester an das Kapital als den Prometheus die Keile des Hephästos an den Felsen. Es bedingt eine der Akkumulation von Kapital entsprechende Akkumulation von Elend. Die Akkumulation von Reichtum auf dem einen Pol ist also zugleich Akkumulation von Elend, Arbeitsqual, Sklaverei, Unwissenheit, Bestialisierung und moralischer Degradation auf dem Gegenpol, d.h. auf Seite der Klasse, die *ihr eigenes Produkt als Kapital produziert.*« (Marx, ›Kapital‹, S. 671[11]) Und von der kapitalistischen Produktionsweise eine andre Verteilung der Produkte erwarten, hieße verlangen, die Elektroden einer Batterie sollten das Wasser unzersetzt lassen, solange sie mit der Batterie in Verbindung stehn, und nicht am positiven Pol Sauerstoff entwickeln und am negativen Wasserstoff.

Wir sahen, wie die auf höchste gesteigerte Verbesserungsfähigkeit der modernen Maschinerie, vermittelst der Anarchie der Produktion in der Gesellschaft, sich verwandelt in ein Zwangsgebot für den einzelnen industriellen Kapitalisten, seine Maschinerie stets zu verbessern, ihre Produktionskraft stets zu erhöhn. In ein ebensolches Zwangsgebot verwandelt sich für ihn die bloße faktische Möglichkeit, seinen Produktionsbereich zu erweitern. Die enorme Ausdehnungskraft der großen Industrie, gegen die diejenige der Gase ein wahres Kinderspiel ist, tritt uns jetzt vor die Augen als ein qualitatives und quantitatives Ausdehnungs*bedürfnis*, das jedes Gegendrucks spottet. Der Gegendruck wird gebildet durch die Konsumtion, den Absatz, die Märkte für die Produkte der großen Industrie. Aber die Ausdehnungsfähigkeit der Märkte, extensive wie intensive, wird beherrscht zunächst durch ganz andre, weit weniger energisch wirkende Gesetze. Die Ausdehnung der Märkte kann nicht Schritt halten mit der Ausdehnung der Produktion. Die Kollision wird unvermeidlich, und da sie keine Lösung erzeugen kann, solange sie nicht die kapitalistische Produktionsweise selbst sprengt, wird sie periodisch. Die kapitalistische Produktion erzeugt einen neuen ›fehlerhaften Kreislauf‹.

In der Tat, seit 1825, wo die erste allgemeine Krisis ausbrach, geht die ganze industrielle und kommerzielle Welt, die Produktion und der Austausch sämtlicher zivilisierten Völker und ihrer mehr oder weniger barbarischen Anhängsel, so ziemlich alle zehn Jahre einmal aus den Fugen. Der Verkehr stockt, die Märkte sind überfüllt, die Produkte liegen da, ebenso massenhaft wie unabsetzbar, das bare Geld wird unsichtbar, der Kredit verschwindet, die Fabriken stehn still, die arbeitenden Massen ermangeln der Lebensmittel, weil sie zuviel Lebensmittel produziert haben, Bankerott folgt auf Bankerott, Zwangsverkauf auf Zwangsverkauf. Jahrelang dauert die Stockung, Produktivkräfte wie Produkte werden massenhaft vergeudet und zerstört, bis die aufgehäuften Warenmassen unter größrer oder geringrer Entwertung endlich abfließen, bis Produktion und Austausch allmählich wieder in Gang kommen. Nach und nach beschleunigt sich die Gangart, fällt in Trab, der industrielle Trab geht über in Galopp, und dieser steigert sich wieder bis zur zügellosen Karriere einer vollständigen industriellen, kommerziellen, kreditlichen und spekulativen Steeple-chase, um endlich nach den halsbrechendsten Sprüngen wieder anzulangen – im Graben des Krachs. Und so immer von neuem. Das haben wir nun seit 1825 volle fünfmal erlebt und erleben es in diesem Augenblick (1877) zum sechsten Mal. Und der Charakter dieser Krisen ist so scharf ausgeprägt, daß Fourier sie alle traf, als er die erste bezeichnete als: crise pléthorique, Krisis aus Überfluß.

In den Krisen kommt der Widerspruch zwischen gesellschaftlicher Produktion und kapitalistischer Aneignung zum gewaltsamen Ausbruch. Der Warenumlauf ist momentan vernichtet: das Zirkulationsmittel, das Geld, wird Zirkulationshindernis; alle Gesetze der Warenproduktion und Warenzirkulation werden auf den Kopf gestellt. Die ökonomische Kollision hat ihren Höhepunkt erreicht: *Die Produktionsweise rebelliert gegen die Austauschweise*.

Die Tatsache, daß die gesellschaftliche Organisation der Produktion innerhalb der Fabrik sich zu dem Punkt entwickelt hat, wo sie unverträglich geworden ist mit der neben und über ihr bestehenden Anarchie der Produktion in der Gesellschaft – diese Tatsache wird den Kapitalisten selbst handgreiflich gemacht durch die gewaltsame Konzentration der Kapitale, die sich während der Krisen vollzieht vermittelst des Ruins vieler großer und noch mehr kleiner Kapitalisten. Der gesamte Mechanismus der kapitalistischen Produktionsweise versagt unter dem Druck der von ihr selbst erzeugten Produktivkräfte. Sie kann diese Masse von Produktionsmitteln nicht mehr alle in Kapital verwandeln; sie liegen brach, und eben deshalb muß auch die industrielle Reservearmee brachliegen. Produktionsmittel, Lebensmittel, disponible Arbeiter, alle Elemente der Produktion und des allgemeinen Reichtums sind im Überfluß vorhanden. Aber »der Überfluß wird Quelle der Not und des Mangels« (Fourier), weil er es gerade ist, der die Verwandlung der Produktions- und Lebensmittel in Kapital verhindert. Denn in der kapitalistischen Gesellschaft können die Produktionsmittel nicht in Tätigkeit treten, es sei denn, sie hätten sich zuvor in Kapital, in Mittel zur Ausbeutung menschlicher Arbeitskraft verwandelt. Wie ein Gespenst steht die Notwendigkeit der Kapitaleigenschaft der Produktions- und Lebensmittel zwischen ihnen und den Arbeitern. Sie allein verhindert das Zusammentreten der sachlichen und der persönlichen Hebel der Produktion; sie allein verbietet den Produktionsmitteln, zu fungieren, den Arbeitern, zu arbeiten und zu leben. Einesteils also wird die kapitalistische Produktionsweise ihrer eignen Unfähigkeit zur ferneren Verwaltung dieser Produktivkräfte überführt. Andrerseits drängen diese Produktivkräfte selbst mit steigender Macht nach Aufhebung des Widerspruchs, nach ihrer Erlösung von ihrer Eigenschaft als Kapital, nach *tatsächlicher Anerkennung ihres Charakters als gesellschaftlicher Produktivkräfte*.

Es ist dieser Gegendruck der gewaltig anwachsenden Produktivkräfte gegen die Kapitaleigenschaft, dieser steigende Zwang zur Anerkennung ihrer gesellschaftlichen Natur, der die Kapitalistenklasse selbst nötigt, mehr und mehr, soweit dies innerhalb des Kapitalverhältnisses überhaupt möglich, sie als gesellschaftliche Produktivkräfte zu behandeln. Sowohl die industrielle Hochdruckperiode mit ihrer schrankenlosen Kreditaufblähung, wie der Krach selbst durch den Zusammenbruch großer kapitalistischer Etablissements, treiben zu derjenigen Form der Vergesellschaftung größrer Massen von Produktionsmitteln, die uns in den verschiednen Arten von Aktiengesellschaften gegenübertritt. Manche dieser Produktions- und Verkehrsmittel sind von vornherein so kolossal, daß sie, wie die Eisenbahnen, jede andere Form kapitalistischer Ausbeutung ausschließen. Auf einer gewissen Entwicklungsstufe genügt auch diese Form nicht mehr; die inländischen Großproduzenten eines und desselben Industriezweigs vereinigen sich zu einem ›Trust‹, eine Vereinigung zum Zweck der Regulierung der Produktion; sie bestimmen das zu produzierende Gesamtquantum, verteilen es unter sich und erzwingen so den im voraus festgesetzten Verkaufspreis. Da solche Trusts aber bei der ersten schlechten Geschäftszeit meist aus dem Leim gehen, treiben sie eben dadurch zu einer noch konzentrierteren Vergesellschaftung: Der ganze Industriezweig verwandelt sich in eine einzige große Aktiengesellschaft, die inländische Konkurrenz macht dem inländischen Monopol dieser einen Gesellschaft Platz; wie dies noch 1890 mit der englischen Alkaliproduktion geschehen, die jetzt, nach Verschmelzung sämtlicher 48 großen Fabriken, in der Hand einer einzigen, einheitlich geleiteten Gesellschaft mit einem Kapital von 120 Millionen Mark betrieben wird.

In den Trusts schlägt die freie Konkurrenz um ins Monopol, kapituliert die planlose Produktion der kapitalistischen Gesellschaft vor der planmäßigen Produktion der hereinbrechenden sozialistischen Gesellschaft. Allerdings zunächst noch zu Nutz und Frommen der Kapitalisten. Hier aber wird die Ausbeutung so handgreiflich, daß sie zusammenbrechen muß. Kein Volk würde eine durch Trusts geleitete Produktion, eine so unverhüllte Ausbeutung der Gesamtheit durch eine kleine Bande von Kuponabschneidern sich gefallen lassen.

So oder so, mit oder ohne Trust, muß schließlich der offizielle Repräsentant der kapitalistischen Gesellschaft, der Staat, die Leitung der Produktion übernehmen.[12] Diese Notwendigkeit der Verwandlung in Staatseigentum tritt zuerst hervor bei den großen Verkehrsanstalten: Post, Telegraphen, Eisenbahnen.

Wenn die Krisen die Unfähigkeit der Bourgeoisie zur fernern Verwaltung der modernen Produktivkräfte aufdeckten, so zeigt die Verwandlung der großen Produktions- und Verkehrsanstalten in Aktiengesellschaften, Trusts und Staatseigentum die Entbehrlichkeit der Bourgeoisie für jenen Zweck. Alle gesellschaftlichen Funktionen des Kapitalisten werden jetzt von besoldeten Angestellten versehn. Der Kapitalist hat keine gesellschaftliche Tätigkeit mehr, außer Revenueneinstreichen, Kuponsabschneiden und Spielen an der Börse, wo die verschiednen Kapitalisten untereinander sich ihr Kapital abnehmen. Hat die kapitalistische Produktionsweise zuerst Arbeiter verdrängt, so verdrängt sie jetzt die Kapitalisten und verweist sie, ganz wie die Arbeiter, in die überflüssige Bevölkerung, wenn auch zunächst noch nicht in die industrielle Reservearmee.

Aber weder die Verwandlung in Aktiengesellschaften und Trust noch die in Staatseigentum hebt die Kapitaleigenschaft der Produktivkräfte auf. Bei den Aktiengesellschaften und Trusts liegt dies auf der Hand.

Und der moderne Staat ist wieder nur die Organisation, welche sich die bürgerliche Gesellschaft gibt, um die allgemeinen äußern Bedingungen der kapitalistischen Produktionsweise aufrechtzuerhalten gegen Übergriffe sowohl der Arbeiter wie der einzelnen Kapitalisten. Der moderne Staat, was auch seine Form, ist eine wesentlich kapitalistische Maschine, Staat der Kapitalisten, der ideelle Gesamtkapitalist. Je mehr Produktivkräfte er in sein Eigentum übernimmt, desto mehr wird er wirklicher Gesamtkapitalist, desto mehr Staatsbürger beutet er aus. Die Arbeiter bleiben Lohnarbeiter, Proletarier. Das Kapitalverhältnis wird nicht aufgehoben, es wird vielmehr auf die Spitze getrieben. Aber auf der Spitze schlägt es um. Das Staatseigentum an den Produktivkräften ist nicht Lösung des Konflikts, aber es birgt in sich das formelle Mittel, die Handhabe der Lösung.

Diese Lösung kann nur darin liegen, daß die gesellschaftliche Natur der modernen Produktivkräfte tatsächlich anerkannt, daß also die Produktions-, Aneignungs- und Austauschweise in Einklang gesetzt wird mit dem gesellschaftlichen Charakter der Produktionsmittel. Und dies kann nur dadurch geschehn, daß die Gesellschaft offen und ohne Umwege Besitz ergreift von den jeder andren Leitung außer der ihrigen entwachsenen Produktivkräften. Damit wird der gesellschaftliche Charakter der Produktionsmittel und Produkte, der sich heute gegen die Produzenten selbst kehrt, der die Produktions- und Austauschweise periodisch durchbricht und sich nur als blind wirkendes Naturgesetz gewalttätig und zerstörend durchsetzt, von den Produzenten mit vollem Bewußtsein zur Geltung gebracht und verwandelt sich aus einer Ursache der Störung und des periodischen Zusammenbruchs in den mächtigsten Hebel der Produktion selbst.

Die gesellschaftlich wirksamen Kräfte wirken ganz wie die Naturkräfte: blindlings, gewaltsam, zerstörend, solange wir sie nicht erkennen und nicht mit ihnen rechnen. Haben wir sie aber einmal erkannt, ihre Tätigkeit, ihre Richtungen, ihre Wirkungen begriffen, so hängt es nur von uns ab, sie mehr und mehr unserm Willen zu unterwerfen und vermittelst ihrer unsre Zwecke zu erreichen. Und ganz besonders gilt dies von den heutigen gewaltigen Produktivkräften. Solange wir uns hartnäckig weigern, ihre Natur und ihren Charakter zu verstehn – und gegen dies Verhältnis sträubt sich die kapitalistische Produktionsweise und ihre Verteidiger –, so lange wirken diese Kräfte sich aus, trotz uns, gegen uns, so lange beherrschen sie uns, wie wir das ausführlich dargestellt haben. Aber einmal in ihrer Natur begriffen, können sie in den Händen der assoziierten Produzenten aus dämonischen Herrschern in willige Diener verwandelt werden. Es ist der Unterschied zwischen der zerstörenden Gewalt der Elektrizität im Blitze des Gewitters und der gebändigten Elektrizität des Telegraphen und des Lichtbogens; der Unterschied der Feuersbrunst und des im Dienst des Menschen wirkenden Feuers. Mit dieser Behandlung der heutigen Produktivkräfte nach ihrer endlich erkannten Natur tritt an die Stelle der gesellschaftlichen Produktionsanarchie eine gesellschaftlich-planmäßige Regelung der Produktion nach den Bedürfnissen der Gesamtheit wie jedes einzelnen. Damit wird die kapitalistische Aneignungsweise, in der das Produkt zuerst den Produzenten, dann aber auch den Aneigner knechtet, ersetzt durch die in der Natur der modernen Produktionsmittel selbst begründete Aneignungsweise der Produkte: einerseits direkt gesellschaftliche Aneignung als Mittel zur Erhaltung und Erweiterung der Produktion, andrerseits direkt individuelle Aneignung als Lebens- und Genußmittel.

Indem die kapitalistische Produktionsweise mehr und mehr die große Mehrzahl der Bevölkerung in Proletarier verwandelt, schafft sie die Macht, die diese Umwälzung, bei Strafe des Untergangs, zu vollziehn genötigt ist. Indem sie mehr und mehr auf Verwandlung der großen vergesellschafteten Produktionsmittel in Staatseigentum drängt, zeigt sie selbst den Weg an zur Vollziehung der Umwälzung. *Das Proletariat ergreift die Staatsgewalt und verwandelt die Produktionsmittel zunächst in Staatseigentum.* Aber damit hebt es sich selbst als Proletariat, damit hebt es alle Klassenunterschiede und Klassengegensätze auf und damit auch den Staat als Staat. Die bisherige, sich in Klassengegensätzen bewegende Gesellschaft hatte den Staat nötig. d.h. eine Organisation der jedesmaligen ausbeutenden Klasse zur Aufrechterhaltung ihrer äußern Produktionsbedingungen, also namentlich zur gewaltsamen Niederhaltung der ausgebeuteten Klasse in den durch die bestehende Produktionsweise gegebnen Bedingungen der Unterdrückung (Sklaverei, Leibeigenschaft oder Hörigkeit, Lohnarbeit). Der Staat war der offizielle Repräsentant der ganzen Gesellschaft, ihre Zusammenfassung in einer sichtbaren Körperschaft, aber er war dies nur, insofern er der Staat derjenigen Klasse war, welche selbst für ihre Zeit die ganze Gesellschaft vertrat: im Altertum Staat der sklavenhaltenden Staatsbürger, im Mittelalter des Feudaladels, in unsrer Zeit der Bourgeoisie. Indem er endlich tatsächlich Repräsentant der ganzen Gesellschaft wird, macht er sich selbst überflüssig. Sobald es keine Gesellschaftsklasse mehr in der Unterdrückung zu halten gibt, sobald mit der Klassenherrschaft und dem in der bisherigen Anarchie der Produktion begründeten Kampf ums Einzeldasein auch die daraus entspringenden Kollisionen und Exzesse beseitigt sind, gibt es nichts mehr zu reprimieren, das eine besondre Repressionsgewalt, einen Staat, nötig machte. Der erste Akt, worin der Staat wirklich als Repräsentant der ganzen Gesellschaft auftritt – die Besitzergreifung der Produktionsmittel im Namen der Gesellschaft –, ist zugleich sein letzter selbständiger Akt als Staat. Das Eingreifen einer Staatsgewalt in gesellschaftliche Verhältnisse wird auf einem Gebiet nach dem andern überflüssig und schläft dann von selbst ein. An die Stelle der Regierung über Personen tritt die Verwaltung von Sachen und die Leitung von Produktionsprozessen. Der Staat wird nicht ›abgeschafft‹, *er stirbt ab*. Hieran ist die Phrase vom ›freien Volksstaat‹ zu messen, also sowohl nach ihrer zeitweiligen agitatorischen Berechtigung wie nach ihrer endgültigen wissenschaftlichen Unzulänglichkeit; hieran ebenfalls die Forderung der sogenannten Anarchisten, der Staat solle von heute auf morgen abgeschafft werden.

Die Besitzergreifung der sämtlichen Produktionsmittel durch die Gesellschaft hat, seit dem geschichtlichen Auftreten der kapitalistischen Produktionsweise, einzelnen wie ganzen Sekten öfters mehr oder weniger unklar als Zukunftsideal vorgeschwebt. Aber sie konnte erst möglich, erst geschichtliche Notwendigkeit werden, als die tatsächlichen Bedingungen ihrer Durchführung vorhanden waren. Sie, wie jeder andre gesellschaftliche Fortschritt, wird ausführbar nicht durch die gewonnene Einsicht, daß das Dasein der Klassen der Gerechtigkeit, der Gleichheit etc. widerspricht, nicht durch den bloßen Willen, diese Klassen abzuschaffen, sondern durch gewisse neue ökonomische Bedingungen. Die Spaltung der Gesellschaft in eine ausbeutende und eine ausgebeutete, eine herrschende und eine unterdrückte Klasse war die notwendige Folge der früheren geringen Entwicklung der Produktion. Solange die gesellschaftliche Gesamtarbeit nur einen Ertrag liefert, der das zur notdürftigen Existenz aller Erforderliche nur um wenig übersteigt, solange also die Arbeit alle oder fast alle Zeit der großen Mehrzahl der Gesellschaftsglieder in Anspruch nimmt, so lange teilt sich diese Gesellschaft notwendig in Klassen. Neben der ausschließlich der Arbeit frönenden großen Mehrheit bildet sich eine von direkt-produktiver Arbeit befreite Klasse, die die gemeinsamen Angelegenheiten der Gesellschaft besorgt: Arbeitsleitung, Staatsgeschäfte, Justiz, Wissenschaften, Künste usw. Es ist also das Gesetz der Arbeitsteilung, das der Klassenteilung zugrunde liegt. Aber das hindert nicht, daß diese Einteilung in Klassen nicht durch

Gewalt und Raub, List und Betrug durchgesetzt worden und daß die herrschende Klasse, einmal im Sattel, nie verfehlt hat, ihre Herrschaft auf Kosten der arbeitenden Klasse zu befestigen und die gesellschaftliche Leitung umzuwandeln in gesteigerte Ausbeutung der Massen.

Aber wenn hiernach die Einteilung in Klassen eine gewisse geschichtliche Berechtigung hat, so hat sie eine solche doch nur für einen gegebnen Zeitraum, für gegebne gesellschaftliche Bedingungen. Sie gründete sich auf die Unzulänglichkeit der Produktion; sie wird weggefegt werden durch die volle Entfaltung der modernen Produktivkräfte. Und in der Tat hat die Abschaffung der gesellschaftlichen Klassen zur Voraussetzung einen geschichtlichen Entwicklungsgrad, auf dem das Bestehn nicht bloß dieser oder jener bestimmten herrschenden Klasse, sondern einer herrschenden Klasse überhaupt, also des Klassenunterschieds selbst, ein Anachronismus geworden, veraltet ist. Sie hat also zur Voraussetzung einen Höhegrad der Entwicklung der Produktion, auf dem Aneignung der Produktionsmittel und Produkte und damit der politischen Herrschaft, des Monopols der Bildung und der geistigen Leitung durch eine besondre Gesellschaftsklasse nicht nur überflüssig, sondern auch ökonomisch, politisch und intellektuell ein Hindernis der Entwicklung geworden ist. Dieser Punkt ist jetzt erreicht. Ist der politische und intellektuelle Bankerott der Bourgeoisie ihr selbst kaum noch ein Geheimnis, so wiederholt sich ihr ökonomischer Bankerott regelmäßig alle zehn Jahre. In jeder Krise erstickt die Gesellschaft unter der Wucht ihrer eignen, für sie unverwendbaren Produktivkräfte und Produkte, und steht hülflos vor dem absurden Widerspruch, daß die Produzenten nichts zu konsumieren haben, weil es an Konsumenten fehlt. Die Expansionskraft der Produktionsmittel sprengt die Bande, die die kapitalistische Produktionsweise ihr angelegt. Ihre Befreiung aus diesen Banden ist die einzige Vorbedingung einer ununterbrochnen, stets rascher fortschreitenden Entwicklung der Produktivkräfte und damit einer praktisch schrankenlosen Steigerung der Produktion selbst. Damit nicht genug. Die gesellschaftliche Aneignung der Produktionsmittel beseitigt nicht nur die jetzt bestehende künstliche Hemmung der Produktion, sondern auch die positive Vergeudung und Verheerung von Produktivkräften und Produkten, die gegenwärtig die unvermeidliche Begleiterin der Produktion ist und ihren Höhepunkt in den Krisen erreicht. Sie setzt ferner eine Masse von Produktionsmitteln und Produkten für die Gesamtheit frei durch Beseitigung der blödsinnigen Luxusverschwendung der jetzt herrschenden Klassen und ihrer politischen Repräsentanten. Die Möglichkeit, vermittelst der gesellschaftlichen Produktion allen Gesellschaftsgliedern eine Existenz zu sichern, die nicht nur materiell vollkommen ausreichend ist und von Tag zu Tag reicher wird, sondern die ihnen auch die vollständige freie Ausbildung und Betätigung ihrer körperlichen und geistigen Anlagen garantiert, diese Möglichkeit ist jetzt zum ersten Male da, aber sie *ist da*.[13]

Mit der Besitzergreifung der Produktionsmittel durch die Gesellschaft ist die Warenproduktion beseitigt und damit die Herrschaft des Produkts über die Produzenten. Die Anarchie innerhalb der gesellschaftlichen Produktion wird ersetzt durch planmäßige bewußte Organisation. Der Kampf ums Einzeldasein hört auf. Damit erst scheidet der Mensch, in gewissem Sinn, endgültig aus dem Tierreich, tritt aus tierischen Daseinsbedingungen in wirklich menschliche. Der Umkreis der die Menschen umgebenden Lebensbedingungen, der die Menschen bis jetzt beherrschte, tritt jetzt unter die Herrschaft und Kontrolle der Menschen, die zum ersten Male bewußte, wirkliche Herren der Natur, weil und indem sie Herren ihrer eignen Vergesellschaftung werden. Die Gesetze ihres eignen gesellschaftlichen Tuns, die ihnen bisher als fremde, sie beherrschende Naturgesetze gegenüberstanden, werden dann von den Menschen mit voller Sachkenntnis angewandt und damit beherrscht. Die eigne Vergesellschaftung der Menschen, die ihnen bisher als von Natur und Geschichte aufgenötigt gegenüberstand, wird jetzt ihre freie Tat. Die objektiven, fremden Mächte, die bisher die Geschichte beherrschten, treten unter die Kontrolle der Menschen selbst. Erst von da an werden die Menschen ihre Geschichte mit vollem Bewußtsein selbst machen, erst von da an werden die von ihnen in Bewegung gesetzten gesellschaftlichen Ursachen vorwiegend und in stets steigendem Maß auch die von ihnen gewollten Wirkungen haben. Es ist der Sprung der Menschheit aus dem Reich der Notwendigkeit in das Reich der Freiheit.

Fassen wir zum Schluß unsern Entwicklungsgang kurz zusammen:

I. *Mittelalterliche Gesellschaft*: Kleine Einzelproduktion. Produktionsmittel für den Einzelgebrauch zugeschnitten, daher urwüchsig-unbehülflich, kleinlich, von zwerghafter Wirkung. Produktion für den unmittelbaren Verbrauch, sei es des Produzenten selbst, sei es seines Feudalherrn. Nur da, wo ein Überschuß der Produktion über diesen Verbrauch stattfindet, wird dieser Überschuß zum Verkauf ausgeboten und verfällt dem Austausch. Warenproduktion also erst im Entstehn; aber schon jetzt enthält sie in sich, im Keim, *die Anarchie in der gesellschaftlichen Produktion.*

II. *Kapitalistische Revolution*: Umwandlung der Industrie zuerst vermittelst der einfachen Kooperation und der Manufaktur. Konzentration der bisher zerstreuten Produktionsmittel in großen Werkstätten, damit ihre Verwandlung aus Produktionsmitteln des einzelnen in gesellschaftliche – eine Verwandlung, die die Form des Austausches im ganzen und großen nicht berührt. Die alten Aneignungsformen bleiben in Kraft. Der *Kapitalist* tritt auf: In seiner Eigenschaft als Eigentümer der Produktionsmittel eignet er sich auch die Produkte an und macht sie zu Waren. Die Produktion ist ein gesellschaftlicher Akt geworden; der Austausch und mit ihm die Aneignung bleiben individuelle Akte, Akte des einzelnen: *Das gesellschaftliche Produkt wird angeeignet vom Einzelkapitalisten.* Grundwiderspruch, aus dem alle Widersprüche entspringen, in denen die heutige Gesellschaft sich bewegt, und die die große Industrie offen an den Tag bringt.

A) Scheidung des Produzenten von den Produktionsmitteln. Verurteilung des Arbeiters zu lebenslänglicher Lohnarbeit. *Gegensatz von Proletariat und Bourgeoisie.*

B) Wachsendes Hervortreten und steigende Wirksamkeit der Gesetze, die die Warenproduktion beherrschen. Zügelloser Konkurrenzkampf. *Widerspruch der gesellschaftlichen Organisation in der einzelnen Fabrik und der gesellschaftlichen Anarchie in der Gesamtproduktion.*

C) Einerseits Vervollkommnung der Maschinerie, durch die Konkurrenz zum Zwangsgebot für jeden einzelnen Fabrikanten gemacht und gleichbedeutend mit stets steigender Außerdienstsetzung von Arbeitern: *industrielle Reservearmee.* Andrerseits schrankenlose Ausdehnung der Produktion, ebenfalls Zwangsgesetz der Konkurrenz für jeden Fabrikanten. Von beiden Seiten unerhörte Entwicklung der Produktivkräfte, Überschuß des Angebots über die Nachfrage, Überproduktion, Überfüllung der Märkte, zehnjährige Krisen, fehlerhafter Kreislauf: *Überfluß hier, von Produktionsmitteln und Produkten – Überfluß dort, von Arbeitern* ohne Beschäftigung und ohne Existenzmittel; aber diese beiden Hebel der Produktion und gesellschaftlichen Wohlstands können nicht zusammentreten, weil die kapitalistische Form der Produktion den Produktivkräften verbietet, zu wirken, den Produkten, zu zirkulieren, es sei denn, sie hätten sich zuvor in Kapital verwandelt: was gerade ihr eigner Überfluß verhindert. Der Widerspruch hat sich gesteigert zum Widersinn: *Die Produktionsweise rebelliert gegen die Austauschform.* Die Bourgeoisie ist überführt der Unfähigkeit, ihre eignen gesellschaftlichen Produktivkräfte fernerhin zu leiten.

D) Teilweise Anerkennung des gesellschaftlichen Charakters der Produktivkräfte, den Kapitalisten selbst aufgenötigt. Aneignung der großen Produktions- und Verkehrsorganismen, erst durch *Aktiengesellschaften*, später durch Trusts, sodann durch den *Staat*. Die Bourgeoisie erweist sich als überflüssige Klasse; alle ihre gesellschaftlichen Funktionen werden jetzt erfüllt durch besoldete Angestellte.

III. *Proletarische Revolution*, Auflösung der Widersprüche: Das Proletariat ergreift die öffentliche Gewalt und verwandelt kraft dieser Gewalt die den Händen der Bourgeoisie entgleitenden gesellschaftlichen Produktionsmittel in öffentliches Eigentum. Durch diesen Akt befreit es die Produktionsmittel von ihrer bisherigen Kapitaleigenschaft und gibt ihrem gesellschaftlichen Charakter volle Freiheit, sich durchzusetzen. Eine gesellschaftliche Produktion nach vorherbestimmtem Plan wird nunmehr möglich. Die Entwicklung der Produktion macht die fernere Existenz verschiedner Gesellschaftsklassen zu einem Anachronismus. In dem Maß wie die Anarchie der gesellschaftlichen Produktion schwindet, schläft auch die politische Autorität des Staats ein. Die Menschen, endlich Herren ihrer eignen Art der Vergesellschaftung, werden damit zugleich Herren der Natur, Herren ihrer selbst – frei.

Diese weltbefreiende Tat durchzuführen, ist der geschichtliche Beruf des modernen Proletariats. Ihre geschichtlichen Bedingungen, und damit ihre Natur selbst, zu ergründen und so der zur Aktion berufnen, heute unterdrückten Klasse die Bedingungen und die Natur ihrer eignen Aktion zum Bewußtsein zu bringen, ist die Aufgabe des theoretischen Ausdrucks der proletarischen Bewegung, des wissenschaftlichen Sozialismus.

Friedrich Engels

Ludwig Feuerbach und der Ausgang der klassischen deutschen Philosophie

[Vorbemerkung]

In der Vorrede von ›Zur Kritik der Politischen Ökonomie‹, Berlin 1859, erzählt Karl Marx, wie wir beide 1845 in Brüssel uns daranmachten, »den Gegensatz unsrer Ansicht« – der namentlich durch Marx herausgearbeiteten materialistischen Geschichtsauffassung – »gegen die ideologische der deutschen Philosophie gemeinschaftlich auszuarbeiten, in der Tat mit unserm ehemaligen philosophischen Gewissen abzurechnen. Der Vorsatz wurde ausgeführt in der Form einer Kritik der nachhegelschen Philosophie. Das Manuskript, zwei starke Oktavbände, war längst an seinem Verlagsort in Westfalen angelangt, als wir die Nachricht erhielten, daß veränderte Umstände den Druck nicht erlaubten. Wir überließen das Manuskript der nagenden Kritik der Mäuse um so williger, als wir unsern Hauptzweck erreicht hatten – Selbstverständigung.«[1]

Seitdem sind über vierzig Jahre verflossen, und Marx ist gestorben, ohne daß sich einem von uns Gelegenheit geboten hätte, auf den Gegenstand zurückzukommen. Über unser Verhältnis zu Hegel haben wir uns stellenweise geäußert, doch nirgends in umfassendem Zusammenhang. Auf Feuerbach, der doch in mancher Beziehung ein Mittelglied zwischen der Hegelschen Philosophie und unsrer Auffassung bildet, sind wir nie wieder zurückgekommen.

Inzwischen hat die Marxsche Weltanschauung Vertreter gefunden weit über Deutschlands und Europas Grenzen hinaus und in allen gebildeten Sprachen der Welt. Andrerseits erlebt die klassische deutsche Philosophie im Ausland eine Art Wiedergeburt, namentlich in England und Skandinavien, und selbst in Deutschland scheint man die eklektischen Bettelsuppen satt zu bekommen, die dort an den Universitäten ausgelöffelt werden unter dem Namen Philosophie.

Unter diesen Umständen erschien mir eine kurze, zusammenhängende Darlegung unsres Verhältnisses zur Hegelschen Philosophie, unsres Ausgangs wie unsrer Trennung von ihr, mehr und mehr geboten. Und ebenso erschien mir eine volle Anerkennung des Einflusses, den vor allen andern nachhegelschen Philosophen Feuerbach, während unsrer Sturm- und Drangperiode, auf uns hatte, als eine unabgetragene Ehrenschuld. Ich ergriff also gern die Gelegenheit, als die Redaktion der ›Neuen Zeit‹ mich um eine kritische Besprechung des Starckeschen Buchs über Feuerbach bat. Meine Arbeit wurde im 4. und 5. Heft 1886 jener Zeitschrift veröffentlicht und erscheint hier in revidiertem Sonderabdruck.

Ehe ich diese Zeilen in die Presse schicke, habe ich das alte Manuskript von 1845/46 nochmals herausgesucht und angesehn. Der Abschnitt über Feuerbach ist nicht vollendet. Der fertige Teil besteht in einer Darlegung der materialistischen Geschichtsauffassung, die nur beweist, wie unvollständig unsre damaligen Kenntnisse der ökonomischen Geschichte noch waren. Die Kritik der Feuerbachschen Doktrin selbst fehlt darin; für den gegenwärtigen Zweck war es also unbrauchbar. Dagegen habe ich in einem alten Heft von Marx die im Anhang abgedruckten elf Thesen über Feuerbach[2] gefunden. Es sind Notizen für spätere Ausarbeitung, rasch hingeschrieben, absolut nicht für den Druck bestimmt, aber unschätzbar als das erste Dokument, worin der geniale Keim der neuen Weltanschauung niedergelegt ist.

London, 21. Februar 1888 *Friedrich Engels*

I

Die vorliegende Schrift[3] führt uns zurück zu einer Periode, die, der Zeit nach, ein gutes Menschenalter hinter uns liegt, die aber der jetzigen Generation in Deutschland so fremd geworden ist, als wäre sie schon ein volles Jahrhundert alt. Und doch war sie die Periode der Vorbereitung Deutschlands für die Revolution von 1848; und alles, was seitdem bei uns geschehn, ist nur eine Fortsetzung von 1848, nur Testamentsvollstreckung der Revolution.

Wie in Frankreich im achtzehnten, so leitete auch in Deutschland im neunzehnten Jahrhundert die philosophische Revolution den politischen Zusammenbruch ein. Aber wie verschieden sahn die beiden aus! Die Franzosen in offnem Kampf mit der ganzen offiziellen Wissenschaft, mit der Kirche, oft auch mit dem Staat; ihre Schriften jenseits der Grenze, in Holland oder England gedruckt, und sie selbst oft genug drauf und dran, in die Bastille zu wandern. Dagegen die Deutschen – Professoren, vom Staat eingesetzte Lehrer der Jugend, ihre Schriften anerkannte Lehrbücher, und das abschließende System der ganzen Entwicklung, das

Hegelsche, sogar gewissermaßen zum Rang einer königlich preußischen Staatsphilosophie erhoben! Und hinter diesen Professoren, hinter ihren pedantisch-dunklen Worten, in ihren schwerfälligen, langweiligen Perioden sollte sich die Revolution verstecken? Waren denn nicht grade die Leute, die damals für die Vertreter der Revolution galten, die Liberalen, die heftigsten Gegner dieser die Köpfe verwirrenden Philosophie? Was aber weder die Regierungen noch die Liberalen sahen, das sah bereits 1833 wenigstens Ein Mann, und der hieß allerdings Heinrich Heine.

Nehmen wir ein Beispiel. Kein philosophischer Satz hat so sehr den Dank beschränkter Regierungen und den Zorn ebenso beschränkter Liberalen auf sich geladen wie der berühmte Satz Hegels:

»Alles was wirklich ist, ist vernünftig, und alles was vernünftig ist, ist wirklich.«

Das war doch handgreiflich die Heiligsprechung alles Bestehenden, die philosophische Einsegnung des Despotismus, des Polizeistaats, der Kabinettsjustiz, der Zensur. Und so nahm es Friedrich Wilhelm III., so seine Untertanen. Bei Hegel aber ist keineswegs alles, was besteht, ohne weiteres auch wirklich. Das Attribut der Wirklichkeit kommt bei ihm nur demjenigen zu, was zugleich notwendig ist;

»die Wirklichkeit erweist sich in ihrer Entfaltung als die Notwendigkeit«;

eine beliebige Regierungsmaßregel – Hegel führt selbst das Beispiel »einer gewissen Steuereinrichtung« an – gilt ihm daher auch keineswegs schon ohne weiteres als wirklich. Was aber notwendig ist, erweist sich in letzter Instanz auch als vernünftig, und auf den damaligen preußischen Staat angewandt, heißt also der Hegelsche Satz nur: Dieser Staat ist vernünftig, der Vernunft entsprechend, soweit er notwendig ist; und wenn er uns dennoch schlecht vorkommt, aber trotz seiner Schlechtigkeit fortexistiert, so findet die Schlechtigkeit der Regierung ihre Berechtigung und ihre Erklärung in der entsprechenden Schlechtigkeit der Untertanen. Die damaligen Preußen hatten die Regierung, die sie verdienten.

Nun ist aber die Wirklichkeit nach Hegel keineswegs ein Attribut, das einer gegebnen gesellschaftlichen oder politischen Sachlage unter allen Umständen und zu allen Zeiten zukommt. Im Gegenteil. Die römische Republik war wirklich, aber das sie verdrängende römische Kaiserreich auch. Die französische Monarchie war 1789 so unwirklich geworden, d.h. so aller Notwendigkeit beraubt, so unvernünftig, daß sie vernichtet werden mußte durch die große Revolution, von der Hegel stets mit der höchsten Begeisterung spricht. Hier war also die Monarchie das Unwirkliche, die Revolution das Wirkliche. Und so wird im Lauf der Entwicklung alles früher Wirkliche unwirklich, verliert seine Notwendigkeit, sein Existenzrecht, seine Vernünftigkeit; an die Stelle des absterbenden Wirklichen tritt eine neue, lebensfähige Wirklichkeit – friedlich, wenn das Alte verständig genug ist, ohne Sträuben mit Tode abzugehn, gewaltsam, wenn es sich gegen diese Notwendigkeit sperrt. Und so dreht sich der Hegelsche Satz durch die Hegelsche Dialektik selbst um in sein Gegenteil: Alles, was im Bereich der Menschengeschichte wirklich ist, wird mit der Zeit unvernünftig, ist also schon seiner Bestimmung nach unvernünftig, ist von vornherein mit Unvernünftigkeit behaftet; und alles, was in den Köpfen der Menschen vernünftig ist, ist bestimmt, wirklich zu werden, mag es auch noch so sehr der bestehenden scheinbaren Wirklichkeit widersprechen. Der Satz von der Vernünftigkeit alles Wirklichen löst sich nach allen Regeln der Hegelschen Denkmethode auf in den andern: Alles was besteht, ist wert, daß es zugrunde geht.

Darin aber grade lag die wahre Bedeutung und der revolutionäre Charakter der Hegelschen Philosophie (auf die, als den Abschluß der ganzen Bewegung seit Kant, wir uns hier beschränken müssen), daß sie der Endgültigkeit aller Ergebnisse des menschlichen Denkens und Handelns ein für allemal den Garaus machte. Die Wahrheit, die es in der Philosophie zu erkennen galt, war bei Hegel nicht mehr eine Sammlung fertiger dogmatischer Sätze, die, einmal gefunden, nur auswendig gelernt sein wollen; die Wahrheit lag nun in dem Prozeß des Erkennens selbst, in der langen geschichtlichen Entwicklung der Wissenschaft, die von niedern zu immer höhern Stufen der Erkenntnis aufsteigt, ohne aber jemals durch Ausfindung einer sogenannten absoluten Wahrheit zu dem Punkt zu gelangen, wo sie nicht mehr weiter kann, wo ihr nichts mehr übrigbleibt, als die Hände in den Schoß zu legen und die gewonnene absolute Wahrheit anzustaunen. Und wie auf dem Gebiet der philosophischen, so auf dem jeder andern Erkenntnis und auf dem des praktischen Handelns. Ebensowenig wie die Erkenntnis kann die Geschichte einen vollendenden Abschluß finden in einem vollkommnen Idealzustand der Menschheit; eine vollkommne Gesellschaft, ein vollkommner ›Staat‹ sind Dinge, die nur in der Phantasie bestehn können; im Gegenteil sind alle nacheinander folgenden geschichtlichen Zustände nur vergängliche Stufen im endlosen Entwicklungsgang der menschlichen Gesellschaft vom Niedern zum Höhern. Jede Stufe ist notwendig, also berechtigt für die Zeit und die Bedingungen, denen sie ihren Ursprung verdankt; aber sie wird hinfällig und unberechtigt gegenüber neuen, höhern Bedingungen, die sich allmählich in ihrem eignen Schoß entwickeln; sie muß einer höhern Stufe Platz machen, die ihrerseits wieder an die Reihe des Verfalls und des Untergangs kommt. Wie die Bourgeoisie durch die große Industrie, die Konkurrenz und den Weltmarkt alle stabilen, altehrwürdigen Institutionen praktisch auflöst, so löst diese dialektische Philosophie alle Vorstellungen von endgültiger absoluter Wahrheit und ihr entsprechenden absoluten Menschheitszuständen auf. Vor ihr besteht nichts Endgültiges, Absolutes, Heiliges; sie weist von allem und an allem die Vergänglichkeit auf, und nichts besteht vor ihr als der ununterbrochene Prozeß des Werdens und Vergehens, des Aufsteigens ohne Ende vom Niedern zum Höhern, dessen bloße Widerspiegelung im denkenden Hirn sie selbst ist. Sie hat allerdings auch eine konservative Seite: Sie erkennt die Berechtigung bestimmter Erkenntnis- und Gesellschaftsstufen für deren Zeit und Umstände an; aber auch nur so weit. Der Konservatismus dieser Anschauungsweise ist relativ, ihr revolutionärer Charakter ist absolut – das einzig Absolute, das sie gelten läßt.

Wir brauchen hier nicht auf die Frage einzugehn, ob diese Anschauungsweise durchaus mit dem jetzigen Stand der Naturwissenschaft stimmt, die der Existenz der Erde selbst ein mögliches, ihrer Bewohnbarkeit aber ein ziemlich sichres Ende vorhersagt, die also auch der Menschengeschichte nicht nur einen aufsteigenden, sondern auch einen absteigenden Ast zuerkennt. Wir befinden uns jedenfalls noch ziemlich weit von dem Wendepunkt, von wo an es mit der Geschichte der Gesellschaft abwärtsgeht, und können der Hegelschen Philosophie nicht zumuten, sich mit einem Gegenstand zu befassen, den zu ihrer Zeit die Naturwissenschaft noch gar nicht auf die Tagesordnung gesetzt hatte.

Was aber in der Tat hier zu sagen, ist dies: Die obige Entwicklung findet sich in dieser Schärfe nicht bei Hegel. Sie ist eine notwendige Konsequenz seiner Methode, die er selbst aber in dieser Ausdrücklichkeit nie gezogen hat. Und zwar aus dem einfachen Grund, weil er genötigt war, ein System zu machen, und ein System der Philosophie muß nach den hergebrachten Anforderungen mit irgendeiner Art von absoluter Wahrheit abschließen. Sosehr also auch Hegel, namentlich in der ›Logik‹, betont, daß diese ewige Wahrheit nichts anderes ist als der logische, resp. der geschichtliche Prozeß selbst, so sieht er sich doch selbst gezwungen, diesem Prozeß ein Ende zu geben, weil er eben mit seinem

System irgendwo zu Ende kommen muß. In der ›Logik‹ kann er dies Ende wieder zum Anfang machen, indem hier der Schlußpunkt, die absolute Idee – die nur insofern absolut ist, als er absolut nichts von ihr zu sagen weiß – sich in die Natur ›entäußert‹, d.h. verwandelt, und später im Geist, d.h. im Denken und in der Geschichte, wieder zu sich selbst kommt. Aber am Schluß der ganzen Philosophie ist ein ähnlicher Rückschlag in den Anfang nur auf einem Weg möglich. Nämlich indem man das Ende der Geschichte darin setzt, daß die Menschheit zur Erkenntnis eben dieser absoluten Idee kommt, und erklärt, daß diese Erkenntnis der absoluten Idee in der Hegelschen Philosophie erreicht ist. Damit wird aber der ganze dogmatische Inhalt des Hegelschen Systems für die absolute Wahrheit erklärt, im Widerspruch mit seiner dialektischen, alles Dogmatische auflösenden Methode; damit wird die revolutionäre Seite erstickt unter der überwuchernden konservativen. Und was von der philosophischen Erkenntnis, gilt auch von der geschichtlichen Praxis. Die Menschheit, die es, in der Person Hegels, bis zur Herausarbeitung der absoluten Idee gebracht hat, muß auch praktisch so weit gekommen sein, daß sie diese absolute Idee in der Wirklichkeit durchführen kann. Die praktischen politischen Forderungen der absoluten Idee an die Zeitgenossen dürfen also nicht zu hoch gespannt sein. Und so finden wir am Schluß der ›Rechtsphilosophie‹, daß die absolute Idee sich verwirklichen soll in derjenigen ständischen Monarchie, die Friedrich Wilhelm III. seinen Untertanen so hartnäckig vergebens versprach, also in einer den deutschen kleinbürgerlichen Verhältnissen von damals angemessenen, beschränkten und gemäßigten, indirekten Herrschaft der besitzenden Klassen; wobei uns noch die Notwendigkeit des Adels auf spekulativem Wege demonstriert wird.

Die innern Notwendigkeiten des Systems reichen also allein hin, die Erzeugung einer sehr zahmen politischen Schlußfolgerung, vermittelst einer durch und durch revolutionären Denkmethode, zu erklären. Die spezifische Form dieser Schlußfolgerung rührt allerdings davon her, daß Hegel ein Deutscher war und ihm wie seinem Zeitgenossen Goethe ein Stück Philisterzopfs hinten hing. Goethe wie Hegel waren jeder auf seinem Gebiet ein olympischer Zeus, aber den deutschen Philister wurden beide nie ganz los.

Alles dies hinderte jedoch das Hegelsche System nicht, ein unvergleichlich größeres Gebiet zu umfassen als irgendein früheres System und auf diesem Gebiet einen Reichtum des Gedankens zu entwickeln, der noch heute in Erstaunen setzt. Phänomenologie des Geistes (die man eine Parallele der Embryologie und der Paläontologie des Geistes nennen könnte, eine Entwicklung des individuellen Bewußtseins durch seine verschiedenen Stufen, gefaßt als abgekürzte Reproduktion der Stufen, die das Bewußtsein der Menschen geschichtlich durchgemacht), Logik, Naturphilosophie, Philosophie des Geistes, und diese letztere wieder in ihren einzelnen geschichtlichen Unterformen ausgearbeitet: Philosophie der Geschichte, des Rechts, der Religion, Geschichte der Philosophie, Ästhetik usw. – auf allen diesen verschiednen geschichtlichen Gebieten arbeitet Hegel daran, den durchgehenden Faden der Entwicklung aufzufinden und nachzuweisen; und da er nicht nur ein schöpferisches Genie war, sondern auch ein Mann von enzyklopädischer Gelehrsamkeit, so tritt er überall epochemachend auf. Es versteht sich von selbst, daß kraft der Notwendigkeiten des ›Systems‹ er hier oft genug zu jenen gewaltsamen Konstruktionen seine Zuflucht nehmen muß, von denen seine zwerghaften Anfeinder bis heute ein so entsetzliches Geschrei machen. Aber diese Konstruktionen sind nur der Rahmen und das Baugerüst seines Werks; hält man sich hierbei nicht unnötig auf, dringt man tiefer ein in den gewaltigen Bau, so findet man ungezählte Schätze, die auch heute noch ihren vollen Wert behaupten. Bei allen Philosophen ist grade das ›System‹ das Vergängliche, und zwar grade deshalb, weil es aus einem unvergänglichen Bedürfnis des Menschengeistes hervorgeht: dem Bedürfnis der Überwindung aller Widersprüche. Sind aber alle Widersprüche ein für allemal beseitigt, so sind wir bei der sogenannten absoluten Wahrheit angelangt, die Weltgeschichte ist zu Ende, und doch soll sie fortgehn, obwohl ihr nichts mehr zu tun übrigbleibt – also ein neuer, unlösbarer Widerspruch. Sobald wir einmal eingesehn haben – und zu dieser Einsicht hat uns schließlich niemand mehr verholfen als Hegel selbst –, daß die so gestellte Aufgabe der Philosophie weiter nichts heißt als die Aufgabe, daß ein einzelner Philosoph das leisten soll, was nur die gesamte Menschheit in ihrer fortschreitenden Entwicklung leisten kann – sobald wir das einsehn, ist es auch am Ende mit der ganzen Philosophie im bisherigen Sinn des Worts. Man läßt die auf diesem Weg und für jeden einzelnen unerreichbare ›absolute Wahrheit‹ laufen und jagt dafür den erreichbaren relativen Wahrheiten nach auf dem Weg der positiven Wissenschaften und der Zusammenfassung ihrer Resultate vermittelst des dialektischen Denkens. Mit Hegel schließt die Philosophie überhaupt ab; einerseits weil er ihre ganze Entwicklung in seinem System in der großartigsten Weise zusammenfaßt, anderseits weil er uns, wenn auch unbewußt, den Weg zeigt aus diesem Labyrinth der Systeme zur wirklichen positiven Erkenntnis der Welt.

Man begreift, welch ungeheure Wirkung dies Hegelsche System in der philosophisch gefärbten Atmosphäre Deutschlands hervorbringen mußte. Es war ein Triumphzug, der Jahrzehnte dauerte und mit dem Tod Hegels keineswegs zur Ruhe kam. Im Gegenteil, grade von 1830 bis 1840 herrschte die ›Hegelei‹ am ausschließlichsten und hatte selbst ihre Gegner mehr oder weniger angesteckt; grade in dieser Zeit drangen Hegelsche Anschauungen am reichlichsten, bewußt oder unbewußt, in die verschiedensten Wissenschaften ein und durchsäuerten auch die populäre Literatur und die Tagespresse, aus denen das gewöhnliche ›gebildete Bewußtsein‹ seinen Gedankenstoff bezieht. Aber dieser Sieg auf der ganzen Linie war nur das Vorspiel eines innern Kampfs.

Die Gesamtlehre Hegels ließ, wie wir gesehn, reichlichen Raum für die Unterbringung der verschiedensten praktischen Parteianschauungen; und praktisch waren im damaligen theoretischen Deutschland vor allem zwei Dinge: die Religion und die Politik. Wer das Hauptgewicht auf das *System* Hegels legte, konnte auf beiden Gebieten ziemlich konservativ sein; wer in der dialektischen *Methode* die Hauptsache sah, konnte religiös wie politisch zur äußersten Opposition gehören. Hegel selbst schien, trotz der ziemlich häufigen revolutionären Zornesausbrüche in seinen Werken, im ganzen mehr zur konservativen Seite zu neigen; hatte ihm doch sein System weit mehr ›saure Arbeit des Gedankens‹ gekostet als seine Methode. Gegen Ende der dreißiger Jahre trat die Spaltung in der Schule mehr und mehr hervor. Der linke Flügel, die sogenannten Junghegelianer, gaben im Kampf mit pietistischen Orthodoxen und feudalen Reaktionären ein Stück nach dem andern auf von jener philosophisch-vornehmen Zurückhaltung gegenüber den brennenden Tagesfragen, die ihrer Lehre bisher staatliche Duldung und sogar Protektion gesichert hatte; und als gar 1840 die orthodoxe Frömmelei und die feudalabsolutistische Reaktion mit Friedrich Wilhelm IV. den Thron bestiegen, wurde offne Parteinahme unvermeidlich. Der Kampf wurde noch mit philosophischen Waffen geführt, aber nicht mehr um abstrakt-philosophische Ziele; es handelte sich direkt um Vernichtung der überlieferten Religion und des bestehenden Staats. Und wenn in den ›Deutschen Jahrbüchern‹ die praktischen Endzwecke noch vorwiegend in philosophischer Verkleidung auftraten, so enthüllte sich die junghegelsche Schule in der ›Rheinischen Zeitung‹ von 1842 direkt als die Philosophie der aufstrebenden radikalen Bourgeoisie und brauchte das philosophische Deckmäntelchen nur noch zur Täuschung der Zensur.

Die Politik war aber damals ein sehr dorniges Gebiet, und so wandte sich der Hauptkampf gegen die Religion; dies war ja, namentlich seit 1840, indirekt auch ein politischer Kampf. Den ersten Anstoß hatte Strauß' ›Leben Jesu‹ 1835 gegeben. Der hierin entwickelten Theorie der evangelischen Mythenbildung trat später Bruno Bauer mit dem Nachweis gegenüber, daß eine ganze Reihe evangelischer Erzählungen von den Verfassern selbst fabriziert worden. Der Streit zwischen beiden wurde geführt in der philosophischen Verkleidung eines Kampfes des ›Selbstbewußtseins‹ gegen die ›Substanz‹, die Frage, ob die evangelischen Wundergeschichten durch bewußtlos-traditionelle Mythenbildung im Schoß der Gemeinde entstanden oder ob sie von den Evangelisten selbst fabriziert seien, wurde aufgebauscht zu der Frage, ob in der Weltgeschichte die ›Substanz‹ oder das ›Selbstbewußtsein‹ die entscheidend wirkende Macht sei; und schließlich kam Stirner, der Prophet des heutigen Anarchismus – Bakunin hat sehr viel aus ihm genommen – und übergipfelte das souveräne ›Selbstbewußtsein‹ durch seinen souveränen ›Einzigen‹.

Wir gehn auf diese Seite des Zersetzungsprozesses der Hegelschen Schule nicht weiter ein. Wichtiger für uns ist dies: Die Masse der entschiedensten Junghegelianer wurde durch die praktischen Notwendigkeiten ihres Kampfs gegen die positive Religion auf den englisch-französischen Materialismus zurückgedrängt. Und hier kamen sie in Konflikt mit ihrem Schulsystem. Während der Materialismus die Natur als das einzig Wirkliche auffaßt, stellt diese im Hegelschen System nur die ›Entäußerung‹ der absoluten Idee vor, gleichsam eine Degradation der Idee; unter allen Umständen ist hier das Denken und sein Gedankenprodukt, die Idee, das Ursprüngliche, die Natur das Abgeleitete, das nur durch die Herablassung der Idee überhaupt existiert. Und in diesem Widerspruch trieb man sich herum, so gut und so schlecht es gehn wollte.

Da kam Feuerbachs ›Wesen des Christenthums‹. Mit einem Schlag zerstäubte es den Widerspruch, indem es den Materialismus ohne Umschweife wieder auf den Thron erhob. Die Natur existiert unabhängig von aller Philosophie; sie ist die Grundlage, auf der wir Menschen, selbst Naturprodukte, erwachsen sind; außer der Natur und den Menschen existiert nichts, und die höhern Wesen, die unsere religiöse Phantasie erschuf, sind nur die phantastische Rückspiegelung unseres eignen

Wesens. Der Bann war gebrochen; das ›System‹ war gesprengt und beiseite geworfen, der Widerspruch war, als nur in der Einbildung vorhanden, aufgelöst. – Man muß die befreiende Wirkung dieses Buchs selbst erlebt haben, um sich eine Vorstellung davon zu machen. Die Begeisterung war allgemein: Wir waren alle momentan Feuerbachianer. Wie enthusiastisch Marx die neue Auffassung begrüßte und wie sehr er – trotz aller kritischen Vorbehalte – von ihr beeinflußt wurde, kann man in der ›Heiligen Familie‹[4] lesen.

Selbst die Fehler des Buchs trugen zu seiner augenblicklichen Wirkung bei. Der belletristische, stellenweise sogar schwülstige Stil sicherte ein größeres Publikum und war immerhin eine Erquickung nach den langen Jahren abstrakter und abstruser Hegelei. Dasselbe gilt von der überschwenglichen Vergötterung der Liebe, die gegenüber der unerträglich gewordnen Souveränität des ›reinen Denkens‹ eine Entschuldigung, wenn auch keine Berechtigung fand. Was wir aber nicht vergessen dürfen: Grade an diese beiden Schwächen Feuerbachs knüpfte der seit 1844 sich im ›gebildeten‹ Deutschland wie eine Seuche verbreitende ›wahre Sozialismus‹ an, der an die Stelle der wissenschaftlichen Erkenntnis die belletristische Phrase, an die Stelle der Emanzipation des Proletariats durch die ökonomische Umgestaltung der Produktion die Befreiung der Menschheit vermittelst der ›Liebe‹ setzte, kurz, sich in die widerwärtige Belletristik und Liebesschwülstigkeit verlief, deren Typus Herr Karl Grün war.

Was fernerhin nicht zu vergessen: Die Hegelsche Schule war aufgelöst, aber die Hegelsche Philosophie war nicht kritisch überwunden. Strauß und Bauer nahmen jeder eine ihrer Seiten heraus und kehrten sie polemisch gegen die andre. Feuerbach durchbrach das System und warf es einfach beiseite. Aber man wird nicht mit einer Philosophie fertig dadurch, daß man sie einfach für falsch erklärt. Und ein so gewaltiges Werk wie die Hegelsche Philosophie, die einen so ungeheuren Einfluß auf die geistige Entwicklung der Nation gehabt, ließ sich nicht dadurch beseitigen, daß man sie kurzerhand ignorierte. Sie mußte in ihrem eigenen Sinn ›aufgehoben‹ werden, d.h. in dem Sinn, daß ihre Form kritisch vernichtet, der durch sie gewonnene neue Inhalt aber gerettet wurde. Wie dies geschah, davon weiter unten.

Einstweilen schob die Revolution von 1848 jedoch die gesamte Philosophie ebenso ungeniert beiseite wie Feuerbach seinen Hegel. Und damit wurde auch Feuerbach selbst in den Hintergrund gedrängt.

II

Die große Grundfrage aller, speziell neueren Philosophie ist die nach dem Verhältnis von Denken und Sein. Seit der sehr frühen Zeit, wo die Menschen, noch in gänzlicher Unwissenheit über ihren eigenen Körperbau und angeregt durch Traumerscheinungen[5], auf die Vorstellung kamen, ihr Denken und Empfinden sei nicht eine Tätigkeit ihres Körpers, sondern einer besonderen, in diesem Körper wohnenden und ihn beim Tode verlassenden Seele – seit dieser Zeit mußten sie über das Verhältnis dieser Seele zur äußern Welt sich Gedanken machen. Wenn sie im Tod sich vom Körper trennte, fortlebte, so lag kein Anlaß vor, ihr noch einen besondren Tod anzudichten; so entstand die Vorstellung von ihrer Unsterblichkeit, die auf jener Entwicklungsstufe keineswegs als ein Trost erscheint, sondern als ein Schicksal, wogegen man nicht ankann, und oft genug, wie bei den Griechen, als ein positives Unglück. Nicht das religiöse Trostbedürfnis, sondern die aus gleich allgemeiner Beschränktheit hervorwachsende Verlegenheit, was mit der einmal angenommenen Seele, nach dem Tod des Körpers, anzufangen, führte allgemein zu der langweiligen Einbildung von der persönlichen Unsterblichkeit. Auf ganz ähnlichem Weg entstanden, durch Personifikation der Naturmächte, die ersten Götter, die in der weitern Ausbildung der Religionen eine mehr und mehr außerweltliche Gestalt annahmen, bis endlich durch einen im Verlauf der geistigen Entwicklung sich naturgemäß einstellenden Abstraktions-, ich möchte fast sagen Destillationsprozeß aus den vielen, mehr oder minder beschränkten und sich gegenseitig beschränkenden Göttern die Vorstellung von dem einen ausschließlichen Gott der monotheistischen Religionen in den Köpfen der Menschen entstand.

Die Frage nach dem Verhältnis des Denkens zum Sein, des Geistes zur Natur, die höchste Frage der gesamten Philosophie hat also, nicht minder als alle Religion, ihre Wurzel in den bornierten und unwissenden Vorstellungen des Wildheitszustands. Aber in ihrer vollen Schärfe konnte sie erst gestellt werden, ihre ganze Bedeutung konnte sie erst erlangen, als die europäische Menschheit aus dem langen Winterschlaf des christlichen Mittelalters erwachte. Die Frage nach der Stellung des Denkens zum Sein, die übrigens auch in der Scholastik des Mittelalters ihre große Rolle gespielt, die Frage: Was ist das Ursprüngliche, der Geist oder die Natur? – diese Frage spitzte sich, der Kirche gegenüber, dahin zu: Hat Gott die Welt erschaffen, oder ist die Welt von Ewigkeit da?

Je nachdem diese Frage so oder so beantwortet wurde, spalteten sich die Philosophen in zwei große Lager. Diejenigen, die die Ursprünglichkeit des Geistes gegenüber der Natur behaupteten, also in letzter Instanz eine Weltschöpfung irgendeiner Art annahmen – und diese Schöpfung ist oft bei den Philosophen, z.B. bei Hegel, noch weit verzwickter und unmöglicher als im Christentum –, bildeten das Lager des Idealismus. Die andern, die die Natur als das Ursprüngliche ansahen, gehören zu den verschiednen Schulen des Materialismus.

Etwas andres als dies bedeuten die beiden Ausdrücke: Idealismus und Materialismus ursprünglich nicht, und in einem andern Sinne werden sie hier auch nicht gebraucht. Welche Verwirrung entsteht, wenn man etwas andres in sie hineinträgt, werden wir unten sehn.

Die Frage nach dem Verhältnis von Denken und Sein hat aber noch eine andre Seite: Wie verhalten sich unsre Gedanken über die uns umgebende Welt zu dieser Welt selbst? Ist unser Denken imstande, die wirkliche Welt zu erkennen, vermögen wir in unsern Vorstellungen und Begriffen von der wirklichen Welt ein richtiges Spiegelbild der Wirklichkeit zu erzeugen? Diese Frage heißt in der philosophischen Sprache die Frage nach der Identität von Denken und Sein und wird von der weitaus größten Zahl der Philosophen bejaht. Bei Hegel z.B. versteht sich ihre Bejahung von selbst: denn das, was wir in der wirklichen Welt erkennen, ist eben ihr gedankenmäßiger Inhalt, dasjenige, was die Welt zu einer stufenweisen Verwirklichung der absoluten Idee macht, welche absolute Idee von Ewigkeit her, unabhängig von der Welt und vor der Welt, irgendwo existiert hat; daß aber das Denken einen Inhalt erkennen kann, der schon von vornherein Gedankeninhalt ist, leuchtet ohne weitres ein. Ebensosehr leuchtet ein, daß hier das zu Beweisende im stillen schon in der Voraussetzung enthalten ist. Das hindert aber Hegel keineswegs, aus seinem Beweis der Identität von Denken und Sein den weitern Schluß zu ziehen, daß seine Philosophie, weil für sein Denken richtig, nun auch die einzig richtige ist und daß die Identität von Denken und Sein sich darin zu bewähren hat, daß die Menschheit sofort seine Philosophie aus der Theorie in die Praxis übersetzt und die ganze Welt nach Hegelschen Grundsätzen umgestaltet. Es ist dies eine Illusion, die er so ziemlich mit allen Philosophen teilt.

Daneben gibt es aber noch eine Reihe andrer Philosophen, die die Möglichkeit einer Erkenntnis der Welt oder doch einer erschöpfenden Erkenntnis bestreiten. Zu ihnen gehören unter den neueren Hume und Kant, und sie haben eine sehr bedeutende Rolle in der philosophischen Entwicklung gespielt. Das Entscheidende zur Widerlegung dieser

Ansicht ist bereits von Hegel gesagt, soweit dies vom idealistischen Standpunkt möglich war; was Feuerbach Materialistisches hinzugefügt, ist mehr geistreich als tief. Die schlagendste Widerlegung dieser wie aller andern philosophischen Schrullen ist die Praxis, nämlich das Experiment und die Industrie. Wenn wir die Richtigkeit unsrer Auffassung eines Naturvorgangs beweisen können, indem wir ihn selbst machen, ihn aus seinen Bedingungen erzeugen, ihn obendrein unsern Zwecken dienstbar werden lassen, so ist es mit dem Kantschen unfaßbaren ›Ding an sich‹ zu Ende. Die im pflanzlichen und tierischen Körper erzeugten chemischen Stoffe blieben solche ›Dinge an sich‹, bis die organische Chemie sie einen nach dem andern darzustellen anfing; damit wurde das ›Ding an sich‹ ein Ding für uns, wie z.B. der Farbstoff des Krapps, das Alizarin, das wir nicht mehr auf dem Felde in den Krappwurzeln wachsen lassen, sondern aus Kohlenteer weit wohlfeiler und einfacher herstellen. Das kopernikanische Sonnensystem war dreihundert Jahre lang eine Hypothese, auf die hundert, tausend, zehntausend gegen eins zu wetten war, aber doch immer eine Hypothese; als aber Leverrier aus den durch dies System gegebenen Daten nicht nur die Notwendigkeit der Existenz eines unbekannten Planeten, sondern auch den Ort berechnete, wo dieser Planet am Himmel stehn müsse, und als Galle dann diesen Planeten wirklich fand, da war das kopernikanische System bewiesen. Wenn dennoch die Neubelebung der Kantschen Auffassung in Deutschland durch die Neukantianer und der Humeschen in England (wo sie nie ausgestorben) durch die Agnostiker versucht wird, so ist das, der längst erfolgten theoretischen und praktischen Widerlegung gegenüber, wissenschaftlich ein Rückschritt und praktisch nur eine verschämte Weise, den Materialismus hinterrücks zu akzeptieren und vor der Welt zu verleugnen.

Die Philosophen wurden aber in dieser langen Periode von Descartes bis Hegel und von Hobbes bis Feuerbach keineswegs, wie sie glaubten, allein durch die Kraft des reinen Gedankens vorangetrieben. Im Gegenteil. Was sie in Wahrheit vorantrieb, das war namentlich der gewaltige und immer schneller voranstürmende Fortschritt der Naturwissenschaft und der Industrie. Bei den Materialisten zeigte sich dies schon auf der Oberfläche, aber auch die idealistischen Systeme erfüllten sich mehr und mehr mit materialistischem Inhalt und suchten den Gegensatz von Geist und Materie pantheistisch zu versöhnen; so daß schließlich das Hegelsche System nur einen nach Methode und Inhalt idealistisch auf den Kopf gestellten Materialismus repräsentiert.

Es ist hiermit begreiflich, daß Starcke in seiner Charakteristik Feuerbachs zunächst dessen Stellung zu dieser Grundfrage über das Verhältnis von Denken und Sein untersucht. Nach einer kurzen Einleitung, worin die Auffassung der frühern Philosophen, namentlich seit Kant, in unnötig philosophisch-schwerfälliger Sprache geschildert wird und wobei Hegel durch allzu formalistisches Festhalten an einzelnen Stellen seiner Werke sehr zu kurz kommt, folgt eine ausführliche Darstellung des Entwicklungsgangs der Feuerbachschen ›Metaphysik‹ selbst, wie er sich aus der Reihenfolge der betreffenden Schriften dieses Philosophen ergibt. Diese Darstellung ist fleißig und übersichtlich gearbeitet, nur wie das ganze Buch mit einem keineswegs überall unvermeidlichen Ballast philosophischer Ausdrucksweise beschwert, der um so störender wirkt, je weniger sich der Verfasser an die Ausdrucksweise einer und derselben Schule, oder auch Feuerbachs selbst hält, und je mehr er Ausdrücke der verschiedensten, namentlich der jetzt grassierenden, sich philosophisch nennenden Richtungen hineinmengt.

Der Entwicklungsgang Feuerbachs ist der eines – freilich nie ganz orthodoxen – Hegelianers zum Materialismus hin, eine Entwicklung, die auf einer bestimmten Stufe einen totalen Bruch mit dem idealistischen System seines Vorgängers bedingt. Mit unwiderstehlicher Gewalt drängt sich ihm schließlich die Einsicht auf, daß die Hegelsche vorweltliche Existenz der ›absoluten Idee‹, die ›Präexistenz der logischen Kategorien‹, ehe denn die Welt war, weiter nichts ist als ein phantastischer Überrest des Glaubens an einen außerweltlichen Schöpfer; daß die stoffliche, sinnlich wahrnehmbare Welt, zu der wir selbst gehören, das einzig Wirkliche, und daß unser Bewußtsein und Denken, so übersinnlich es scheint, das Erzeugnis eines stofflichen, körperlichen Organs, des Gehirns ist. Die Materie ist nicht ein Erzeugnis des Geistes, sondern der Geist ist selbst nur das höchste Produkt der Materie. Dies ist natürlich reiner Materialismus. Hier angekommen, stutzt Feuerbach. Er kann das gewohnheitsmäßige, philosophische Vorurteil nicht überwinden, das Vorurteil nicht gegen die Sache, sondern gegen den Namen des Materialismus. Er sagt:

»Der Materialismus ist für mich die Grundlage des Gebäudes des menschlichen Wesens und Wissens; aber er ist für mich nicht, was er für den Physiologen, den Naturforscher im engern Sinn, z.B. Moleschott ist, und zwar notwendig von ihrem Standpunkt und Beruf aus ist, das Gebäude selbst. Rückwärts stimme ich den Materialisten vollkommen bei, aber nicht vorwärts.«

Feuerbach wirft hier den Materialismus, der eine auf einer bestimmten Auffassung des Verhältnisses von Materie und Geist beruhende allgemeine Weltanschauung ist, zusammen mit der besondern Form, worin diese Weltanschauung auf einer bestimmten geschichtlichen Stufe, nämlich im 18. Jahrhundert, zum Ausdruck kam. Noch mehr, er wirft ihn zusammen mit der verflachten, vulgarisierten Gestalt, worin der Materialismus des 18. Jahrhunderts heute in den Köpfen von Naturforschern und Ärzten fortexistiert und in den fünfziger Jahren von Büchner, Vogt und Moleschott gereisepredigt wurde. Aber wie der Idealismus eine Reihe von Entwicklungsstufen durchlief, so auch der Materialismus. Mit jeder epochemachenden Entdeckung schon auf naturwissenschaftlichem Gebiet muß er seine Form ändern; und seitdem auch die Geschichte der materialistischen Behandlung unterworfen, eröffnet sich auch hier eine neue Bahn der Entwicklung.

Der Materialismus des vorigen Jahrhunderts war vorwiegend mechanisch, weil von allen Naturwissenschaften damals nur die Mechanik, und zwar auch nur die der – himmlischen und irdischen – festen Körper, kurz, die Mechanik der Schwere, zu einem gewissen Abschluß gekommen war. Die Chemie existierte nur erst in ihrer kindlichen, phlogistischen Gestalt. Die Biologie lag noch in den Windeln; der pflanzliche und tierische Organismus war nur im groben untersucht und wurde aus rein mechanischen Ursachen erklärt; wie dem Descartes das Tier, war den Materialisten des 18. Jahrhunderts der Mensch eine Maschine. Diese ausschließliche Anwendung des Maßstabs der Mechanik auf Vorgänge, die chemischer und organischer Natur sind und bei denen die mechanischen Gesetze zwar auch gelten, aber von andern, höhern Gesetzen in den Hintergrund gedrängt werden, bildet die eine spezifische, aber ihrer Zeit unvermeidliche Beschränktheit des klassischen französischen Materialismus.

Die zweite spezifische Beschränktheit dieses Materialismus bestand in seiner Unfähigkeit, die Welt als einen Prozeß, als einen in einer geschichtlichen Fortbildung begriffenen Stoff aufzufassen. Dies entsprach dem damaligen Stand der Naturwissenschaft und der damit zusammenhängenden metaphysischen, d.h. antidialektischen Weise des Philosophierens. Die Natur, das wußte man, war in ewiger Bewegung begriffen. Aber diese Bewegung drehte sich nach damaliger Vorstellung ebenso ewig im Kreise und kam daher nie vom Fleck; sie erzeugte immer wieder dieselben Ergebnisse. Diese Vorstellung war damals unvermeidlich. Die Kantsche Theorie von der Entstehung des Sonnensystems war erst soeben aufgestellt und passierte nur noch als bloßes Kuriosum. Die Geschichte der Entwicklung der Erde, die Geologie, war noch total unbekannt, und die Vorstellung, daß die heutigen belebten Naturwesen das Ergebnis einer langen Entwicklungsreihe vom Einfachen zum Komplizierten sind, konnte damals wissenschaftlich überhaupt nicht aufgestellt werden. Die unhistorische Auffassung der Natur war also unvermeidlich. Man kann den Philosophen des 18. Jahrhunderts daraus um so weniger einen Vorwurf machen, als sie sich auch bei Hegel findet. Bei diesem ist die Natur, als bloße ›Entäußerung‹ der Idee, keiner Entwicklung in der Zeit fähig, sondern nur einer Ausbreitung ihrer Mannigfaltigkeit im Raum, so daß sie alle in ihr einbegriffnen Entwicklungsstufen gleichzeitig und nebeneinander ausstellt und zu ewiger Wiederholung stets derselben Prozesse verdammt ist. Und diesen Widersinn einer Entwicklung im Raum, aber außer der Zeit – der Grundbedingung aller Entwicklung – bürdet Hegel der Natur auf grade zu derselben Zeit, wo die Geologie, die Embryologie, die pflanzliche und tierische Physiologie und die organische Chemie ausgebildet wurden und wo überall auf Grundlage dieser neuen Wissenschaften geniale Vorahnungen der spätern Entwicklungstheorie auftauchten (z. B. Goethe und Lamarck). Aber das System erforderte es so, und so mußte die Methode, dem System zuliebe, sich selbst untreu werden.

Dieselbe unhistorische Auffassung galt auch auf dem Gebiet der Geschichte. Hier hielt der Kampf gegen die Reste des Mittelalters den Blick befangen. Das Mittelalter galt als einfache Unterbrechung der Geschichte durch tausendjährige allgemeine Barbarei; die großen Fortschritte des Mittelalters – die Erweiterung des europäischen Kulturgebiets, die lebensfähigen großen Nationen, die sich dort nebeneinander gebildet, endlich die enormen technischen Fortschritte des 14. und 15. Jahrhunderts –, alles das sah man nicht. Damit war aber eine rationelle Einsicht in den großen geschichtlichen Zusammenhang unmöglich gemacht, und die Geschichte diente höchstens als eine Sammlung von Beispielen und Illustrationen zum Gebrauch der Philosophen.

Die vulgarisierenden Hausierer, die in den fünfziger Jahren in Deutschland in Materialismus machten, kamen in keiner Weise über diese Schranke ihrer Lehrer hinaus. Alle seitdem gemachten Fortschritte der Naturwissenschaft dienten ihnen nur als neue Beweisgründe gegen die Existenz des Weltschöpfers; und in der Tat lag es ganz außerhalb ihres Geschäfts, die Theorie weiterzuentwickeln. War der Idealismus am Ende seines Lateins und durch die Revolution von 1848 auf den Tod getroffen, so erlebte er die Genugtuung, daß der Materialismus momentan noch tiefer heruntergekommen war. Feuerbach hatte entschieden recht, wenn er die Verantwortung für diesen Materialismus ablehnte; nur durfte er die Lehre der Reiseprediger nicht verwechseln mit dem Materialismus überhaupt.

Indes ist hier zweierlei zu bemerken. Erstens war auch zu Feuerbachs Lebzeiten die Naturwissenschaft noch in jenem heftigen Gärungsprozeß begriffen, der erst in den letzten fünfzehn Jahren einen klärenden, relativen Abschluß erhalten hat; es wurde neuer Erkenntnisstoff in bisher unerhörtem Maß geliefert, aber die Herstellung des Zusammenhangs und damit der Ordnung in diesem Chaos sich überstürzender Entdeckungen ist erst ganz neuerdings möglich geworden. Zwar hat Feuerbach die drei entscheidenden Entdeckungen – die der Zelle, der Verwandlung der Energie und der nach Darwin benannten Entwicklungstheorie – noch alle erlebt. Aber wie sollte der einsame Philosoph auf dem Lande die Wissenschaft hinreichend verfolgen können, um Entdeckungen vollauf zu würdigen, die die Naturforscher selbst damals teils noch bestritten, teils nicht hinreichend auszubeuten verstanden? Die Schuld fällt hier einzig auf die erbärmlichen deutschen Zustände, kraft deren die Lehrstühle der Philosophie von spintisierenden eklektischen Flohknackern in Beschlag genommen wurden, während Feuerbach, der sie alle turmhoch überragte, in einem kleinen Dorf verbauern und versauern mußte. Es ist also nicht Feuerbachs Schuld, wenn die jetzt möglich gewordne, alle Einseitigkeiten des französischen Materialismus entfernende, historische Naturauffassung ihm unzugänglich blieb.

Zweitens aber hat Feuerbach darin ganz recht, daß der bloß naturwissenschaftliche Materialismus zwar die

»Grundlage des Gebäudes des menschlichen Wissens ist, aber nicht das Gebäude selbst«.

Denn wir leben nicht nur in der Natur, sondern auch in der menschlichen Gesellschaft, und auch diese hat ihre Entwicklungsgeschichte und ihre Wissenschaft nicht minder als die Natur. Es handelte sich also darum, die Wissenschaft von der Gesellschaft, d.h. den Inbegriff der sogenannten historischen und philosophischen Wissenschaften, mit der materialistischen Grundlage in Einklang zu bringen und auf ihr zu rekonstruieren. Dies aber war Feuerbach nicht vergönnt. Hier blieb er, trotz der ›Grundlage‹, in den überkommnen idealistischen Banden befangen, und dies erkennt er an mit den Worten:

»Rückwärts stimme ich den Materialisten bei, aber nicht vorwärts.«

Wer aber hier, auf dem gesellschaftlichen Gebiet, nicht ›vorwärts‹ kam, nicht über seinen Standpunkt von 1840 oder 1844 hinaus, das war Feuerbach selbst, und zwar wiederum hauptsächlich infolge seiner Verödung, die ihn zwang, Gedanken aus seinem einsamen Kopf zu produzieren – ihn, der vor allen andern Philosophen auf geselligen Verkehr veranlagt war – statt im freundlichen und feindlichen Zusammentreffen mit andern Menschen seines Kalibers. Wie sehr er auf diesem Gebiet Idealist bleibt, werden wir später im einzelnen sehn.

Hier ist nur noch zu bemerken, daß Starcke den Idealismus Feuerbachs am unrechten Ort sucht.

»Feuerbach ist Idealist, er glaubt an den Fortschritt der Menschheit.« – »Die Grundlage, der Unterbau des Ganzen, bleibt nichtsdestoweniger der Idealismus. Der Realismus ist für uns nichts weiter als ein Schutz gegen Irrwege, während wir unsern idealen Strömungen folgen. Sind nicht Mitleid, Liebe und Begeisterung für Wahrheit und Recht ideale Mächte?«

Erstens heißt hier Idealismus nichts andres als Verfolgung idealer Ziele. Diese aber haben notwendig zu tun höchstens mit dem Kantschen Idealismus und seinem ›kategorischen Imperativ‹; aber selbst Kant nannte seine Philosophie ›transzendentalen Idealismus‹, keineswegs, weil es sich darin auch um sittliche Ideale handelt, sondern aus ganz andren Gründen, wie Starcke sich erinnern wird. Der Aberglaube, daß der philosophische Idealismus sich um den Glauben an sittliche, d.h. gesellschaftliche Ideale drehe, ist entstanden außerhalb der Philosophie, beim deutschen Philister, der die ihm nötigen wenigen philosophischen Bildungsbrocken in Schillers Gedichten auswendig lernt. Niemand hat den ohnmächtigen Kantschen ›kategorischen Imperativ‹ – ohnmächtig, weil er das Unmögliche fordert, also nie zu etwas Wirklichem kommt – schärfer kritisiert, niemand die durch Schiller vermittelte Philisterschwärmerei für unrealisierbare Ideale grausamer verspottet (siehe z.B. die ›Phänomenologie‹) als grade der vollendete Idealist Hegel.

Zweitens aber ist es nun einmal nicht zu vermeiden, daß alles, was einen Menschen bewegt, den Durchgang durch seinen Kopf machen muß – sogar Essen und Trinken, das infolge von vermittelst des Kopfs empfundnem Hunger und Durst begonnen und infolge von ebenfalls vermittelst des Kopfs empfundner Sättigung beendigt wird. Die Einwirkungen der Außenwelt auf den Menschen drücken sich in seinem Kopf aus, spiegeln sich darin ab als Gefühle, Gedanken, Triebe, Willensbestimmungen, kurz, als ›ideale Strömungen‹, und werden in dieser Gestalt zu ›idealen Mächten‹. Wenn nun der Umstand, daß dieser Mensch überhaupt ›idealen Strömungen‹ folgt und ›idealen Mächten‹ einen Einfluß auf sich zugesteht – wenn dies ihn zum Idealisten macht, so ist jeder einigermaßen normal entwickelte Mensch ein geborner Idealist, und wie kann es da überhaupt noch Materialisten geben?

Drittens hat die Überzeugung, daß die Menschheit, augenblicklich wenigstens, sich im ganzen und großen in fortschreitender Richtung bewegt, absolut nichts zu tun mit dem Gegensatz von Materialismus und Idealismus. Die französischen Materialisten hatten diese Überzeugung in fast fanatischem Grad, nicht minder als die Deisten Voltaire und Rousseau, und brachten ihr oft genug die größten persönlichen Opfer. Wenn irgend jemand der ›Begeisterung für Wahrheit und Recht‹ – die Phrase im guten Sinn genommen – das ganze Leben weihte, so war es z. B. Diderot. Wenn also Starcke dies alles für Idealismus erklärt, so beweist dies nur, daß das Wort Materialismus und der ganze Gegensatz beider Richtungen für ihn hier allen Sinn verloren hat.

Die Tatsache ist, daß Starcke hier dem von der langjährigen Pfaffenverlästerung her überkommenen Philistervorurteil gegen den Namen Materialismus eine unverzeihliche Konzession macht – wenn auch vielleicht unbewußt. Der Philister versteht unter Materialismus Fressen, Saufen, Augenlust, Fleischeslust und hoffärtiges Wesen, Geldgier, Geiz, Habsucht, Profitmacherei und Börsenschwindel, kurz, alle die schmierigen Laster, denen er selbst im stillen frönt; und unter Idealismus den Glauben an Tugend, allgemeine Menschenliebe und überhaupt eine ›bessere Welt‹, womit er vor andern renommiert, woran er selbst aber höchstens glaubt, solange er den auf seine gewohnheitsmäßigen ›materialistischen‹ Exzesse notwendig folgenden Katzenjammer oder Bankerott durchzumachen pflegt und dazu sein Lieblingslied singt: Was ist der Mensch – halb Tier, halb Engel.

Im übrigen gibt sich Starcke viel Mühe, Feuerbach gegen die Angriffe und Lehrsätze der sich heute unter dem Namen Philosophen in Deutschland breitmachenden Dozenten zu verteidigen. Für Leute, die sich für diese Nachgeburt der klassischen deutschen Philosophie interessieren, ist das gewiß wichtig; für Starcke selbst mochte dies notwendig scheinen. Wir verschonen den Leser damit.

III

Der wirkliche Idealismus Feuerbachs tritt zutage, sobald wir auf seine Religionsphilosophie und Ethik kommen. Er will die Religion keineswegs abschaffen, er will sie vollenden. Die Philosophie selbst soll aufgehn in Religion.

»Die Perioden der Menschheit unterscheiden sich nur durch religiöse Veränderungen. Nur da geht eine geschichtliche Bewegung auf den Grund ein, wo sie auf das Herz des Menschen eingeht. Das Herz ist nicht eine Form der Religion, so daß sie auch im Herzen sein sollte; es ist das Wesen der Religion.«

Religion ist nach Feuerbach das Gefühlsverhältnis, das Herzensverhältnis zwischen Mensch und Mensch, das bisher in einem phantastischen Spiegelbild der Wirklichkeit – in der Vermittlung durch einen oder viele Götter, phantastische Spiegelbilder menschlicher Eigenschaften – seine Wahrheit suchte, jetzt aber in der Liebe zwischen Ich und Du sie direkt und ohne Vermittlung findet. Und so wird bei Feuerbach schließlich die Geschlechtsliebe eine der höchsten, wenn nicht die höchste Form der Ausübung seiner neuen Religion.

Nun haben Gefühlsverhältnisse zwischen den Menschen, namentlich auch zwischen beiden Geschlechtern bestanden, solange es Menschen gibt. Die Geschlechtsliebe speziell hat in den letzten achthundert Jahren eine Ausbildung erhalten und eine Stellung erobert, die sie während dieser Zeit zum obligatorischen Drehzapfen aller Poesie gemacht hat. Die bestehenden positiven Religionen haben sich darauf beschränkt, der staatlichen Regelung der Geschlechtsliebe, d.h. der Ehegesetzgebung, die höhere Weihe zu geben, und können morgen sämtlich verschwinden, ohne daß an der Praxis von Liebe und Freundschaft das Geringste geändert wird. Wie die christliche Religion denn auch in Frankreich von 1793 bis 1798 faktisch so sehr verschwunden war, daß selbst Napoleon sie nicht ohne Widerstreben und Schwierigkeit wieder einführen konnte, ohne daß jedoch während des Zwischenraums das Bedürfnis nach einem Ersatz im Sinn Feuerbachs hervortrat.

Der Idealismus besteht hier bei Feuerbach darin, daß er die auf gegenseitiger Neigung beruhenden Verhältnisse der Menschen zueinander, Geschlechtsliebe, Freundschaft, Mitleid, Aufopferung usw., nicht einfach als das gelten läßt, was sie ohne Rückerinnerung an eine, auch für ihn der Vergangenheit angehörige, besondre Religion aus sich selbst sind, sondern behauptet, sie kämen erst zu ihrer vollen Geltung, sobald man ihnen eine höhere Weihe gibt durch den Namen Religion. Die Hauptsache für ihn ist nicht, daß diese rein menschlichen Beziehungen existieren, sondern daß sie als die neue, wahre Religion aufgefaßt werden. Sie sollen für voll gelten, erst wenn sie religiös abgestempelt sind. Religion kommt her von religare und heißt ursprünglich Verbindung. Also ist jede Verbindung zweier Menschen eine Religion. Solche etymologische Kunststücke bilden das letzte Auskunftsmittel der idealistischen Philosophie. Nicht was das Wort nach der geschichtlichen Entwicklung seines wirklichen Gebrauchs bedeutet, sondern was es der Abstammung nach bedeuten sollte, das soll gelten. Und so wird die Geschlechtsliebe und die geschlechtliche Verbindung in eine ›Religion‹ verhimmelt, damit nur ja nicht das der idealistischen Erinnerung teure Wort Religion aus der Sprache verschwinde. Grade so sprachen in den vierziger Jahren die Pariser Reformisten der Louis Blancschen Richtung, die sich ebenfalls einen Menschen ohne Religion nur als ein Monstrum vorstellen konnten und uns sagten: Donc, l'athéisme c'est votre religion![6] Wenn Feuerbach die wahre Religion auf Grundlage einer wesentlich materialistischen Naturanschauung herstellen will, so heißt das soviel, wie die moderne Chemie als die wahre Alchimie auffassen. Wenn die Religion ohne ihren Gott bestehen kann, dann auch die Alchimie ohne ihren Stein der Weisen. Es besteht übrigens ein sehr enges Band zwischen Alchimie und Religion. Der Stein der Weisen hat viele gottähnliche Eigenschaften, und die ägyptisch-griechischen Alchimisten der ersten beiden Jahrhunderte unserer Zeitrechnung haben bei der Ausbildung der christlichen Doktrin ihr Händchen mit im Spiel gehabt, wie die bei Kopp und Berthelot gegebenen Daten beweisen.

Entschieden falsch ist Feuerbachs Behauptung, daß die

»Perioden der Menschheit sich nur durch religiöse Veränderungen unterscheiden«.

Große geschichtliche Wendepunkte sind von religiösen Veränderungen *begleitet* worden, nur soweit die drei Weltreligionen in Betracht kommen, die bisher bestanden haben: Buddhismus, Christentum, Islam. Die alten naturwüchsig entstandnen Stammes- und Nationalreligionen waren nicht propagandistisch und verloren alle Widerstandskraft, sobald die Selbständigkeit der Stämme und Völker gebrochen war; bei den Germanen genügte sogar die einfache Berührung mit dem verfallenden römischen Weltreich und der von ihm soeben aufgenommenen, seinem ökonomischen, politischen und ideellen Zustand angemeßnen christlichen Weltreligion. Erst bei diesen mehr oder weniger künstlich entstandnen Weltreligionen, namentlich beim Christentum und Islam, finden wir, daß allgemeinere geschichtliche Bewegungen ein religiöses Gepräge annehmen, und selbst auf dem Gebiet des Christentums ist das religiöse Gepräge, für Revolutionen von wirklich universeller Bedeutung, beschränkt auf die ersten Stufen des Emanzipationskampfs der Bourgeoisie, vom dreizehnten bis zum siebzehnten Jahrhundert, und erklärt sich nicht, wie Feuerbach meint, aus dem Herzen des Menschen und seinem Religionsbedürfnis, sondern aus der ganzen mittelalterlichen Vorgeschichte, die keine andere Form der Ideologie kannte als eben die Religion und Theologie. Als aber die Bourgeoisie im 18. Jahrhundert hinreichend erstarkt war, um auch ihre eigne, ihrem Klassenstandpunkt angemeßne Ideologie zu haben, da machte sie ihre große und endgültige Revolution, die französische, unter dem ausschließlichen Appell an juristische und politische Ideen durch und kümmerte sich um die Religion nur so weit, als diese ihr im Wege stand; es fiel ihr aber nicht ein, eine neue Religion an die Stelle der alten zu setzen; man weiß, wie Robespierre damit scheiterte.

Die Möglichkeit rein menschlicher Empfindung im Verkehr mit andern Menschen wird uns heutzutage schon genug verkümmert durch die auf Klassengegensatz und Klassenherrschaft gegründete Gesellschaft, in der wir uns bewegen müssen: Wir haben keinen Grund, sie uns selbst noch mehr zu verkümmern, indem wir diese Empfindungen in eine Religion verhimmeln. Und ebenso wird das Verständnis der geschichtlichen großen Klassenkämpfe von der landläufigen Geschichtschreibung, namentlich in Deutschland, schon hinreichend verdunkelt, auch ohne daß wir nötig hätten, es durch Verwandlung dieser Kampfesgeschichte in einen bloßen Anhang der Kirchengeschichte uns vollends unmöglich zu machen. Schon hier zeigt sich, wie weit wir uns heute von Feuerbach entfernt haben. Seine ›schönsten Stellen‹ zur Feier dieser neuen Liebesreligion sind heute gar nicht mehr lesbar.

Die einzige Religion, die Feuerbach ernstlich untersucht, ist das Christentum, die Weltreligion des Abendlands, die auf dem Monotheismus gegründet ist. Er weist nach, daß der christliche Gott nur der phantastische Reflex, das Spiegelbild des Menschen ist. Nun aber ist dieser Gott selbst das Produkt eines langwierigen Abstraktionsprozesses, die konzentrierte Quintessenz der früheren vielen Stammes- und Nationalgötter. Und dementsprechend ist auch der Mensch, dessen Abbild jener Gott ist, nicht ein wirklicher Mensch, sondern ebenfalls die Quintessenz der vielen wirklichen Menschen, der abstrakte Mensch, also selbst wieder ein Gedankenbild. Derselbe Feuerbach, der auf jeder Seite Sinnlichkeit, Versenkung ins Konkrete, in die Wirklichkeit predigt, er wird durch und durch abstrakt, sowie er auf einen weiteren als den bloß geschlechtlichen Verkehr zwischen den Menschen zu sprechen kommt.

Dieser Verkehr bietet ihm nur eine Seite: die Moral. Und hier frappiert uns wieder die erstaunliche Armut Feuerbachs verglichen mit Hegel. Dessen Ethik oder Lehre von der Sittlichkeit ist die Rechtsphilosophie und umfaßt: 1. das abstrakte Recht, 2. die Moralität, 3. die Sittlichkeit, unter welcher wieder zusammengefaßt sind: die Familie, die bürgerliche Gesellschaft, der Staat. So idealistisch die Form, so realistisch ist hier der Inhalt. Das ganze Gebiet des Rechts, der Ökonomie, der Politik ist neben der Moral hier mit einbegriffen. Bei Feuerbach grade umgekehrt. Er ist der Form nach realistisch, er geht vom Menschen aus; aber von der Welt, worin dieser Mensch lebt, ist absolut nicht die Rede, und so bleibt dieser Mensch stets derselbe abstrakte Mensch, der in der Religionsphilosophie das Wort führte. Dieser Mensch ist eben nicht aus dem Mutterleib geboren, er hat sich aus dem Gott der monotheistischen Religionen entpuppt, er lebt daher auch nicht in einer wirklichen, geschichtlich entstandnen und geschichtlich bestimmten Welt; er verkehrt zwar mit andern Menschen, aber jeder andre ist ebenso abstrakt wie er selbst. In der Religionsphilosophie hatten wir doch noch Mann und Weib, aber in der Ethik verschwindet auch dieser letzte Unterschied. Allerdings kommen bei Feuerbach in weiten Zwischenräumen Sätze vor wie:

»In einem Palast denkt man anders als in einer Hütte.« – »Wo du vor Hunger, vor Elend keinen Stoff im Leibe hast, da hast du auch in deinem Kopfe, in deinem Sinne und Herzen keinen Stoff zur Moral.« – »Die Politik muß unsere Religion werden« usw.

Aber mit diesen Sätzen weiß Feuerbach absolut nichts anzufangen, sie bleiben pure Redensarten, und selbst Starcke muß eingestehn, daß die Politik für Feuerbach eine unpassierbare Grenze war und die

»Gesellschaftslehre, die Soziologie für ihn eine terra incognita[7]«. Ebenso flach erscheint er gegenüber Hegel in der Behandlung des Gegensatzes von Gut und Böse.

»Man glaubt etwas sehr Großes zu sagen – heißt es bei Hegel – wenn man sagt: Der Mensch ist von Natur gut; aber man vergißt, daß man etwas weit Größeres sagt mit den Worten: Der Mensch ist von Natur böse.«

Bei Hegel ist das Böse die Form, worin die Triebkraft der geschichtlichen Entwicklung sich darstellt. Und zwar liegt hierin der doppelte

Sinn, daß einerseits jeder neue Fortschritt notwendig auftritt als Frevel gegen ein Heiliges, als Rebellion gegen die alten, absterbenden, aber durch die Gewohnheit geheiligten Zustände, und andrerseits, daß seit dem Aufkommen der Klassengegensätze es grade die schlechten Leidenschaften der Menschen sind, Habgier und Herrschsucht, die zu Hebeln der geschichtlichen Entwicklung werden, wovon z.B. die Geschichte des Feudalismus und der Bourgeoisie ein einziger fortlaufender Beweis ist. Aber die historische Rolle des moralisch Bösen zu untersuchen, fällt Feuerbach nicht ein. Die Geschichte ist ihm überhaupt ein ungemütliches, unheimliches Feld. Sogar sein Ausspruch:

»Der Mensch, der ursprünglich aus der Natur entsprang, war auch nur ein reines Naturwesen, kein Mensch. Der Mensch ist ein Produkt des Menschen, der Kultur, der Geschichte« –

selbst dieser Ausspruch bleibt bei ihm durchaus unfruchtbar.

Was uns Feuerbach über Moral mitteilt, kann hiernach nur äußerst mager sein. Der Glückseligkeitstrieb ist dem Menschen eingeboren und muß daher die Grundlage aller Moral bilden. Aber der Glückseligkeitstrieb erfährt eine doppelte Korrektur. Erstens durch die natürlichen Folgen unsrer Handlungen: Auf den Rausch folgt der Katzenjammer, auf den gewohnheitsmäßigen Exzeß die Krankheit. Zweitens durch ihre gesellschaftlichen Folgen: Respektieren wir nicht den gleichen Glückseligkeitstrieb der andern, so wehren sie sich und stören unsern eignen Glückseligkeitstrieb. Hieraus folgt, daß wir, um unsern Trieb zu befriedigen, die Folgen unsrer Handlungen richtig abzuschätzen imstande sein und andrerseits die Gleichberechtigung des entsprechenden Triebs bei andern gelten lassen müssen. Rationelle Selbstbeschränkung in Beziehung auf uns selbst und Liebe – immer wieder Liebe! – im Verkehr mit andern sind also die Grundregeln der Feuerbachschen Moral, aus denen alle andern sich ableiten. Und weder die geistvollsten Ausführungen Feuerbachs noch die stärksten Lobsprüche Starckes können die Dünnheit und Plattheit dieser paar Sätze verdecken.

Der Glückseligkeitstrieb befriedigt sich nur sehr ausnahmsweise und keineswegs zu seinem und andrer Leute Vorteil durch die Beschäftigung eines Menschen mit ihm selbst. Sondern er erfordert Beschäftigung mit der Außenwelt, Mittel der Befriedigung, also Nahrung, ein Individuum des andern Geschlechts, Bücher, Unterhaltung, Debatte, Tätigkeit, Gegenstände der Vernutzung und Verarbeitung. Die Feuerbachsche Moral setzt entweder voraus, daß diese Mittel und Gegenstände der Befriedigung jedem Menschen ohne weiteres gegeben sind, oder aber sie gibt ihm nur unanwendbare gute Lehren, ist also keinen Schuß Pulver wert für die Leute, denen diese Mittel fehlen. Und das erklärt Feuerbach selbst in dürren Worten:

»In einem Palast denkt man anders als in einer Hütte.« »Wo du vor Hunger, vor Elend keinen Stoff im Leibe hast, da hast du auch in deinem Kopfe, in deinem Sinne und Herzen keinen Stoff zur Moral.«

Steht es etwa besser mit der Gleichberechtigung des Glückseligkeitstriebs andrer? Feuerbach stellt diese Forderung absolut hin, als gültig für alle Zeiten und Umstände. Aber seit wann gilt sie? War im Altertum zwischen Sklaven und Herren, im Mittelalter zwischen Leibeignen und Baronen je die Rede von Gleichberechtigung des Glückseligkeitstriebs? Wurde nicht der Glückseligkeitstrieb der unterdrückten Klasse rücksichtslos und ›von Rechts wegen‹ dem der herrschenden zum Opfer gebracht? – Ja, das war auch unmoralisch, jetzt aber ist die Gleichberechtigung anerkannt. – Anerkannt in der Phrase, seitdem und sintemal die Bourgeoisie in ihrem Kampf gegen die Feudalität und in der Ausbildung der kapitalistischen Produktion gezwungen war, alle ständischen, d. h. persönlichen Privilegien abzuschaffen und zuerst die privatrechtliche, dann auch allmählich die staatsrechtliche, juristische Gleichberechtigung der Person einzuführen. Aber der Glückseligkeitstrieb lebt nur zum geringsten Teil von ideellen Rechten und zum allergrößten von materiellen Mitteln, und da sorgt die kapitalistische Produktion dafür, daß der großen Mehrzahl der gleichberechtigten Personen nur das zum knappen Leben Notwendige zufällt, respektiert also die Gleichberechtigung des Glückseligkeitstriebs der Mehrzahl kaum, wenn überhaupt, besser, als die Sklaverei oder die Leibeigenschaft dies tat. Und steht es besser in betreff der geistigen Mittel der Glückseligkeit, der Bildungsmittel? Ist nicht selbst ›der Schulmeister von Sadowa‹ eine mythische Person?

Noch mehr. Nach der Feuerbachschen Moraltheorie ist die Fondsbörse der höchste Tempel der Sittlichkeit – vorausgesetzt nur, daß man stets richtig spekuliert. Wenn mein Glückseligkeitstrieb mich auf die Börse führt und ich dort die Folgen meiner Handlungen so richtig erwäge, daß sie mir nur Annehmlichkeit und keinen Nachteil bringen, d. h. daß ich stets gewinne, so ist Feuerbachs Vorschrift erfüllt. Auch greife ich dadurch nicht in den gleichen Glückseligkeitstrieb eines andern ein, denn der andre ist ebenso freiwillig an die Börse gegangen wie ich, ist beim Abschluß des Spekulationsgeschäfts mit mir ebensogut seinem Glückseligkeitstrieb gefolgt wie ich dem meinigen. Und verliert er sein

Geld, so beweist sich eben dadurch seine Handlung, weil schlecht berechnet, als unsittlich, und indem ich an ihm die verdiente Strafe vollstrecke, kann ich mich sogar als moderner Rhadamanthus stolz in die Brust werfen. Auch die Liebe herrscht an der Börse, insoweit sie nicht bloß sentimentale Phrase ist, denn jeder findet im andern die Befriedigung seines Glückseligkeitstriebs, und das ist ja, was die Liebe leisten soll und worin sie praktisch sich betätigt. Und wenn ich da in richtiger Voraussicht der Folgen meiner Operationen, also mit Erfolg spiele, so erfülle ich alle die strengsten Forderungen der Feuerbachschen Moral und werde ein reicher Mann obendrein. Mit andern Worten, Feuerbachs Moral ist auf die heutige kapitalistische Gesellschaft zugeschnitten, so wenig er selbst das wollen oder ahnen mag.

Aber die Liebe! – Ja, die Liebe ist überall und immer der Zaubergott, der bei Feuerbach über alle Schwierigkeiten des praktischen Lebens hinweghelfen soll – und das in einer Gesellschaft, die in Klassen mit diametral entgegengesetzten Interessen gespalten ist. Damit ist denn der letzte Rest ihres revolutionären Charakters aus der Philosophie verschwunden, und es bleibt nur die alte Leier: Liebet euch untereinander, fallt euch in die Arme ohne Unterschied des Geschlechts und des Standes – allgemeiner Versöhnungsdusel!

Kurz und gut. Es geht der Feuerbachschen Moraltheorie wie allen ihren Vorgängerinnen. Sie ist auf alle Zeiten, alle Völker, alle Zustände zugeschnitten, und eben deswegen ist sie nie und nirgends anwendbar und bleibt der wirklichen Welt gegenüber ebenso ohnmächtig wie Kants kategorischer Imperativ. In Wirklichkeit hat jede Klasse, sogar jede Berufsart ihre eigne Moral und bricht auch diese, wo sie es ungestraft tun kann, und die Liebe, die alles einen soll, kommt zu Tag in Kriegen, Streitigkeiten, Prozessen, häuslichem Krakeel, Ehescheidung und möglichster Ausbeutung der einen durch die andern.

Wie aber war es möglich, daß der gewaltige, durch Feuerbach gegebene Anstoß für ihn selbst so unfruchtbar auslief? Einfach dadurch, daß Feuerbach aus dem ihm selbst tödlich verhaßten Reich der Abstraktionen den Weg nicht finden kann zur lebendigen Wirklichkeit. Er klammert sich gewaltsam an die Natur und den Menschen; aber Natur und Mensch bleiben bei ihm bloß Worte. Weder von der wirklichen Natur noch von den wirklichen Menschen weiß er uns etwas Bestimmtes zu sagen. Vom Feuerbachschen abstrakten Menschen kommt man aber nur zu den wirklichen lebendigen Menschen, wenn man sie in der Geschichte handelnd betrachtet. Und dagegen sträubt sich Feuerbach, und daher bedeutet das Jahr 1848, das er nicht begriff, für ihn nur den endgültigen Bruch mit der wirklichen Welt, den Rückzug in die Einsamkeit. Die Schuld hieran tragen wiederum hauptsächlich die deutschen Verhältnisse, die ihn elend verkommen ließen.

Aber der Schritt, den Feuerbach nicht tat, mußte dennoch getan werden; der Kultus des abstrakten Menschen, der den Kern der Feuerbachschen neuen Religion bildete, mußte ersetzt werden durch die Wissenschaft von den wirklichen Menschen und ihrer geschichtlichen Entwicklung. Diese Fortentwicklung des Feuerbachschen Standpunkts über Feuerbach hinaus wurde eröffnet 1845 durch Marx in der ›Heiligen Familie‹.

IV

Strauß, Bauer, Stirner, Feuerbach, das waren die Ausläufer der Hegelschen Philosophie, soweit sie den philosophischen Boden nicht verließen. Strauß hat, nach dem ›Leben Jesu‹ und der ›Dogmatik‹, nur noch philosophische und kirchengeschichtliche Belletristik à la Renan getrieben; Bauer hat nur auf dem Gebiet der Entstehungsgeschichte des Christentums etwas geleistet, aber hier auch Bedeutendes; Stirner blieb ein Kuriosum, selbst nachdem Bakunin ihn mit Proudhon verquickt und diese Verquickung ›Anarchismus‹ getauft hatte; Feuerbach allein war bedeutend als Philosoph. Aber nicht nur blieb die Philosophie, die angeblich über allen besondern Wissenschaften schwebende, sie zusammenfassende Wissenschaftswissenschaft, für ihn eine unüberschreitbare Schranke, ein unantastbar Heiliges; er blieb auch als Philosoph auf halbem Wege stehen, war unten Materialist, oben Idealist; er wurde mit Hegel nicht kritisch fertig, sondern warf ihn als unbrauchbar einfach beiseite, während er selbst, gegenüber dem enzyklopädischen Reichtum des Hegelschen Systems, nichts Positives fertigbrachte als eine schwülstige Liebesreligion und eine magere, ohnmächtige Moral.

Aus der Auflösung der Hegelschen Schule ging aber noch eine andere Richtung hervor, die einzige, die wirklich Früchte getragen hat, und diese Richtung knüpft sich wesentlich an den Namen Marx[8].

Die Trennung von der Hegelschen Philosophie erfolgte auch hier durch die Rückkehr zum materialistischen Standpunkt. Das heißt, man entschloß sich, die wirkliche Welt – Natur und Geschichte – so aufzufassen, wie sie sich selbst einem jeden gibt, der ohne vorgefaßte idealistische Schrullen an sie herantritt; man entschloß sich, jede idealistische Schrulle unbarmherzig zum Opfer zu bringen, die sich mit den in ihrem eignen Zusammenhang, und in keinem phantastischen, aufgefaßten Tatsachen nicht in Einklang bringen ließ. Und weiter heißt Materialismus überhaupt nichts. Nur daß hier zum erstenmal mit der materialistischen Weltanschauung wirklich Ernst gemacht, daß sie auf allen in Frage kommenden Gebieten des Wissens – wenigstens in den Grundzügen – konsequent durchgeführt wurde.

Hegel wurde nicht einfach abseits gelegt; man knüpfte im Gegenteil an an seine oben entwickelte revolutionäre Seite, an die dialektische Methode. Aber diese Methode war in ihrer Hegelschen Form unbrauchbar. Bei Hegel ist die Dialektik die Selbstentwicklung des Begriffs. Der absolute Begriff ist nicht nur von Ewigkeit – unbekannt wo? – vorhanden, er ist auch die eigentliche lebendige Seele der ganzen bestehenden Welt. Er entwickelt sich zu sich selbst durch alle die Vorstufen, die in der ›Logik‹ des breiteren abgehandelt und die alle in ihm eingeschlossen sind; dann ›entäußert‹ er sich, indem er sich in die Natur verwandelt, wo er ohne Bewußtsein seiner selbst, verkleidet als Naturnotwendigkeit eine neue Entwicklung durchmacht und zuletzt im Menschen wieder zum Selbstbewußtsein kommt; dies Selbstbewußtsein arbeitet sich nun in der Geschichte wieder aus dem Rohen heraus, bis endlich der absolute Begriff wieder vollständig zu sich selbst kommt in der Hegelschen Philosophie. Bei Hegel ist also die in der Natur und Geschichte zutage tretende dialektische Entwicklung, d. h. der ursächliche Zusammenhang des, durch alle Zickzackbewegungen und momentanen Rückschritte hindurch, sich durchsetzenden Fortschreitens vom Niedern zum Höhern, nur der Abklatsch der von Ewigkeit her, man weiß nicht wo, aber jedenfalls unabhängig von jedem denkenden Menschenhirn vor sich gehenden Selbstbewegung des Begriffs. Diese ideologische Verkehrung galt es zu beseitigen. Wir faßten die Begriffe unsres Kopfs wieder materialistisch als die Abbilder der wirklichen Dinge, statt die wirklichen Dinge als Abbilder dieser oder jener Stufe des absoluten Begriffs. Damit reduzierte sich die Dialektik auf die Wissenschaft von den allgemeinen Gesetzen der Bewegung, sowohl der äußern Welt wie des menschlichen Denkens – zwei Reihen von Gesetzen, die der Sache nach identisch, dem Ausdruck nach aber insofern verschieden sind, als der menschliche Kopf sie mit Bewußtsein anwenden kann, während sie in der Natur und bis jetzt auch großenteils in der Menschengeschichte sich in unbewußter Weise, in der Form der äußern Notwendigkeit, inmitten einer endlosen Reihe scheinbarer Zufälligkeiten durchsetzen. Damit aber wurde die Begriffsdialektik selbst nur der bewußte Reflex der dialektischen Bewegung der wirklichen Welt, und damit wurde die Hegelsche Dialektik auf den Kopf, oder vielmehr vom Kopf, auf dem sie stand, wieder auf die Füße gestellt. Und diese materialistische Dialektik, die seit Jahren unser bestes Arbeitsmittel und unsere schärfste Waffe war, wurde merkwürdigerweise nicht nur von uns, sondern außerdem noch, unabhängig von uns und selbst von Hegel, wieder entdeckt von einem deutschen Arbeiter, Josef Dietzgen[9].

Hiermit war aber die revolutionäre Seite der Hegelschen Philosophie wieder aufgenommen und gleichzeitig von den idealistischen Verbrämungen befreit, die bei Hegel ihre konsequente Durchführung verhindert hatten. Der große Grundgedanke, daß die Welt nicht als ein Komplex von fertigen *Dingen* zu fassen ist, sondern als ein Komplex von *Prozessen*, worin die scheinbar stabilen Dinge nicht minder wie ihre Gedankenabbilder in unserm Kopf, die Begriffe, eine ununterbrochene Veränderung des Werdens und Vergehens durchmachen, in der bei aller scheinbaren Zufälligkeit und trotz aller momentanen Rückläufigkeit schließlich eine fortschreitende Entwicklung sich durchsetzt – dieser große Grundgedanke ist, namentlich seit Hegel, so sehr in das gewöhnliche Bewußtsein übergegangen, daß er in dieser Allgemeinheit wohl kaum noch Widerspruch findet. Aber ihn in der Phrase anerkennen und ihn in der Wirklichkeit im einzelnen auf jedem zur Untersuchung kommenden Gebiet durchführen, ist zweierlei. Geht man aber bei der Untersuchung stets von diesem Gesichtspunkt aus, so hört die Forderung endgültiger Lösungen und ewiger Wahrheiten ein für allemal auf; man ist sich der notwendigen Beschränktheit aller gewonnenen Erkenntnis stets bewußt, ihrer Bedingtheit durch die Umstände, unter denen sie gewonnen wurde; aber man läßt sich auch nicht mehr imponieren durch die der noch stets landläufigen alten Metaphysik unüberwindlichen Gegensätze von Wahr und Falsch, Gut und Schlecht, Identisch und Verschieden, Notwendig und Zufällig; man weiß, daß diese Gegensätze nur relative Gültigkeit haben, daß das jetzt für wahr Erkannte seine verborgene, später hervortretende falsche Seite ebensogut hat wie das jetzt als falsch Erkannte seine wahre Seite, kraft deren es früher für wahr gelten konnte; daß das behauptete Notwendige sich aus lauter Zufälligkeiten zusammensetzt und das angeblich Zufällige die Form ist, hinter der die Notwendigkeit sich birgt – und so weiter.

Die alte Untersuchungs- und Denkmethode, die Hegel die ›metaphysische‹ nennt, die sich vorzugsweise mit Untersuchung der *Dinge* als gegebener fester Bestände beschäftigte und deren Reste noch stark in den Köpfen spuken, hatte ihrerzeit eine große geschichtliche Berechtigung. Die Dinge mußten erst untersucht werden, ehe die Prozesse untersucht werden konnten. Man mußte erst wissen, was ein beliebiges Ding war, ehe man die an ihm vorgehenden Veränderungen wahrnehmen konnte. Und so war es in der Naturwissenschaft. Die alte Metaphysik, die die Dinge als fertige hinnahm, entstand aus einer Naturwissenschaft, die die toten und lebendigen Dinge als fertige untersuchte. Als aber diese Untersuchung so weit gediehen war, daß der entscheidende Fortschritt möglich wurde, der Übergang zur systematischen Untersuchung der mit diesen Dingen in der Natur selbst vorgehenden Veränderungen, da schlug auch auf philosophischem Gebiet die Sterbestunde der alten Metaphysik. Und in der Tat, wenn die Naturwissenschaft bis Ende des letzten Jahrhunderts vorwiegend *sammelnde* Wissenschaft, Wissenschaft von fertigen Dingen war, so ist sie in unserm Jahrhundert wesentlich *ordnende* Wissenschaft, Wissenschaft von den Vorgängen, vom Ursprung und der Entwicklung dieser Dinge und vom Zusammenhang, der diese Naturvorgänge zu einem großen Ganzen verknüpft. Die Physiologie, die die Vorgänge im pflanzlichen und tierischen Organismus untersucht, die Embryologie, die die Entwicklung des einzelnen Organismus vom Keim bis zur Reife behandelt, die Geologie, die die allmähliche Bildung der Erdoberfläche verfolgt, sie alle sind Kinder unseres Jahrhunderts.

Vor allem sind es aber drei große Entdeckungen, die unsere Kenntnis vom Zusammenhang der Naturprozesse mit Riesenschritten vorangetrieben haben: Erstens die Entdeckung der Zelle als der Einheit, aus deren Vervielfältigung und Differenzierung der ganze pflanzliche und tierische Körper sich entwickelt, so daß nicht nur die Entwicklung und das Wachstum aller höheren Organismen als nach einem einzigen allgemeinen Gesetz vor sich gehend erkannt, sondern auch in der Veränderungsfähigkeit der Zelle der Weg gezeigt ist, auf dem Organismen ihre Art verändern und damit eine mehr als individuelle Entwicklung durchmachen können. – Zweitens die Verwandlung der Energie, die uns alle zunächst in der anorganischen Natur wirksamen sogenannten Kräfte, die mechanische Kraft und ihre Ergänzung, die sogenannte potentielle Energie, Wärme, Strahlung (Licht, resp. strahlende Wärme), Elektrizität, Magnetismus, chemische Energie, als verschiedene Erscheinungsformen der universellen Bewegung nachgewiesen hat, die in bestimmten Maßverhältnissen die eine in die andere übergehn, so daß für die Menge der einen, die verschwindet, eine bestimmte Menge einer andern wiedererscheint und so daß die ganze Bewegung der Natur sich auf diesen unaufhörlichen Prozeß der Verwandlung aus einer Form in die andre reduziert. – Endlich der zuerst von Darwin im Zusammenhang entwickelte Nachweis, daß der heute uns umgebende Bestand organischer Naturprodukte, die Menschen eingeschlossen, das Erzeugnis eines langen Entwicklungsprozesses aus wenigen ursprünglich einzelligen Keimen ist und diese wieder aus, auf chemischem Weg entstandenem, Protoplasma oder Eiweiß hervorgegangen sind.

Dank diesen drei großen Entdeckungen und den übrigen gewaltigen Fortschritten der Naturwissenschaft sind wir jetzt so weit, den Zusammenhang zwischen den Vorgängen in der Natur nicht nur auf den einzelnen Gebieten, sondern auch den der einzelnen Gebiete unter sich im ganzen und großen nachweisen und so ein übersichtliches Bild des Naturzusammenhangs in annähernd systematischer Form, vermittelst der durch die empirische Naturwissenschaft selbst gelieferten Tatsachen darstellen zu können. Dies Gesamtbild zu liefern, war früher die Aufgabe der sogenannten Naturphilosophie. Sie konnte dies nur, indem sie die noch unbekannten wirklichen Zusammenhänge durch ideelle, phantastische ersetzte, die fehlenden Tatsachen durch Gedankenbilder ergänzte, die wirklichen Lücken in der bloßen Einbildung ausfüllte. Sie hat bei diesem Verfahren manche geniale Gedanken gehabt, manche spätern Entdeckungen vorausgeahnt, aber auch beträchtlichen Unsinn zutage gefördert, wie das nicht anders möglich war. Heute, wo man die Resultate der Naturforschung nur dialektisch, d. h. im Sinn ihres eignen Zusammenhangs aufzufassen braucht, um zu einem für unsere Zeit genügenden ›System der Natur‹ zu kommen, wo der dialektische Charakter dieses Zusammenhangs sich sogar den metaphysisch geschulten Köpfen der Naturforscher gegen ihren Willen aufzwingt, heute ist die Naturphilosophie endgültig beseitigt. Jeder Versuch ihrer Wiederbelebung wäre nicht nur überflüssig, *er wäre ein Rückschritt.*

Was aber von der Natur gilt, die hiermit auch als ein geschichtlicher Entwicklungsprozeß erkannt ist, das gilt auch von der Geschichte der Gesellschaft in allen ihren Zweigen und von der Gesamtheit aller der Wissenschaften, die sich mit menschlichen (und göttlichen) Dingen beschäftigen. Auch hier hat die Philosophie der Geschichte, des Rechts, der Religion usw. darin bestanden, daß an die Stelle des in den Ereignissen nachzuweisenden wirklichen Zusammenhangs ein im Kopf des Philosophen gemachter gesetzt wurde, daß die Geschichte im ganzen wie in ihren einzelnen Teilstücken gefaßt wurde als die allmähliche Verwirklichung von Ideen, und zwar natürlich immer nur der Lieblingsideen des Philosophen selbst. Die Geschichte arbeitete hiernach unbewußt, aber mit Notwendigkeit, auf ein gewisses, von vornherein feststehendes ideelles Ziel los, wie z. B. bei Hegel auf die Verwirklichung seiner absoluten Idee, und die unverrückbare Richtung auf diese absolute Idee bildete den innern Zusammenhang in den geschichtlichen Ereignissen. An die Stelle des wirklichen, noch unbekannten Zusammenhangs setzte man somit eine neue – unbewußte oder allmählich zum Bewußtsein kommende – mysteriöse Vorsehung. Hier galt es also, ganz wie auf dem Gebiet der Natur, diese gemachten künstlichen Zusammenhänge zu beseitigen durch die Auffindung der wirklichen; eine Aufgabe, die schließlich darauf hinausläuft, die allgemeinen Bewegungsgesetze zu entdecken, die sich in der Geschichte der menschlichen Gesellschaft als herrschende durchsetzen.

Nun aber erweist sich die Entwicklungsgeschichte der Gesellschaft in einem Punkt als wesentlich verschiedenartig von der der Natur. In der Natur sind es – soweit wir die Rückwirkung der Menschen auf die Natur außer acht lassen – lauter bewußtlose blinde Agenzien, die aufeinander einwirken und in deren Wechselspiel das allgemeine Gesetz zur Geltung kommt. Von allem, was geschieht – weder von den zahllosen scheinbaren Zufälligkeiten, die auf der Oberfläche sichtbar werden, noch von den schließlichen, die Gesetzmäßigkeit innerhalb dieser Zufälligkeiten bewährenden Resultaten –, geschieht nichts als gewollter bewußter Zweck. Dagegen in der Geschichte der Gesellschaft sind die Handelnden lauter mit Bewußtsein begabte, mit Überlegung oder Leidenschaft handelnde, auf bestimmte Zwecke hinarbeitende Menschen; nichts geschieht ohne bewußte Absicht, ohne gewolltes Ziel. Aber dieser Unterschied, so wichtig er für die geschichtliche Untersuchung namentlich einzelner Epochen und Begebenheiten ist, kann nichts ändern an der Tatsache, daß der Lauf der Geschichte durch innere allgemeine Gesetze beherrscht wird. Denn auch hier herrscht auf der Oberfläche, trotz der bewußt gewollten Ziele aller einzelnen, im ganzen und großen scheinbar der Zufall. Nur selten geschieht das Gewollte, in den meisten Fällen durchkreuzen und widerstreiten sich die vielen gewollten Zwecke oder sind diese Zwecke selbst von vornherein undurchführbar oder die Mittel unzureichend. So führen die Zusammenstöße der zahllosen

Einzelwillen und Einzelhandlungen auf geschichtlichem Gebiet einen Zustand herbei, der ganz dem in der bewußtlosen Natur herrschenden analog ist. Die Zwecke der Handlungen sind gewollt, aber die Resultate, die wirklich aus den Handlungen folgen, sind nicht gewollt, oder soweit sie dem gewollten Zweck zunächst doch zu entsprechen scheinen, haben sie schließlich ganz andere als die gewollten Folgen. Die geschichtlichen Ereignisse erscheinen so im ganzen und großen ebenfalls als von der Zufälligkeit beherrscht. Wo aber auf der Oberfläche der Zufall sein Spiel treibt, da wird er stets durch innre verborgne Gesetze beherrscht, und es kommt nur darauf an, diese Gesetze zu entdecken.

Die Menschen machen ihre Geschichte, wie diese auch immer ausfalle, indem jeder seine eignen, bewußt gewollten Zwecke verfolgt, und die Resultante dieser vielen in verschiedenen Richtungen agierenden Willen und ihrer mannigfachen Einwirkung auf die Außenwelt ist eben die Geschichte. Es kommt also auch darauf an, was die vielen einzelnen wollen. Der Wille wird bestimmt durch Leidenschaft oder Überlegung. Aber die Hebel, die wieder die Leidenschaft oder die Überlegung unmittelbar bestimmen, sind sehr verschiedener Art. Teils können es äußere Gegenstände sein, teils ideelle Beweggründe, Ehrgeiz, ›Begeisterung für Wahrheit und Recht‹, persönlicher Haß oder auch rein individuelle Schrullen aller Art. Aber einerseits haben wir gesehn, daß die in der Geschichte tätigen vielen Einzelwillen meist ganz andre als die gewollten – oft geradezu die entgegengesetzten – Resultate hervorbringen, ihre Beweggründe also ebenfalls für das Gesamtergebnis nur von untergeordneter Bedeutung sind. Andrerseits fragt es sich weiter, welche treibenden Kräfte wieder hinter diesen Beweggründen stehn, welche geschichtlichen Ursachen es sind, die sich in den Köpfen der Handelnden zu solchen Beweggründen umformen?

Diese Frage hat sich der alte Materialismus nie vorgelegt. Seine Geschichtsauffassung, soweit er überhaupt eine hat, ist daher auch wesentlich pragmatisch, beurteilt alles nach den Motiven der Handlung, teilt die geschichtlich handelnden Menschen in edle und unedle und findet dann in der Regel, daß die edlen die Geprellten und die unedlen die Sieger sind, woraus dann folgt für den alten Materialismus, daß beim Geschichtsstudium nicht viel Erbauliches herauskommt, und für uns, daß auf dem geschichtlichen Gebiet der alte Materialismus sich selbst untreu wird, weil er die dort wirksamen ideellen Triebkräfte als letzte Ursachen hinnimmt, statt zu untersuchen, was denn hinter ihnen steht, was die Triebkräfte dieser Triebkräfte sind. Nicht darin liegt die Inkonsequenz, daß *ideelle* Triebkräfte anerkannt werden, sondern darin, daß von diesen nicht weiter zurückgegangen wird auf ihre bewegenden Ursachen. Die Geschichtsphilosophie dagegen, wie sie namentlich durch Hegel vertreten wird, erkennt an, daß die ostensiblen und auch die wirklich tätigen Beweggründe der geschichtlich handelnden Menschen keineswegs die letzten Ursachen der geschichtlichen Ereignisse sind, daß hinter diesen Beweggründen andre bewegende Mächte stehn, die es zu erforschen gilt; aber sie sucht diese Mächte nicht in der Geschichte selbst auf, sie importiert sie vielmehr von außen, aus der philosophischen Ideologie, in die Geschichte hinein. Statt die Geschichte des alten Griechenlands aus ihrem eignen, innern Zusammenhang zu erklären, behauptet Hegel z. B. einfach, sie sei weiter nichts als die Herausarbeitung der ›Gestaltung der schönen Individualität‹, die Realisation des ›Kunstwerks‹ als solches. Er sagt viel Schönes und Tiefes bei dieser Gelegenheit über die alten Griechen, aber das hindert nicht, daß wir uns heute nicht mehr abspeisen lassen mit einer solchen Erklärung, die eine bloße Redensart ist.

Wenn es also darauf ankommt, die treibenden Mächte zu erforschen, die – bewußt oder unbewußt, und zwar sehr häufig unbewußt – hinter den Beweggründen der geschichtlich handelnden Menschen stehn und die eigentlichen letzten Triebkräfte der Geschichte ausmachen, so kann es sich nicht so sehr um die Beweggründe bei einzelnen, wenn auch noch so hervorragenden Menschen handeln, als um diejenigen, welche große Massen, ganze Völker und in jedem Volk wieder ganze Volksklassen in Bewegung setzen; und auch dies nicht momentan zu einem vorübergehenden Aufschnellen und rasch verlodernden Strohfeuer, sondern zu dauernder, in einer großen geschichtlichen Veränderung auslaufender Aktion. Die treibenden Ursachen zu ergründen, die sich hier in den Köpfen der handelnden Massen und ihrer Führer – der sogenannten großen Männer – als bewußte Beweggründe klar oder unklar, unmittelbar oder in ideologischer, selbst in verhimmelter Form widerspiegeln – das ist der einzige Weg, der uns auf die Spur der die Geschichte im ganzen und großen wie in den einzelnen Perioden und Ländern beherrschenden Gesetze führen kann. Alles, was die Menschen in Bewegung setzt, muß durch ihren Kopf hindurch; aber welche Gestalt es in diesem Kopf annimmt, hängt sehr von den Umständen ab. Die Arbeiter haben sich keineswegs mit dem kapitalistischen Maschinenbetrieb versöhnt, seitdem sie die Maschinen nicht mehr, wie noch 1848 am Rhein, einfach in Stücke schlagen.

Während aber in allen früheren Perioden die Erforschung dieser treibenden Ursachen der Geschichte fast unmöglich war – wegen der verwickelten und verdeckten Zusammenhänge mit ihren Wirkungen –, hat unsre gegenwärtige Periode diese Zusammenhänge so weit vereinfacht, daß das Rätsel gelöst werden konnte. Seit der Durchführung der großen Industrie, also mindestens seit dem europäischen Frieden von 1815, war es keinem Menschen in England ein Geheimnis mehr, daß dort der ganze politische Kampf sich drehte um die Herrschaftsansprüche zweier Klassen, der grundbesitzenden Aristokratie (landed aristocracy) und der Bourgeoisie (middle class). In Frankreich kam mit der Rückkehr der Bourbonen dieselbe Tatsache zum Bewußtsein; die Geschichtsschreiber der Restaurationszeit von Thierry bis Guizot, Mignet und Thiers sprechen sie überall aus als den Schlüssel zum Verständnis der französischen Geschichte seit dem Mittelalter. Und seit 1830 wurde als dritter Kämpfer um die Herrschaft in beiden Ländern die Arbeiterklasse, das Proletariat, anerkannt. Die Verhältnisse hatten sich so vereinfacht, daß man die Augen absichtlich verschließen mußte, um nicht im Kampf dieser drei großen Klassen und im Widerstreit ihrer Interessen die treibende Kraft der modernen Geschichte zu sehn – wenigstens in den beiden fortgeschrittensten Ländern.

Wie aber waren diese Klassen entstanden? Konnte man auf den ersten Blick dem großen, ehemals feudalen Grundbesitz noch einen Ursprung aus – wenigstens zunächst – politischen Ursachen, aus gewaltsamer Besitzergreifung zuschreiben, so ging das bei der Bourgeoisie und dem Proletariat nicht mehr an. Hier lag der Ursprung und die Entwicklung zweier großer Klassen aus rein ökonomischen Ursachen klar und handgreiflich zutage. Und ebenso klar war es, daß in dem Kampf zwischen Grundbesitz und Bourgeoisie, nicht minder als in dem zwischen Bourgeoisie und Proletariat, es sich in erster Linie um ökonomische Interessen handelte, zu deren Durchführung die politische Macht als bloßes Mittel dienen sollte. Bourgeoisie und Proletariat waren beide entstanden infolge einer Veränderung der ökonomischen Verhältnisse, genauer gesprochen der Produktionsweise. Der Übergang zuerst vom zünftigen Handwerk zur Manufaktur, dann von der Manufaktur zur großen Industrie mit Dampf- und Maschinenbetrieb, hatte diese beiden Klassen entwickelt. Auf einer gewissen Stufe wurden die von der Bourgeoisie in Bewegung gesetzten neuen Produktionskräfte – zunächst die Teilung der Arbeit und die Vereinigung vieler Teilarbeiter in einer Gesamtmanufaktur – und die durch sie entwickelten Austauschbedingungen und Austauschbedürfnisse unverträglich mit der bestehenden, geschichtlich überlieferten und durch Gesetz geheiligten Produktionsordnung, d.h. den zünftigen und den zahllosen andern persönlichen und lokalen Privilegien (die für die nichtprivilegierten Stände ebenso viele Fesseln waren) der feudalen Gesellschaftsverfassung. Die Produktionskräfte, vertreten durch die Bourgeoisie, rebellierten gegen die Produktionsordnung, vertreten durch die feudalen Grundbesitzer und die Zunftmeister; das Ergebnis ist bekannt, die feudalen Fesseln wurden zerschlagen, in England allmählich, in Frankreich mit einem Schlag, in Deutschland ist man noch nicht damit fertig. Wie aber die Manufaktur auf einer bestimmten Entwicklungsstufe in Konflikt kam mit der feudalen, so ist jetzt schon die große Industrie in Konflikt geraten mit der an ihre Stelle gesetzten bürgerlichen Produktionsordnung. Gebunden durch diese Ordnung, durch die engen Schranken der kapitalistischen Produktionsweise, produziert sie einerseits eine sich immer steigernde Proletarisierung der gesamten großen Volksmasse, andrerseits eine immer größere Masse unabsetzbarer Produkte. Überproduktion und Massenelend, jedes die Ursache des andern, das ist der absurde Widerspruch, worin sie ausläuft und der eine Entfesselung der Produktivkräfte durch Änderung der Produktionsweise mit Notwendigkeit fordert.

In der modernen Geschichte wenigstens ist also bewiesen, daß alle politischen Kämpfe Klassenkämpfe, und alle Emanzipationskämpfe von Klassen, trotz ihrer notwendig politischen Form – denn jeder Klassenkampf ist ein politischer Kampf – sich schließlich um *ökonomische* Emanzipation drehen. Hier wenigstens ist also der Staat, die politische Ordnung, das Untergeordnete, die bürgerliche Gesellschaft, das Reich der ökonomischen Beziehungen, das entscheidende Element. Die althergebrachte Anschauung, der auch Hegel huldigt, sah im Staat das bestimmende, in der bürgerlichen Gesellschaft das durch ihn bestimmte Element. Der Schein entspricht dem. Wie beim einzelnen Menschen alle Triebkräfte seiner Handlungen durch seinen Kopf hindurchgehn, sich in Beweggründe seines Willens verwandeln müssen, um ihn zum Handeln zu bringen, so müssen auch alle Bedürfnisse der bürgerlichen Gesellschaft – gleichviel, welche Klasse gerade herrscht – durch den Staatswillen hindurchgehn, um allgemeine Geltung in Form von Gesetzen zu erhalten. Das ist die formelle Seite der Sache, die sich von selbst versteht; es fragt sich nur, welchen Inhalt dieser nur formelle Wille – des einzelnen wie des Staats – hat, und woher dieser Inhalt kommt, warum grade dies und nichts andres gewollt wird. Und wenn wir hiernach fragen, so finden wir, daß in der modernen Geschichte der Staatswille im ganzen und großen bestimmt wird durch die wechselnden Bedürfnisse der bürgerlichen Gesellschaft, durch die Übermacht dieser oder jener Klasse, in letzter Instanz durch die Entwicklung der Produktivkräfte und der Austauschverhältnisse.

Wenn aber schon in unsrer modernen Zeit mit ihren riesigen Produktions- und Verkehrsmitteln der Staat nicht ein selbständiges Gebiet mit selbständiger Entwicklung ist, sondern sein Bestand wie seine Entwicklung in letzter Instanz zu erklären ist aus den ökonomischen Lebensbedingungen der Gesellschaft, so muß dies noch viel mehr gelten für alle früheren Zeiten, wo die Produktion des materiellen Lebens der Menschen noch nicht mit diesen reichen Hilfsmitteln betrieben wurde, wo also die Notwendigkeit dieser Produktion eine noch größere Herrschaft über die Menschen ausüben mußte. Ist der Staat noch heute, zur Zeit der großen Industrie und der Eisenbahnen, im ganzen und großen nur der Reflex, in zusammenfassender Form, der ökonomischen Bedürfnisse der die Produktion beherrschenden Klasse, so mußte er dies noch viel mehr sein zu einer Epoche, wo eine Menschengeneration einen weit größeren Teil ihrer Gesamtlebenszeit auf die Befriedigung ihrer materiellen Bedürfnisse verwenden mußte, also weit abhängiger von ihnen war, als wir heute sind. Die Untersuchung der Geschichte früherer Epochen, sobald sie ernstlich auf diese Seite eingeht, bestätigt dies im reichlichsten Maße; hier kann dies aber selbstredend nicht verhandelt werden.

Wird der Staat und das Staatsrecht durch die ökonomischen Verhältnisse bestimmt, so selbstverständlich auch das Privatrecht, das ja wesentlich nur die bestehenden, unter den gegebenen Umständen normalen ökonomischen Beziehungen zwischen den einzelnen sanktioniert. Die Form, in der dies geschieht, kann aber sehr verschieden sein. Man kann, wie in England im Einklang mit der ganzen nationalen Entwicklung geschah, die Formen des alten feudalen Rechts großenteils beibehalten und ihnen einen bürgerlichen Inhalt geben, ja, dem feudalen Namen direkt einen bürgerlichen Sinn unterschieben; man kann aber auch, wie im kontinentalen Westeuropa, das erste Weltrecht einer Waren produzierenden Gesellschaft, das römische, mit seiner unübertrefflich scharfen Ausarbeitung aller wesentlichen Rechtsbeziehungen einfacher Warenbesitzer (Käufer und Verkäufer, Gläubiger und Schuldner, Vertrag, Obligation usw.) zugrunde legen. Wobei man es zu Nutz und Frommen einer noch kleinbürgerlichen und halbfeudalen Gesellschaft entweder einfach durch die gerichtliche Praxis auf den Stand dieser

Gesellschaft herunterbringen kann (gemeines Recht), oder aber mit Hülfe angeblich aufgeklärter, moralisierender Juristen es in ein, diesem gesellschaftlichen Stand entsprechendes, apartes Gesetzbuch verarbeiten kann, welches unter diesen Umständen auch juristisch schlecht sein wird (preußisches Landrecht); wobei man aber auch, nach einer großen bürgerlichen Revolution, auf Grundlage eben dieses römischen Rechts, ein so klassisches Gesetzbuch der Bourgeoisgesellschaft herausarbeiten kann wie der französische Code civil. Wenn also die bürgerlichen Rechtsbestimmungen nur die ökonomischen Lebensbedingungen der Gesellschaft in Rechtsform ausdrücken, so kann dies je nach Umständen gut oder schlecht geschehen.

Im Staate stellt sich uns die erste ideologische Macht über den Menschen dar. Die Gesellschaft schafft sich ein Organ zur Wahrung ihrer gemeinsamen Interessen gegenüber inneren und äußeren Angriffen. Dies Organ ist die Staatsgewalt. Kaum entstanden, verselbständigt sich dies Organ gegenüber der Gesellschaft, und zwar um so mehr, je mehr es Organ einer bestimmten Klasse wird, die Herrschaft dieser Klasse direkt zur Geltung bringt. Der Kampf der unterdrückten gegen die herrschende Klasse wird notwendig ein politischer, ein Kampf zunächst gegen die politische Herrschaft dieser Klasse; das Bewußtsein des Zusammenhangs dieses politischen Kampfes mit seiner ökonomischen Unterlage wird dumpfer und kann ganz verlorengehen. Wo dies auch nicht bei den Beteiligten vollständig der Fall ist, geschieht es fast immer bei den Geschichtsschreibern. Von den alten Quellen über die Kämpfe innerhalb der römischen Republik sagt uns nur Appian klar und deutlich, um was es sich schließlich handelte – nämlich um das Grundeigentum.

Der Staat aber, einmal eine selbständige Macht geworden gegenüber der Gesellschaft, erzeugt alsbald eine weitere Ideologie. Bei den Politikern von Profession, bei den Theoretikern des Staatsrechts und den Juristen des Privatrechts nämlich geht der Zusammenhang mit den ökonomischen Tatsachen erst recht verloren. Weil in jedem einzelnen Falle die ökonomischen Tatsachen die Form juristischer Motive annehmen müssen, um in Gesetzesform sanktioniert zu werden, und weil dabei auch selbstverständlich Rücksicht zu nehmen ist auf das ganze schon geltende Rechtssystem, deswegen soll nun die juristische Form alles sein und der ökonomische Inhalt nichts. Staatsrecht und Privatrecht werden als selbständige Gebiete behandelt, die ihre unabhängige geschichtliche Entwicklung haben, die in sich selbst einer systematischen Darstellung fähig sind und ihrer bedurfen durch konsequente Ausrottung aller inneren Widersprüche.

Noch höhere, d.h. noch mehr von der materiellen, ökonomischen Grundlage sich entfernende Ideologien nehmen die Form der Philosophie und der Religion an. Hier wird der Zusammenhang der Vorstellungen mit ihren materiellen Daseinsbedingungen immer verwickelter, immer mehr durch Zwischenglieder verdunkelt. Aber er existiert. Wie die ganze Renaissancezeit, seit Mitte des 15. Jahrhunderts, ein wesentliches Produkt der Städte, also des Bürgertums war, so auch die seitdem neuerwachte Philosophie; ihr Inhalt war wesentlich nur der philosophische Ausdruck der der Entwicklung des Klein- und Mittelbürgertums zur großen Bourgeoisie entsprechenden Gedanken. Bei den Engländern und Franzosen des vorigen Jahrhunderts, die vielfach ebensowohl politische Ökonomen wie Philosophen waren, tritt dies klar hervor, und bei der Hegelschen Schule haben wir es oben nachgewiesen.

Gehn wir indes nur noch kurz auf die Religion ein, weil diese dem materiellen Leben am fernsten steht und am fremdesten zu sein scheint. Die Religion ist entstanden zu einer sehr waldursprünglichen Zeit aus mißverständlichen, waldursprünglichen Vorstellungen der Menschen über ihre eigne und die sie umgebende äußere Natur. Jede Ideologie entwickelt sich aber, sobald sie einmal vorhanden, im Anschluß an den gegebenen Vorstellungsstoff, bildet ihn weiter aus; sie wäre sonst keine Ideologie, d.h. Beschäftigung mit Gedanken als mit selbständigen, sich unabhängig entwickelnden, nur ihren eignen Gesetzen unterworfnen Wesenheiten. Daß die materiellen Lebensbedingungen der Menschen, in deren Köpfen dieser Gedankenprozeß vor sich geht, den Verlauf dieses Prozesses schließlich bestimmen, bleibt diesen Menschen notwendig unbewußt, denn sonst wäre es mit der ganzen Ideologie am Ende. Diese ursprünglichen religiösen Vorstellungen also, die meist für jede verwandte Völkergruppe gemeinsam sind, entwickeln sich, nach der Trennung der Gruppe, bei jedem Volk eigentümlich, je nach den ihm beschiednen Lebensbedingungen, und dieser Prozeß ist für eine Reihe von Völkergruppen, namentlich für die arische (sog. indo-europäische) im einzelnen nachgewiesen durch die vergleichende Mythologie. Die so bei jedem Volk herausgearbeiteten Götter waren Nationalgötter, deren Reich nicht weiter ging als das von ihnen zu schützende nationale Gebiet, jenseits dessen Grenzen andre Götter unbestritten das große Wort führten. Sie konnten nur in der Vorstellung fortleben, solange die Nation bestand; sie fielen mit deren Untergang. Diesen Untergang der alten Nationalitäten brachte das römische Weltreich, dessen ökonomische Entstehungsbedingungen wir hier nicht zu untersuchen haben. Die alten Nationalgötter kamen in Verfall, selbst die römischen, die eben auch nur auf den engen Kreis der Stadt Rom zugeschnitten waren; das Bedürfnis, das Weltreich zu ergänzen durch eine Weltreligion, tritt klar hervor in den Versuchen, allen irgendwie respektablen fremden Göttern neben den einheimischen in Rom Anerkennung und Altäre zu schaffen. Aber eine neue Weltreligion macht sich nicht in dieser Art durch kaiserliche Dekrete. Die neue Weltreligion, das Christentum, war im stillen bereits entstanden aus einer Mischung verallgemeinerter orientalischer, namentlich jüdischer Theologie und vulgarisierter griechischer, namentlich stoischer Philosophie. Wie es ursprünglich aussah, müssen wir erst wieder mühsam erforschen, da seine uns überlieferte offizielle Gestalt nur diejenige ist, in der es Staatsreligion und diesem Zweck durch das Nicänische Konzil angepaßt wurde. Genug, die Tatsache, daß es schon nach 250 Jahren Staatsreligion wurde, beweist, daß es die den Zeitumständen entsprechende Religion war. Im Mittelalter bildete es sich genau im Maß, wie der Feudalismus sich entwickelte, zu der diesem entsprechenden Religion aus, mit entsprechender feudaler Hierarchie. Und als das Bürgertum aufkam, entwickelte sich im Gegensatz zum feudalen Katholizismus die protestantische Ketzerei, zuerst in Südfrankreich bei den Albigensern, zur Zeit der höchsten Blüte der dortigen Städte. Das Mittelalter hatte alle übrigen Formen der Ideologie: Philosophie, Politik, Jurisprudenz, an die Theologie annektiert, zu Unterabteilungen der Theologie gemacht. Es zwang damit jede gesellschaftliche und politische Bewegung, eine theologische Form anzunehmen; den ausschließlich mit Religion gefütterten Gemütern der Massen mußten ihre eignen Interessen in religiöser Verkleidung vorgeführt werden, um einen großen Sturm zu erzeugen. Und wie das Bürgertum von Anfang an einen Anhang von besitzlosen, keinem anerkannten Stand angehörigen städtischen Plebejern, Tagelöhnern und Dienstleuten aller Art erzeugte, Vorläufern des spätern Proletariats, so teilt sich auch die Ketzerei schon früh in eine bürgerlich-gemäßigte und eine plebejisch-revolutionäre, auch von den bürgerlichen Ketzern verabscheute.

Die Unvertilgbarkeit der protestantischen Ketzerei entsprach der Unbesiegbarkeit des aufkommenden Bürgertums; als dies Bürgertum hinreichend erstarkt war, begann sein bisher vorwiegend lokaler Kampf mit dem Feudaladel nationale Dimensionen anzunehmen. Die erste große Aktion fand in Deutschland statt – die sogenannte Reformation.

Das Bürgertum war weder stark noch entwickelt genug, um die übrigen rebellischen Stände – wie Plebejer der Städte, den niederen Adel und die Bauern auf dem Lande – unter seiner Fahne vereinigen zu können. Der Adel wurde zuerst geschlagen; die Bauern erhoben sich zu einem Aufstand, der den Gipfelpunkt dieser ganzen revolutionären Bewegung bildet; die Städte ließen sie im Stich, und so erlag die Revolution den Heeren der Landesfürsten, die den ganzen Gewinn einstrichen. Von da an verschwindet Deutschland auf drei Jahrhunderte aus der Reihe der selbständig in die Geschichte eingreifenden Länder. Aber neben dem Deutschen Luther hatte der Franzose Calvin gestanden; mit echt französischer Schärfe stellte er den bürgerlichen Charakter der Reformation in den Vordergrund, republikanisierte und demokratisierte die Kirche. Während die lutherische Reformation in Deutschland versumpfte und Deutschland zugrunde richtete, diente die calvinische den Republikanern in Genf, in Holland, in Schottland als Fahne, machte Holland von Spanien und vom Deutschen Reiche frei und lieferte das ideologische Kostüm zum zweiten Akt der bürgerlichen Revolution, der in England vor sich ging. Hier bewährte sich der Calvinismus als die echte religiöse Verkleidung der Interessen des damaligen Bürgertums und kam deshalb auch nicht zu voller Anerkennung, als die Revolution 1689 durch einen Kompromiß eines Teils des Adels mit den Bürgern vollendet wurde. Die englische Staatskirche wurde wiederhergestellt, aber nicht in ihrer frühern Gestalt, als Katholizismus mit dem König zum Papst, sondern stark calvinisiert. Die alte Staatskirche hatte den lustigen katholischen Sonntag gefeiert und den langweiligen calvinistischen bekämpft, die neue verbürgerte führte diesen ein, und er verschönert England noch jetzt.

In Frankreich wurde die calvinistische Minorität 1685 unterdrückt, katholisiert oder weggejagt; aber was half's? Schon damals war der Freigeist Pierre Bayle mitten in der Arbeit, und 1694 wurde Voltaire geboren. Die Gewaltmaßregel Ludwigs XIV. erleichterte nur dem französischen Bürgertum, daß es seine Revolution in der, der entwickelten Bourgeoisie allein angemessenen irreligiösen, ausschließlich politischen Form machen konnte. Statt Protestanten saßen Freigeister in den Nationalversammlungen. Dadurch war das Christentum in sein letztes Stadium getreten. Es war unfähig geworden, irgendeiner progressiven Klasse fernerhin als ideologische Verkleidung ihrer Strebungen zu dienen; es wurde mehr und mehr Alleinbesitz der herrschenden Klassen, und diese wenden es an als bloßes Regierungsmittel, womit die untern

Klassen in Schranken gehalten werden. Wobei dann jede der verschiednen Klassen ihre eigne entsprechende Religion benutzt: die grundbesitzenden Junker die katholische Jesuiterei oder protestantische Orthodoxie, die liberalen und radikalen Bourgeois den Rationalismus; und wobei es keinen Unterschied macht, ob die Herren an ihre respektiven Religionen selbst glauben oder auch nicht.

Wir sehn also: Die Religion, einmal gebildet, enthält stets einen überlieferten Stoff, wie denn auf allen ideologischen Gebieten die Tradition eine große konservative Macht ist. Aber die Veränderungen, die mit diesem Stoff vorgehn, entspringen aus den Klassenverhältnissen, also aus den ökonomischen Verhältnissen der Menschen, die diese Veränderungen vornehmen. Und das ist hier hinreichend. –

Es kann sich im Vorstehenden nur um einen allgemeinen Umriß der Marxschen Geschichtsauffassung handeln, höchstens noch um einige Illustrationen. Der Beweis ist an der Geschichte selbst zu liefern, und da darf ich wohl sagen, daß er in andern Schriften bereits hinreichend geliefert ist. Diese Auffassung macht aber der Philosophie auf dem Gebiet der Geschichte ebenso ein Ende, wie die dialektische Auffassung der Natur alle Naturphilosophie ebenso unnötig wie unmöglich macht. Es kommt überall nicht mehr darauf an, Zusammenhänge im Kopf auszudenken, sondern sie in den Tatsachen zu entdecken. Für die aus Natur und Geschichte vertriebne Philosophie bleibt dann nur noch das Reich des reinen Gedankens, soweit es noch übrig: die Lehre von den Gesetzen des Denkprozesses selbst, die Logik und Dialektik.

Mit der Revolution von 1848 erteilte das ›gebildete‹ Deutschland der Theorie den Absagebrief und ging über auf den Boden der Praxis. Das auf der Handarbeit beruhende Kleingewerbe und die Manufaktur wurden ersetzt durch eine wirkliche große Industrie; Deutschland erschien wieder auf dem Weltmarkt; das neue kleindeutsche Reich beseitigte wenigstens die schreiendsten Mißstände, die die Kleinstaaterei, die Reste des Feudalismus und die bürokratische Wirtschaft dieser Entwicklung in den Weg gelegt hatten. Aber in demselben Maß, wie die Spekulation aus der philosophischen Studierstube auszog, um ihren Tempel zu errichten auf der Fondsbörse, in demselben Maß ging auch dem gebildeten Deutschland jener große theoretische Sinn verloren, der der Ruhm Deutschlands während der Zeit seiner tiefsten politischen Erniedrigung gewesen war – der Sinn für rein wissenschaftliche Forschung, gleichviel, ob das erreichte Resultat praktisch verwertbar war oder nicht, polizeiwidrig oder nicht. Zwar hielt sich die deutsche offizielle Naturwissenschaft, namentlich auf dem Gebiet der Einzelforschung, auf der Höhe der Zeit, aber schon das amerikanische Journal ›Science‹ bemerkt mit Recht, daß die entscheidenden Fortschritte auf dem Gebiet der großen Zusammenhänge zwischen den Einzeltatsachen, ihre Verallgemeinerung zu Gesetzen, jetzt weit mehr in England gemacht werden, statt wie früher in Deutschland. Und auf dem Gebiet der historischen Wissenschaften, die Philosophie eingeschlossen, ist mit der klassischen Philosophie der alte theoretisch-rücksichtslose Geist erst recht verschwunden; gedankenloser Eklektizismus, ängstliche Rücksicht auf Karriere und Einkommen bis herab zum ordinärsten Strebertum sind an seine Stelle getreten. Die offiziellen Vertreter dieser Wissenschaft sind die unverhüllten Ideologen der Bourgeoisie und des bestehenden Staats geworden – aber zu einer Zeit, wo beide im offnen Gegensatz stehn zur Arbeiterklasse.

Und nur bei der Arbeiterklasse besteht der deutsche theoretische Sinn unverkümmert fort. Hier ist er nicht auszurotten; hier finden keine Rücksichten statt auf Karriere, auf Profitmacherei, auf gnädige Protektion von oben; im Gegenteil, je rücksichtsloser und unbefangener die Wissenschaft vorgeht, desto mehr befindet sie sich im Einklang mit den Interessen und Strebungen der Arbeiter. Die neue Richtung, die in der Entwicklungsgeschichte der Arbeit den Schlüssel erkannte zum Verständnis der gesamten Geschichte der Gesellschaft, wandte sich von vornherein vorzugsweise an die Arbeiterklasse und fand hier die Empfänglichkeit, die sie bei der offiziellen Wissenschaft weder suchte noch erwartete. Die deutsche Arbeiterbewegung ist die Erbin der deutschen klassischen Philosophie.

Friedrich Engels

[Briefe über materialistische Geschichtsinterpretation]

212. Engels an P. Ernst

London, 5. Juni 1890

... Was Ihren Versuch, die Sache materialistisch zu behandlen, angeht, so muß ich vor allem sagen, daß die materialistische Methode in ihr Gegenteil umschlägt, wenn sie nicht als Leitfaden beim historischen Studium behandelt wird, sondern als fertige Schablone, wonach man sich die historischen Tatsachen zurechtschneidet. Und wenn Herr Bahr Sie auf diesem Holzweg zu ertappen glaubt, so scheint er mir einen kleinen Schatten von Recht für sich zu haben.

Sie fassen ganz Norwegen und alles, was dort geschieht, zusammen unter die eine Kategorie: Spießbürgertum, und schieben dann diesem norwegischen Spießbürgertum unbedenklich Ihre Anschauung vom *deutschen* Spießbürgertum unter. Da stellen sich nun zwei Tatsachen quer in den Weg.

Erstens, als in ganz Europa der Sieg über Napoleon sich als Sieg der Reaktion über die Revolution darstellte und nur in ihrem französischen Vaterland die Revolution noch so viel Angst einflößte, um der rückkehrenden Legitimität eine bürgerlich-liberale Verfassung abzunötigen, da fand Norwegen die Gelegenheit, sich eine Verfassung zu erobern, weit demokratischer als irgendeine gleichzeitige in Europa.

Und zweitens hat Norwegen in den letzten 20 Jahren einen literarischen Aufschwung erlebt, wie ihn außer Rußland kein andres Land gleichzeitig aufweisen kann. Spießbürger oder nicht, die Leute leisten weit mehr als die andern und prägen ihren Stempel auch andern Literaturen auf, nicht zum mindesten der deutschen.

Diese Tatsachen machen es in meinen Augen nötig, das norwegische Spießbürgertum einigermaßen auf seine Besonderheiten zu untersuchen.

Und da werden Sie wahrscheinlich finden, daß ein sehr wesentlicher Unterschied zutage tritt. In Deutschland ist das Spießbürgertum Frucht einer gescheiterten Revolution, einer unterbrochnen, zurückgedrängten Entwicklung, und hat seinen eigentümlichen, abnorm ausgebildeten Charakter der Feigheit, Borniertheit, Hilflosigkeit und Unfähigkeit zu jeder Initiative erhalten durch den Dreißigjährigen Krieg und die ihm folgende Zeit – wo grad fast alle andren großen Völker sich rasch emporschwangen. Dieser Charakter ist ihm geblieben, auch als die historische Bewegung Deutschland wieder ergriff; er war stark genug, sich auch allen andren deutschen Gesellschaftsklassen mehr oder minder als allgemein deutscher Typus aufzudrücken, bis endlich unsre Arbeiterklasse diese engen Schranken durchbrach. Die deutschen Arbeiter sind grade darin am ärgsten ›vaterlandslos‹, daß sie die spießbürgerliche deutsche Borniertheit total abgeschüttelt haben.

Das deutsche Spießbürgertum ist also keine normale historische Phase, sondern eine auf die Spitze getriebene Karikatur, ein Stück Degeneration, grade wie der polnische Jude die Karikatur der Juden ist. Der englische, französische etc. Kleinbürger steht keineswegs mit dem deutschen auf gleichem Niveau.

In Norwegen dagegen ist Kleinbauerntum und Kleinbürgertum mit einer geringen Beimischung von Mittelbürgertum – wie es etwa in England und Frankreich im 17. Jahrhundert bestand – seit mehreren Jahrhunderten der Normalzustand der Gesellschaft. Hier ist nicht die Rede von gewaltsamem Zurückwerfen in veraltete Zustände durch eine gescheiterte große Bewegung und einen Dreißigjährigen Krieg. Das Land ist durch Isolierung und Naturbedingungen zurückgeblieben, aber sein Zustand war vollständig seinen Produktionsbedingungen angemessen und daher normal. Erst ganz neuerdings kommt ein ganz klein wenig große Industrie sporadisch ins Land, aber für den stärksten Hebel der Kapitalkonzentration, die Börse, ist kein Raum, und dann wirkt konservierend gerade die gewaltige Ausdehnung des Seehandels. Denn während überall anderswo der Dampf die Segelschiffe verdrängt, dehnt Norwegen seine Segelschiffahrt enorm aus und hat, wo nicht die größte, sicher die zweitgrößte Segelflotte der Welt, meist im Besitz kleiner und mittlerer Reeder, wie in England sage um 1720. Aber doch ist damit Bewegung in die alte stockende Existenz gekommen, und diese Bewegung drückt sich wohl aus im literarischen Aufschwung.

Der norwegische Bauer war *nie leibeigen*, und das gibt der ganzen Entwicklung, ähnlich wie in Kastilien, einen ganz andren Hintergrund. Der norwegische Kleinbürger ist der Sohn des freien Bauern und ist unter diesen Umständen ein *Mann* gegenüber dem verkommenen deutschen Spießer. Und so auch steht die norwegische Kleinbürgerin himmelhoch über der deutschen Spießersgattin. Und was auch die Fehler z. B. der Ibsenschen Dramen sein mögen, sie spiegeln uns eine zwar kleine und mittelbürgerliche, aber von der deutschen himmelweit verschiedne Welt wider, eine Welt, worin die Leute noch Charakter haben und Initiative und selbständig, wenn auch nach auswärtigen Begriffen oft absonderlich, handeln. So etwas ziehe ich vor, gründlich kennenzulernen, ehe ich aburteile ...

213. Engels an C. Schmidt

London, 5. August 1890

... Überhaupt dient das Wort ›materialistisch‹ in Deutschland vielen jüngeren Schriftstellern als eine einfache Phrase, womit man alles und jedes ohne weiteres Studium etikettiert, d.h. diese Etikette aufklebt und dann die Sache abgetan zu haben glaubt. Unsere Geschichtsauffassung aber ist vor allem eine Anleitung beim Studium, kein Hebel der Konstruktion à la Hegelianertum. Die ganze Geschichte muß neu studiert werden, die Daseinsbedingungen der verschiednen Gesellschaftsformationen müssen im einzelnen untersucht werden, ehe man versucht, die politischen, privatrechtlichen, ästhetischen, philosophischen, religiösen etc. Anschauungsweisen, die ihnen entsprechen, aus ihnen abzuleiten. Darin ist bis jetzt nur wenig geschehn, weil nur wenige sich ernstlich darangesetzt haben. Darin können wir Hilfe in Massen brauchen, das Gebiet ist unendlich groß, und wer ernstlich arbeiten will, kann viel leisten und sich auszeichnen. Statt dessen aber dient die Phrase des historischen Materialismus (man kann eben *alles* zur Phrase machen) nur zu vielen jüngeren Deutschen nur dazu, ihre eignen relativ dürftigen historischen Kenntnisse – die ökonomische Geschichte liegt ja noch in den Windeln! – schleunigst systematisch zurechtzukonstruieren und sich dann sehr gewaltig vorzukommen. Und dann kann denn ein Barth kommen und die Sache selbst angreifen, die in seiner Umgebung allerdings zur bloßen Phrase degradiert worden ist.

Indes, was wird sich alles schon ausgleichen. Wir sind jetzt in Deutschland stark genug, um viel vertragen zu können. Einer der größten Dienste, die uns das Sozialistengesetz tat, war, uns von der Zudringlichkeit des sozialistisch angehauchten deutschen Studiosus zu befreien. Wir sind jetzt stark genug, auch den deutschen Studiosus verdauen zu können, der sich wieder sehr breitmacht. Sie, der Sie wirklich etwas geleistet haben, müssen selbst bemerkt haben, wie wenige von den jungen Literaten, die sich an die Partei hängen, sich die Mühe geben, Ökonomie, Geschichte der Ökonomie, Geschichte des Handels, der Industrie, des Ackerbaus, der Gesellschaftsformationen zu treiben. Wie viele kennen von Maurer mehr als den Namen! Die Süffisanz des Journalisten muß da alles leisten, und es ist auch danach. Es ist manchmal, als glauben diese Herren, es sei alles gut genug für die Arbeiter. Wenn diese Herren wüßten, wie Marx seine besten Sachen noch immer nicht gut genug für die Arbeiter hielt, wie er für ein Verbrechen ansah, den Arbeitern etwas Geringeres als das Allerbeste zu bieten! ...

214. Engels an J. Bloch

London, 21./22. September 1890

... Nach materialistischer Geschichtsauffassung ist das in *letzter Instanz* bestimmende Moment in der Geschichte die Produktion und Reproduktion des wirklichen Lebens. Mehr hat weder Marx noch ich je behauptet. Wenn nun jemand das dahin verdreht, das ökonomische Moment sei das *einzig* bestimmende, so verwandelt er jenen Satz in eine nichtssagende, abstrakte, absurde Phrase. Die ökonomische Lage ist die Basis, aber die verschiedenen Momente des Überbaus – politische Formen des Klassenkampfs und seine Resultate – Verfassungen, nach gewonnener Schlacht durch die siegende Klasse festgestellt usw. – Rechtsformen und nun gar die Reflexe aller dieser wirklichen Kämpfe im Gehirn der Beteiligten, politische, juristische, philosophische Theorien, religiöse Anschauungen und deren Weiterentwickelung zu Dogmensystemen üben auch ihre Einwirkung auf den Verlauf der geschichtlichen Kämpfe aus und bestimmen in vielen Fällen vorwiegend deren *Form*. Es ist eine Wechselwirkung aller dieser Momente, worin schließlich durch alle die unendliche Menge von Zufälligkeiten (d.h. von Dingen und Ereignissen, deren innerer Zusammenhang untereinander so entfernt oder so unnachweisbar ist, daß wir ihn als nicht vorhanden betrachten, vernachlässigen können) als Notwendiges die ökonomische Bewegung sich durchsetzt. Sonst wäre die Anwendung der Theorie auf eine beliebige Geschichtsperiode ja leichter als die Lösung einer einfachen Gleichung ersten Grades.

Wir machen unsere Geschichte selbst, aber erstens unter sehr bestimmten Voraussetzungen und Bedingungen. Darunter sind die ökonomischen die schließlich entscheidenden. Aber auch die politischen usw., ja selbst die in den Köpfen der Menschen spukende Tradition, spielen eine Rolle, wenn auch nicht die entscheidende. Der preußische Staat ist auch durch historische, in letzter Instanz ökonomische Ursachen entstanden und fortentwickelt. Es wird sich aber kaum ohne

Pedanterie behaupten lassen, daß unter den vielen Kleinstaaten Norddeutschlands gerade Brandenburg durch ökonomische Notwendigkeit und nicht auch durch andere Momente (vor allem seine Verwicklung, durch den Besitz von Preußen, mit Polen und dadurch mit internationalen politischen Verhältnissen – die ja auch bei der Bildung der österreichischen Hausmacht entscheidend sind) dazu bestimmt war, die Großmacht zu werden, in der sich der ökonomische, sprachliche und seit der Reformation auch religiöse Unterschied des Nordens vom Süden verkörperte. Es wird schwerlich gelingen, die Existenz jedes deutschen Kleinstaates der Vergangenheit und Gegenwart oder den Ursprung der hochdeutschen Lautverschiebung, die die geographische, durch die Gebirge von den Sudeten bis zum Taunus gebildete Scheidewand zu einem förmlichen Riß durch Deutschland erweiterte, ökonomisch zu erklären, ohne sich lächerlich zu machen.

Zweitens aber macht sich die Geschichte so, daß das Endresultat stets aus den Konflikten vieler Einzelwillen hervorgeht, wovon jeder wieder durch eine Menge besonderer Lebensbedingungen zu dem gemacht wird, was er ist; es sind also unzählige einander durchkreuzende Kräfte, eine unendliche Gruppe von Kräfteparallelogrammen, daraus eine Resultante – das geschichtliche Ergebnis – hervorgeht, die selbst wieder als das Produkt einer, als Ganzes, *bewußtlos* und willenlos wirkenden Macht angesehen werden kann. Denn was jeder einzelne will, wird von jedem andern verhindert, und was herauskommt, ist etwas, das keiner gewollt hat. So verläuft die bisherige Geschichte nach Art eines Naturprozesses und ist auch wesentlich denselben Bewegungsgesetzen unterworfen. Aber daraus, daß die einzelnen Willen – von denen jeder das will, wozu ihn Körperkonstitution und äußere, in letzter Instanz ökonomische Umstände (entweder seine eignen persönlichen oder allgemeingesellschaftliche) treiben – nicht das erreichen, was sie wollen, sondern zu einem Gesamtdurchschnitt, einer gemeinsamen Resultante verschmelzen, daraus darf doch nicht geschlossen werden, daß sie = 0 zu setzen sind. Im Gegenteil, jeder trägt zur Resultante bei und ist insofern in ihr einbegriffen.

Des weiteren möchte ich Sie bitten, diese Theorie in den Originalquellen und nicht aus zweiter Hand zu studieren, es ist wirklich viel leichter. Marx hat kaum etwas geschrieben, wo sie nicht eine Rolle spielt. Besonders aber ist ›*Der achtzehnte Brumaire des Louis Bonaparte*‹ ein ganz ausgezeichnetes Beispiel ihrer Anwendung. Ebenso sind im ›*Kapital*‹ viele Hinweise. Dann darf ich Sie auch wohl verweisen auf meine

Schriften, ›Herrn Eugen Dührings Umwälzung der Wissenschaft‹ und ›Ludwig Feuerbach und der Ausgang der klassischen deutschen Philosophie‹, wo ich die ausführlichste Darlegung des historischen Materialismus gegeben habe, die meines Wissens existiert.

Daß von den Jüngeren zuweilen mehr Gewicht auf die ökonomische Seite gelegt wird, als ihr zukommt, haben Marx und ich teilweise selbst verschulden müssen. Wir hatten den Gegnern gegenüber das von diesen geleugnete Hauptprinzip zu betonen, und da war nicht immer Zeit, Ort und Gelegenheit, die übrigen an der Wechselwirkung beteiligten Momente zu ihrem Recht kommen zu lassen. Aber sowie es zur Darstellung eines historischen Abschnitts, also zur praktischen Anwendung kam, änderte sich die Sache, und da war kein Irrtum möglich. Es ist leider nur zu häufig, daß man glaubt, eine neue Theorie vollkommen verstanden zu haben und ohne weiteres handhaben zu können, sobald man die Hauptsätze sich angeeignet hat, und das auch nicht immer richtig. Und diesen Vorwurf kann ich manchem der neueren »Marxisten« nicht ersparen, und es ist da dann auch wunderbares Zeug geleistet worden ...

215. Engels an C. Schmidt

London, 27. Oktober 1890

... Die Sache [der ›historische Materialismus‹/F.] faßt sich am leichtesten vom Standpunkt der Teilung der Arbeit. Die Gesellschaft erzeugt gewisse gemeinsame Funktionen, deren sie nicht entraten kann. Die hierzu ernannten Leute bilden einen neuen Zweig der Teilung der Arbeit *innerhalb der Gesellschaft*. Sie erhalten damit besondre Interessen auch gegenüber ihren Mandataren, sie verselbständigen sich ihnen gegenüber, und – der Staat ist da. Und nun geht es ähnlich wie beim Warenhandel und später beim Geldhandel: Die neue selbständige Macht hat zwar im ganzen und großen der Bewegung der Produktion zu folgen, reagiert aber auch, kraft der ihr innewohnenden, d. h. ihr einmal übertragnen und allmählich weiterentwickelten relativen Selbständigkeit, wiederum auf die Bedingungen und den Gang der Produktion. Es ist Wechselwirkung zweier ungleicher Kräfte, der ökonomischen Bewegung auf der einen, der nach möglichster Selbständigkeit strebenden und, weil einmal eingesetzten, auch mit einer Eigenbewegung begabten neuen politischen Macht; die ökonomische Bewegung setzt sich im ganzen und großen durch, aber sie muß auch Rückwirkung erleiden von der durch sie selbst eingesetzten und mit relativer Selbständigkeit begabten politischen

Bewegung, der Bewegung einerseits der Staatsmacht, andrerseits der mit ihr gleichzeitig erzeugten Opposition. Wie im Geldmarkt sich die Bewegung des Industriemarkts im ganzen und großen, und unter oben angedeuteten Vorbehalten, widerspiegelt, und natürlich *verkehrt*, so spiegelt sich im Kampf zwischen Regierung und Opposition der Kampf der vorher schon bestehenden und kämpfenden Klassen wider, aber ebenfalls verkehrt, nicht mehr direkt, sondern indirekt, nicht als Klassenkampf, sondern als Kampf um politische Prinzipien, und so verkehrt, daß es Jahrtausende gebraucht hat, bis wir wieder dahinterkamen.

Die Rückwirkung der Staatsmacht auf die ökonomische Entwicklung kann dreierlei Art sein: Sie kann in derselben Richtung vorgehn, dann geht's rascher, sie kann dagegen angehn, dann geht sie heutzutage auf die Dauer in jedem großen Volk kaputt, oder sie kann der ökonomischen Entwicklung bestimmte Richtungen abschneiden und andre vorschreiben – dieser Fall reduziert sich schließlich auf einen der beiden vorhergehenden. Es ist aber klar, daß in den Fällen II und III die politische Macht der ökonomischen Entwicklung großen Schaden tun und Kraft- und Stoffvergeudung in Massen erzeugen kann.

Dazu nun noch der Fall der Eroberung und brutalen Vernichtung von ökonomischen Hilfsquellen, woran unter Umständen früher eine ganze ökonomische Lokal- und Nationalentwicklung zugrund gehn konnte. Dieser Fall hat heute meist entgegengesetzte Wirkungen, wenigstens bei den großen Völkern: Der Geschlagne gewinnt auf die Dauer ökonomisch, politisch und moralisch manchmal mehr als der Sieger.

Mit dem Jus ist es ähnlich: Sowie die neue Arbeitsteilung nötig wird, die Berufsjuristen schafft, ist wieder ein neues, selbständiges Gebiet eröffnet, das bei aller seiner allgemeinen Abhängigkeit von der Produktion und dem Handel doch auch eine besondre Reaktionsfähigkeit gegen diese Gebiete besitzt. In einem modernen Staat muß das Recht nicht nur der allgemeinen ökonomischen Lage entsprechen, ihr Ausdruck sein, sondern auch *ein in sich zusammenhängender* Ausdruck, der sich nicht durch innere Widersprüche selbst ins Gesicht schlägt. Und um das fertigzubringen, geht die Treue der Abspiegelung der ökonomischen Verhältnisse mehr und mehr in die Brüche. Und dies um so mehr, je seltner es vorkommt, daß ein Gesetzbuch der schroffe, ungemilderte, unverfälschte Ausdruck der Herrschaft einer Klasse ist: Das wäre ja selbst schon gegen den ›Rechtsbegriff‹. Der reine, konsequente Rechtsbegriff der revolutionären Bourgeoisie von 1792–1796 ist ja schon im Code Napoléon nach vielen Seiten gefälscht, und soweit er darin verkörpert, muß er täglich allerhand Abschwächungen erfahren durch die steigende Macht des Proletariats. Was den Code Napoléon nicht hindert, das Gesetzbuch zu sein, das allen neuen Kodifikationen in allen Weltteilen zugrunde liegt. So besteht der Gang der ›Rechtsentwicklung‹ großenteils nur darin, daß erst die aus unmittelbarer Übersetzung ökonomischer Verhältnisse in juristische Grundsätze sich ergebenden Widersprüche zu beseitigen und ein harmonisches Rechtssystem herzustellen gesucht wird und dann der Einfluß und Zwang der ökonomischen Weiterentwicklung dies System immer wieder durchbricht und in neue Widersprüche verwickelt (ich spreche hier zunächst nur vom Zivilrecht).

Die Widerspiegelung ökonomischer Verhältnisse als Rechtsprinzipien ist notwendig ebenfalls eine auf den Kopf stellende: Sie geht vor, ohne daß sie den Handelnden zum Bewußtsein kommt, der Jurist bildet sich ein, mit aprioristischen Sätzen zu operieren, während es doch nur ökonomische Reflexe sind – so steht alles auf dem Kopf. Und daß diese Umkehrung, die, solange sie nicht erkannt ist, das konstituiert, was wir *ideologische Anschauung* nennen, ihrerseits wieder auf die ökonomische Basis zurückwirkt und sie innerhalb gewisser Grenzen modifizieren kann, scheint mir selbstverständlich. Die Grundlage des Erbrechts, gleiche Entwicklungsstufe der Familie vorausgesetzt, ist eine ökonomische. Trotzdem wird es schwer nachzuweisen sein, daß z. B. in England die absolute Testierfreiheit, in Frankreich deren starke Beschränkung in allen Einzelheiten nur ökonomische Ursachen haben. Aber in sehr bedeutender Weise wirken beide zurück auf die Ökonomie, dadurch, daß sie die Vermögensverteilung beeinflussen.

Was nun die noch höher in der Luft schwebenden ideologischen Gebiete angeht, Religion, Philosophie etc., so haben diese einen vorgeschichtlichen, von der geschichtlichen Periode vorgefundnen und übernommnen Bestand von – was wir heute Blödsinn nennen würden. Diesen verschiednen falschen Vorstellungen von der Natur, von der Beschaffenheit des Menschen selbst, von Geistern, Zauberkräften etc. liegt meist nur negativ Ökonomisches zugrunde; die niedrige ökonomische Entwicklung der vorgeschichtlichen Periode hat zur Ergänzung, aber auch stellenweise zur Bedingung und selbst Ursache, die falschen Vorstellungen von der Natur. Und wenn auch das ökonomische Bedürfnis die Haupttriebfeder der fortschreitenden Naturerkenntnis war und immer mehr geworden ist, so wäre es doch pedantisch, wollte man für all diesen urzuständlichen Blödsinn ökonomische Ursachen suchen. Die Geschichte der Wissenschaften ist die Geschichte der allmählichen

Beseitigung dieses Blödsinns, respektive seiner Ersetzung durch neuen, aber immer weniger absurden Blödsinn. Die Leute, die dies besorgen, gehören wieder besondren Sphären der Teilung der Arbeit an und kommen sich vor, als bearbeiteten sie ein unabhängiges Gebiet. Und insofern sie eine selbständige Gruppe innerhalb der gesellschaftlichen Arbeitsteilung bilden, insofern haben ihre Produktionen, inklusive ihrer Irrtümer, einen rückwirkenden Einfluß auf die ganze gesellschaftliche Entwicklung, selbst auf die ökonomische. Aber bei alledem stehen sie selbst wieder unter dem beherrschenden Einfluß der ökonomischen Entwicklung. Z.B. in der Philosophie läßt sich dies am leichtesten für die bürgerliche Periode nachweisen. Hobbes war der erste moderne Materialist (im Sinn des 18. Jahrhunderts), aber Absolutist zur Zeit, wo die absolute Monarchie in ganz Europa ihre Blütezeit hatte und in England den Kampf mit dem Volk aufnahm. Locke war in Religion wie Politik der Sohn des Klassenkompromisses von 1688. Die englischen Deisten und ihre konsequenteren Fortsetzer, die französischen Materialisten, waren die echten Philosophen der Bourgeoisie, die Franzosen sogar der bürgerlichen Revolution. In der deutschen Philosophie von Kant bis Hegel geht der deutsche Spießbürger durch – bald positiv, bald negativ. Aber als bestimmtes Gebiet der Arbeitsteilung hat die Philosophie jeder Epoche ein bestimmtes Gedankenmaterial zur Voraussetzung, das ihr von ihren Vorgängern überliefert worden und wovon sie ausgeht. Und daher kommt es, daß ökonomisch zurückgebliebne Länder in der Philosophie doch die erste Violine spielen können: Frankreich im 18. Jahrhundert gegenüber England, auf dessen Philosophie die Franzosen fußten, später Deutschland gegenüber beiden. Aber auch in Frankreich wie in Deutschland war die Philosophie, wie die allgemeine Literaturblüte jener Zeit, auch Resultat eines ökonomischen Aufschwungs. Die schließliche Suprematie der ökonomischen Entwicklung auch über diese Gebiete steht mir fest, aber sie findet statt innerhalb der durch das einzelne Gebiet selbst vorgeschriebnen Bedingungen: in der Philosophie z.B. durch Einwirkung ökonomischer Einflüsse (die meist wieder erst in ihrer politischen usw. Verkleidung wirken) auf das vorhandne philosophische Material, das die Vorgänger geliefert haben. Die Ökonomie schafft hier nichts a novo, sie bestimmt aber die Art der Abänderung und Fortbildung des vorgefundnen Gedankenstoffs, und auch das meist indirekt, indem es die politischen, juristischen, moralischen Reflexe sind, die die größte direkte Wirkung auf die Philosophie üben.

Über die Religion habe ich das Nötigste im letzten Abschnitt über Feuerbach gesagt.

Wenn also Barth meint, wir leugneten alle und jede Rückwirkung der politischen usw. Reflexe der ökonomischen Bewegung auf diese Bewegung selbst, so kämpft er einfach gegen Windmühlen. Er soll sich doch nur den ›*Achtzehnten Brumaire*‹ von Marx ansehn, wo es sich doch fast nur um die *besondre* Rolle handelt, die die politischen Kämpfe und Ereignisse spielen, natürlich innerhalb ihrer *allgemeinen* Abhängigkeit von ökonomischen Bedingungen. Oder das ›Kapital‹, den Abschnitt z.B. über den Arbeitstag, wo die Gesetzgebung, die doch ein politischer Akt ist, so einschneidend wirkt. Oder den Abschnitt über die Geschichte der Bourgeoisie (24. Kapitel). Oder warum kämpfen wir denn um die politische Diktatur des Proletariats, wenn die politische Macht ökonomisch ohnmächtig ist? Die Gewalt (d.h. die Staatsmacht) ist auch eine ökonomische Potenz!

Aber das Buch zu kritisieren, hab' ich jetzt keine Zeit. Der III. Band muß zuerst heraus, und übrigens glaube ich, daß auch z.B. Bernstein ganz gut das abmachen könnte.

Was den Herren allen fehlt, ist Dialektik. Sie sehn stets nur hier Ursache, dort Wirkung. Daß dies eine hohle Abstraktion ist, daß in der wirklichen Welt solche metaphysische polare Gegensätze nur in Krisen existieren, daß der ganze große Verlauf aber in der Form der Wechselwirkung – wenn auch sehr ungleicher Kräfte, wovon die ökonomische Bewegung weitaus die stärkste, ursprünglichste, entscheidendste – vor sich geht, daß hier nichts absolut und alles relativ ist, das sehn sie nun einmal nicht, für sie hat Hegel nicht existiert …

221. Engels an C. Schmidt

London, 1. November 1891

… Ohne Hegel geht's natürlich nicht, und der Mann will auch Zeit haben, bis er verdaut ist. Die kurze Logik in der Enzyklopädie ist ein ganz guter Anfang. Sie müssen aber die Ausgabe im 6. Band der ›Werke‹ nehmen, nicht die Separatausgabe von Rosenkranz (1845), da in jener weit mehr erklärende Zusätze aus den Vorlesungen sich befinden, wenn auch von dem Esel Henning oft selbst nicht verstanden.

In der Einleitung haben Sie § 26 etc. zuerst die Kritik der Wolfschen Verarbeitung von Leibniz (Metaphysik im *historischen* Sinn), dann des englisch-französischen Empirismus § 37 etc., dann Kants § 40 ff., endlich des Jacobyschen Mystizismus § 61. Im ersten Abschnitt (Sein) sollten Sie sich nicht zu lange bei dem Sein und Nichts aufhalten; die letzten Paragraphen der Qualität, dann Quantität und Maß sind viel schöner, die Lehre vom Wesen aber ist der Hauptteil: die Auflösung der abstrakten Gegensätze in ihre Haltlosigkeit, wo, sobald man die eine Seite allein festhalten will, sie sich unvermerkt in die andre verwandelt usw. Dabei können Sie sich die Sache immer an konkreten Beispielen klarmachen, z. B. von der Untrennbarkeit von Identität und Unterschied haben Sie als Bräutigam ein schlagendes Exempel an sich selbst und Ihrer Braut. Es ist absolut nicht festzustellen, ob die Geschlechtsliebe die Freude ist an der Identität im Unterschied oder an dem Unterschied in der Identität. Nehmen Sie den Unterschied (hier der Geschlechter) weg oder die Identität (die Menschheit beider), und was bleibt Ihnen übrig? Ich erinnere mich, wie mich im Anfang grade diese Untrennbarkeit von Identität und Unterschied geplagt hat, obwohl wir keinen Schritt tun können, ohne darüber zu stolpern.

Keinesfalls aber dürfen Sie Hegel lesen, wie der Herr Barth ihn gelesen hat, nämlich um die Paralogismen und faulen Kniffe zu entdecken, die ihm als Hebel der Konstruktion dienten. Das ist pure Schuljungenarbeit. Viel wichtiger ist, unter der unrichtigen Form und im erkünstelten Zusammenhang das Richtige und Geniale herauszufinden. So sind die Übergänge von einer Kategorie oder einem Gegensatz zum nächsten fast immer willkürlich – oft durch einen Witz gemacht, wie wenn Positiv und Negativ § 120 »zugrunde gehn«, damit Hegel auf die Kategorie des ›Grundes‹ kommen kann. Darüber viel zu spintisieren ist Zeitverlust.

Da jede Kategorie bei Hegel eine Stufe in der Geschichte der Philosophie vertritt (wie er auch meist solche angibt), werden Sie gut tun, die Vorlesungen über Geschichte der Philosophie – eins der genialsten Werke – zu vergleichen. Zur Erholung kann ich Ihnen die Ästhetik empfehlen. Wenn Sie sich da etwas hineingearbeitet haben, werden Sie erstaunen.

Die Verkehrung der Dialektik bei Hegel beruht darauf, daß sie ›Selbstentwicklung des Gedankens‹ sein soll und daher die Dialektik der Tatsachen nur ihr Abglanz, während die Dialektik in unserm Kopf doch nur die Widerspiegelung der sich in der natürlichen und menschengeschichtlichen Welt vollziehenden, dialektischen Formen gehorchenden, tatsächlichen Entwicklung ist.

Vergleichen Sie einmal die Entwicklung bei Marx von der Ware zum

Kapital mit der bei Hegel vom Sein zum Wesen, und Sie haben eine ganz gute Parallele: hier die konkrete Entwicklung, wie sie sich aus den Tatsachen ergibt, dort die abstrakte Konstruktion, worin höchst geniale Gedanken und stellenweise sehr wichtige Umschläge, wie der der Qualität in Quantität und umgekehrt, zu einer scheinbaren Selbstentwicklung eines Begriffs aus einem andern verarbeitet werden, deren man auch ein Dutzend andrer hätte fabrizieren können …

232. Engels an F. Mehring

London, 14. Juli 1893

Lieber Herr Mehring!

Erst heut komme ich dazu, Ihnen für die mir gütigst zugesandte ›Lessing-Legende‹ zu danken. Ich wollte Ihnen nicht eine bloß formelle Empfangsanzeige des Buchs schicken, sondern Ihnen auch gleichzeitig etwas darüber – über seinen Inhalt – sagen. Daher die Verzögerung.

Ich fange an mit dem Ende – dem Anhang über den historischen Materialismus, worin Sie die Haupttatsachen vortrefflich und für jeden Unbefangnen überzeugend zusammengestellt haben.

… Sonst fehlt nur noch ein Punkt, der aber auch in den Sachen von Marx und mir regelmäßig nicht genug hervorgehoben ist und in Beziehung auf den uns alle gleiche Schuld trifft. Nämlich wir alle haben zunächst das Hauptgewicht auf die *Ableitung* der politischen, rechtlichen und sonstigen ideologischen Vorstellungen und durch diese Vorstellungen vermittelten Handlungen aus den ökonomischen Grundtatsachen gelegt und *legen müssen*. Dabei haben wir dann die formelle Seite über der inhaltlichen vernachlässigt: die Art und Weise, wie diese Vorstellungen etc. zustande kommen. Das hat denn den Gegnern willkommnen Anlaß zu Mißverständnissen resp. Entstellungen gegeben, wovon Paul Barth ein schlagendes Exempel.

Die Ideologie ist ein Prozeß, der zwar mit Bewußtsein vom sogenannten Denker vollzogen wird, aber mit einem falschen Bewußtsein. Die eigentlichen Triebkräfte, die ihn bewegen, bleiben ihm unbekannt; sonst wäre es eben kein ideologischer Prozeß. Er imaginiert sich also falsche resp. scheinbare Triebkräfte. Weil es ein Denkprozeß ist, leitet er seinen Inhalt wie seine Form aus dem reinen Denken ab, entweder seinem eignen oder dem seiner Vorgänger. Er arbeitet mit bloßem Gedankenmaterial, das er unbesehen als durchs Denken erzeugt hinnimmt und sonst nicht weiter auf einen entfernteren, vom Denken unabhängigen

Ursprung untersucht, und zwar ist ihm dies selbstverständlich, da ihm alles Handeln, weil durchs Denken *vermittelt*, auch in letzter Instanz im Denken *begründet* erscheint.

Der historische Ideolog (historisch soll hier einfach zusammenfassend stehn für politisch, juristisch, philosophisch, theologisch, kurz für alle Gebiete, die der *Gesellschaft* angehören und nicht bloß der Natur) – der historische Ideolog hat also auf jedem wissenschaftlichen Gebiet einen Stoff, der sich selbständig aus dem Denken früherer Generationen gebildet und im Gehirn dieser einander folgenden Generationen eine selbständige, eigne Entwicklungsreihe durchgemacht hat. Allerdings mögen äußere Tatsachen, die dem einen oder andren Gebiete angehören, mitbestimmend auf diese Entwicklung eingewirkt haben, aber diese Tatsachen sind nach der stillschweigenden Voraussetzung ja selbst wieder bloße Früchte eines Denkprozesses, und so bleiben wir immer noch im Bereich des bloßen Denkens, das selbst die härtesten Tatsachen anscheinend glücklich verdaut hat.

Es ist dieser Schein einer selbständigen Geschichte der Staatsverfassungen, der Rechtssysteme, der ideologischen Vorstellungen auf jedem Sondergebiet, der die meisten Leute vor allem blendet. Wenn Luther und Calvin die offizielle katholische Religion, wenn Hegel den Fichte und Kant, Rousseau indirekt mit seinem republikanischen ›Contrat social‹ den konstitutionellen Montesquieu ›überwindet‹, so ist das ein Vorgang, der innerhalb der Theologie, der Philosophie, der Staatswissenschaft bleibt, eine Etappe in der Geschichte dieser Denkgebiete darstellt und gar nicht aus dem Denkgebiet hinauskommt. Und seitdem die bürgerliche Illusion von der Ewigkeit und Letztinstanzlichkeit der kapitalistischen Produktion dazugekommen, gilt ja sogar die Überwindung der Merkantilisten durch die Physiokraten und A. Smith für einen bloßen Sieg des Gedankens; nicht für den Gedankenreflex veränderter ökonomischer Tatsachen, sondern für die endlich errungene richtige Einsicht in stets und überall bestehende tatsächliche Bedingungen; hätten Richard Löwenherz und Philipp August den Freihandel eingeführt, statt sich in Kreuzzüge zu verwickeln, so blieben uns fünfhundert Jahre Elend und Dummheit erspart.

Diese Seite der Sache, die ich hier nur andeuten kann, haben wir, glaube ich, alle mehr vernachlässigt, als sie verdient. Es ist die alte Geschichte: Im Anfang wird stets die Form über dem Inhalt vernachlässigt. Wie gesagt, ich habe das ebenfalls getan, und der Fehler ist mir immer erst post festum aufgestoßen. Ich bin also nicht nur weit entfernt davon,

Ihnen irgendeinen Vorwurf daraus zu machen – dazu bin ich als älterer Mitschuldiger ja gar nicht berechtigt, im Gegenteil – aber ich möchte Sie doch für die Zukunft auf diesen Punkt aufmerksam machen.

Damit zusammen hängt auch die blödsinnige Vorstellung der Ideologen: Weil wir den verschiednen ideologischen Sphären, die in der Geschichte eine Rolle spielen, eine selbständige historische Entwicklung absprechen, sprächen wir ihnen auch jede *historische Wirksamkeit* ab. Es liegt hier die ordinäre undialektische Vorstellung von Ursache und Wirkung als starr einander entgegengesetzten Polen zugrunde, die absolute Vergessung der Wechselwirkung. Daß ein historisches Moment, sobald es einmal durch andre, schließlich ökonomische Ursachen, in die Welt gesetzt, nun auch reagiert, auf seine Umgebung und selbst seine eignen Ursachen zurückwirken kann, vergessen die Herren oft fast absichtlich. So Barth z. B. bei Priesterstand und Religion, S. 475 bei Ihnen. Über Ihre Abfertigung dieses über alle Erwartung flachen Burschen habe ich mich sehr gefreut. Und den Mann machen sie zum Geschichtsprofessor in Leipzig! Da war doch der alte Wachsmuth, der auch flach von Hirnkasten war, aber einen sehr großen Sinn für Tatsachen hatte, ein ganz andrer Kerl …

234. Engels an H. Starkenburg

London, 25. Januar 1894

Sehr geehrter Herr!

Hier die Antwort auf Ihre Fragen!

1. Unter den ökonomischen Verhältnissen, die wir als bestimmende Basis der Geschichte der Gesellschaft ansehen, verstehen wir die Art und Weise, worin die Menschen einer bestimmten Gesellschaft ihren Lebensunterhalt produzieren und die Produkte untereinander austauschen (soweit Teilung der Arbeit besteht). Also die *gesamte Technik* der Produktion und des Transports ist da einbegriffen. Diese Technik bestimmt nach unserer Auffassung auch die Art und Weise des Austausches, weiterhin der Verteilung der Produkte und damit, nach der Auflösung der Gentilgesellschaft, auch die Einteilung der Klassen, damit die Herrschafts- und Knechtschaftsverhältnisse, damit Staat, Politik, Recht etc. Ferner sind einbegriffen unter den ökonomischen Verhältnissen die *geographische Grundlage*, worauf diese sich abspielen, und die tatsächlich überlieferten Reste früherer ökonomischer Entwicklungsstufen, die sich forterhalten haben, oft nur durch Tradition oder vis inertiae,

natürlich auch das diese Gesellschaftsform nach außen hin umgebende Milieu.

Wenn die Technik, wie Sie sagen, ja größtenteils vom Stande der Wissenschaft abhängig ist, so noch weit mehr diese vom *Stand* und den *Bedürfnissen* der Technik. Hat die Gesellschaft ein technisches Bedürfnis, so hilft das der Wissenschaft mehr voran als zehn Universitäten. Die ganze Hydrostatik (Torricelli etc.) wurde hervorgerufen durch das Bedürfnis der Regelung der Gebirgsströme in Italien im 16. und 17. Jahrhundert. Von der Elektrizität wissen wir erst etwas Rationelles, seit ihre technische Anwendbarkeit entdeckt. In Deutschland hat man sich aber leider daran gewöhnt, die Geschichte der Wissenschaften so zu schreiben, als wären sie vom Himmel gefallen.

2. Wir sehen die ökonomischen Bedingungen als das in letzter Instanz die geschichtliche Entwicklung Bedingende an. Aber die Rasse ist selbst ein ökonomischer Faktor. Nun sind hier aber zwei Punkte nicht zu übersehen:

a) Die politische, rechtliche, philosophische, religiöse, literarische, künstlerische etc. Entwicklung beruht auf der ökonomischen. Aber sie alle reagieren auch aufeinander und auf die ökonomische Basis. Es ist nicht, daß die ökonomische Lage *Ursache, allein aktiv* ist und alles andere nur passive Wirkung. Sondern es ist Wechselwirkung auf Grundlage der *in letzter Instanz* stets sich durchsetzenden ökonomischen Notwendigkeit. Der Staat z. B. wirkt ein durch Schutzzölle, Freihandel, gute oder schlechte Fiskalität, und sogar die aus der ökonomischen Elendslage Deutschlands von 1648 bis 1830 entspringende tödliche Ermattung und Impotenz des deutschen Spießbürgers, die sich äußerte zuerst im Pietismus, dann in Sentimentalität und kriechender Fürsten- und Adelsknechtschaft, war nicht ohne die ökonomische Wirkung. Sie war eins der größten Hindernisse des Wiederaufschwungs und wurde erst erschüttert dadurch, daß die Revolutions- und Napoleonischen Kriege das chronische Elend akut machten. Es ist also nicht, wie man sich hier und da bequemerweise vorstellen will, eine automatische Wirkung der ökonomischen Lage, sondern die Menschen machen ihre Geschichte selbst, aber in einem gegebenen sie bedingenden Milieu, auf Grundlage vorgefundener tatsächlicher Verhältnisse, unter denen die ökonomischen, so sehr sie auch von den übrigen politischen und ideologischen beeinflußt werden mögen, doch in letzter Instanz die entscheidenden sind und den durchgehenden, allein zum Verständnis führenden roten Faden bilden.

b) Die Menschen machen ihre Geschichte selbst, aber bis jetzt nicht mit Gesamtwillen nach einem Gesamtplan, selbst nicht in einer bestimmt abgegrenzten gegebenen Gesellschaft. Ihre Bestrebungen durchkreuzen sich, und in allen solchen Gesellschaften herrscht ebendeswegen die *Notwendigkeit*, deren Ergänzung und Erscheinungsform die *Zufälligkeit* ist. Die Notwendigkeit, die hier durch alle Zufälligkeit sich durchsetzt, ist wieder schließlich die ökonomische. Hier kommen dann die sogenannten großen Männer zur Behandlung. Daß ein solcher und grade dieser, zu dieser bestimmten Zeit in diesem gegebenen Lande aufsteht, ist natürlich reiner Zufall. Aber streichen wir ihn weg, so ist Nachfrage da für Ersatz, und dieser Ersatz findet sich, tant bien que mal, aber er findet sich auf die Dauer. Daß Napoleon, grade dieser Korse, der Militärdiktator war, den die durch eignen Krieg erschöpfte französische Republik nötig machte, das war Zufall; daß aber in Ermangelung eines Napoleon ein andrer die Stelle ausgefüllt hätte, das ist bewiesen dadurch, daß der Mann sich jedesmal gefunden, sobald er nötig war: Cäsar, Augustus, Cromwell etc. Wenn Marx die materialistische Geschichtsauffassung entdeckte, so beweisen Thierry, Mignet, Guizot, die sämtlichen englischen Geschichtsschreiber bis 1850, daß darauf angestrebt wurde, und die Entdeckung derselben Auffassung durch Morgan beweist, daß die Zeit für sie reif war und sie eben entdeckt werden *mußte*.

So mit allem andern Zufälligen und scheinbar Zufälligen in der Geschichte. Je weiter das Gebiet, das wir grade untersuchen, sich vom Ökonomischen entfernt und sich dem reinen abstrakt Ideologischen nähert, desto mehr werden wir finden, daß es in seiner Entwicklung Zufälligkeiten aufweist, desto mehr im Zickzack verläuft seine Kurve. Zeichnen Sie aber die Durchschnittsachse der Kurve, so werden Sie finden, daß je länger die betrachtete Periode und je größer das so behandelte Gebiet ist, daß diese Achse der Achse der ökonomischen Entwicklung um so mehr annähernd parallel läuft.

Das größte Hindernis zum richtigen Verständnis ist in Deutschland die unverantwortliche Vernachlässigung, in der Literatur, der ökonomischen Geschichte. Es ist so schwer, nicht nur sich die auf der Schule eingepaukten Geschichtsvorstellungen abzugewöhnen, sondern noch mehr, das Material zusammenzutrommeln, das dazu nötig ist. Wer z. B. hat nur den alten G. v. Gülich gelesen, der in seiner trockenen Materialsammlung doch so viel Stoff enthält zur Aufklärung unzähliger politischer Tatsachen!

Übrigens sollte Ihnen doch, glaube ich, das schöne Exempel, das Marx im ›Achtzehnten Brumaire‹ gegeben hat, schon über Ihre Fragen ziemliche Auskunft geben, grade weil es ein praktisches Beispiel ist. Auch glaube ich im ›Anti-Dühring‹ I, Kap. 9 bis 11 und II, 2–4 sowie III, 1 oder Einleitung und dann im letzten Abschnitt des ›Feuerbach‹ die meisten Punkte bereits berührt zu haben.

Ich bitte in obigem die Worte nicht auf die Goldwaage zu legen, sondern den Zusammenhang im Auge zu behalten; ich bedaure, nicht die Zeit zu haben, Ihnen so exakt ausgearbeitet zu schreiben, wie ich es für die Öffentlichkeit müßte …

Anmerkungen

Karl Marx, Zur Kritik der Hegelschen Rechtsphilosophie, Einleitung

1 *Im Original* abstrahieren das

Karl Marx, [Kritik der Hegelschen Dialektik und Philosophie überhaupt]

1 *Die eingeklammerte Stelle nachträglich eingefügt*
2 Christentum *gestr.* (1843)
3 *Nach* Hervorbringen *schreibt M. irrtümlich* Bewegung
4 über *gestr.* die Unterschiede
5 *Von* nachdem sie ihre Erhabenheit *bis* drucken lassen *nachträglich eingefügt*
6 Besondere *gestr.* das Wesen
7 *Von* oder absoluten *bis* abstrakten Geiste *nachträglich eingefügt*
8 Enzyklopädie *korr. aus* P[hänomenologie]
9 *Nach* philosophischen Geistes *am unteren Rand der linken Spalte, ohne Plazierungsangabe, folgende Bemerkung*: Feuerbach faßt noch die Negation der Negation, den konkreten Begriff als das sich im Denken überbietende und als Denken unmittelbar Anschauung, Natur, Wirklichkeit sein wollende Denken
10 *Vor* Denkens *im Ms.*: (Siehe p. XIII.)
11 dieser *gestr.* wahr[en]
12 *Von* Alle andren *bis* bilden *nachträglich eingefügt*
13 Die Aneignung der zu Gegenständen *korr. aus* Das Erkennen der Gegenständlichkeit
14 gegenständlichen *gestr.* Welt
15 dieser *gestr.* Entfremdung
16 *Ms.* jeder
17 gegenständliche *gestr.* setzen
18 *Am Rande dieses Absatzes doppelter Merkstrich; vgl. S. 78*
19 *Von* Der Mensch *bis* identisch *vertikal durchgestrichen*
20 nach *gestr.* ihrem
21 strebende *gestr.* Natur
22 *Von* Aber der Mensch *bis* vorhanden *mit Farbstift vertikal durchgestrichen*
23 *Am Rande doppelter Merkstrich; vgl. S. 76*
24 – das *gestr.* Bew[ußtsein]
25 solcher *gestr.* sein Ansich
26 *Von* Diese Seite *bis* Anstoß hat *nachträglich am unteren Rande hinzugefügt*

27 der selbstbewußte Mensch *korr. aus* das Selbstbewußtsein
28 *Ms.* menschliches ist
29 *Von* oder des sich entfremdeten *bis* Subjekt *nachträglich hinzugefügt*
30 *Dieser Absatz nachträglich auf der rechten Seite hinzugefügt und hierher verwiesen*
31 Vindikation des *gestr.* Wesens
32 *Von* Es ist dies *bis* Humanismus *mit Farbstift vertikal durchgestrichen*
33 *Von* Kurz er faßt *bis* Gattungsleben *mit Farbstift vertikal durchgestrichen*
34 *Am Rande dieses Absatzes zwei kleine Merkstriche*
35 Die absolute Idee *gestr.* welche sich zur Natur entschließt und dieser
36 Unbestimmtheit *gestr.* anzuerkennen und an die Stelle der Abstraktion die Anschauung
37 *Der Satz von* Das mystische *bis* Inhalt *nachträglich hinzugefügt*
38 Entäußerung *korr. aus* Entgegenständlichung
39 Entfremdung, teils *gestr.* die Erkennu[ng]
40 *Ms.* Begriffen
41 *Auf* Zeugungs- *folgte ursprünglich die später gestrichene Stelle*: Betrachten wir einen Augenblick die Hegelsche Naturbestimmung und den Übergang aus der Natur in den Geist. »Die Natur hat sich als die Idee in der Form des *Andersseins* ergeben. Da die Id[ee]
42 in sich *gestr.* Das Dunkle ist
43 Und da *gestr.* die Natur

Karl Marx/Friedrich Engels, Vorrede [zu Feuerbach. 1. Teil der »Deutschen Ideologie«]

1 [Im Manuskript gestrichen:] Der deutsche Idealismus sondert sich durch keinen spezifischen Unterschied von der Ideologie aller andern Völker ab. Auch diese betrachtet die Welt als durch Ideen beherrscht, die Ideen u[nd] Begriffe als bestimmende Prinzipien, bestimmte Gedanken als das den Philosophen zugängliche Mysterium der materiellen Welt.
Hegel hatte den positiven Idealismus vollendet. Nicht nur hatte sich ihm d[ie] ganze materielle Welt in eine Gedankenwelt u[nd] d[ie] ganze Geschichte in eine Geschichte von Gedanken verwandelt. Er begnügt sich nicht, die Gedankendinge einzuregistrieren, er sucht auch den Produktionsakt darzustellen.
Die deutschen Philosophen, aus ihrer Traumwelt aufgerüttelt, protestieren gegen d[ie] Gedankenwelt, der sie die Vorstellung der wirklichen, leib[haftigen ...]
Die deutschen philosophischen Kritiker behaupten sämtlich, daß Ideen, Vorstellungen, Begriffe bisher d[ie] wirklichen Menschen beherrscht u[nd] bestimmt haben, daß d[ie] wirkliche Welt ein Produkt d[er] ideellen Welt ist. Das findet bis auf diesen Augenblick statt, das soll aber anders werden. Sie unterscheiden sich in der Art, wie sie die nach ihrer Ansicht so unter d[er] Macht

ihrer eignen fixen Gedanken seufzende Menschenwelt erlösen wollen; sie unterscheiden sich in dem, was sie für fixe Gedanken erklären; sie stimmen überein in d[em] Glauben dieser Gedankenherrschaft, sie stimmen überein in dem Glauben, daß ihr kritischer Denkakt d[en] Untergang d[es] Bestehenden herbeiführen müsse, sei es nun, daß sie ihre isolierte Denktätigkeit für zureichender halten od[er] das allgemeine Bewußtsein erobern wollen.
Der Glaube, daß die reelle Welt d[as] Produkt der ideellen Welt sei, daß die Welt der Ideen [...]
An ihrer Hegelschen Gedankenwelt irre geworden, protestieren die deutschen Philosophen gegen die Herrschaft der Gedanken, Ideen, Vorstellungen, die bisher nach ihrer Ansicht, d. h. nach der *Illusion Hegels*, die wirkliche Welt produzierten, bestimmten, beherrschten. Sie legen Protest ein u[nd] verenden [...]
Nach dem Hegelschen System hatten Ideen, Gedanken, Begriffe das wirkliche Leben d[er] Menschen, ihre materielle Welt, ihre reellen Verhältnisse produziert, bestimmt, beherrscht. Seine rebellischen Schüler nehmen dies von ihm [...]

Feuerbach. Gegensatz von materialistischer und idealistischer Anschauung [Einleitung]

2 wörtlich: toter Kopf; in der Chemie gebräuchlicher Ausdruck für einen Destillationsrückstand; hier: Rückstände, Überreste

3 [Im Manuskript gestrichen:] Wir schicken daher der speziellen Kritik der einzelnen Repräsentanten dieser Bewegung einige allgemeine Bemerkungen voraus. (Diese Bemerkungen werden hinreichen, um den Standpunkt unsrer Kritik so weit zu bezeichnen, als es zum Verständnis und zur Begründung der nachfolgenden Einzelkritiken nötig ist. Wir stellen diese Bemerkungen gerade *Feuerbach* gegenüber, weil er der Einzige ist, der wenigstens einen Fortschritt gemacht hat und auf dessen Sachen man de bonne foi* eingehen kann)**, welche die ihnen allen gemeinsamen ideologischen Voraussetzungen näher beleuchten werden.

A. Die Ideologie überhaupt, namentlich die deutsche

Wir kennen nur eine einzige Wissenschaft, die Wissenschaft der Geschichte. Die Geschichte kann von zwei Seiten aus betrachtet, in die Geschichte der Natur und die Geschichte der Menschen abgeteilt werden. Beide Seiten sind

* in gutem Glauben

** der in runden Klammern stehende Text ist im Manuskript horizontal durchstrichen indes nicht zu trennen; solange Menschen existieren, bedingen sich Geschichte der Natur und Geschichte der Menschen gegenseitig. Die Geschichte der Natur, die sogenannte Naturwissenschaft, geht uns hier nicht an; auf die Geschichte der Menschen werden wir indes einzugehen haben, da fast die ganze Ideologie sich entweder auf eine verdrehte Auffassung dieser Geschichte oder auf eine gänzliche Abstraktion von ihr reduziert. Die Ideologie selbst ist nur eine der Seiten dieser Geschichte.

4 [Im Manuskript gestrichen:] ... die mit dem Anspruche auftrat, die absolute Erlöserin der Welt von allem Übel zu sein. Die Religion wurde fortwährend als letzte Ursache aller diesen Philosophien widerwärtigen Verhältnisse, als Erzfeind angesehen und behandelt.

5 [Im Manuskript gestrichen:] Der erste *geschichtliche* Akt dieser Individuen, wodurch sie sich von den Tieren unterscheiden, ist nicht, daß sie denken, sondern, daß sie anfangen, *ihre Lebensmittel zu produzieren.*

6 [Im Manuskript gestrichen:] Die Verhältnisse bedingen aber nicht nur die ursprüngliche, naturwüchsige Organisation der Menschen, namentlich die Rassenunterschiede, sondern auch ihre ganze weitere Entwicklung oder Nicht-Entwicklung bis auf den heutigen Tag.

7 MEGA: frappante

8 [Im Manuskript gestrichen:] Die Vorstellungen, die sich diese Individuen machen, sind Vorstellungen entweder über ihr Verhältnis zur Natur oder über ihr Verhältnis untereinander, oder über ihre eigne Beschaffenheit. Es ist einleuchtend, daß in allen diesen Fällen diese Vorstellungen der – wirkliche oder illusorische – bewußte Ausdruck ihrer wirklichen Verhältnisse und Betätigung, ihrer Produktion, ihres Verkehrs, ihrer gesellschaftlichen und politischen Organisation sind. Die entgegengesetzte Annahme ist nur dann möglich, wenn man außer dem Geist der wirklichen, materiell bedingten Individuen noch einen aparten Geist voraussetzt. Ist der bewußte Ausdruck der wirklichen Verhältnisse dieser Individuen illusorisch, stellen sie in ihren Vorstellungen ihre Wirklichkeit auf den Kopf, so ist dies wiederum eine Folge ihrer bornierten materiellen Betätigungsweise und ihrer daraus entspringenden bornierten gesellschaftlichen Verhältnisse.

9 [Randbemerkung von Marx:] *Hegel.* Geologische, hydrographische etc. Verhältnisse. Die menschlichen Leiber. Bedürfnis, Arbeit.

10 Häuserbau. Bei den Wilden versteht es sich von selbst, daß jede Familie ihre eigne Höhle oder Hütte hat, wie bei den Nomaden das separate Zelt jeder Familie. Diese getrennte Hauswirtschaft wird durch die weitere Entwicklung des Privateigentums nur noch nötiger gemacht. Bei den Agrikulturvölkern ist die gemeinsame Hauswirtschaft ebenso unmöglich wie die gemeinsame Bodenkultur. Ein großer Fortschritt war die Erbauung von Städten. In allen bisherigen Perioden war indes die Aufhebung der getrennten Wirtschaft, die von der Aufhebung des Privateigentums nicht zu trennen ist, schon deswegen unmöglich, weil die materiellen Bedingungen dazu nicht vorhanden

waren. Die Einrichtung einer gemeinsamen Hauswirtschaft setzt die Entwicklung der Maschinerie, der Benutzung der Naturkräfte und vieler andern Produktivkräfte voraus – z.B. der Wasserleitungen, der Gasbeleuchtung, der Dampfheizung etc., Aufhebung [des Gegensatzes] von Stadt und Land. Ohne diese Bedingungen würde die gemeinsame Wirtschaft nicht selbst wieder eine neue Produktionskraft sein, aller materiellen Basis entbehren, auf einer bloß theoretischen Grundlage beruhen, d.h. eine bloße Marotte sein und es nur zur Klosterwirtschaft bringen. – Was möglich war, zeigt sich in der Zusammenrückung zu Städten und in der Erbauung gemeinsamer Häuser zu einzelnen bestimmten Zwecken (Gefängnisse, Kasernen pp.). Daß die Aufhebung der getrennten Wirtschaft von der Aufhebung der Familie nicht zu trennen ist, versteht sich von selbst.

11 [Anmerkung der Verfasser:] Die Menschen haben Geschichte, weil sie ihr Leben *produzieren* müssen, und zwar müssen auf *bestimmte* Weise: dies ist* durch ihre physische Organisation gegeben; ebenso wie ihr Bewußtsein.

12 [Im Manuskript gestrichen:] Mein Verhältnis zu meiner Umgebung ist mein Bewußtsein.

13 [Randbemerkung von Marx:] Erste Form der Ideologen, *Pfaffen*, fällt zusammen.

14 [Randbemerkung von Marx:] Religion. Die Deutschen mit der *Ideologie* als solcher.

15 MEGA: in diesem Zwiespalt begegnen

16 MEGA: ›auf einmal‹ oder gleichzeitig

17 MEGA: schwinden

18 MEGA: massenhaft

19 [Im Manuskript gestrichen:] Bisher haben wir hauptsächlich nur die eine Seite der menschlichen Tätigkeit, die *Bearbeitung der Natur* durch die Menschen betrachtet. Die andre Seite, die *Bearbeitung der Menschen* durch *die Menschen* ... Ursprung des Staats und das Verhältnis des Staats zur bürgerlichen Gesellschaft.

20 MEGA: kommt demgemäß zu dem Resultat

21 [Randbemerkung von Marx:] Die sogenannte objektive Geschichtsschreibung bestand eben darin, die geschichtlichen Verhältnisse getrennt von der Tätigkeit aufzufassen. Reaktionärer Charakter.

22 Welttheater

23 im Manuskript befindet sich hier eine Lücke

24 in Wirklichkeit

25 [Nachbemerkung der Verfasser:] N. B. Nicht daß Feuerbach das auf platter Hand Liegende, den sinnlichen *Schein* der durch genauere Untersuchung des sinnlichen Tatbestandes konstatierten sinnlichen Wirklichkeit unterordnet, ist der Fehler, sondern daß er in letzter Instanz nicht mit der Sinnlich-

* MEGA: dies Müssen

keit fertig werden kann, ohne sie mit den ›Augen‹, d.h. durch die ›Brille‹ des *Philosophen* zu betrachten.

26 Überzeugung

27 [Im Manuskript gestrichen:] Wenn wir nun dennoch auf die Geschichte hier näher eingehen, so geschieht es deshalb, weil die Deutschen gewohnt sind, bei den Worten Geschichte und geschichtlich sich alles Mögliche, nur nicht das Wirkliche vorzustellen, wovon namentlich der ›kanzelberedsamkeitliche‹ Sankt Bruno ein glänzendes Exempel ablegt.

28 [Im Manuskript gestrichen:] Diese ›herrschenden Begriffe‹ werden eine umso allgemeinere und umfassendere Form haben, je mehr die herrschende Klasse genötigt ist, ihr Interesse als das aller Mitglieder der Gesellschaft darzustellen. Die herrschende Klasse selbst hat im Durchschnitt die Vorstellung, daß diese ihre Begriffe herrschten und unterscheidet sich nur dadurch von herrschenden Vorstellungen früherer Epochen, daß sie sie als ewige Wahrheiten darstellt.

29 [Randbemerkung von Marx:] Die Allgemeinheit entspricht 1. der Klasse contra Stand, 2. der Konkurrenz, Weltverkehr etc., 3. der großen Zahlreichheit der herrschenden Klasse, 4. der Illusion der *gemeinschaftlichen* Interessen (im Anfang diese Illusion wahr), 5. der Täuschung der Ideologen und der Teilung der Arbeit.

30 [Randbemerkung von Marx:] *Der* Mensch = dem ›denkenden Menschengeist‹.

31 Krämer

32 Kaufleute

33 MEGA: gegen die sie machtlos waren, worin

34 [Randbemerkung von Marx:] Sie absorbiert zunächst die dem Staat direkt angehörigen Arbeitszweige, dann alle ± [mehr oder weniger] ideologischen Stände.

35 MEGA: Klasse

36 Über die Bedeutung des Ausdrucks: ›Aufhebung der Arbeit‹ siehe Marx-Engels, Werke, Band 3, S. 65–70, 77, 186

37 MEGA: vollführt

38 Besitzers eines Manufakturbetriebes

39 [Randbemerkung von Marx:] Kleinbürger – Mittelstand – Große Bourgeoisie

40 wucherischen Aufkaufs

41 »Der Handel ist das Steckenpferd des Jahrhunderts«

42 [Anmerkung der Verfasser:] Die Bewegung des Kapitals, obwohl bedeutend beschleunigt, blieb doch noch stets verhältnismäßig langsam. Die Zersplitterung des Weltmarktes in einzelne Teile, deren Jeder von einer besondern Nation ausgebeutet wurde, die Ausschließung der Konkurrenz der Nationen unter sich, die Unbehülflichkeit der Produktion selbst und das aus den ersten Stufen sich erst entwickelnde Geldwesen hielten die Zirkulation sehr auf. Die Folge davon war ein krämerhafter, schmutzig-kleinlicher Geist, der allen Kaufleuten und der ganzen Weise des Handelsbetriebs noch anhaftete. Im

Vergleich mit den Manufacturiers und vollends den Handwerkern waren sie allerdings Großbürger, Bourgeois, im Vergleich zu den Kaufleuten und Industriellen der nächsten Periode bleiben sie Kleinbürger. Vgl. A. Smith.

43 »Seit einiger Zeit ist nur noch von Handel, Seefahrt und Marine die Rede.«

44 mehr oder weniger

45 [Anmerkung der Verfasser:] Die Konkurrenz isoliert die Individuen, nicht nur die Bourgeois, sondern noch mehr die Proletarier gegeneinander, trotzdem daß sie sie zusammenbringt. Daher dauert es eine lange Zeit, bis diese Individuen sich vereinigen können, abgesehen davon, daß zu dieser Vereinigung – wenn sie nicht bloß lokal sein soll – die nötigen Mittel, die großen Industriestädte und die wohlfeilen und schnellen Kommunikationen durch die große Industrie erst hergestellt sein müssen, und daher ist jede organisierte Macht gegenüber diesen isolierten und in Verhältnissen, die die Isolierung täglich reproduzieren, lebenden Individuen erst nach langen Kämpfen zu besiegen. Das Gegenteil verlangen, hieße ebensoviel wie zu verlangen, daß die Konkurrenz in dieser bestimmten Geschichtsepoche nicht existieren soll oder daß die Individuen Verhältnisse, über die sie als Isolierte keine Kontrolle haben, sich aus dem Kopf schlagen sollen.

46 Besitz

47 Eigentum eines altrömischen Vollbürgers

48 [Randbemerkung von Engels:] (Wucher!)

49 das Recht, das Seinige zu gebrauchen und zu verbrauchen (auch: mißbrauchen)

50 Verbrauchen, (auch: Mißbrauchen)

51 [Anmerkung der Verfasser:] *Verhältnis für die Philosophen = Idee.* Sie kennen bloß das Verhältnis ›*des* Menschen‹ zu sich selbst, und darum werden alle wirklichen Verhältnisse ihnen zu Ideen.

52 Hier fehlen in der Handschrift vier Seiten

53 auf die Gewinnung von Rohstoffen gerichteten Industrie

54 Vereinigung der Individuen

55 Vereinigung der Kapitale

56 [Randbemerkung von Engels:] Sismondi

57 [Randbemerkung von Marx:] Daß die Leute interessiert sind, den jetzigen Produktionszustand zu erhalten.

58 [Im Manuskript gestrichen:] ... die moder[ne] Form der Tätigkeit unter der die Herrschaft der ...

59 [Im Manuskript gestrichen:] Während über diese Notwendigkeit der Revolution sämtliche Kommunisten sowohl in Frankreich, wie in England und Deutschland seit geraumer Zeit einverstanden sind, träumt der heilige Bruno ruhig weiter fort, und meint, der ›Reale Humanismus‹, d.h. Kommunismus, werde nur deswegen ›an die Stelle des Spiritualismus‹ (der keine Stelle hat) gesetzt, damit er Verehrung gewinne. Dann, träumt er fort, müsse wohl »das Heil gekommen, die Erde zum Himmel und der Himmel zur Erde gemacht sein«.

(Der Gottesgelahrte kann den Himmel noch immer nicht verschmerzen.) »Dann tönt in himmlischen Harmonien Freud und Wonne von Ewigkeit zu Ewigkeit« (p. 140). Der heilige Kirchenvater wird sich doch sehr wundern, wenn der jüngste Tag, an dem sich dies alles erfüllet, über ihn hereinbricht – ein Tag, dessen Morgenrot der Widerschein brennender Städte am Himmel ist, wenn unter diesen ›himmlischen Harmonien‹ die Melodie der Marseillaise und Carmagnole mit obligatem Kanonendonner an sein Ohr hallt, und die Guillotine dazu den Takt schlägt; wenn die verruchte ›Masse‹ ça ira, ça ira brüllt und das ›Selbstbewußtsein‹ vermittelst der Laterne aufhebt. Der heilige Bruno hat am allerwenigsten Ursache, sich von der ›Freud und Wonne von Ewigkeit zu Ewigkeit‹ ein erbauliches Gemälde zu entwerfen. Wir enthalten uns des Vergnügens, das Verhalten Sankt Brunos am jüngsten Tag a priori zu konstruieren. Es ist auch schwer zu entscheiden, ob die prolétaires en révolution als ›Substanz‹, als ›Masse‹, die die Kritik stürzen will, oder als ›Emanation‹ des Geistes, der indessen noch die zur Verdauung Bauerscher Gedanken nötige Konsistenz abgeht, gefaßt werden müßten.

60 mehr oder weniger

61 gegen den Menschen

62 gegen ihren Willen

63 [Randbemerkung von Marx:] Produktion der Verkehrsform selbst

64 ihrerseits

65 [Anmerkung der Verfasser:] Persönliche Energie der Individuen einzelner Nationen – Deutsche und Amerikaner – Energie schon durch Rassenkreuzung – daher die Deutschen kretinmäßig – in Frankreich, England etc. fremde Völker auf einen schon entwickelten, in Amerika auf einen ganz neuen Boden verpflanzt, in Deutschland die naturwüchsige Bevölkerung sitzengeblieben.

66 MEGA: als Totalität von Kollisionen, Kollisionen verschiedener Klassen

67 [Randbemerkung von Engels:] (Feuerbach: Sein und Wesen)

68 Der bei Sankt Max häufig vorkommende Satz, daß Jeder Alles, was er ist, durch den Staat ist, ist im Grunde derselbe wie der, daß der Bourgeois nur ein Exemplar der Bourgeoisgattung sei; ein Satz, der voraussetzt, daß die Klasse der Bourgeois schon vor den sie konstituierenden Individuen existiert habe. [Zu diesem Satz Randbemerkung von Marx:] *Präexistenz* der Klasse bei den Philosophen.

69 Nichtadliger, Bürgerlicher.

70 [Nachbemerkung der Verfasser:] N. B. Nicht zu vergessen, daß schon die Notwendigkeit der Leibeigenen, zu existieren, und die Unmöglichkeit der großen Wirtschaft, die die Verteilung der allotments* an die Leibeigenen mit sich führte, sehr bald die Verpflichtungen der Leibeigenen gegen den Feudalherrn auf einen Durchschnitt von Naturallieferungen und Fronleistungen reduzierte, der dem Leibeigenen die Akkumulation von Mobiliareigentum möglich machte und damit sein Entfliehen von dem Besitztum seines Herrn

* Parzellen

erleichterte und ihm Aussicht auf sein Fortkommen als Stadtbürger gab, auch Abstufungen unter den Leibeignen erzeugte, so daß die weglaufenden Leibeignen schon halbe Bürger sind. Wobei es ebenfalls einleuchtet, daß die eines Handwerks kundigen leibeignen Bauern am meisten Chance hatten, sich Mobiliareigentum zu erwerben.

Friedrich Engels
Die Entwicklung des Sozialismus von der Utopie zur Wissenschaft

1 [Anmerkung von Engels:] Folgendes ist die Stelle über die französische Revolution: »Der Gedanke, der Begriff des Rechts machte sich mit *einem Male* geltend, und dagegen konnte das alte Gerüst des Unrechts keinen Widerstand leisten. Im Gedanken des Rechts ist also jetzt eine Verfassung errichtet worden, und auf diesem Grunde sollte nunmehr alles basiert sein. Solange die Sonne am Firmament steht und die Planeten um sie kreisen, war das noch nicht gesehen worden, daß der Mensch sich auf den Kopf, das ist auf den Gedanken stellt und die Wirklichkeit nach diesem erbaut. Anaxagoras hatte zuerst gesagt, daß der Nûs, die Vernunft, die Welt regiert; nun aber erst ist der Mensch dazugekommen, zu erkennen, daß der Gedanke die geistige Wirklichkeit regieren solle. Es war dieses somit ein *herrlicher Sonnenaufgang. Alle denkenden Wesen haben diese Epoche mitgefeiert.* Eine *erhabene Rührung* hat in jener Zeit geherrscht, *ein Enthusiasmus des Geistes hat die Welt durchschauert*, als sei es zur Versöhnung des Göttlichen mit der Welt nun erst gekommen.« (Hegel, ›Philosophie der Geschichte‹, 1840, S. 535.) – Sollte es nicht hohe Zeit sein, gegen solche gemeingefährliche Umsturzlehren des weiland Professor Hegel das Sozialistengesetz in Bewegung zu setzen?

2 [Anmerkung von Engels:] Aus: ›The Revolution in Mind and Practice‹, einer an alle »roten Republikaner, Kommunisten und Sozialisten Europas« gerichteten und der französischen provisorischen Regierung 1848, aber auch »der Königin Viktoria und ihren verantwortlichen Ratgebern« zugesandten Denkschrift.

3 In der französischen Ausgabe: organische

4 Im ›Anti-Dühring‹: Produktivkräfte

5 Marx-Engels, Werke, Band 23, S. 331–530

6 [Anmerkung von Engels:] Es braucht hier nicht auseinandergesetzt zu werden, daß, wenn auch die Aneignungs*form* dieselbe bleibt, der *Charakter* der Aneignung durch den oben geschilderten Vorgang nicht minder revolutioniert wird als die Produktion. Ob ich mir mein eignes Produkt aneigne oder das Produkt andrer, das sind natürlich zwei sehr verschiedne Ansichten von Aneignung. Nebenbei: die Lohnarbeit, in der die ganze kapitalistische Produktionsweise bereits im Keime steckt, ist sehr alt; vereinzelt und zerstreut ging sie jahrhundertelang her neben der Sklaverei. Aber zur kapitalistischen

Produktionsweise entfalten konnte sich der Keim erst, als die geschichtlichen Vorbedingungen hergestellt waren.

7 [Anmerkung von Engels:] Siehe Anhang am Schluß. [a.a.O. Band 19, S. 315–330]

8 [Anmerkung von Engels:] ›Lage der arbeitenden Klasse in England‹ S. 109 [a.a.O. Band 2. S. 314]

9 a.a.O. Band 23, S. 459 und 511

10 ebenda S. 486

11 a.a.O. Band 23, S. 675

12 [Anmerkung von Engels:] Ich sage, *muß*. Denn nur in dem Falle, daß die Produktions- oder Verkehrsmittel der Leitung durch Aktiengesellschaften *wirklich* entwachsen sind, daß also die Verstaatlichung *ökonomisch* unabweisbar geworden, nur in diesem Falle bedeutet sie, auch wenn der heutige Staat sie vollzieht, einen ökonomischen Fortschritt, die Erreichung einer neuen Vorstufe zur Besitzergreifung aller Produktivkräfte durch die Gesellschaft selbst. Es ist aber neuerdings, seit Bismarck sich aufs Verstaatlichen geworfen, ein gewisser falscher Sozialismus aufgetreten und hie und da sogar in einige Wohldienerei ausgeartet, der *jede* Verstaatlichung, selbst die Bismarcksche, ohne weiteres für sozialistisch erklärt. Allerdings, wäre die Verstaatlichung des Tabaks sozialistisch, so zählten Napoleon und Metternich mit unter den Gründern des Sozialismus. Wenn der belgische Staat aus ganz alltäglichen politischen und finanziellen Gründen seine Haupteisenbahnen selbst baute, wenn Bismarck ohne jede ökonomische Notwendigkeit die Hauptbahnlinien Preußens verstaatlichte, einfach, um sie für den Kriegsfall besser einrichten und ausnützen zu können, um die Eisenbahnbeamten zu Regierungsstimmvieh zu erziehn und hauptsächlich, um sich eine neue, von Parlamentsbeschlüssen unabhängige Einkommenquelle zu verschaffen – so waren das keineswegs sozialistische Schritte, direkt oder indirekt, bewußt oder unbewußt. Sonst wären auch die königliche Seehandlung, die königliche Porzellanmanufaktur und sogar der Kompanieschneider beim Militär sozialistische Einrichtungen oder gar die unter Friedrich Wilhelm III. in den dreißiger Jahren alles Ernstes von einem Schlaumeier vorgeschlagene Verstaatlichung der – Bordelle.

13 Ein paar Zahlen mögen eine annähernde Vorstellung geben von der enormen Expansionskraft der modernen Produktionsmittel, selbst unter dem kapitalistischen Druck. Nach der Berechnung von Giffen betrug der Gesamtreichtum von Großbritannien und Irland in runder Zahl:
1814 … 2200 Millionen Pfd. St. = 44 Milliarden Mark
1865 … 6100 Millionen Pfd. St. = 122 Milliarden Mark
1875 … 8500 Millionen Pfd. St. = 170 Milliarden Mark
Was die Verheerung von Produktionsmitteln und Produkten in den Krisen betrifft, so wurde auf dem 2. Kongreß deutscher Industrieller, Berlin, 21. Februar 1878, der Gesamtverlust allein der *deutschen Eisen*industrie im letzten Krach auf 455 Millionen Mark berechnet.

Friedrich Engels, Ludwig Feuerbach und der Ausgang der klassischen deutschen Philosophie

1 Marx-Engels, Werke, Band 13, S. 10
2 a.a.O., Band 3, S. 5–7 und 533–535
3 ›Ludwig Feuerbach‹ von N. C. Starcke, Dr. phil. – Stuttgart, Ferd. Encke, 1885
4 a.a.O., Band 2
5 [Anmerkung von Engels:] Noch heute ist bei Wilden und niedern Barbaren die Vorstellung allgemein, daß die im Traum erscheinenden menschlichen Gestalten Seelen seien, die zeitweilig den Körper verlassen; der wirkliche Mensch wird daher auch für die Handlungen verantwortlich gehalten, die seine Traumerscheinungen gegenüber dem Träumenden begangen. So fand es z.B. im Thurn 1884 bei den Indianern in Guyana.
6 Also der Atheismus ist eure Religion!
7 ein unbekanntes Land
8 [Anmerkung von Engels:] Man gestatte mir hier eine persönliche Erläuterung. Man hat neuerdings mehrfach auf meinen Anteil an dieser Theorie hingewiesen, und so kann ich kaum umhin, hier die wenigen Worte zu sagen, wodurch dieser Punkt sich erledigt. Daß ich vor und während meinem vierzigjährigen Zusammenwirken mit Marx sowohl an der Begründung wie namentlich an der Ausarbeitung der Theorie einen gewissen selbständigen Anteil hatte, kann ich selbst nicht leugnen. Aber der größte Teil der leitenden Grundgedanken, besonders auf ökonomischem und geschichtlichem Gebiet, und speziell ihre schließliche scharfe Fassung, gehört Marx. Was ich beigetragen, das konnte – allenfalls ein paar Spezialfächer ausgenommen – Marx auch wohl ohne mich fertigbringen. Was Marx geleistet, hätte ich nicht fertiggebracht. Marx stand höher, sah weiter, überblickte mehr und rascher als wir andern alle. Marx war ein Genie, wir andern höchstens Talente. Ohne ihn wäre die Theorie heute bei weitem nicht das, was sie ist. Sie trägt daher auch mit Recht seinen Namen.
9 [Anmerkung von Engels:] S. ›Das Wesen der Kopfarbeit, von einem Handarbeiter‹, Hamburg, Meißner.

Literaturverzeichnis

Arbeiten zu den in den folgenden Bänden behandelten Problemen wurden – soweit möglich – hier ausgespart und werden im Literaturverzeichnis in Bd. II aufgeführt.

I. Sammlungen der Werke von Karl Marx und Friedrich Engels

KARL MARX UND FRIEDRICH ENGELS, *Historisch-kritische Gesamtausgabe* (MEGA). Erschienen: Erste Abteilung (Frühschriften bis 1848 Bd. I–IV). Dritte Abteilung (Briefwechsel Marx-Engels). Frankfurt/M., Berlin, Moskau 1927–1935.

KARL MARX, FRIEDRICH ENGELS, *Werke* (MEW). Berlin 1956ff. 39 Bände und 2 Ergänzungsbände.

KARL MARX, *Werke*, Schriften Briefe. Hrsg. von J. Lieber, Stuttgart 1960ff. Große Studienausgabe, in der aber nur Arbeiten von Marx (bis auf einige Vorworte von Engels) enthalten sind.

KARL MARX, *Ausgewählte Schriften*. Hrsg. von Boris Goldenberg. München 1962.

KARL MARX, FRIEDRICH ENGELS, *Gesamtausgabe* (MEGA). Erste Abteilung: Werke, Artikel, Entwürfe. Zweite Abteilung: *Das Kapital* und Vorarbeiten. Dritte Abteilung: Briefwechsel. Vierte Abteilung: Exzerpte, Notizen, Marginalien. Berlin 1975ff. (auf 100 Bände veranschlagt).

KARL MARX, *Mathematische Manuskripte*. Hrsg. von Wolfgang Endemann, Kronberg 1974.

KARL MARX, *Über die Formen vorkapitalistischer Produktion. Vergleichende Studien zur Geschichte des Grundeigentums 1879–1880*. Hrsg. von Hans-Peter Harstick, Frankfurt/M. und New York 1977.

KARL MARX, *Die technologischen Exzerpte*. Hrsg. von Hans-Peter Müller, Frankfurt/M. – Berlin – Wien 1981.

KARL MARX, *Exzerpte über Arbeitsteilung, Maschinerie und Industrie*. Hrsg. von Rainer Winkelmann, Frankfurt/M. – Berlin – Wien 1982.

KARL MARX, Die ethnologischen Exzerpthefte. Hrsg. von Lawrence Krader, Frankfurt/M. 1976.

II. Bibliographien und Biographien

(ADORATSKIJ), *Karl Marx, Chronik seines Lebens in Einzeldaten*. Moskau 1934.

ISAIAH BERLIN, *Karl Marx*. München 1959.

WERNER BLUMBERG, *Marx*. Reinbeck 1962.

AUGUSTE CORNU, *Karl Marx und Friedrich Engels. Leben und Werk* Bd. I Berlin 1961, Bd. II 1962.

GERTRUD HERTEL, *Inhaltsvergleichsregister der Marx-Engels Gesamtausgaben*. Berlin 1957.

KARL KUPISCH, *Vom Pietismus zum Kommunismus. Zur Jugendentwicklung von Friedrich Engels*. Berlin 1953.

HENRI LEFÈBVRE, *Marx, sa vie, son œvre*. Paris 1964.

DAVID MCLELIAN, *Marx. Leben und Werk*. München 1974.

FRANZ MEHRING, *Karl Marx, Geschichte seines Lebens*. (1918) Frankfurt/M. o.J. (1964).

GUSTAV MEYER, *Friedrich Engels. Eine Biographie*. 2 Bde. Den Haag 1934.

B. NICOLAEVSKY, O. MAENCHEN-HELFEN, *Karl Marx. Eine Biographie* (1933). Hannover 1963.

MAXIMILIAM RUBEL, *Karl Marx. Essai de Biographie intellectuelle*. Paris 1957.

MAXIMILIAM RUBEL, *Marx-Chronik. Daten zu Leben und Werk*. München 1983.

PETER STADLER, *Karl Marx. Ideologie und Politik*. Frankfurt/M., Zürich 1966.

III. Übersichten zur Geschichte des Marxismus

IRING FETSCHER, Der Marxismus. Seine Geschichte in Dokumenten. München 1983[4].

IRING FETSCHER, Marx. Freiburg im Breisgau 1999.

ERIC HOBSBAWN, GEORGES HAUPT, FRANZ MAREK, ERNESTO RAGGIONIERI, VITTORIO STRADA, CORRADO VIVANTI (Hrsg.), *Storia del Marxismo*. 4. Bde., Turin 1978 ff.

LESZEK KOLAKOWSKI, *Die Hauptströmungen des Marxismus. Entstehung, Entwicklung, Zerfall*. 3 Bde., München 1977–79.

GEORG LICHTHEIM, *Marxism. A historical and critical study*. London 1961.

ERNST NOLTE, *Marxismus und industrielle Revolution*. Stuttgart 1983.

PREDRAG VRANICKI, *Geschichte des Marxismus*. 2 Bde., Frankfurt/M. 1972 und 1974.

IV. Arbeiten über Marx und Engels, insbesondere ihre Philosophie

1. Bibliographische Übersichten und Sammelrezensionen

Les œvres de jeunesse de Marx et Engels dans les études publiés de 1945 à 1963/64. Annali de l'Instituto Giangiacomo Feltrinelli, anno settimo 1964/65. Umfassende internationale Bibliographie.

WALTER EUCHNER, *Marx*. München 1983.

IRING FETSCHER, *Karl Marx und der Marxismus*. München1983[3].

JÜRGEN HABERMAS, *Zur philosophischen Diskussion um Marx und den Marxismus*. In: *Philosophische Rundschau*, 5. Jg., 1957.

H.J. LIEBER, P. LUDZ, *Zur Situation der Marxforschung*. In: *Kölner Zeitschrift für Soziologie und Sozialpsychologie*, 10. Jg., 1958, Heft 3 und 4.

ERICH THIER, *Etappen der Marxinterpretation*. In: *Marxismusstudien*. Tübingen 1954.

2. Arbeiten zu Einzelaspekten des Marxschen und Engelschen Denkens

MIKLOS ALMASI u. a. (Hrsg.), *Marxism and Alienation*. New York 1965.

LOUIS ALTHUSSER, *Marxismus und Ideologie. Probleme der Marx-Interpretation*. Berlin 1973.

LOUIS ALTHUSSER, *Ideologie und ideologische Staatsapparate. Aufsätze zur marxistischen Theorie*. Berlin 1977.

LOUIS ALTHUSSER, *Die Krise des Marxismus*. Hamburg 1978.

LOUIS ALTHUSSER, *Für Marx*. Frankfurt/M. 1968.

EMIL ANGEHRN, GEORG LOHMANN (Hrsg.), *Ethik und Marx*. Königstein 1986.

ANDREAS ARNDT, *Karl Marx: Versuch über den Zusammenhang seiner Theorie*. Bochum 1985.

KOSTAS AXELOS, *Marx, penseur de la technique, de l'aliénation de l' homme à la conquête du monde*. Paris 1961.

ERNST BLOCH, *Das Prinzip Hoffnung*. 3 Bde. Berlin 1951, Frankfurt/M. 1959.

ERNST BLOCH, HERBERT MARCUSE, JÜRGEN HABERMAS u. a., *Marx und die Revolution. Vorträge*. Frankfurt/M. 1970.

KLAUS-ERICH BOCKMÜHL, *Leiblichkeit und Gesellschaft. Studien zur Religionskritik und Anthropologie im Frühwerk von Ludwig Feuerbach und Karl Marx*. Göttingen 1961.

EBERHARD BRAUN, *»Aufhebung der Philosophie«. Karl Marx und die Folgen*. Stuttgart, Weimar 1992.

JEAN-YVES CALVES, *La pensée de Karl Marx*. Paris 1956.

C. A. COHEN, *Karl Marx's Theory of History, a Defence*. Oxford 1978.
KATHARINA COMOTH, *Die Verwirklichung der Philosophie: Subjektivität und Verobjektivierung im Denken des jungen Marx*. Bonn 1975.
RALF DAHRENDORF, *Marx in Perspektive. Die Idee des Gretchen im Denken von Karl Marx*. Hannover 1952.
JAQUES DERRIDA, *Marx' Gespenster: der Staat der Schuld, die Trauerarbeit und die neue Internationale* (1995). Aus dem Französischen von Susanne Lüdemann. 2. Auflage Frankfurt/M. 2004.
JAQUES DERRIDA, *Marx & Sons. Aus dem Französischen von Jürgen Schröder*. Frankfurt/M. 2004.
GERD DICKE, *Der Identitätsgedanke bei Feuerbach und Marx*. Köln-Opladen 1960.
HANS EBELING, Schopenhauer und Marx: Philosophie des Elends, Elend der Philosophie? Hrsg. und eingeleitet von Hans Ebeling und Ludger Lütkehaus. Königstein/Ts. 1980.
JOSEPH G. FRACCHIA, *Die Marxsche Aufhebung der Philosophie und der philosophische Marxismus: zur Rekonstruktion der Marxschen Wissenschaftsauffassung und Theorie-Praxis Beziehung aufgrund einer Kritik der Marx-Rezeption von Georg Lukács, Karl Korsch, Theodor Adorno u. Max Horkheimer*. New York, Bern, Frankfurt/M., Paris 1987.
MANFRED FRIEDRICH, *Philosophie und Ökonomie beim jungen Marx*. Berlin 1960.
ERICH FROMM, *Das Menschenbild bei Marx*. Frankfurt/M. 1963.
HELMUT GOLLWITZER, *Zum Verständnis des Menschen beim jungen Marx*. In: Festschrift Günter Dehn 1977 (S. 183–203).
BERNHARD GÖRLICH, *»Was in einem Zug glatt aufgeht, stimmt oft deshalb gerade nicht«. Verhältnisfiguren und ihre Enträtselung im Wechsel der Betrachtungsebenen. In: Jenseits der Couch. Psychoanalyse und Sozialkritik*. Hrsg. von der Institutsgruppe für Psychologie der Universität Salzburg. Frankfurt/M., Oktober 1984.
ANTONIO GRAMSCI, *Philosophie der Praxis. Eine Auswahl*. Frankfurt/M. 1967.
ANTONIO GRAMSCI, *Marxismus und Kultur. Ideologie, Alltag, Literatur*. Hrsg. von Sabine Kebir, Hamburg 1983.
JÜRGEN HABERMAS, *Rekonstruktion des historischen Materialismus*. Frankfurt/M. 19833.
WERNER HABERMEHL, *Historizismus und kritischer Rationalismus: Einwände gegen Poppers Kritik an Comte, Marx u. Platon*. Freiburg im Breisgau 1980.
KLAUS HARTMANN, *Die Marxsche Theorie*. Tübingen 1970.
GOTTFRIED HEINEMANN, *Natura desiderata: das Abstrakte am »Gebrauchswert« und die Antinomien der Mathematik*. Freiburg im Breisgau, München 1988.

ANDREAS HERBERG-ROTHE, *Grundrisse der absoluten Bewegung: Kritik des mechanischen Materialismus*. Berlin, Hamburg 1987.
JAKOB HOMMBES, *Der technische Eros. Das Wesen der materialistischen Geschichtsauffassung*. Freiburg 1955.
JEAN HYPPOLITE, *Etudes sur Marx et Hegel*. Paris 1955.
EUGENE KAMENKA, *The ethical Foundations of Marxism*. London 1961.
EUGENE KAMENKA, *Marxism and Ethics*. London 1969.
KARL KORSCH, *Marxismus und Philosophie* (1923), Frankfurt/M., Wien 1966.
LUDWIG LANDGREBE, *Hegel und Marx*. In: Marxismusstudien, Tübingen 1953.
HENRI LEFÈBVRE, *Probleme des Marxismus heute*. Frankfurt/M. 1965.
HENRI LEFÈBVRE, *Pour connaître la Pensée de Marx*. Paris 1956.
GEORG LICHTENHEIM, *From Marx to Hegel*. New York 1971.
KARL LÖWITH, *Von Hegel zu Nietzsche. Der revolutionäre Bruch im Denken des 19. Jahrhunderts*. Stuttgart 1958[4].
KARL LÖWITH, *Max Weber und Karl Marx. Zur Kritik der geschichtlichen Existenz*. Stuttgart 1960.
JULIUS J. LÖWENSTEIN, *Marx contra Marxismus*. Tübingen 1976.
GEORG LUKÀCS, *Geschichte und Klassenbewusstsein*. Berlin 1923.
JOHANN MADER, *Zwischen Hegel und Marx: zur Verwirklichung der Philosophie*. Wien, München 1975.
FRANZ VON MAGNIS, *Normative Voraussetzungen im Denken des jungen Marx*. Freiburg 1975.
HERBERT MARCUSE, *Marx*. In: *Ideen zu einer kritischen Theorie der Gesellschaft*. Frankfurt/M. 1969.
HERBERT MARCUSE, *Kultur und Gesellschaft*. (Gesammelte Aufsätze) 2 Bde., Frankfurt/M. 1965.
DAVID MCLELLAN, *Marx before Marxism*. London 1970.
G. MENDE UND E. LANGE, Die philosophische Bedeutung des Kapital. Berlin 1968.
THOMAS MEYER, *Der Zwiespalt in der Marxschen Emanzipationstheorie. Studie zur Rolle des proletarischen Subjekts*. Kronberg 1973.
RUDOLFO MONDOLFO, *Il materialismo storico di Federico Engels*. Firenze 1952.
FRIEDRICH MÜLLER, *Entfremdung, Folgeprobleme der anthropologischen Staatstheorie bei Rousseau, Hegel, Marx*. Berlin 1985[2].
BERTELL OLLMAN, *Alienation. Marx's Concept of individual Man in Capitalist Society*. Cambridge 1971.
HEINRICH POPITZ, *Der entfremdete Mensch*. Basel 1953.
MOISHE POSTONE UND H. REINICKE (1974) *»On Nicolaus ›Introduction‹ to the Grundrisse«*. In: *Telos* 22.
MOISHE POSTONE, *Time, Labor, and Social Domination*, Cambridge University Press, Cambridge 1993. Titel der deutschen Ausgabe, *Zeit, Arbeit und*

gesellschaftliche Herrschaft. Eine neue Interpretation der kritischen Theorie von Marx. Aus dem Amerikanischen von Christoph Seidler. Freiburg im Breisgau 2003.

JÜRGEN RITSERT, FRITZ REUSSWIG, *Marxsche Dialektik. Stichworte zu einer unendlichen Geschichte.* In: *Studienmaterialien 11.* Frankfurt/M, November 1991.

ZWI ROSEN, *Bruno Bauer und Karl Marx.* Den Haag 1977.

ZWI ROSEN, *Moses Hess und Karl Marx, ein Beitrag zur Entstehung der Marxschen Theorie.* Hamburg 1983.

ROLF SANNWALD, *Marx und die Antike*, Einsiedeln 1956.

ADAM SCHAFF, *Entfremdung als soziales Phänomen.* Wien 1977.

ALFRED SCHMIDT, *Der Begriff der Natur in der Lehre von Marx* (1962), Hamburg 1993.

ALFRED SCHMIDT, *Geschichte und Struktur. Fragen einer marxistischen Historik.* München 1971.

BURGHART SCHIDT, *Das Widerstandsargument in der Erkenntnistheorie: ein Angriff auf die Automatisierung des Wissens.* Frankfurt/M. 1985.

WOLFDIETRICH SCHMIED-KOWARZIK, *Das dialektische Verhältnis des Menschen zur Natur: philosophiegeschichtliche Studien zur Naturproblematik bei Karl Marx.* Freiburg 1984.

MAREK J. SIEMEK, *Von Marx zu Hegel: zum sozialpolitischen Selbstverständnis der Moderne.* Würzburg 2002.

HEINZ-HORST SCHREY (Hrsg.), *Entfremdung.* Darmstadt 1975.

MARTIN SELIGER, *The Marxist Conception of Ideology, a Critical Essay.* Cambridge 1977.

ERICA SHEROVER-MARCUSE, *Emancipation and Consciousness.* Oxford 1986.

ERICH THIER, *Das Menschenbild des jungen Marx.* Göttingen 1957.

GALVANO DELLA VOLPE, *Rousseau e Marx e altri saggi di critica materialistica.* Rom 1957.

SAHRA WAGENKNECHT, *Vom Kopf auf die Füße?: zur Hegelkritik des jungen Marx oder das Problem einer dialektisch-materialistischen Wissenschaftsmethode.* Bonn 1997.

ROBERT WEINER, *Das Amerikabild von Karl Marx.* Bonn 1982.

ARMIN WILDERMUTH, *Marx und die Verwirklichung der Philosophie.* Den Haag 1970.

V. Lexikon

Marx-Lexikon: zentrale Begriffe der politischen Philosophie von Karl Marx. Hrsg. von Hans-Joachim Lieber und Gerd Helmer. Unter Mitwirkung von Rosemarie Krause-Braunack und Horst Dejas. Darmstadt 1988.

Historisch-kritisches Wörterbuch des Marxismus. Eine Veröffentlichung des Berliner Instituts für Kritische Theorie (INKRIT) / unter Mitw. von mehr als 800 Wissenschaftlerinnen und Wissenschaftlern. Hrsg. von Wolfgang Fritz Haug. Hamburg, Berlin o.J.
Schlag nach bei Marx: kleines Marx-Wörterbuch. Von Richard Kumpf. Frankfurt/M. 1983.

Quellenverzeichnis

Karl Marx, *Zur Kritik der Hegelschen Rechtsphilosophie*. Marx-Engels Gesamtausgabe Erste Abteilung, Band 1, Frankfurt/M. 1927.

Karl Marx, *Zur Judenfrage*. Marx-Engels Gesamtausgabe Erste Abteilung, Band 1, Frankfurt/M. 1927.

Karl Marx, *[Kritik der Hegelschen Dialektik und Philosophie überhaupt]*. Marx-Engels Gesamtausgabe Erste Abteilung, Band 3, Berlin 1932.

Karl Marx – Friedrich Engels, *Feuerbach* (1. Teil der »Deutschen Ideologie«). Karl Marx – Friedrich Engels, Werke Band 3, Berlin (Dietz Verlag) 1962, S. 13–77.

Karl Marx, *[Thesen über Feuerbach]*. Karl Marx – Friedrich Engels, Werke Band 3, Berlin (Dietz Verlag) 1962, S. 5–7.

Friedrich Engels, *[Redigierte Thesen von Karl Marx über Feuerbach]*. Karl Marx – Friedrich Engels, Werke Band 3, Berlin (Dietz Verlag) 1962, S. 533–535.

Friedrich Engels, *Die Entwicklung des Sozialismus von der Utopie zur Wissenschaft*. Karl Marx – Friedrich Engels, Werke Band 19, Berlin (Dietz Verlag) 1962, S. 177–228.

Friedrich Engels, *Ludwig Feuerbach und der Ausgang der klassischen deutschen Philosophie*. Karl Marx – Friedrich Engels, Werke Band 21, Berlin (Dietz Verlag) 1962, S. 259–307.

Friedrich Engels, *[Briefe über materialistische Geschichtsinterpretation]*. Karl Marx – Friedrich Engels, Ausgewählte Briefe, Berlin 1953.